# ANÁLISE CRÍTICA DA JURISPRUDÊNCIA TRIBUTÁRIA DO SUPREMO TRIBUNAL FEDERAL

**COORDENADORES**

Carlos Alexandre de Azevedo Campos
Fábio Zambitte Ibrahim
Gustavo da Gama Vital de Oliveira

# ANÁLISE CRÍTICA DA JURISPRUDÊNCIA TRIBUTÁRIA DO SUPREMO TRIBUNAL FEDERAL

2017

www.editorajuspodivm.com.br

www.editorajuspodivm.com.br

Rua Mato Grosso, 164, Ed. Marfina, 1º Andar – Pituba, CEP: 41830-151 – Salvador – Bahia
Tel: (71) 3045.9051
• Contato: https://www.editorajuspodivm.com.br/sac

**Copyright:** Edições JusPODIVM

**Conselho Editorial:** Eduardo Viana Portela Neves, Dirley da Cunha Jr., Leonardo de Medeiros Garcia, Fredie Didier Jr., José Henrique Mouta, José Marcelo Vigliar, Marcos Ehrhardt Júnior, Nestor Távora, Robério Nunes Filho, Roberval Rocha Ferreira Filho, Rodolfo Pamplona Filho, Rodrigo Reis Mazzei e Rogério Sanches Cunha.

**Capa:** Ana Caquetti

**Diagramação:** Isabella Giordano

> Todos os direitos desta edição reservados à Edições JusPODIVM.
> É terminantemente proibida a reprodução total ou parcial desta obra, por qualquer meio ou processo, sem a expressa autorização do autor e da Edições JusPODIVM. A violação dos direitos autorais caracteriza crime descrito na legislação em vigor, sem prejuízo das sanções civis cabíveis.

Ao Professor Ricardo Lobo Torres, Mestre de todos nós.

# APRESENTAÇÃO

Faz algum tempo, o professor Luís Roberto Barroso acusou uma aproximação de nosso sistema jurídico, tipicamente de *civil law*, ao regime do *commom law*. Ele estava fazendo referência à força vinculante que as decisões, notadamente as do STF, vinham adquirindo ao longo dos anos:

> As duas grandes famílias jurídicas do mundo contemporâneo têm desenvolvido, nos últimos anos, uma rota de progressiva aproximação. De fato, nos países do *common law* – onde o direito tem origem predominantemente costumeira e se baseia sobretudo nos precedentes judiciais – tem-se verificado a crescente importância quantitativa e qualitativa do direito legislado. Tanto o Reino Unido quanto os Estados Unidos são exemplos do que se afirma. De outra parte, nos países de tradição romano-germânica – nos quais a legislação é a principal fonte de direito – os precedentes judiciais têm merecido crescente destaque. É o que tem se passado na Europa continental e também entre nós.[1]

Tem-se a temática da força e da relevância atual dos precedentes, assunto que passou a ser bastante caro para nós,[2] ainda mais após a entrada em vigor do novo Código de Processo Civil.[3] O professor Luiz Guilherme Marinoni fala em um Judiciário que "trabalha ao lado do Legislativo para a justificação do direito".[4]

---

1. BARROSO, Luís Roberto. Mudança da jurisprudência do Supremo Tribunal Federal em matéria tributária. Segurança jurídica e modulação dos efeitos temporais das decisões judiciais. *Revista de Direito do Estado* nº 2, Ano 1, Rio de Janeiro: Renovar, abr./jun. 2008, p. 270-271.
2. Cf. TUCCI, José Rogério Cruz e. *Precedente Judicial como Fonte do Direito*. São Paulo: RT, 2004; PERRONE, Patrícia. *Precedentes judiciais: o desenvolvimento judicial do direito no constitucionalismo contemporâneo*. Rio de Janeiro: Renovar, 2008; MARINONI, Luiz Guilherme. *Precedentes obrigatórios*. 2ª ed., São Paulo: RT, 2011; Idem. *O STJ enquanto Corte de Precedentes*. 2ª ed., São Paulo: RT, 2014; BUSTAMANTE, Thomas. *Teorias do precedente judicial*. São Paulo: Noeses, 2012.
3. Cf. MARINONI, Luiz Guilherme. *Julgamento nas Cortes Supremas. Precedentes e decisão do recurso diante do novo CPC*. São Paulo; RT, 2015.
4. MARINONI, Luiz Guilherme. *Julgamento nas Cortes Supremas. Precedentes e decisão do recurso diante do novo CPC*. Op. cit., p. 18.

Daí a importância da boa compreensão dos fundamentos e conclusões fixados nos precedentes obrigatórios de Tribunais Superiores. Isso se revela ainda mais importante para o Direito Tributário por algumas razões: a ampla constitucionalização – quantitativa (formal) e qualitativa (material) – das matérias tributárias; sobreposições de poderes e atribuições entre os entes federados; submissão dos legisladores ordinários federal, estaduais, distrital e municipais às leis complementares de normas gerais; complexidade da legislação tributária em geral. Todos esses aspectos resultam em uma ampla estrutura de oportunidades para uma hiperjudicialização dos fenômenos tributários.

Em última análise, os Tribunais Superiores, máxime o Supremo Tribunal Federal, têm muito a dizer sobre o Direito Tributário. E o que dizem pauta e vincula os comportamentos dos agentes do Estado e dos contribuintes. Foi esse cenário jurídico, relativamente novo, e cada vez mais consolidado, que levou à criação, no âmbito do Programa de Pós-Graduação *Stricto Sensu* em Direito da Universidade do Estado do Rio de Janeiro (UERJ) – Linha de Pesquisa "Finanças Públicas, Tributação e Desenvolvimento" –, do Grupo de Pesquisa Institucional – GPI "Análise Crítica da Jurisprudência Tributária", no qual foram desenvolvidos estudos, pesquisas e debates que resultaram nos textos que compõem esta coletânea.

O GPI "Análise Crítica da Jurisprudência Tributária" se destina ao estudo descritivo e crítico das principais decisões do Supremo Tribunal Federal, relativas às controvérsias de natureza tributária. São analisadas decisões tomadas no ano imediatamente anterior ao curso da disciplina. Cada mestrando ou doutorando é responsável por uma decisão, dentre as relevantes decididas pelo Tribunal, escolhidas segundo os critérios da disciplina, para pesquisar e debater em sala de aula com os demais participantes. Nas aulas são debatidos 2 ou 3 casos, com apresentações de, no máximo, 25 minutos sobre cada decisão, seguidas de debates de até 30 minutos. Os alunos responsáveis pelas exposições circulam aos colegas e ao professor responsável, com antecedência, sumário da apresentação, bem como resumo de suas conclusões, propiciando mais amplitude e qualidade aos debates.

Ao final da disciplina, incorporando à sua pesquisa os pontos debatidos em sala de aula, os alunos produzem artigos sobre as respectivas decisões abordadas, contendo os textos a seguinte estrutura mínima: introdução; apresentação da controvérsia e dos elementos do processo; desenvolvimento dos conceitos e teorias envolvidos; descrição do julgado; sua análise crítica; e conclusão. Observando essas diretrizes, os alunos do Programa de Pós-Graduação *Stricto Sensu* em Direito, da Linha de Pesquisas "Finanças Públicas, Tributação e Desenvolvimento", produziram textos, considerados os julgados ocorridos no ano de 2015, sobre princípios constitucionais tributários, imunidades tributárias, modulação temporal dos efeitos das decisões do STF, sanções políticas, taxas, ICMS, IPTU, IRPJ, IPI e contribuições previdenciária, além de um texto excepcionalmente dedicado ao tema do controle judicial do orçamento em favor de direitos fundamentais.

Importante destacar a contribuição do graduando Pedro Meirelles, do 8º período da Faculdade de Direito da UERJ, que nos auxiliou com a formatação dos textos. Esperamos que os leitores apreciem os trabalhos, realizados com rigor e empenhos acadêmicos, mas também voltados ao senso prático na medida em que procuram viabilizar o acesso de todos à compreensão e aplicação desses precedentes, verdadeiras pautas de condutas fiscais.

Rio de Janeiro, julho de 2017.

Os Coordenadores.

# SUMÁRIO

**ADI Nº 4.481/PR: ICMS – GUERRA FISCAL E MODULAÇÃO**.................... **19**
*Renata da Silveira Bilhim*

1. INTRODUÇÃO ............................................................................. 19

2. APRESENTAÇÃO DA CONTROVÉRSIA ...................................... 20

3. A GUERRA FISCAL NO ICMS E A MODULAÇÃO DOS EFEITOS DAS DECISÕES DO STF SOBRE ESSE TEMA ..................................... 21

    3.1. A guerra fiscal no ICMS ..................................................... 21

    3.2. A modulação de efeitos das decisões do STF que reconhecem a inconstitucionalidade das leis estaduais concessivas de vantagens sem lastro em convênio ..................................................... 30

4. DESCRIÇÃO DO JULGADO ........................................................ 34

5. ANÁLISE CRÍTICA DO JULGADO ............................................. 41

6. CONCLUSÃO .............................................................................. 44

REFERÊNCIAS BIBLIOGRÁFICAS ................................................. 46

**A ADPF Nº 347: ESTADO DE COISAS INCONSTITUCIONAL E JUDICIALIZAÇÃO DAS POLÍTICAS PÚBLICAS**.............................. **47**
*Fernanda Borges Theodoro*

1. INTRODUÇÃO ............................................................................. 47

2. ELEMENTOS DO PROCESSO E DESCRIÇÃO DO JULGADO ........... 49

3. CONCEITOS E TEORIAS ENVOLVIDOS NO PROCESSO.................... 53

    3.1. Controle de constitucionalidade por omissão e a efetivação de direitos fundamentais previstos na Constituição ........................... 53

    3.2. Entendendo o Estado de Coisas Inconstitucional ..................... 56

    3.3. Judicialização das políticas públicas e atual cenário brasileiro ...... 59

4. CRÍTICAS AO ESTADO DE COISAS INCONSTITUCIONAL E REPERCUSSÃO DO JULGADO ................................................................ 61

5. CONCLUSÃO .......................................................................... 65

REFERÊNCIAS BIBLIOGRÁFICAS ............................................ 66

## O RE Nº 723.651: O IPI E A IMPORTAÇÃO DE AUTOMÓVEIS POR PESSOA FÍSICA ......................................................................... 69

*Diana Rodrigues Prado de Castro*

1. INTRODUÇÃO ...................................................................... 69

2. APRESENTAÇÃO DA CONTROVÉRSIA: A (NÃO) INCIDÊNCIA DO IPI NAS IMPORTAÇÕES DE VEÍCULOS REALIZADAS POR PESSOA FÍSICA ................................................................. 70

3. DESENVOLVIMENTO DOS CONCEITOS E TEORIAS ENVOLVIDOS . 73

4. DESCRIÇÃO DO JULGADO ................................................. 74

    4.1. Voto do Ministro Relator Marco Aurélio Mello............... 74

    4.2. Voto do Ministro Luís Roberto Barroso ......................... 75

    4.3. Demais votos ................................................................ 84

    4.4. Voto vencedor e efeitos da decisão ............................... 85

5. ANÁLISE CRÍTICA ............................................................. 85

    5.1. O IPI e a não-cumulatividade (é obrigatória?) .............. 85

    5.2. Modulação de efeitos e segurança jurídica.................... 90

6. CONSIDERAÇÕES FINAIS .................................................. 92

REFERÊNCIAS BIBLIOGRÁFICAS ............................................ 92

## O RE Nº 632.265: REGIME DE RECOLHIMENTO DO ICMS POR ESTIMATIVA INSTITUÍDO VIA DECRETO ............................... 95

*Gustavo Carvalho Gomes Schwartz*

1. INTRODUÇÃO ...................................................................... 95

2. APRESENTAÇÃO DA CONTROVÉRSIA................................ 97

3. ANÁLISE DESCRITIVA DAS RAZÕES DO ACÓRDÃO DO TRIBU-NAL DE JUSTIÇA DO ESTADO DO RIO DE JANEIRO (ACÓRDÃO RECORRIDO)...................................................................... 98

4. ANÁLISE DESCRITIVA DOS ARGUMENTOS DO RECURSO EXTRA-ORDINÁRIO E DAS CONTRARRAZÕES................................. 99

    4.1 Razões do Recurso Extraordinário................................. 99

## SUMÁRIO

4.1.1. Violação aos Princípios da Separação de Poderes e da Legalidade Tributária ...... 99

4.1.2. Violação ao Princípio da Moralidade Administrativa ......... 101

4.1.3. Violação ao Princípio da Isonomia Tributária ...... 101

4.2. Argumentos das Contrarrazões ao Recurso Extraordinário ...... 102

5. RECONSTRUÇÃO ANALÍTICA DAS RAZÕES DO ACÓRDÃO DO RECURSO EXTRAORDINÁRIO Nº 632.265/RJ ...... 102

6. ANÁLISE CRÍTICA DO JULGADO ...... 107

6.1. Avaliação crítica das razões do julgado frente a outros precedentes do STF ...... 109

6.2. Avaliação crítica das razões do julgado em relação a correntes doutrinárias ...... 113

7. CONCLUSÃO ...... 119

REFERÊNCIAS BIBLIOGRÁFICAS ...... 119

**RE Nº 673.707: O *HABEAS DATA* EM MATÉRIA TRIBUTÁRIA** ...... **121**
*Daniel Lannes Poubel*

**1. INTRODUÇÃO** ...... 121

2. OS MECANISMOS DE PROMOÇÃO E DE TUTELA DO DIREITO À INFORMAÇÃO NA SEARA FISCAL E TRIBUTÁRIA ...... 122

2.1. O *habeas data* ...... 122

2.2. Divulgação de dados na internet. O portal Transparência Pública e o e-CAC da Receita Federal ...... 123

2.3. A Lei de Acesso à Informação ...... 125

3. APRESENTAÇÃO DA CONTROVÉRSIA E DOS ELEMENTOS DO PROCESSO ...... 125

4. DESENVOLVIMENTO DOS CONCEITOS E TEORIAS ENVOLVIDOS . 128

5. DESCRIÇÃO DO JULGADO ...... 135

6. ANÁLISE CRÍTICA ...... 138

7. CONCLUSÃO ...... 140

REFERÊNCIAS BIBLIOGRÁFICAS ...... 141

# RE Nº 602.347: O IPTU PROGRESSIVO E MUDANÇA JURISPRUDENCIAL. 143

*André Luiz Batalha Alcântara*

1. INTRODUÇÃO ................................................... 143
2. CONTROVÉRSIA JURÍDICA ................................ 146
3. CONCEITOS E TEORIAS ENVOLVIDAS ................ 151
4. DESCRIÇÃO DO JULGADO ................................ 155
5. ANÁLISE CRÍTICA ............................................ 159
6. CONCLUSÃO ................................................... 162
REFERÊNCIAS BIBLIOGRÁFICAS .......................... 162

# ADI Nº 5.480: TAXA DE FISCALIZAÇÃO DA EXTRAÇÃO DE PETRÓLEO 163

*Donovan Mazza Lessa*

1. INTRODUÇÃO ................................................... 163
2. O CASO CONCRETO: ADI 5480 .......................... 164
3. AS TAXAS NO SISTEMA TRIBUTÁRIO NACIONAL ... 165

   3.1. A taxa como tributo vinculado à atuação estatal e sua hipótese de incidência constitucionalmente delineada. ................................................... 165

   3.2. A base de cálculo das taxas. .......................... 167

   3.3. Critérios de mensuração da taxa. .................. 172

4. A TAXA DE CONTROLE, MONITORAMENTO E FISCALIZAÇÃO AMBIENTAL DAS ATIVIDADES DE PESQUISA, LAVRA, EXPLORAÇÃO E PRODUÇÃO DE PETRÓLEO E GÁS (TFPG) ................................................... 181

   4.1. A natureza jurídica da TFPG: imposto travestido de taxa. ................................................... 182

   4.2. Da desproporcionalidade e confiscatoriedade da TFPG ................................................... 184

   4.3. Das atividades de polícia prevista na lei e da competência para seu exercício ................................................... 186

      4.3.1. Da impossibilidade de considerar parte das atividades indicadas no art. 2º da Lei nº 7.182/15 como espécie de poder de polícia. ................................................... 186

      4.3.2. Da competência prevista no art. 23, XI, da CF/88: diante da ausência de lei complementar, cabe à União Federal executar as atividades ali indicadas. ................................................... 187

4.3.3. Da competência ambiental para fiscalizar as atividades realizadas no mar territorial, na plataforma continental e na zona econômica exclusiva.......... 190

5. CONCLUSÃO.......... 192

REFERÊNCIAS BIBLIOGRÁFICAS.......... 192

## SÚMULA VINCULANTE Nº 48 E RE Nº 193.817: O FATO GERADOR DO ICMS-IMPORTAÇÃO.......... 195

*Carlos Henrique de Seixas Pantarolli*

1. INTRODUÇÃO.......... 195

2. APRESENTAÇÃO DA CONTROVÉRSIA E DOS ELEMENTOS DO PROCESSO.......... 196

2.1. A Súmula Vinculante Nº 48.......... 196

2.2 O Recurso Extraordinário nº 193.817/RJ.......... 197

3. A INTERPRETAÇÃO DO SISTEMA CONSTITUCIONAL TRIBUTÁRIO.  200

4. DESCRIÇÃO DO JULGADO.......... 204

4.1 Votos pelo provimento do recurso.......... 204

4.2 Votos pelo desprovimento do recurso.......... 208

5. ANÁLISE CRÍTICA.......... 212

6. CONCLUSÃO.......... 219

REFERÊNCIAS BIBLIOGRÁFICAS.......... 220

## RE Nº 188.083 E RE Nº 201.512: IRPJ E A CORREÇÃO MONETÁRIA DAS DEMONSTRAÇÕES FINANCEIRAS.......... 223

*Julio Cesar Vieira Gomes*

1. INTRODUÇÃO.......... 223

2. RECURSO EXTRAORDINÁRIO Nº 188.083.......... 225

2.1. A controvérsia.......... 225

2.2. Conceitos e teorias examinados pelo STF.......... 227

2.3. Os fundamentos adotados nos votos dos ministros do STF.......... 228

2.3.1. Ministro Marco Aurélio (relator).......... 228

2.3.2. Ministro Luiz Fux.......... 229

2.3.3. Ministro Edson Fachin................................................................ 229

2.3.4. Ministro Luís Roberto Barroso ................................................. 229

2.3.5. Ministra Rosa Weber.................................................................. 230

3. RECURSO EXTRAORDINÁRIO Nº 201.512............................................ 230

3.1. A controvérsia................................................................................ 230

3.2. Conceitos e teorias examinados pelo STF ................................. 231

3.3. Os fundamentos adotados nos votos dos ministros do STF ........... 231

3.3.1. Ministro Marco Aurélio (relator, vencido) ......................... 231

3.3.2. Ministro Eros Grau................................................................. 232

3.3.3. Ministro Joaquim Barbosa..................................................... 233

4. ANÁLISE CRÍTICA ................................................................................ 233

5. CONCLUSÃO ........................................................................................ 239

REFERÊNCIAS BIBLIOGRÁFICAS ........................................................... 240

## SÚMULA VINCULANTE Nº 52: A IMUNIDADE TRIBUTÁRIA DO ART. 150, VI, "C", DA CF/88, E O IPTU ........................................................... **243**

*Carlos Alberto Cerqueira dos Santos*

1. INTRODUÇÃO ...................................................................................... 243

2. APRESENTAÇÃO DA CONTROVÉRSIA E DOS ELEMENTOS DO PROCESSO ............................................................................................ 244

2.1. Controvertido enquanto súmula vinculante. ............................ 244

2.2. Controvertido enquanto imunidade. ......................................... 247

3. DESENVOLVIMENTO DOS CONCEITOS E TEORIAS ENVOLVIDOS . 248

4. ANÁLISE CRÍTICA ............................................................................... 254

4.1. As decisões monocráticas vinculantes. ...................................... 254

4.2. Reducionismo no debate sobre o contexto jurídico da imunidade.. 256

4.3. Intepretação a partir do texto. ................................................... 263

5. CONCLUSÕES........................................................................................ 266

REFERÊNCIAS BIBLIOGRÁFICAS ........................................................... 268

## RE Nº 183.130, RE Nº 592.396: IMPOSTO DE RENDA, SEGURANÇA JURÍDICA E SÚMULA Nº 584 DO SUPREMO TRIBUNAL FEDERAL — 271

*Érico Teixeira Vinhosa Pinto*

1. INTRODUÇÃO .......................................................... 271

2. APRESENTAÇÃO DA CONTROVÉRSIA: O ENUNCIADO DA SÚMULA 584 DO STF .......................................................... 272

3. DESCRIÇÃO DOS JULGADOS .......................................... 274

   3.1. A Lei nº 7.988/1989 .............................................. 274

   3.2. O RE nº 183.130/PR .............................................. 275

      3.2.1. Breve relato processual .................................... 275

      3.2.2. O voto proferido pelo relator – Ministro Carlos Velloso ...... 276

      3.2.3. A divergência inaugurada pelo Ministro Nelson Jobim ....... 278

      3.2.4. Os demais votos proferidos no RE 183.130/PR ............ 279

      3.2.5. O Recurso Extraordinário nº 592.396 – uma nova oportunidade? .......................................................... 281

4. ANÁLISE CRÍTICA .................................................... 282

5. CONCLUSÃO .......................................................... 294

REFERÊNCIAS BIBLIOGRÁFICAS ........................................ 295

## ADI Nº 4.171: SUBSTITUIÇÃO TRIBUTÁRIA DO ICMS NOS BIOCOMBUSTÍVEIS E DERIVADOS DE PETRÓLEO ...................... 297

*Rodrigo Pomar*

1. INTRODUÇÃO .......................................................... 297

2. APRESENTAÇÃO DA CONTROVÉRSIA ................................ 297

3. DESENVOLVIMENTO DOS CONCEITOS E TEORIAS ENVOLVIDAS .. 299

   3.1. A Substituição Tributária ........................................ 299

   3.2. O Convênio 110/2007 ............................................ 304

   3.3. Modulação dos efeitos da decisão do Supremo Tribunal Federal .... 306

4. DESCRIÇÃO DO JULGADO ............................................ 307

5. ANÁLISE CRÍTICA .................................................... 318

6. CONCLUSÃO .......................................................... 321

REFERÊNCIAS BIBLIOGRÁFICAS ........................................ 321

**ARE Nº 914.045: SANÇÕES POLÍTICAS E MEDIDAS RESTRITIVAS ÀS ATIVIDADES ECONÔMICAS DOS CONTRIBUINTES** ....................... **323**

*Julio Cesar Santiago*

1. INTRODUÇÃO ............................................................................. 323

2. OS ARGUMENTOS POSTOS EM DEBATE NO ARE Nº 914.045 ......... 324

3. OS PRECEDENTES DAS SÚMULAS DO STF SOBRE SANÇÃO POLÍTICA ...................................................................................... 329

4. OS PARÂMETROS PARA A CARACTERIZAÇÃO DA SANÇÃO POLÍTICA NA JURISPRUDÊNCIA DO STF ....................................... 332

5. CONCLUSÃO .............................................................................. 338

REFERÊNCIA BIBLIOGRÁFICA ...................................................... 339

# ADI Nº 4.481/PR: ICMS – GUERRA FISCAL E MODULAÇÃO

RENATA DA SILVEIRA BILHIM[1]

**Sumário:** 1. Introdução. 2. Apresentação da controvérsia. 3. Desenvolvimento dos conceitos e teorias envolvidos. 4. Descrição do julgado. 5. Análise crítica. 6. Conclusão

## 1. INTRODUÇÃO

O presente trabalho se presta à análise crítica do precedente do Supremo Tribunal Federal exarado na Ação Direta de Inconstitucionalidade nº 4481/PR, tendo como pano de fundo a polêmica guerra fiscal no tocante ao ICMS, assim como a modulação dos efeitos das decisões do STF sobre o tema.

Antes de chegar ao julgado propriamente dito, abriremos um tópico dedicado à apresentação da controvérsia, com a indicação dos dispositivos constitucionais e legais pertinentes.

Na sequência, passaremos às vertentes doutrinárias e ao desenvolvimento dos conceitos e teorias envolvidos, assim como as matrizes interpretativas, algumas premissas para, depois, apresentar algumas conclusões na determinação da questão.

---

1. Doutoranda em Finanças Públicas, Tributação e Desenvolvimento pela UERJ; Mestre em Direito Público e Evolução Social pela Universidade Estácio de Sá. Advogada e professora de direito tributário dos cursos de Pós-Graduação da FGV, PUC, UFF, EMERJ e IBMEC, especialista em Comércio Internacional e Desenvolvimento pelo Instituto de Pós-Graduação em Estudos Internacionais e Desenvolvimento de Genebra/Suíça, especialista em Direito Tributário pelo Instituto Brasileiro de Estudos Tributários – IBET; Pós-Graduada em Direito Público e Privado pela Escola da Magistratura do Estado do Rio de Janeiro – EMERJ; Graduada pela Pontifícia Universidade Católica do Rio de Janeiro. professorarenatabilhim@gmail.com

Colocadas as teses e pontos de vista, passaremos à exposição do julgado, indicando os argumentos pela constitucionalidade ou inconstitucionalidade dos dispositivos de lei federal atacados na ADI e ao final, narraremos a decisão da Suprema Corte.

Por fim, diante das premissas destacadas nos primeiros itens, enfrentaremos a questão, analisando criticamente o julgado, apresentando pontos de concordância e discordância e as soluções que melhor nos parecem adequar-se às novas formas de entender o Direito e as implicações da resposta do Judiciário para a coletividade e os entes federativos.

## 2. APRESENTAÇÃO DA CONTROVÉRSIA

A controvérsia reside em questão muito polêmica do imposto mais confuso do país: trata da guerra fiscal e da modulação dos efeitos das decisões do STF.

No afã arrecadatório os 27 (vinte e sete) Estados da Federação brigam entre si pela atenção dos empresários, criando isenções, redução de bases de cálculo, incentivos, benefícios fiscais na tentativa de trazer os holofotes para o seu território, desenvolvendo sua região mediante o incremento das receitas obtidas com o ICMS.

É justo que os entes políticos queiram crescer e se desenvolver. Com esse objetivo proporcionam vantagens fiscais, atraindo investimentos para sua região, o que aumenta o índice de emprego, gira a economia local, o consumo, além de angariar mais recursos para a manutenção de suas despesas públicas.

Contudo, diferente dos demais impostos, o ICMS não garante autonomia aos Estados para oferecerem isenções, incentivos e benefícios fiscais. O ICMS é o único imposto que deve obediência a acordos, chamados convênios, aprovados à unanimidade pelos 27 (vinte e sete) Estados da Federação, para a finalidade de atribuir isenções, incentivos ou benefícios fiscais aos contribuintes localizados em seus territórios, por força da regra constitucional do art. 155, § 2º, XII, alínea g[2], conforme iremos detalhar em item próprio. É uma regra muito rígida que já não

---

2. Art. 155. Compete aos Estados e ao Distrito Federal instituir impostos sobre:
   § 2º O imposto previsto no inciso II atenderá ao seguinte:
   XII – cabe à lei complementar:

mais encontra espaço em nosso mundo moderno em constante evolução, mas como equacionar esse problema diante de uma regra expressa no texto de nossa Constituição? Tentaremos tecer algumas breves tentativas de solução.

Se mesmo diante da inexistência de convênios, os Estados promulgam leis criando vantagens tributárias, sabe-se que, em algum momento, essas normas serão declaradas inconstitucionais. Isso é indubitável. Então, surge mais um ponto discutível: a modulação dos efeitos das decisões do STF que reconhecem a sua inconstitucionalidade, tendo em vista o descumprimento da regra constitucional. Será que a modulação nesses casos é adequada? Quais as implicações práticas do sim e do não?

## 3. A GUERRA FISCAL NO ICMS E A MODULAÇÃO DOS EFEITOS DAS DECISÕES DO STF SOBRE ESSE TEMA

### 3.1. A guerra fiscal no ICMS

O legislador constituinte de 1988, seguindo a linha já anteriormente conferida ao tributo, manteve o ICMS na órbita de competência tributária dos Estados e do Distrito Federal, modelo que tem como consequência a descentralização da competência tributária, a dispersão do poder-dever de instituir, exigir e administrar o imposto ao longo do território nacional. Contudo, mesmo distribuído pela federação, o ICMS é um dos impostos de maior relevância nacional, já que produz forte integração e fluxo comercial entre todas as regiões do País.

Esta característica do ICMS, inerente ao modelo federativo, aliada ao seu perfil plurifásico e não-cumulativo justificou a criação de formas de controle e restrição da competência tributária dos entes tributantes impactando em sua prerrogativa de exonerar. Isso porque é preciso preservar o equilíbrio da tributação entre os entes federativos, tendo em vista a relevância do regime do ICMS para a manutenção da harmonia do pacto federativo.

---

g) regular a forma como, mediante deliberação dos Estados e do Distrito Federal, isenções, incentivos e benefícios fiscais serão concedidos e revogados.

Com efeito, se fosse possível a cada ente federativo estadual, no exercício pleno da competência tributária, a instituição unilateral de incentivos e benefícios fiscais próprios para as suas regiões, o resultado seria uma verdadeira guerra fiscal, em que cada Estado, visando atrair investimentos e capital para o seu território, iria reduzir a carga fiscal em prejuízo dos demais.

Esse cuidado em limitar a ação dos Estados na concessão unilateral de benefícios e incentivos fiscais é antigo. Em 1967, quando da edição do Ato Complementar nº 34, pelo então Presidente da República Marechal Castello Branco, cedendo aos apelos dos Secretários de Fazenda dos Estados[3], logo nas considerações[4] iniciais do Ato, essa preocupação já era evidente.

O art. 1º, do Ato Complementar nº 34/1967 dispunha que "os Estados e Territórios situados em uma mesma região geoeconômica [...] celebrarão convênios estabelecendo uma política comum em matéria de isenções, reduções ou outros favores fiscais, relativamente ao imposto sobre circulação de mercadorias".

Em seguida, a Constituição Federal de 1967, a teor da Emenda Constitucional 01/1969, previu expressamente, no seu art. 23, § 6º, para a concessão de benefícios fiscais no âmbito do ICM, a necessidade de realização de convênios, celebrados e ratificados pelos Estados, segundo o disposto em uma lei complementar. A lei complementar em questão, no entanto, somente foi editada em 07 de janeiro de 1975, nascia a Lei Complementar nº 24.

---

3. Nesse sentido: "A instituição de convênios, como veículo único de isenções do ICM, resultou de outra tendência. Basta assinalar que, segundo informa Rubens Gomes de Sousa, o Ato Complementar 34, de 30 de janeiro de 1967, criou-os por sugestão dos Secretários de Fazenda dos Estados reunidos no Rio de Janeiro, de 23 a 25 de janeiro de 1967". (COSTA, Alcides Jorge. *ICM na Constituição e na Lei Complementar*. São Paulo: Resenha Tributária, 1978. p. 124).

4. Ato Complementar nº 34/67

   Considerando que, a concessão de isenções, reduções e outros favores fiscais no que se refere ao imposto sobre circulação de mercadorias constitui matéria de relevante interesse para a economia nacional e para as relações interestaduais; (...)

   Considerando, entretanto, que por motivos relevantes de interesse nacional faz-se necessário dar plena efetividade à solução convencional do problema da harmonização das políticas estaduais de isenções e reduções de imposto sobre circulação de mercadorias;

E assim permanece até os dias atuais, uma vez que a Constituição Federal de 88 manteve essa exigência no seu art. 155, § 2º, XII, "g", pelo qual cabe à lei complementar, no âmbito do ICMS, "regular a forma como, mediante deliberação dos Estados e do Distrito Federal, isenções, incentivos e benefícios fiscais serão concedidos e revogados".

Essa lei complementar a que se refere o texto de 88 é a velha LC nº 24/1975[5], recepcionada pela nova ordem constitucional[6], que estabeleceu, em seu art. 1º, *caput* e parágrafo único, que medidas que representem desoneração da carga fiscal do ICMS "serão concedidas ou revogadas nos termos de convênios celebrados e ratificados pelos Estados e pelo Distrito Federal".

A citada Lei Complementar incluiu no rol de abrangência dos convênios tanto a concessão de isenções, de reduções da base de cálculo, a devolução do tributo, a concessão de créditos presumidos e "quaisquer outros incentivos ou favores fiscais ou financeiro-fiscais (...) dos quais resulte redução ou eliminação, direta ou indireta, do respectivo ônus", quanto o estabelecimento de condições gerais para concessão de anistia, remissão, transação, moratória, parcelamento de débitos fiscais e ampliação do prazo de recolhimento do imposto de circulação de mercadorias.

Os convênios a que alude a LC nº 24/75 são celebrados no âmbito do Conselho Nacional de Política Fazendária – CONFAZ, em reuniões realizadas entre os representantes de cada Estado e do Distrito Federal, indicados pelos respectivos chefes do Executivo (normalmente, os Secretários de Fazenda), presididas pelo Ministro de Estado da Fazenda (ou por representante de sua indicação), conforme estabelecido no Convênio ICMS nº 133/1997 (Regimento do CONFAZ).

---

5. Além do disposto de forma expressa no §8º do art. 34 do Ato das Disposições Constitucionais Transitórias (ADCT), conforme será adiante transcrito, a compatibilidade da Lei Complementar 24/75 com a nova Ordem Constitucional é reforçada pelo contido no art. 34, §5º, do mesmo ADCT, o qual estabelece: "Art. 34 – O sistema tributário nacional entrará em vigor a partir do primeiro dia do quinto mês seguinte ao da promulgação da Constituição, mantido, até então, o da Constituição de 1967, com a redação dada pela Emenda nº 1, de 1969, e pelas posteriores. [...] § 5º – Vigente o novo sistema tributário nacional, fica assegurada a aplicação da legislação anterior, no que não seja incompatível com ele e com a legislação referida nos §§ 3º e 4º. "

6. ADCT – Art. 34, § 8º – Se, no prazo de sessenta dias contados da promulgação da Constituição, não for editada a lei complementar necessária à instituição do imposto de que trata o art. 155, I, "b", os Estados e o Distrito Federal, mediante convênio celebrado nos termos da Lei Complementar nº 24, de 7 de janeiro de 1975, fixarão normas para regular provisoriamente a matéria.

A aprovação de um convênio de ICMS passa, resumidamente, pelas seguintes etapas[7]:

1. são convocados representantes de todos os Estados e do Distrito Federal, sob a presidência de representantes do Governo Federal, que se reúnem para a celebração desses convênios, bastando para a sua instalação a presença de indivíduos que representem a maioria das Unidades da Federação (os Estados, via de regra, são representados pelos seus Secretários de Fazenda, e a União, pelo Ministro da Fazenda);

2. alcançado o quórum de realização da reunião, presentes representantes da maioria das Unidades da Federação, serão votadas as proposições incluídas na pauta do dia (são representantes dos entes federados os "Secretários de Fazenda, Finanças ou Tributação);

3. aprovados os convênios, por decisão unânime dos estados representados, as resoluções da reunião serão publicadas em até 10 (dez) dias no Diário Oficial da União;

4. dentro do prazo de 15 (quinze) dias dessa publicação, o Poder Executivo de cada Unidade da Federação ratificará o convênio expressamente, por decreto, ou tacitamente, permanecendo silente.

5. O convênio que não for ratificado pelo Poder Executivo de todos os Estados e do Distrito Federal será considerado rejeitado.

Como consequência, o descumprimento dessas etapas implica (i) nulidade do ato e ineficácia do crédito fiscal atribuído ao estabelecimento beneficiado; (ii) exigibilidade do imposto não pago ou devolvido e (iii) ineficácia da lei ou ato que cancela remissão do débito correspondente.

Em que pese o procedimento de edição dos convênios seguir um rito bem definido na LC nº 24/1975 e no Regimento do CONFAZ, há ainda grande divergência no tocante à determinação dos atos necessários à concessão das isenções, incentivos e benefícios fiscais do ICMS, tendo em vista a complexa interpretação

---

7. Veja-se, nesse sentido, o disposto nos arts. 2º e 4º, da LC 24/75 e 35, 36 e 37, do Convênio ICMS 133/1997.

do disposto no art. 150, § 6°, que assevera que qualquer benefício fiscal só poderá ser concedido mediante lei específica do respectivo ente tributante, combinado com o texto do já mencionado art. 155, § 2°, XII, "g", ambos da CF de 88.

Deste modo, em síntese, o Convênio interestadual celebrado no âmbito do CONFAZ é, no atual sistema constitucional, pressuposto de validade das medidas de exoneração fiscal do ICMS. Essa condicionante tem por objetivo diminuir a guerra fiscal entre os Estados, já que a política de desoneração fiscal adotada por um determinado ente gera influência sobre os demais, quer por força do regime de aproveitamento de créditos do imposto, que, em operações interestaduais, transfere para o Estado de destino a obrigatoriedade de suportar créditos contra si que não representaram débitos efetivos no Estado de origem, obrigando-o a compactuar com a desoneração fiscal que opera indiretamente em seu desfavor; quer pela capacidade de intervenção na atividade econômica que os benefícios possuem, uma vez que estimulam o deslocamento de atividades produtivas de um para outro Estado, direcionando-as a regimes fiscais mais atrativos.

Na tentativa de reprimir a concessão de incentivos sem lastro em Convênio, os Estados, aproveitando-se da sistemática não cumulativa do tributo, já inventaram mecanismos de retaliação à utilização de benefícios notadamente inconstitucionais, por exemplo, a glosa da parcela dos créditos que ultrapasse o efetivo recolhimento realizado pelo contribuinte favorecido por benefício fiscal quando do trânsito da mercadoria pelo Estado lesado. Essas práticas, contudo, já foram contidas pelo E. STJ para quem não cabe ao Estado lesado o juízo quanto à correção da lei ou ato normativo, vedando qualquer represália enquanto não declarada a sua inconstitucionalidade[8].

Desta forma, a única estratégia viável ao ente descontente é obter junto ao Supremo Tribunal Federal, por meio de Ação Declaratória de Inconstitucionalidade (ADI) o provimento favorável quanto à declaração de inconstitucionalidade da lei ou ato normativo de outro Estado[9].

---

8. RMS 32.453/MT, Rel. Min. Herman Benjamin, Segunda Turma, julgado em 07/06/2011, DJe 10/06/2011.

9. RMS31.714/MT,Rel.Min.CastroMeira,SegundaTurma,julgadoem03/05/2011,DJe19/09/2011.

Em que pese à aceitação da tese pelo STF, o grande vilão aqui é a demora na entrega da prestação jurisdicional, tornando o benefício inconstitucional interessante para os contribuintes, isso porque as vantagens econômicas obtidas se sobrepõem à eventual ônus oriundo da sua futura declaração de inconstitucionalidade.

Esse aspecto foi trazido à baila em sessão realizada no dia 01/06/2011, quando o STF julgou as ADI's 3.794/PR, 2.688/PR, 3.702/ES, 3.664/RJ, 3.803/PR, 4.152/SP e 2.549/DF, reiterando o entendimento segundo o qual Estado-membro não pode conceder isenção, incentivo ou benefício fiscal, relativos ao Imposto sobre Circulação de Mercadorias e Serviços – ICMS, de modo unilateral, mediante decreto ou outro ato normativo, sem prévia celebração de convênio intergovernamental no âmbito do CONFAZ[10].

Nessa oportunidade o STF demonstrou a sua atenção para o problema da Guerra Fiscal. Após o julgamento das ADI's de relatoria do Ministro Cezar Peluso (ADI's 3.664, 3.803 e 4.152), o Ministro Gilmar Mendes alertou para prática frequente de concessão de benefícios unilaterais de ICMS à revelia do CONFAZ, chegando-se a cogitar o absurdo surgimento de ilegalidades perpetradas pelos Estados amparadas pela presunção de constitucionalidade (legítima defesa) dentro desse ambiente de guerra fiscal.

Diante dessa desordem, o Ministro Gilmar Mendes sugeriu uma modalidade especial de julgamento de ADI's semelhantes, com enfoque político, e ressaltou a necessidade de se instaurar um modelo mais eficaz para o julgamento das Ações Diretas, como um todo, no que foi acompanhado pelos Ministros Peluso e Carmem Lúcia.

Por derradeiro, o Ministro Peluso recomendou a apreciação em conjunto, em todos os casos semelhantes pendentes de julgamento, dos pedidos de concessão de liminar, de forma a se tentar evitar o favorecimento de Entes Federados ainda não alcançados pelas ADI's, posição reiterada pelo Ministro Ayres Britto, que afirmou que tal medida "teria um efeito final profilático".

---

10. ADI 4.152. Rel. Min. Cezar Peluso, Tribunal Pleno, DJe 21/09/2011.

A relevância da matéria impeliu os Ministros a proporem a edição de uma Súmula Vinculante, o que resultou na Proposta de Súmula Vinculante (PSV) 69, em 24/04/2012, cujo conteúdo resultou na proposta do verbete assim desenhado:

> Qualquer isenção, incentivo, redução de alíquota ou de base de cálculo, crédito presumido, dispensa de pagamento ou outro benefício fiscal relativo ao ICMS, concedido sem prévia aprovação em convênio celebrado no âmbito do CON-FAZ, é inconstitucional.

Caso esta súmula seja aprovada, está autorizado o uso da Reclamação sempre que ato administrativo ou decisão judicial contrariar ou aplicar indevidamente o seu comando. Assim, na hipótese do STF julgar procedente a Reclamação, a consequência será a nulidade do ato administrativo ou a cassação da decisão judicial reclamada, possibilitando que outra seja proferida[11].

Toda a explanação detalhada até aqui leva em consideração as questões vinculadas aos convênios e a guerra fiscal. Contudo, é necessário definir a linha divisória entre o que é possível ao Estado legislar sem ou com autorização em Convênio. A exigência de convênios atende ao intuito de preservação do pacto federativo, entretanto entendemos que há campo para a instituição de benefícios que não produzam efeitos perante os demais Entes tributantes.

Nessa esteira, a título de exemplo, o STF já declarou constitucional lei concessiva de benefício sem lastro em convênio da Lei do Estado do Paraná número 14.586/2004, na qual se proíbe a cobrança de ICMS nas contas de serviços públicos estaduais a igrejas e templos de qualquer culto[12].

Para melhor explicar o ponto, vale a transcrição de parcela do voto do Ministro Marco Aurélio, Relator, que afirma:

---

11. Art. 103 – A.

§ 3º Do ato administrativo ou decisão judicial que contrariar a súmula aplicável ou que indevidamente a aplicar, caberá reclamação ao Supremo Tribunal Federal que, julgando-a procedente, anulará o ato administrativo ou cassará a decisão judicial reclamada, e determinará que outra seja proferida com ou sem a aplicação da súmula, conforme o caso.

12. ADI 3421, Relator Min. Marco Aurélio, Tribunal Pleno, julgado em 05/05/2010, DJ 27/05/2010.

A lei complementar relativa à disciplina da matéria é a nº 24/1975. Nela está disposto que, ante as peculiaridades do ICMS, benefícios fiscais hão de estar previstos em instrumento formalizado por todas as unidades da Federação. Indago: o preceito alcança situação concreta que objetive beneficiar, sem que se possa apontar como alvo a cooptação, não o contribuinte de direito, mas o contribuinte de fato, presentes igrejas e templos de qualquer crença, quanto a serviços públicos estaduais próprios, delegados, terceirizados ou privatizados de água, luz, telefone e gás? A resposta é negativa.

A proibição de introduzir-se benefício fiscal, sem o assentimento dos demais estados, tem como móvel evitar competição entre as unidades da Federação e isso não acontece na espécie. Friso, mais uma vez, que a disciplina não revela isenção alusiva a contribuinte que esteja no mercado, mas a contribuinte de fato, de especificidade toda própria, ou seja, igrejas e templos, notando-se, mais, que tudo ocorre no tocante ao preço de serviços públicos e à incidência do ICMS.

Essa ressalva à regra dos Convênios, no atual panorama criado pelo STF sobre a questão, tem implicado rigorosas críticas doutrinárias à PSV nº 69, mencionada linhas atrás, tendo em vista que, com sua edição na forma proposta, se criará um grave engessamento do regime de concessão de benefícios, independente de convênios, para além do combate à guerra fiscal, atingindo, igualmente, pelo conteúdo genérico do verbete, benefícios que não violam o pacto federativo. Defendendo esse ponto de vista, cita-se o ensinamento do professor Ricardo Lodi Ribeiro, *verbis*:

> **Súmula contra guerra fiscal pode cristalizar desigualdades** O Supremo Tribunal Federal discute a Proposta de Súmula Vinculante 69, cuja redação considera inconstitucional a concessão, sem prévia aprovação em convênio celebrado no âmbito do Confaz, de qualquer benefício fiscal em matéria de ICMS, como a isenção, o incentivo, a redução de alíquota ou de base de cálculo, o crédito presumido e a dispensa de pagamento. Caso a proposta seja aprovada fica cristalizada e universalizada uma jurisprudência que não deve ser aplicada a todos os casos de renúncia de receita por partes dos estados.
>
> Sendo a exigência de convênio para a concessão de isenções de ICMS, prevista no artigo 155, parágrafo 2º, XII, g, Constituição Federal, uma salvaguarda do regime federativo no plano horizontal, impedindo que os estados violem o princípio da conduta amistosa federativa, causando com isso lesão aos direitos

de outros estados, não há como deixar de reconhecer que o dispositivo diminui a autonomia local e, indiretamente, a dimensão vertical do princípio federativo. Deste modo, à luz do princípio da proporcionalidade, a restrição à autonomia local só será válida na medida em que for necessária à preservação da própria Federação, a fim de evitar a guerra fiscal. De logo, cabe, por isso, afastar a exigência do convênio em relação a benefícios fiscais que não estejam relacionados à guerra fiscal, por não se traduzirem em incentivos setoriais, mas se basearem na baixa capacidade contributiva ou na extrafiscalidade dissociada do fomento ou da atração de empreendimentos econômicos.

(...) De fato, exigir, como faz a lei atual, a unanimidade entre os estados para a aprovação de qualquer benefício fiscal, equivale a quase sempre inviabilizar todas as propostas desoneradoras, abrindo espaço para medidas unilaterais abusivas por parte dos governos estaduais. É preciso adotar um critério legal que, ao mesmo tempo em que coíba o exercício do abuso de direito caracterizado como guerra fiscal, seja capaz de permitir aos estados a possibilidade de estabelecerem sua política tributária em seu principal imposto incentivando a atração de investimentos que, sem os benefícios, tenderiam a se concentrar nas regiões mais ricas, por serem mais próximas do mercado consumidor, da mão de obra qualificada e dos canais de acesso ao comércio internacional.

Por isso, é inadequada a adoção da súmula neste momento, por cristalizar as desigualdades entre as regiões do país, sendo primordial a alteração da lei que regula a matéria, a fim de preservar a autonomia tributária e administrativa dos estados.[13]

Com efeito, nada obstante a questão da guerra fiscal e sua exigência de convênios para os incentivos e benefícios fiscais de ICMS seja tema aparentemente pacificado, ainda comportam aparos das arestas, tendo em vista a flexibilização do sistema e uma súmula vinculante desse aporte geraria um certo engessamento não perseguido pela Estado de Direito. A questão ainda merece estudo e melhor adequação ao cenário constitucional moderno.

---

13. Conteúdo extraído do sítio eletrônico *Consultor Jurídico*, disponível no seguinte endereço: http://www.conjur.com.br/2012-jul-31/ricardo-lodi-sumula-guerra-fiscal-cristalizar-desigualdades.

## 3.2. A modulação de efeitos das decisões do STF que reconhecem a inconstitucionalidade das leis estaduais concessivas de vantagens sem lastro em convênio

Mais uma polêmica decorrente da guerra fiscal é o assunto envolvendo a modulação de efeitos temporais das decisões do STF que reconhecem a inconstitucionalidade das leis estaduais concessivas de isenções, incentivos e benefícios fiscais sem amparo em convênio, na forma da LC nº 24/75. Aqui se cuida da interpretação do art. 27[14], da Lei 9868/99, veja-se:

> Art. 27. Ao declarar a inconstitucionalidade de lei ou ato normativo, e tendo em vista **razões de segurança jurídica ou de excepcional interesse social,** poderá o Supremo Tribunal Federal, por maioria de dois terços de seus membros, restringir os efeitos daquela declaração <u>ou decidir que ela só tenha eficácia a partir de seu trânsito em julgado ou de outro momento que venha a ser fixado.</u> (grifou-se)

Em regra, quando uma lei ou ato normativo é declarado inconstitucional, essa lei ou esse ato deve ser considerado não escrito, como se nunca tivessem existido. Destarte, a decisão que os declare inconstitucional deveria produzir efeitos *ex tunk,* e, assim, atingindo todas as situações jurídicas desencadeadas em sua vigência.

A modulação dos efeitos temporais das decisões do STF, contido no art. 27, traz regra diversa, possibilitando que a decisão de inconstitucionalidade tenha efeito *ex nunc* ou para o futuro. Essa é uma regra, portanto, de exceção e possui no seu bojo uma série de conceitos jurídicos indeterminados: *razões de segurança jurídica ou de excepcional interesse social,* o que torna obscura e perigosa a sua aplicação, especialmente em matéria tributária.

---

14. Cumpre salientar que em 22/02/2000, a Confederação Nacional das Profissões Liberais (CNPL) ajuizou ADI 2154, questionando a constitucionalidade de alguns dispositivos da Lei nº 9868/99, inclusive o art. 27, sob o fundamento de que violaria diretamente o princípio constitucional da legalidade (art. 5º, inciso II) e, indiretamente, o princípio constitucional da igualdade formal (art. 5º, inciso I), visto que a declaração de eficácia poderia beneficiar uns em detrimento de outros. De outro lado, o Conselho Federal da Ordem dos Advogados do Brasil – OAB ajuizou a ADI 2.258 em 27.07.2000 contra outros dispositivos da referida lei, inclusive o art. 27, sob o fundamento de que viola tanto o princípio constitucional da legalidade (art. 5º, inciso II) como também o Estado Democrático de Direito (art. 1º). Ambas pendentes de julgamento.

ADI Nº 4.481/PR: ICMS – GUERRA FISCAL E MODULAÇÃO

Por ser regra de exceção, deve ser aplicada com parcimônia e utilizada em favor dos cidadãos que tenham agido com base na confiança legítima e na boa fé, que derivam da segurança jurídica, pilar do Estado Democrático de Direito. De sorte que é razoável a afirmação de que a modulação temporal dos efeitos da decisão não pode, de forma alguma, agravar a situação dos cidadãos, notadamente naqueles casos que envolver a inércia do Poder Público; *v.g.* demora do Poder Judiciário na entrega da prestação jurisdicional, e a morosidade do Poder Legislativo na atividade de legislar.

Nos últimos anos, o Supremo Tribunal Federal tem adotado um posicionamento dito "pragmático", muito voltado às consequências práticas de suas decisões. A razão prática tem passado a exercer um papel fundamental e preponderante na administração da Justiça, sobrepondo-se, por vezes, às razões jurídicas. Tal orientação, no entanto, pode conduzir a desvios indesejáveis[15].

Nessa linha, é comum ver o STF modulando temporalmente os efeitos das decisões de inconstitucionalidade, em matéria tributária, de forma *ex nunc* ou para o futuro, tendo como razões de decidir o argumento de natureza pragmática de fundo econômico, ou seja, se apega ao argumento de que se os efeitos da decisão fossem *ex tunc*, o Fisco poderia quebrar, face às inúmeras ações de repetição de indébito que iriam eclodir, além daquelas que já teriam sido propostas antes da decisão.

Assim, baseando-se na consequência econômica, o STF vem modulando suas decisões, reconhecendo que a norma somente seria inconstitucional a partir do reconhecimento da liminar em repercussão geral; ou da decisão final repercussão geral; ou da decisão da medida cautelar no recurso em que foi reconhecida a repercussão geral. Isto é, a norma apesar de inconstitucional, geraria efeitos durante um determinado período de tempo.

Ocorre que nem sempre esse argumento pragmático tão apreciado nas teses fazendárias – senão o Fisco quebra – deve ser chancelado pelo Poder Judiciário. Veja-se: se o STF sempre se valer dessa argumentação pragmática para modular decisões em matéria tributária, essa premissa se tornaria uma chancela às leis e atos normativos emanados tanto do Legislativo, quando do Executivo.

---

15. ANDRADE, Fábio Martins de. O dilema do Supremo Tribunal Federal. *Jornal do Comércio*. Rio de Janeiro, ano CLXXXII, nº 154, Opinião, p. A13, 14.05.2009; *Correio Brasiliense*. Brasília, 22.06.2009. (Direito & Justiça), p. 03.

Noutras palavras, sabendo que sempre existirá uma modulação de efeitos, Legislativo e Executivo emanam, todos os dias, leis e atos normativos de notória inconstitucionalidade. Isso quer dizer: façam leis inconstitucionais, pois quando EU decidir pela inconstitucionalidade, não se preocupem, vou modular os efeitos, e o contribuinte terá que pagar um débito inconstitucional durante um determinado período, e não poderá repetir qualquer indébito, porque senão o Fisco quebra.

Nesse cenário, pendem de julgamento inúmeros temas em matéria tributária relacionados à constitucionalidade de dispositivos legais. Tomemos por exemplo a ADI 18, que trata da exclusão do ICMS da base de cálculo do PIS e da COFINS, a qual aguarda decisão definitiva desde 1999. Diante das mais recentes decisões do STF, provavelmente o resultado da ADI 18 será favorável ao contribuinte. Nesse caso, será que a modulação temporal do art. 27, da Lei nº 9868/99, poderia ser aplicada ao caso, produzindo efeitos *ex nunc* ou para o futuro, da forma como pleiteado na inicial da ADI?

Enxergando que a modulação é uma regra de exceção, para proteger o cidadão, legitimando a proteção da confiança e a boa-fé, qual seria a surpresa que haveria num julgamento que já se alonga no tempo há mais de 15 anos, sendo que seis dos votos entre os 11 Ministros do STF já são reconhecidamente favoráveis ao contribuinte? O argumento pragmático e consequencialista de natureza econômica poderia ser encampado? Não nos parece que a modulação de efeitos, nesse caso, encontra guarida sob o camuflado argumento "senão o Fisco quebra".

A toda evidência a melhor orientação do art. 27, da Lei nº 9869/99, e suas *razões de segurança jurídica ou de excepcional interesse social* para permitir a modulação dos efeitos *ex nunc* ou para o futuro, deve ser percebida como um instrumento de proteção aos direitos fundamentais do cidadão e nunca para servir a interesses específicos, que, pelo contrário, ferem a segurança jurídica e o Estado Democrático de Direito.

Partindo desse raciocínio, nos casos de guerra fiscal, seria legítimo ao STF modular os efeitos da decisão declaratória de inconstitucionalidade das leis estaduais que conferem incentivos e benefícios fiscais sem lastro em convênio? Será que a morosidade no julgamento das ações declaratórias de inconstitucionalidade justifica a modulação?

Aqui o argumento pragmático manejado nas decisões para legitimar a modulação é a proteção da confiança e boa-fé do contribuinte, a fim de produzir estabilidade (segurança jurídica) nas relações jurídicas praticadas durante o tempo em que a norma produziu efeitos, sob o pálio da presunção de constitucionalidade das normas. O argumento reflexo é consequencialista, caso assim não se entendesse, haveria um estado de insegurança na previsibilidade e confiança legítima exarada pelos atos normativos, até que fossem repelidos pelo órgão competente.

Contudo, a excessiva demora na entrega da prestação jurisdicional, tornando o benefício inconstitucional interessante para os contribuintes, proporciona vantagens econômicas que se sobrepõem à eventual ônus oriundo da sua futura declaração de inconstitucionalidade.

Noutras palavras, o que Estado e contribuinte já perceberam é que a morosidade na prolação da decisão judicial gera uma grande oportunidade para os dois lados.

O Estado abusa de seu direito de criar normas que possam desenvolver suas riquezas e seu território valendo-se de mecanismos imorais, isso porque não existe norma que impeça o legislativo de legislar, cabendo ao Poder Judiciário, no caso o STF, retirar eventual norma inconstitucional do sistema, desde que provocado. Veja-se que é evidente, na hipótese ora versada, que o Estado sabe que aquela lei concessiva de desoneração fiscal é inconstitucional, mas enquanto não declarada ela goza de presunção de constitucionalidade.

Não é à toa que os 27 (vinte e sete) Estados[16] brasileiros editam leis prevendo isenções, reduções de base de cálculo, entre outros incentivos e benefícios, a fim de gerar mais riquezas para os seus cofres, valendo-se dessas estratégias, mesmo sabendo que a maioria dessas leis é inconstitucional porque não observa o comando do art. 155, § 2º, XII, alínea g, da CF.

Por outro lado, o contribuinte, ávido por vantagens fiscais, está atento a todo e qualquer cenário que implique redução da carga tributária. Essas leis estaduais são um convite à economia. Contudo, sabendo que o benefício na origem é

---

16. Veja-se: ADI 2345/SC; ADI 260/SC, ADI 286/RO, ADI 1179/SP, ADI 1247/PA, ADI 1308/RS, ADI 1522/RJ, ADI 1587/DF, ADI 2352/ES, ADI 2439/MS, ADI 2458/AL, ADI 2548/PN, ADI 2464/AP, ADI 2659/SC, ADI 3205/MS, ADI 3389/RJ

inconstitucional, cria-se, num primeiro momento, uma zona de incerteza quanto à desoneração tributária. Entretanto, ao se deparar com a morosidade da justiça, vê uma oportunidade para alavancar seus negócios diante da economia fiscal.

Em que pesem essas constatações, não resta dúvidas de que essas legislações estaduais, não respaldadas pelos convênios, padecem do vício da inconstitucionalidade. É apenas uma questão de tempo para que algum dos legitimados venha a propor a ação direta de inconstitucionalidade, provocando o Supremo Tribunal Federal a intervir em favor da Constituição e declarar a norma inconstitucional.

Na hipótese ora analisada, na mesma direção que se nega o argumento pragmático econômico (senão o fisco quebra), não é razoável a modulação temporal dos efeitos da decisão sob o argumento de que não se pode agravar a situação do contribuinte, que, de boa-fé, acreditou no benefício dado pelo Estado, e que, diante da mora do Poder Judiciário na entrega da prestação jurisdicional, usufruiu da benesse fiscal.

Isso porque o contribuinte é conivente com a postura do Estado. Modular os efeitos temporais da decisão *ex nunc* ou para o futuro é o mesmo que afrontar todos os pilares do Estado de Direito que o STF tem a função de proteger. A modulação não pode servir a interesses mesquinhos, chancelando políticas de governo que violam o pacto federativo e que produzem a tão repudiada guerra fiscal, além de gerar uma conduta oportunista ao contribuinte que, valendo-se de benefícios inconstitucionais se desenvolvem à custa de prejuízo federativo chancelado pela morosidade do Poder Judiciário.

## 4. DESCRIÇÃO DO JULGADO

Trata-se de ação direta de inconstitucionalidade, com pedido liminar, proposta pela Confederação Nacional da Indústria – CNI, contra os arts. 1º a 8º e art. 11 da Lei nº 14.985, de 06/01/2006, do Estado do Paraná. O objeto da ação abrange, ainda, o parágrafo único do art. 1º, da Lei nº 14.985/2006, acrescentado pela Lei nº 15.467, de 09/02/2007, do mesmo Estado.

A Confederação Nacional das Indústrias alegou, em resumo, violação ao art. 155, § 2º, XII, g, da CF de 88, tendo em vista que a Lei paranaense (Lei nº 14.985/06, artigos 1º, 2º, 3º, 4º, 6º, 7º, 8º e 11) concedeu benefícios fiscais de ICMS, sem a deliberação prévia dos Estados e do Distrito Federal, mediante convênio.

Em suas informações, a Assembleia Legislativa e o Governador do Estado do Paraná pugnam pela improcedência da ação, aduzindo a regularidade formal do procedimento de elaboração da lei impugnada e a inocorrência de qualquer ofensa à Constituição Federal.

Já o Advogado Geral da União sustentou o conhecimento e parcial procedência da ação, para que fosse reconhecida a inconstitucionalidade da lei paranaense por violação ao art. 155, § 2º, XII, g, já que definiu benefícios fiscais de ICMS sem amparo em Convênio; todavia, quanto ao art. 1º, inciso I[17], ponderou por sua constitucionalidade, uma vez que trata a hipótese nele versada trata de diferimento (postergação do momento do pagamento do tributo) e não de benefício fiscal de ICMS, dispensada a deliberação por convênio.

Na análise do pleito, o Ministro Relator Luís Roberto Barroso assim fundamentou seu voto:

**(a)** Quanto ao mérito da ADI:

Partindo da premissa reiterada na Corte Constitucional de que a instituição de benefícios fiscais unilaterais relativos ao ICMS, sem prévia celebração de convênio intergovernamental, na forma da Lei Complementar nº 24/75, afronta o art. 155, §2º, XII, g, da CF/88, julgou:

---

17. LEI Nº 14.985 DE 06 DE JANEIRO DE 2006.

Art. 1º. O estabelecimento industrial paranaense que realizar a importação, de bem ou mercadoria, através de aeroportos e dos portos de Paranaguá e Antonina, com desembaraço aduaneiro no Estado, poderá beneficiar-se com a suspensão do pagamento do ICMS devido nessa operação:

I – quando tenha por objeto matéria-prima, material intermediário ou secundário, inclusive material de embalagem, para ser utilizado em seu processo produtivo, para a saída dos produtos industrializados do estabelecimento importador; **(MERO DIFERIMENTO – NÃO HÁ OFENSA À CF)**

II – quando tenha por objeto bens para integrar o seu ativo permanente, para os quarenta e oito meses subsequentes ao da entrada dos bens no estabelecimento importador, na proporção de 1/48 (um quarenta e oito avos) do valor devido ao mês; **(INCENTIVO SEM LASTRO EM CONVÊNIO)** (a.1) Pela Constitucionalidade do art. 1º, inciso I, e parágrafo único da Lei Estadual nº 14.985/06, *verbis*:

> Art. 1º. O estabelecimento industrial paranaense que realizar a importação, de bem ou mercadoria, através de aeroportos e dos portos de Paranaguá e Antonina, com desembaraço aduaneiro no Estado, poderá beneficiar-se com a **suspensão do pagamento do ICMS devido nessa operação**:
>
> I – quando tenha por objeto matéria-prima, material intermediário ou secundário, inclusive material de embalagem, para ser utilizado em seu processo produtivo, **para a saída dos produtos industrializados do estabelecimento importador**;
>
> (...)
>
> Parágrafo único. O disposto no caput também se aplica à importação de bem ou mercadoria com certificação de origem de países da América Latina, cujo ingresso em território paranaense se dê por rodovia. (Incluído pela Lei 15467 de 09/02/2007) (grifou-se)

O citado dispositivo não traz incentivo ou benefício fiscal, não gera exoneração tributária, logo não reproduz ofensa ao art. 155, §2º, XII, g, da CF/88. O legislador estadual previu apenas uma modalidade de suspensão do pagamento, postergando o pagamento do tributo do momento do desembaraço aduaneiro para o momento da saída dos produtos industrializados do estabelecimento importador.

Nesse mote, enfatiza o Ministro que a jurisprudência da Corte[18] entende que o mero diferimento do recolhimento do montante devido de ICMS não implica redução ou dispensa de pagamento, não constituindo um benefício fiscal, prescindindo, assim, de convênio prévio.

(a.2) Pela Constitucionalidade do art. 5º, da Lei Estadual nº 14.985/06, *in verbis*:

> Art. 5º. Os estabelecimentos comerciais e demais estabelecimentos de contribuintes do imposto **deverão pagar o imposto** devido pela importação **por ocasião do desembaraço aduaneiro** das mercadorias ou bens importados. (grifou-se)

---

18. Nesse sentido as ADIs 3.702, rel. Min. Dias Toffoli, e 2.056, rel. Min. Gilmar Mendes.

Não há qualquer benefício fiscal previsto na norma acima transcrita, já que é a própria norma do art. 12, IX, da LC nº 87/96, que estabelece o momento do pagamento do ICMS na importação, como sendo o desembaraço aduaneiro.

(a.3) Pela Inconstitucionalidade dos artigos 1º, inciso II e parágrafo único, 2º, 3º e 6º, da Lei 14.985/06, os quais tratam de benefícios fiscais que redundam em (i) parcelar em até quatro anos, sem juros e multa, o pagamento do ICMS devido na importação por estabelecimentos industriais que importem bens destinados ao seu ativo fixo; (ii) criar crédito fictício de ICMS que reduz substancialmente o valor a recolher pelo contribuinte do imposto, o que leva à violação do art. 155, §2º, XII, g, da CF/88 e da Lei Complementar nº 24/75, uma vez que esses benefícios não foram aprovados por Convênio prévio. Veja a íntegra dos dispositivos declarados inconstitucionais:

> Art. 1º. O estabelecimento industrial paranaense que realizar a importação, de bem ou mercadoria, através de aeroportos e dos portos de Paranaguá e Antonina, com desembaraço aduaneiro no Estado, poderá beneficiar-se com a suspensão do pagamento do ICMS devido nessa operação:
>
> (...)
>
> II – quando tenha por objeto bens para integrar o seu ativo permanente, **para os quarenta e oito meses subsequentes ao da entrada dos bens no estabelecimento importador**, na proporção de 1/48 (um quarenta e oito avos) do valor devido ao mês;
>
> Parágrafo único. O disposto no caput também se aplica à importação de bem ou mercadoria com certificação de origem de países da América Latina, cujo ingresso em território paranaense se dê por rodovia. (Incluído pela Lei 15467 de 09/02/2007) (grifou-se)
>
> Art. 2º. O estabelecimento que realizar a importação dos bens e das mercadorias descritos nos incisos I e III do artigo anterior poderá escriturar em sua conta gráfica, no período em que ocorrer a entrada das mercadorias no estabelecimento, **um crédito correspondente a 75% (setenta e cinco por cento)** do valor do imposto devido na importação, até o limite máximo de 9% (nove por cento) sobre o valor da respectiva base de cálculo, e que resulte em carga tributária mínima de 3% (três por cento). (grifou-se)
>
> Art. 3º. O estabelecimento que realizar a importação dos bens referidos no inciso II do artigo 1º **poderá escriturar quarenta e oito meses** a contar da entrada dos

bens no estabelecimento importador o crédito do imposto devido na operação na proporção de 1/48 (um quarenta e oito) avos ao mês. (grifou-se)

(...)

Art. 6°. Os estabelecimentos relacionados no artigo anterior poderão utilizar, por ocasião do pagamento, um **crédito correspondente a 75% (setenta e cinco por cento)** do valor do imposto devido na importação, até o limite máximo de 9% (nove por cento) sobre o valor da respectiva base de cálculo, e que resulte em carga tributária mínima de 3% (três por cento). (grifou-se)

(a.4) Pela Inconstitucionalidade do art. 11, inciso II, da Lei 14.985/06, a qual autoriza o Governador do Estado do Paraná a conceder, via ato infralegal, benefícios fiscais para empresas domiciliadas no Estado, em clara infração ao art. 150, §6°, da CF/88, regra segundo a qual exige lei específica para sua instituição e, em se tratando de ICMS, ainda há necessidade de autorização previa convênio, por força do art. 155, §2°, XII, g, da CF/88. Confira o art. 11, ora impugnado:

Art. 11. Poder Executivo, **através de Decreto**, poderá:

I – deixar de conceder o crédito presumido desta Lei, nos casos em que o benefício à importação venha causar prejuízo à indústria, à agricultura ou à economia do Estado, em que possa causar grave dano à arrecadação tributária ou em que haja revogação de benefícios semelhantes concedidos pelos demais Estados da Federação;

II – conceder outros benefícios no âmbito do imposto como forma de compensar as empresas estabelecidas no Estado pela concorrência desleal provocada por favores concedidos à importação de importação de mercadorias e bens por outras Unidades da Federação. (grifou-se)

(a.5) Pela Inconstitucionalidade dos artigos 4°, 7°, 8° e 11, da Lei 14.985/06, já que são meros desdobramentos dos dispositivos declarados inconstitucionais.

**(b)** Quanto à modulação de efeitos – tendo em vista que (i) o Ministro Joaquim Barbosa determinou a aplicação do rito do art. 12[19], da Lei 9.868/99, não analisando o pedido cautelar de forma imediata; (ii) a lei estadual vigorou

---

19. Art. 12. Havendo pedido de medida cautelar, o relator, em face da relevância da matéria e de seu especial significado para a ordem social e a segurança jurídica, poderá, após a prestação das informações, no prazo de dez dias, e a manifestação do Advogado-Geral da União e do

por mais de oito anos, sendo presumidamente constitucional, de modo que a atribuição dos efeitos retroativos à declaração de inconstitucionalidade geraria um grande e injusto impacto para os contribuintes que cumpriram a lei, até porque, enquanto não declarada inconstitucional, vigia o mandamento da sua presunção de constitucionalidade; e (iii) a ponderação entre a norma reputada inconstitucional e os princípios de boa-fé e segurança jurídica, o Ministro Relator reconheceu a modulação dos efeitos temporais da inconstitucionalidade a partir da data da sessão de julgamento, em 15/03/2015.

O Ministro Barroso sugeriu que, nesses casos, sempre se escolha por se pronunciar sobre o pedido cautelar na primeira hora possível, levando, na sequência, a decisão ao Plenário para referendo, suspendendo a lei, quando for o caso, por violação à dispositivo constitucional, a fim de que a norma não vigore por nenhum prazo significativo.

Assim, na ADI em comento, não tendo existido o deferimento cautelar, e tendo a lei paranaense produzido efeitos por mais de oito anos, ponderou por modular os efeitos temporais da decisão, até a data do julgamento. Destaca-se parcela do seu voto:

> Observo, por fim, que a modulação, no presente caso, decorre de um juízo de ponderação que não envolve o assim chamado princípio da supremacia da Constituição. A supremacia da Constituição é pressuposto do sistema de controle da constitucionalidade e, por consequência, é imponderável. A **ponderação ocorre entre a disposição constitucional tida por violada e os princípios da boa-fé e da segurança jurídica.** Pelas razões já expostas, entendo que devem prevalecer os últimos princípios, atribuindo-se eficácia a esta decisão a partir da data desta sessão. (grifou-se)

Por outro lado, apenas nesse ponto, o Ministro Marco Aurélio divergiu, votando por não por não modular os efeitos, tendo em vista a evidente inconstitucionalidade da norma desde o seu nascedouro.

---

Procurador-Geral da República, sucessivamente, no prazo de cinco dias, submeter o processo diretamente ao Tribunal, que terá a faculdade de julgar definitivamente a ação.

O Ministro Marco Aurélio entendeu que, mesmo passados oito anos da fruição do benefício, Estado e contribuinte sabiam, desde logo, que a norma era inconstitucional. Já na época da edição da lei paranaense existia jurisprudência pacificada sobre o tema, motivo pelo qual não há razões de interesse social ou de segurança jurídica para que a modulação seja escolhida. Além disso, enfatiza que a morosidade da justiça não pode se prestar a legitimar situações em confronto direto e evidente com a Constituição, sob pena de se incentivar o seu desrespeito. Confira parte dos debates na qual Ministro exarou sua posição, *litteris*:

> Presidente, o pano de fundo é estreme de dúvidas: a guerra fiscal. **O que havia quando da edição da lei? Jurisprudência pacificada do Supremo sobre a inviabilidade de outorga de benefício fiscal, sem o convênio previsto na Carta da República.** Mas, <u>não vinga no Brasil o império da lei, vinga no Brasil o critério de plantão, o interesse político, que não é o interesse político institucional, voltado ao avanço, à busca de dias melhores.</u> Editou-se, em um Estado dos mais respeitáveis em termos de cultura, uma lei que, de forma escancarada – tanto que a decisão quanto à matéria de fundo mostrou-se unânime, não houve voz dissonante –, menosprezando inúmeros pronunciamentos do Supremo, implicou a guerra fiscal.
>
> (...)
>
> Fico a imaginar em que caso se deixará de modular a decisão, se, num caso em que houve o desrespeito flagrante, frontal à Constituição, mais do que isso, a reiterados pronunciamentos do Supremo, é implementada a modulação.
>
> Não sei se sou compelido a pedir vênia para divergir, mas não vou pedir. É menoscabo à Carta da República editar uma lei como essa, em conflito evidente com a Constituição, já que a sujeição ao convênio unânime nela está em bom vernáculo, para chegar-se ao benefício, e, então, simplesmente, apostar-se na morosidade da Justiça, que, em um futuro próximo, acomodará a situação.
>
> Não se estimulam, dessa forma, os cidadãos em geral a respeitarem o arcabouço normativo constitucional em vigor. Ao contrário, em quadra muito estranha, **incentiva-se a haver o desrespeito e, posteriormente, ter-se o famoso jeitinho brasileiro, dando-se o dito pelo não dito, o errado pelo certo.** (grifou-se)

Quanto ao marco temporal da modulação dos efeitos, nos debates, os Ministros Teori Zavascki, assim como o Ministro Dias Toffoli, indicaram, para efeitos formais, a publicação da ata do julgamento. Contra essa posição, o Ministro Barroso ponderou que, como se está a trabalhar com uma extensão de benefício indevida, seria prudente abreviar seus efeitos tão logo possível, sinalizando a data da sessão de julgamento, que há muito é pública, sendo, inclusive, televisionada. Assim, todos os Ministros acabaram por aceitar, por maioria, a data do julgamento, como marco da modulação, à exceção do Ministro Marco Aurélio que votou pela não modulação.

Em resumo, os Ministros do Supremo Tribunal Federal, nos termos do voto do Ministro relator Luís Roberto Barroso, julgaram à unanimidade, parcialmente procedente o pedido para declarar a inconstitucionalidade do art. 1º, inciso II, e dos artigos 2º, 3º, 4º, 6º, 7º, 8º e 11 da Lei nº 14.985, de 06 de janeiro de 2006, do Estado do Paraná, e por maioria, modularam os efeitos da declaração de inconstitucionalidade para que tenha eficácia a partir da data de sessão de julgamento, em 11/03/2015, vencido o Ministro Marco Aurélio, que não modulava os efeitos da decisão.

## 5. ANÁLISE CRÍTICA DO JULGADO

O tema de fundo, objeto da ADI 4481/PR, não é novo. A guerra fiscal já é combatida no Brasil desde o Ato Complementar nº 34/1967 e, posteriormente, mediante norma expressa na Constituição de 67, mantendo-se até os dias atuais, na forma do art. 155, § 2º, XII, g, da Constituição Federal de 88.

O legislador constituinte de 1988 conservou o ICM, agora acrescido de um "S" em razão dos serviços de comunicação e transporte interestadual e intermunicipal, logo ICMS, na esfera de competência tributária dos Estados e do Distrito Federal, seguindo o padrão de descentralização da competência tributária. A adoção desse modelo explica a criação de normas que limitam a competência dos Estados e do Distrito Federal quanto à concessão de vantagens fiscais. Isso porque é preciso preservar o equilíbrio da tributação entre os entes federativos, tendo em vista a relevância do regime do ICMS para a manutenção da harmonia do pacto federativo.

Deveras, se fosse possível a cada ente federativo estadual, no exercício pleno da competência tributária, a instituição unilateral de incentivos e benefícios fiscais próprios para as suas regiões, o resultado seria uma verdadeira guerra fiscal, em que cada Estado, visando atrair investimentos e capital para o seu território, iria reduzir a carga fiscal em prejuízo dos demais.

Diante de tudo o que foi colocado até aqui, não resta dúvidas de que a guerra fiscal não é saudável à Federação e que os Estados devem obediência ao comando do art. 155, § 2º, XII, g, da CF, de sorte que é necessária autorização prévia em Convênio assinado pelos 27 (vinte e sete) Estados da Federação, para que as isenções, incentivos e benefícios fiscais serem permitidos.

O julgado acima narrado não discrepa desse entendimento, assim como a jurisprudência sedimentada do Supremo Tribunal Federal sobre o assunto. Destaca-se, nesse ponto, apenas a hipótese de diferimento que, por não ser situação de renúncia fiscal, mas mera postergação do prazo para pagamento de tributo, não guarda sintonia com o art. 155, § 2º, XII, g, da CF, dispensado Convênio anterior.

A grande crítica que se faz a esse julgado reside na modulação dos efeitos temporais da decisão que reconhece a inconstitucionalidade de lei estadual que confere benesse fiscal sem amparo em Convênio em clara afronta ao art. 155, § 2º, XII, g, da CF.

Na ADI em comento, o então Ministro Relator, Joaquim Barbosa, aplicou o rito do art. 12, da Lei nº 9868/99, não apreciando, desde logo, o pedido liminar. De fato, assiste razão ao Ministro Barroso quando sugere que, nos casos de ADI em que se verifica flagrante inconstitucionalidade, como nesse caso de guerra fiscal, o relator deve analisar o pedido cautelar na primeira hora possível, levando, na sequência, a decisão ao Plenário para confirmação, suspendendo a lei inconsistente, a fim de que a norma não vigore por nenhum prazo significativo. Essa conduta, decerto, seria a mais acertada.

Contudo, apesar da escolha mais adequada não ter sido efetivada, a morosidade na prestação jurisdicional, no caso, oito anos, justificaria a modulação dos efeitos temporais da decisão de inconstitucionalidade de uma norma evidentemente inconstitucional, desde o seu nascimento? Entendeu o Ministro Barroso que sim, e o Ministro Marco Aurélio que não. A questão comporta um bom debate crítico.

O art. 27, da Lei 9868/99 possibilita que o STF, ao declarar a inconstitucionalidade de lei ou ato normativo, e tendo em vista razões de segurança jurídica ou de excepcional interesse social, poderá, por maioria de dois terços de seus membros, restringir os efeitos daquela declaração ou decidir que ela só tenha eficácia a partir de seu trânsito em julgado ou de outro momento que venha a ser fixado.

Da forma como já mencionado, essa é uma norma de exceção e, como tal, deve ser avaliada pelo magistrado. A modulação só se justifica quando lastrada em premissas que impliquem a defesa da confiança legítima e da boa-fé das partes envolvidas, justamente por gerar segurança jurídica, princípio basilar do Estado Democrático de Direito.

Seguindo nessa linha de raciocínio, qual seria a surpresa que existiria, tanto para o Estado, quanto para o contribuinte, à declaração de inconstitucionalidade de norma que já se sabe, desde a origem, inconstitucional, por violar o art. 155, § 2º, X, g, da CF? Não nos parece que a modulação de efeitos, nesse caso, encontra guarida sob o camuflado argumento "de proteção da boa-fé do contribuinte".

Se a premissa para modular os efeitos da decisão de inconstitucionalidade *ex nunc* ou para o futuro são as *razões de segurança jurídica ou de excepcional interesse social,* no caso avaliado esse objetivo não subjaz e não encontra supedâneo nos princípios constitucionais. Entender de forma diversa é dar aval a princípios opostos, privilegiando interesses específicos e acobertando a má fé do Estado que instituiu benefício, frise-se sabidamente inconstitucional, e do contribuinte que, conhecendo tal circunstância, vale-se da delonga judicial para se aproveitar de vantagens viciadas. A conduta de ambos não resvala nem de longe a proteção da confiança legítima e da boa-fé que o Estado Democrático de Direito tem o dever de resguardar.

Não há nem na atitude do Estado, nem no comportamento do contribuinte, um estado de coisas exteriorizado pela lealdade, seriedade, zelo, postura exemplar, boa-fé, sinceridade e motivação[20]. Não há lealdade e boa-fé porque o Estado não pode cumprir com o que prometeu, nem o contribuinte usufruir o que é ilegítimo. Não há seriedade porque é nítida a violação constitucional. Não há uma situação de zelo porque a administração não dá nenhuma segurança ao administrado,

---

20. Sobre o princípio da moralidade, ver: ÁVILA, Humberto. Moralidade, Razoabilidade e Eficiência na Atividade Administrativa. *Revista Eletrônica do Estado.* Número 4 – outubro/novembro/dezembro de 2005 – Salvador – Bahia.

nem tão pouco lhe informa seus direitos e a forma como protegê-los. Não há sinceridade porque se falta com a verdade. Por fim, não há como garantir a motivação e se ela existe é contrária a todos os outros – o agir é imoral. Atenta contra a boa-fé porque a lei é notoriamente inconstitucional e ambos, Estado e contribuinte, usufruem de conveniências imorais.

Assim, não parece que o entendimento majoritário do STF é o mais adequado. A posição do Ministro Marco Aurélio deve ser avaliada com mais cuidado, pois que está em nítida harmonia com os princípios de segurança jurídica e interesse social a afastar a modulação dos efeitos.

# 6. CONCLUSÃO

A ADI 4481/PR, julgado escolhido para debate, é um precedente que trata sobre a matéria examinada nesse artigo. Primeiro porque analisou a lei estadual do Paraná que trouxe vantagens fiscais não autorizadas por convênio, violando o art. 155, § 2º, X, g, da CF, o que foi combatido pelo STF, em sintonia com a jurisprudência pacificada daquele órgão julgador. Segundo porque abordou a modulação dos efeitos da decisão de inconstitucionalidade, estipulando o marco temporal, *ex nunc*, para a data do julgamento da matéria, ressalvado o posicionamento do Ministro Marco Aurélio que não modulava a decisão.

O tema pano de fundo da controvérsia colocada no presente trabalho é a guerra fiscal entre os Estados, já há muito combatida e expressamente proibida no texto da Constituição Federal art. 155, § 2º, X, g, da CF, que limita a competência tributária dos estados quanto às desonerações de ICMS, possibilitando uma coesão entre os Estados da Federação.

Quanto a esse assunto jurisprudência e doutrina são unânimes ao defender a inconstitucionalidade de leis estaduais concessivas de isenções, incentivos ou benefícios fiscais unilaterais, sem respaldo em Convênio preliminar, em afronta ao texto constitucional.

A questão que demanda debates, estudos, ponderações fica a cargo da modulação temporal dos efeitos da decisão de inconstitucionalidade por afronta ao art. 155, § 2º, X, g, da CF.

Isso porque o art. 27, da Lei nº 9868/99, regra de exceção, permite a modulação temporal da decisão de inconstitucionalidade *ex nunc* ou pra o futuro, aduzindo em sua redação conteúdo subjetivo vinculado às *"razões de segurança jurídica e excepcional interesse social"*, havendo certo consenso na doutrina e na jurisprudência de que essa expressão deve ser interpretada num ambiente de proteção aos direitos fundamentais do cidadão, voltado a assegurar a confiança legítima e a boa-fé, que derivam da segurança jurídica.

Ocorre que o Poder Judiciário é moroso na entrega da solução ao caso concreto e, nesse meio tempo, paira uma zona de incerteza. Exatamente por isso, muitas das decisões de inconstitucionalidade do STF são moduladas para preservar a estabilidade das relações que se constituíram durante o período em que a norma padeceu de presunção de constitucionalidade. Foi essa a alegação do Ministro Barroso para modular a decisão de inconstitucionalidade na ADI 4481/PR.

A argumentação encontra respaldo na segurança jurídica e é louvável, mas deve ser revista em questões específicas, sob pena de tornar o instrumento uma estratégia de manobra de Estados e Contribuintes, os quais em conluio fraudulento buscam legitimar vantagens inconstitucionais sob o véu da já garantida delonga do processo judicial no Tribunal Constitucional.

Na hipótese específica de guerra fiscal é notório que a lei concessiva de benefício de ICMS é inconstitucional desde o seu nascimento, Estado e contribuinte sabem disso, e mesmo assim colocam seu plano em ação, apostando suas fichas exatamente na delonga da Justiça, sem a qual sua estratégia não daria certo. Nessa linha, a modulação dos efeitos da decisão inconstitucional não encontra guarida nas razões de segurança jurídica, suporte do Estado Democrático de Direito. Por isso, o entendimento do Ministro Marco Aurélio está mais comprometido com a garantia de cumprimento da Constituição.

Com efeito, caso o STF mantenha, como vem fazendo, a modulação dos efeitos *ex nunc* ou para o futuro das decisões que analisam os benefícios inconstitucionais sem amparo em convênios, a mensagem subliminar que irá passar aos entes federativos e ao próprio cidadão é a de que o Tribunal Constitucional está conivente com manobras legislativas que ensejam a guerra fiscal e comportamentos oportunistas do cidadão, que, de má fé, e não de boa-fé, lucra com benesse fiscal inconstitucional, por tempo indeterminado, à custa da quebra consentida do pacto federativo. Definitivamente, esse não é o ensinamento que nossa Corte Suprema quer transmitir ao jurisdicionado.

## REFERÊNCIAS BIBLIOGRÁFICAS

ANDRADE, Fábio Martins de. *O dilema do Supremo Tribunal Federal. Jornal do Comércio. Rio de Janeiro*, ano CLXXXII, nº 154, Opinião, p. A13, 14.05.2009; Correio Brasiliense. Brasília, 22.06.2009 (Direito & Justiça).

ÁVILA, Humberto. *Moralidade, Razoabilidade e Eficiência na Atividade Administrativa*. Revista Eletrônica do Estado. Número 4 – outubro/ novembro/dezembro de 2005 – Salvador – Bahia

CARRAZA, Roque. *ICMS*. 6 ed. São Paulo: Malheiros, 2000.

COSTA, Alcides Jorge. *ICM na Constituição e na Lei Complementar*. São Paulo: Resenha Tributária, 1978.

RIBEIRO, Ricardo Lodi. *Súmula contra guerra fiscal pode cristalizar desigualdades*. Disponível em <http://www.conjur.com.br/2012-jul-31/ ricardo-lodi-sumula-guerra-fiscal-cristalizar-desigualdades>.

# A ADPF Nº 347: ESTADO DE COISAS INCONSTITUCIONAL E JUDICIALIZAÇÃO DAS POLÍTICAS PÚBLICAS

FERNANDA BORGES THEODORO[1]

**Sumário:** 1. Introdução. 2. Elementos do processo e descrição do julgado. 3. Conceitos e teorias envolvidos no processo. 4. Críticas ao Estado de coisas inconstitucional e repercussão do julgado. 5. Conclusão.

## 1. INTRODUÇÃO

Em 27 de maio de 2015, foi proposta pelo Partido Socialismo e Liberdade (PSOL), com representação formalizada pela Clínica de Direitos Fundamentais da Universidade do Estado do Rio de Janeiro (UERJ), a Arguição de Descumprimento de Preceito Fundamental (ADPF) nº 347, com pedido de medida cautelar, em função da situação degradante das penitenciárias no Brasil.

A dramática e duradoura violação de direitos fundamentais dos presos decorrentes de omissões legislativas e administrativas, caracterizada pela falência na criação e implementação de políticas públicas adequadas e eficientes, bem como a necessidade de adoção de medidas integradas por múltiplos órgãos dos Poderes Legislativo, Executivo e Judiciário para a superação do cenário tétrico de nosso sistema prisional ensejou sua caracterização[2] como estado de coisas

---

1. Mestranda em Finanças Públicas, Tributação e Desenvolvimento pela UERJ. Atuou como Senior Tax Manager da área de International Assignment Services da Deloitte Touche Tohmatsu. Pós-Graduada em Direito Tributário pelo Instituto a Vez do Mestre da Universidade Cândido Mendes. Graduada pela Universidade Federal do Rio de Janeiro – Faculdade Nacional de Direito. Advogada.

2. Supremo Tribunal Federal – Pleno. ADPF/MC347. Relator Min. Marco Aurélio. DJE 19/02/2016.

inconstitucional (ECI). A declaração do ECI do sistema prisional brasileiro traz consigo a possibilidade de participação do Poder Judiciário, especialmente do Supremo Tribunal Federal, na elaboração e efetivação de políticas públicas.

Mediante a declaração do ECI, o Supremo Tribunal Federal decidiu pela ampliação de seus poderes político-normativos em face dos demais poderes. Nas palavras de José Libardo Ariza[3], quando uma corte declara o ECI, simultaneamente declara sua legitimidade para interferir na agenda política e nos processos de formulação, implementação e avaliação das políticas públicas. Para que isso ocorra, deve ser identificada situação de extraordinária inação estatal, de forma que a superação do quadro de violação não seja alcançada mediante a mera declaração de inconstitucionalidade por omissão, fazendo-se necessárias medidas adicionais. Precisamente a legitimidade e o alcance das supramencionadas medidas adicionais franqueadas pela declaração do ECI serão analisados neste artigo.

Dado o inegável caráter heterodoxo da declaração do estado de coisas inconstitucional, sua encampação no ordenamento jurídico brasileiro pelo Supremo Tribunal Federal foi objeto de inúmeras críticas, dentre as quais a ilegitimidade do Poder Judiciário para interferir em temas que primordialmente competem à Administração Pública, tais como a criação e efetivação das políticas públicas, campo de atuação originário dos Poderes Legislativo e Executivo. Sendo assim, será abordado no presente artigo o fenômeno da judicialização das políticas públicas e sua contribuição para a maior efetividade dos direitos fundamentais previstos na Constituição da República.

Ainda, tendo em vista o ineditismo do reconhecimento do ECI no Brasil, mostra-se pertinente a discussão acerca de sua definição, caracterização e fundamentos, reconhecendo-se, entretanto, que tanto a adoção de uma postura mais ativista pelo Supremo Tribunal Federal quanto o fenômeno da judicialização das políticas públicas nos parecem irreversíveis, mormente em razão do protagonismo que o Supremo Tribunal Federal vem assumindo frente à sociedade brasileira.

---

3. ARIZA, Libardo José. *The Economic and Social Rights of Prisioners and Constitutional Court Intervention in the Penitenciary System in Colombia* apud CAMPOS, Carlos Alexandre de Azevedo. *Estado de Coisas Inconstitucional*. Rio de Janeiro: Ed. JusPodivm, 2016.

## 2. ELEMENTOS DO PROCESSO E DESCRIÇÃO DO JULGADO

A ADPF nº 347, proposta pelo PSOL, busca o reconhecimento do estado de coisas inconstitucional relativamente ao sistema penitenciário brasileiro e a consequente adoção de providências em face de lesões a preceitos fundamentais dos presos, decorrentes de ações e omissões dos Poderes Públicos da União, dos Estados e do Distrito Federal.

Dentre outros pedidos, foi pleiteado que a União cesse o contingenciamento dos recursos do Fundo Penitenciário Nacional – FUNPEN, os quais não são repassados aos Estados, bem como a determinação ao Governo Federal de elaboração e posterior encaminhamento ao STF, no prazo máximo de três meses, de plano nacional visando à superação, dentro de 3 anos, do quadro dramático do sistema penitenciário brasileiro. Ainda, requereu-se que o aludido plano preveja os recursos necessários à implementação das propostas, que seja elaborado cronograma para efetivação das medidas, que o Supremo Tribunal Federal delibere sobre o plano, para homologá-lo ou impor providências alternativas ou complementares e que a Corte Suprema monitore a implementação dos planos nacional, estadual e distritais.

Apresentamos a seguir, de forma resumida, os votos proferidos no julgamento da medida cautelar da ADPF nº 347 no que concerne, apenas, ao reconhecimento do estado de coisas inconstitucional e ao descontingenciamento das verbas do FUNPEN, tendo em vista a pertinência desses pedidos com o objeto do presente artigo.

a. **Ministro Marco Aurélio (Relator)**

Declarou a existência de violação sistemática de direitos fundamentais dos presos, haja vista a existência de superlotação, torturas, homicídios, violência sexual, celas imundas e insalubres, proliferação de doenças, comida imprestável, falta de água potável, de produtos de higiene, acesso à assistência jurídica, educação, saúde e trabalho, discriminação social, racial, de gênero e de orientação sexual.

Asseverou que no sistema prisional brasileiro ocorre violação generalizada de direitos fundamentais, inobservância de normas nucleares do programa objetivo de direitos fundamentais, desrespeito a pactos internacionais e legislação interna. Ressaltou que a responsabilidade pelo estágio atual é dos três poderes, União, Estados e Distrito Federal, em razão da existência de sistemática inércia e incapacidades das autoridades públicas em superar este quadro.

Reconheceu a existência de falha estatal estrutural, tratada pela doutrina como litígio estrutural, declarando o estado de coisas inconstitucional. Caracterizado o ECI, entendeu pela possibilidade do Tribunal, na adequada medida, tomar parte em decisões políticas, sem que possa ser admitida, nesse caso, alegações de afronta a princípios democráticos e à separação de poderes. Defendeu, mediante a existência do ECI, ser possível ao Supremo, em diálogo com os demais poderes e com a sociedade, interferir nas escolhas orçamentárias e seus ciclos de formulação, implementando e avaliando políticas públicas sem detalhá-las.

Finalmente, entendeu o Ministro Marco Aurélio que a violação à dignidade da pessoa humana e o respeito ao mínimo existencial autorizam a judicialização do orçamento. Assim, determinou à União a liberação do saldo acumulado do FUNPEN, bem como que esta abstenha-se de realizar novos contingenciamentos.

b. **Ministro Luís Roberto Barroso**

Aduziu que a deficiência do sistema carcerário reverte consequências gravíssimas para a sociedade, pela incapacidade do sistema de ressocializar, aumentando índices de reincidência. O diálogo institucional, neste caso, não seria em maior parte com o Legislativo, pela existência de políticas públicas, mas sim com o Executivo pela falha em sua implementação. Diante desse cenário, entendeu o Min. Barroso pela possibilidade de intervenção do Poder Judiciário. Relativamente ao ECI, entendeu que o conceito importado da Corte Constitucional Colombiana é congruente com a situação prisional brasileira, na medida em que existe um conjunto de ações e omissões notórias que fazem com que se tenha um estado de generalizada inconstitucionalidade por falha estrutural do sistema.

Determinou que cessasse o contingenciamento de verbas do FUNPEN, abrindo à União espaço de 60 dias para adequação e concedeu liminar de ofício para determinar que o Governo Federal encaminhe ao Relator diagnóstico da situação do sistema carcerário em termos quantitativos e pecuniários, para que se tenham elementos adequados para julgar o mérito, e para que sejam propostas soluções em harmonia com os Estados-membros da Federação.

### c. Ministro Gilmar Mendes

Afirmou a possibilidade de proceder-se ao controle constitucional de situações decorrentes de uma omissão. Assim, acolheu a ADPF, ainda que não tenha subscrito a tese do estado de coisas inconstitucional, por entender que bastaria a indicação de uma omissão administrativa sistemática, uma omissão administrativo-inconstitucional, para que se aceitasse a ação proposta.

Considerou o caso paradigmático, entendendo ser de responsabilidade da Corte não apenas a expedição de uma liminar para suspender determinados atos, ou formular orientações, mas sim o acompanhamento efetivo da questão, sob pena de o esforço que se está a fazer resultar pouco significativo. Por fim, concedeu o pedido cautelar determinando que a União libere as verbas do FUNPEN, abstendo-se da realização de novos contingenciamentos.

### d. Ministro Edson Fachin

Asseverou seu entendimento acerca da atuação estatal insuficiente para concretizar as promessas da CRFB/88, restando, assim, caracterizado um novo perfil do Poder Judiciário. Na medida em que questões atinentes ao sistema penitenciário nacional não encontram espaço fértil nos poderes Executivo e Legislativo, votou pela atuação do Poder Judiciário e do STF como poder contra majoritário para a guarda da Constituição.

Entendeu pela declaração do ECI, o qual tem por pressuposto a constatação de violação massiva e generalizada de direitos fundamentais, omissão reiterada e persistente das autoridades públicas no cumprimento de suas obrigações e necessidade de remédios e ordens dirigidas a uma pluralidade de órgãos para a sua superação. Por fim, determinou o descontingenciamento das verbas existentes no FUNPEN, devendo a União providenciar a devida adequação em até 60 dias contados da publicação do acórdão.

### e. Ministro Teori Zavaski

Ponderou que a separação entre os poderes e a política democrática muitas vezes são invocados como escusas para impedir a atuação do Poder Judiciário, em especial diante da inércia intencional e sistemática dos demais poderes. Afirmou que considerando-se os principais pressupostos do ECI, a saber, a constatação de um quadro não simplesmente de proteção deficiente, e sim de violação massiva e generalizada de direitos fundamentais, omissão reiterada e persistente das autoridades públicas no cumprimento de suas obrigações de defesa e promoção dos direitos fundamentais e a superação de violações de direitos exigindo a expedição de remédios e ordens dirigidas não apenas a um órgão, é forçoso declarar sua existência relativamente ao sistema prisional brasileiro.

Quanto ao pedido de descontingenciamento das verbas do FUNPEN, entende que seria mais lógico pedir pela previsão de recursos, mas concordou em descontingenciá-los, se houver algum projeto já aprovado para a melhoria do sistema prisional, para que não seja por falta de descontingenciamento que reste prejudicada sua execução.

### f. Ministra Rosa Weber

Conheceu a ADPF, acompanhando o voto do Min. Marco Aurélio relativamente às premissas ensejadoras do reconhecimento do estado de coisas inconstitucional, ante a violação massiva de direitos fundamentais dos detentos, provocada por ações e omissões dos poderes públicos, nas órbitas federal e estadual, sendo necessária, para sua superação, a adoção de providências de ordens diversas.

Acolheu o pedido relativo ao descontingenciamento das verbas existentes no FUNPEN, determinando a União que libere o saldo acumulado do mencionado fundo para utilização com a finalidade para a qual foi criado, com comando, ainda, de que se abstenha de realizar novos contingenciamentos, no prazo de até sessenta dias, a contar da publicação da decisão.

### g. Ministro Luiz Fux

Afirmou que, à semelhança do observado em várias cortes constitucionais, o chamado ativismo judicial-dialógico visa a implementar direitos fundamentais previstos na Carta dos respectivos países. Dessa forma, entendeu caber ao Poder Judiciário, face a um estado de inércia e de passividade, em que os direitos fundamentais não são cumpridos, interferir. Acolheu a tese do ECI, bem como determinou que a União procedesse ao descontingenciamento das verbas do FUNPEN.

### h. Ministra Carmen Lúcia

Reconheceu o estado de coisas inconstitucional do sistema prisional brasileiro. Acompanhando o voto do Relator, Ministro Marco Aurélio, determinou que a União cesse o contingenciamento de verbas do FUNPEN e se abstenha de realizar novos contingenciamentos, a fim de que os recursos do referido fundo sejam efetivamente utilizados no custeio e melhoria do sistema penitenciário brasileiro.

i. **Ministro Celso de Mello**

Admitiu a ADPF em face da plena legitimidade do controle jurisdicional de omissões inconstitucionais em que haja incidido o Poder Público. Subscreveu a tese do ECI do sistema prisional brasileiro, gerado pela inércia do Estado que descumpre a CRFB/88, a Lei de Execução Penal e fere o sentimento de decência dos cidadãos da República.

Afirmou que embora a destinação de recursos públicos, sempre tão dramaticamente escassos, resulte na instauração de situações de conflito, quer com a execução de políticas públicas definidas no texto constitucional, quer, também, com a própria implementação de direitos sociais assegurados pela Constituição da República, a cláusula da reserva do possível, embora invocável como parâmetro a ser observado pela decisão judicial, encontrará, sempre, insuperável limitação na exigência constitucional de preservação do mínimo existencial. Dessa forma, determinou à União que cessasse o contingenciamento das verbas do FUNPEN.

j. **Ministro Ricardo Lewandowski**

Acompanhou o Relator integralmente. Disse que a Corte, de forma pioneira, acolheu o argumento do estado de coisas inconstitucional. No seu entender, o reconhecimento do estado de coisas inconstitucional justifica a medida drástica que é a interferência do Poder Judiciário na discricionariedade do manejo do fundo penitenciário nacional.

## 3. CONCEITOS E TEORIAS ENVOLVIDOS NO PROCESSO

### 3.1. Controle de constitucionalidade por omissão e a efetivação de direitos fundamentais previstos na Constituição

O controle de constitucionalidade das leis consiste na verificação vertical de adequação entre a Constituição e o ato normativo impugnado, com base na supremacia da Constituição, a qual atua como fundamento de validade de todos os demais atos normativos do ordenamento jurídico brasileiro[4]. A doutrina tradicional estabeleceu a classificação dos diferentes tipos de inconstitucionalidade, assim distinguindo-se inconstitucionalidade formal ou material, considerando-se o conteúdo da norma ou seu procedimento de produção, inconstitucionalidade originária e superveniente, tendo como critério de distinção o momento de produção da norma dita inconstitucional, a saber, antes ou depois da promulgação da Constituição e inconstitucionalidade por ação ou por omissão, conforme esteja sob questionamento uma conduta positiva do legislador ou uma lacuna legislativa ou administrativa.

O controle de constitucionalidade por omissão é recente[5]. A omissão legislativa inconstitucional decorre da exigência, não atendida, do dever de legislar, de atuar, omissão essa resultante não apenas da inobservância do mandamento constitucional expresso de regulamentação, mas também da conduta omissiva que em razão da inexistência ou existência insuficiente de leis e políticas públicas, comprometa a concretização dos fins e objetivos previstos na Constituição e de direitos fundamentais dos cidadãos nela previstos.

Embora deva ser reconhecido que o controle de constitucionalidade por omissão implícita, assim denominada a inconstitucionalidade por omissão que não decorra de mandamento constitucional expresso, seja de identificação e caracterização complexas, não podemos negar ao Poder Judiciário a possibilidade de sua realização, especialmente se direitos fundamentais restarem desrespeitados.

Recorrendo à tradicional classificação de José Afonso da Silva[6], as normas constitucionais se dividem em normas constitucionais de eficácia plena ou imediata e normas constitucionais de eficácia contida e de eficácia limitada ou reduzida. Nesta última categoria estão compreendidas as normas definidas como programáticas. Normas de eficácia plena são aquelas em que a Constituição Federal prevê um direito que já pode, desde logo, ser exercido ou aplicado. Não há

---

4. BARROSO, Luís Roberto. *O controle de constitucionalidade no direito brasileiro: exposição sistemática da doutrina e análise crítica da jurisprudência.* São Paulo: Ed. Saraiva, 2008.
5. BRANCO, Paulo Gustavo Gonet e MENDES, Gilmar Ferreira. *Curso de Direito Constitucional.* Ed. Saraiva, edição digital, 2015.
6. SILVA, José Afonso. *Aplicabilidade das Normas Constitucionais.* Ed. Malheiros, 8ª edição, 2012.

A ADPF Nº 347: ESTADO DE COISAS INCONSTITUCIONAL E JUDICIALIZAÇÃO DAS POLÍTICAS PÚBLICAS    **55**

a necessidade de nenhum complemento legal. Por sua vez, nas normas de eficácia contida, embora exista um direito, o legislador constituinte ao prevê-lo também prevê a possibilidade de subtração de parte dele com o surgimento de lei posterior.

Sendo assim, o legislador constituinte previu um direito na Constituição, mas esse direito não pode ser exercido enquanto não surgir lei que o regulamente. O direito previsto na Constituição só terá aplicabilidade quando a lei regulamentadora prevista na própria Constituição surgir. Neste diapasão, a omissão legislativa inconstitucional decorre da inobservância pelo legislador de seu dever de produção normativa.

Ocorre que existe outra modalidade de inconstitucionalidade por omissão que merece ser debatida. Tal forma de omissão inconstitucional será caracterizada nas hipóteses em que a inexistência de lei ou outro ato normativo represente óbice à concretização de direitos e garantias fundamentais. Note que essa forma de omissão não está necessariamente relacionada à inexistência de norma regulamentadora, senão à inexistência de norma que possibilite a concretização de direitos fundamentais. Nessa hipótese, a inação do legislador não poderá ser compreendida como faculdade adstrita à sua discricionariedade funcional, mas sim como conduta inconstitucional, na medida em que, ao não regular matéria constitucional ou ao não criar ou criar de forma insuficiente leis e políticas públicas, coloque em xeque a eficácia da própria Constituição.

Logo, tanto a ação estatal excessiva, que ultrapasse os limites previstos na Constituição, quanto a inação estatal, a atuação aquém dos mandamentos previstos em nossa Lei Maior são igualmente inconstitucionais e ilegítimos. O Estado tem o dever de tomar as providências necessárias, sejam legislativas ou administrativas, para a concretização de direitos fundamentais previstos na Constituição. Por isso, a ausência de leis e políticas públicas e a ineficiência em sua execução, ao prejudicarem a efetivação de direitos e garantias fundamentais caracterizam omissão legislativa inconstitucional, podendo o Supremo Tribunal Federal atuar na sua correção.

Demonstrada, portanto, omissão legislativa ou administrativa que implique em violação de direitos fundamentais do cidadão, especialmente se dita violação ocorre de forma sistemática, quiçá contumaz, não deve a Corte Constitucional limitar-se à declaração de tal omissão e à solicitação de suprimento das lacunas inconstitucionais pelos Poderes Legislativo e Executivo. A Corte deverá tomar medidas necessárias para assegurar os direitos fundamentais previstos na Constituição, garantindo o respeito à dignidade da pessoa humana e ao mínimo existencial, a exemplo do julgado consubstanciado na ADPF nº 347.

## 3.2. Entendendo o Estado de Coisas Inconstitucional

O estado de coisas inconstitucional foi instrumento desenvolvido pela Corte Constitucional Colombiana a qual, desde a *Sentencia de Unificación* 559, aprovada em Bogotá, em 06 de outubro de 1998, passou a utilizar a categoria em uma série de decisões similares. Nesse caso concreto, 45 professores dos municípios de Maria la Baja e Zambrano tiveram direitos previdenciários recusados pelas autoridades locais.

Nos termos da supramencionada sentença, a Corte Colombiana observou que a Administração Pública não havia sido eficiente no cumprimento de suas obrigações, não obstante todas as advertências realizadas anteriormente quando da concessão de tutela aos particulares, reiteradamente atrasando o pagamento das prestações sociais aos segurados, os quais, encontravam-se em condições deploráveis de sobrevivência.

A atuação ineficiente do Estado acarretou danos que impactaram o interesse público e representaram violação de direitos fundamentais dos envolvidos. Por esta razão, entendeu a Corte Colombiana que, muito embora em face do princípio da separação dos poderes, não caiba aos juízes emitir ordens em face dos demais agentes públicos, a omissão por parte da Administração Pública, teria gerado inúmeras decisões judiciais proferidas no sentido de conclamar a Administração Pública a observar o princípio da legalidade e a cumprir seus deveres constitucionais, sem que qualquer atitude corretiva tivesse sido tomada. Dessa forma[7]:

> La Corte Constitucional tiene el deber de colaborar de manera armónica con los restantes órganos del Estado para la realización de sus fines (C.P. art., 113). Del mismo modo que debe comunicarse a la autoridad competente la noticia relativa a la comisión de un delito, no se ve por qué deba omitirse la notificación de que un determinado estado de cosas resulta violatorio de la Constitución Política.

---

7. Disponível em http://www.corteconstitucional.gov.co/relatoria/1998/T-559-98.htm.

[...]

El deber de colaboración se torna imperativo si el remedio administrativo oportuno puede evitar la excesiva utilización de la acción de tutela. Los recursos con que cuenta la administración de justicia son escasos. Si instar al cumplimiento diligente de las obligaciones constitucionales que pesan sobre una determinada autoridad contribuye a reducir el número de causas constitucionales, que de otro modo inexorablemente se presentarían, dicha acción se erige también en medio legítimo a través del cual la Corte realiza su función de guardiana de la integridad de la Constitución y de la efectividad de sus mandatos.

[...]

Ahora bien, si el estado de cosas que como tal no se compadece con la Constitución Política, tiene relación directa con la violación de derechos fundamentales, verificada en un proceso de tutela por parte de la Corte Constitucional, a la notificación de la regularidad existente podrá acompañarse un requerimiento específico o genérico dirigido a las autoridades en el sentido de realizar una acción o de abstenerse de hacerlo. En este evento, cabe entender que la notificación y el requerimiento conforman el repertorio de órdenes que puede librar la Corte, en sede de revisión, con el objeto de restablecer el orden fundamental quebrantado. La circunstancia de que el estado de cosas no solamente sirva de soporte causal de la lesión iusfundamental examinada, sino que, además, lo sea en relación con situaciones semejantes, no puede restringir el alcance del requerimiento que se formule.

Isto posto, a Corte Constitucional Colombiana constatou que a falha da Administração Pública tinha caráter amplo, alcançava número indeterminado de professores e não poderia ser atribuída a um único órgão, de forma que, cumprindo com o que classificou de dever de colaboração, reconheceu o estado de coisas inconstitucional.

O estado de coisas inconstitucional tem natureza jurídica de técnica decisória. Nas palavras de Blanca Cárdenas[8], o ECI é instituto de natureza processual, utilizado para a defesa objetiva de direitos em casos em que se apresenta violação sistemática de direitos fundamentais para grupo expressivo de pessoas em decorrência de falhas sistemáticas ou estruturais e ausência ou deficiência

---

8.  RAQUEL CÁRDENAS, Blanca. *Contornos jurídico-fáticos del estado de cosas inconstitucional.* Bogotá: Universidad Externado de Colombia, 2011.

de políticas públicas, cuja superação exija a participação de múltiplos órgãos públicos. Sendo assim, podemos concluir que serão as omissões estatais que servirão de fundamento para a declaração do ECI, sempre que a mencionada omissão seja contumaz e coloque em xeque a eficácia de direitos fundamentais de número significativo de pessoas.

Seis foram os critérios identificados pela Corte Constitucional Colombiana para a caracterização do ECI[9]: 1) violação massiva e generalizada de direitos constitucionais que afetem número significativo de pessoas; 2) omissão prolongada das autoridades; 3) adoção de práticas inconstitucionais pelo Estado; 4) a ausência de elaboração de medidas legislativas, administrativas e orçamentárias necessárias para evitar a violação de direitos fundamentais; 5) a existência de um problema social cuja solução requer a intervenção de várias entidades, exigindo conjunto coordenado de ações e 6) a possibilidade de obstrução das vias judicial em razão do número potencial de demandas a serem propostas para solução do quadro de violação de direitos.

Carlos Alexandre de Azevedo Campos[10], o qual defendeu a viabilidade do ECI no Brasil, elencou quatro pressupostos para sua caracterização: 1) Existência de quadro de violação sistemática, grave e contínua de direitos fundamentais, alcançando número elevado e indeterminado de pessoas; 2) omissão reiterada e persistente das autoridades públicas na promoção e defesa de direitos fundamentais; 3) necessidade de atuação de múltiplos órgãos para correção da violação e 4) potencialidade de elevado número de demandas judiciais em razão do também elevado número de afetados.

Todos estes pressupostos se mostram presentes no caso concreto que ensejou a proposição da ADPF nº 347, haja vista o desrespeito corrente e continuado aos direitos fundamentais mais básicos dos custodiados, aos quais são negados, de longa data, condições para o cumprimento de suas penas de forma digna, sem que o Estado brasileiro, até o momento, tenha adotado medidas efetivas para ajuste desse cenário que tanto nos envergonha.

---

9. Sentencia T-025 da Corte Constitucional Colombiana. Disponível em http://www.corteconstitucional.gov.co/relatoria/2004/t-025-04.htm

10. CAMPOS, Carlos Alexandre de Azevedo. *Estado de Coisas Inconstitucional*. Rio de Janeiro: Ed. Juspodium, 2016.

A ADPF Nº 347: ESTADO DE COISAS INCONSTITUCIONAL E JUDICIALIZAÇÃO DAS POLÍTICAS PÚBLICAS    59

## 3.3. Judicialização das políticas públicas e atual cenário brasileiro

Políticas públicas[11] são desenhadas e concretizadas entre planos, programas, ações e atividades, sendo que os planos estabelecem diretrizes gerais, os programas objetivos gerais e específicos relacionados a determinado tema, as ações almejam alcançar metas estabelecidas pelo programa e as atividades estão relacionadas à efetivação da ação. Portanto, as políticas públicas representam o conjunto dos planos, programas, ações e atividades desenvolvidas pelo Estado para assegurar direitos constitucionalmente previstos.

Tradicionalmente, defende-se que a realização e implementação das políticas públicas depende da vontade efetiva do Estado. Nas lições de Aliomar Baleeiro[12], a escolha do objetivo da despesa envolve um ato político que também se funda em critérios políticos, isto é, nas convicções, aspirações e interesses revelados. Entretanto, o atual cenário brasileiro nos evidencia que vivenciamos uma época em que cada vez menos as decisões sobre políticas públicas são tomadas com base em critérios exclusivamente políticos.

"De fato, desde o final da Segunda Guerra Mundial verificou-se, na maior parte dos países ocidentais, avanço da justiça constitucional sobre a política majoritária, que é aquela feita no âmbito do Legislativo e do Executivo".[13]No Brasil, as políticas públicas são cada vez mais influenciadas por fatores jurídicos, em razão do perfil social da CRFB/88, da adoção da doutrina da efetividade das normas constitucionais, do caráter descritivo da Constituição que determina a destinação das receitas públicas e da judicialização dos direitos.

Em assim sendo, entende-se que há judicialização de políticas públicas quando o Poder Judiciário, afastando-se de seu papel convencional, decide sobre questões originalmente de competência dos Poderes Legislativo e Executivo. Dada a existência de uma norma constitucional criadora de direito, entende-se

---

11. ABRAHAM, Marcus. *Políticas Públicas e o seu controle judicial na área da saúde: Uma crítica à reserva do possível no Brasil*. In: QUEIROZ, Luís Cesar de Souza, ABRAHAM, Marcus e CAMPOS, Carlos Alexandre de Azevedo (org). *Estado Fiscal e Tributação*. Rio de Janeiro: LMJ Mundo Jurídico, 2015.

12. BALEEIRO, Aliomar. *Uma introdução à ciência das finanças*. 15ª ed. Rio de Janeiro: Forense, 1997.

13. BARROSO, Luís Roberto. *Judicialização, ativismo judicial e legitimidade democrática*. Anuario Iberoamericano de Justicia Constitucional 13, Madrid (2009)

existir pretensão do cidadão, o que autorizaria a busca pelo Poder Judiciário para decidir eventual conflito de interesses. A judicialização, portanto, é um processo de transferência de poder político ao Judiciário em razão da redemocratização do Estado brasileiro, do maior acesso à justiça e do rol extensivo de direitos e garantias previstos na Constituição.

Não são poucos os doutrinadores que criticam a judicialização das políticas públicas e a postura adotada pelo Poder Judiciário relativamente às interferências orçamentárias. Para Fernando Facury Scaff[14], o papel do Poder Judiciário não é o de substituir o Poder Legislativo, transformando a discricionariedade legislativa em discricionariedade judicial. O foco das ações judiciais deve ser o controle dos gastos públicos e a fiscalização da efetiva destinação das verbas vinculadas no orçamento e na Constituição.

Contrariamente a esta tese estão os que, como nós, defendem que o Estado foi criado para a realização dos interesses públicos, dos interesses da coletividade que integram essa organização, sendo o interesse da coletividade mais relevante, hierárquica e axiologicamente. Conforme lecionado por Celso Antônio Bandeira de Mello[15], não necessariamente o interesse da coletividade será correspondente ao interesse da Administração Pública, devendo ser distinguido o chamado interesse público primário do interesse público secundário.

O interesse público primário[16] é a razão de ser do Estado, são os interesses de toda a sociedade, e coincidentes com os fins que cabe ao Estado promover. Interesse público secundário é o da pessoa jurídica de direito público que seja parte em uma determinada relação jurídica, em ampla medida correlacionado com o interesse do erário. Dessa forma, muito embora o interesse da Administração Pública deva guardar correlação com o interesse da coletividade, na hipótese de haver conflito entre eles, este último deverá prevalecer.

---

14. SCAFF, Fernando Facury. *Orçamento Público, direitos sociais e escolhas políticas ou reserva do possível e escolhas trágicas na implementação dos direitos sociais. In: Temas de Direito Público. Estudos em homenagem ao Professor Flávio Bauer Novelli.* Editora Multifoco. Rio de Janeiro, 2015.

15. MELLO, Celso Antônio Bandeira de. *Curso de Direito Administrativo.* 19º edição. Editora Malheiros. São Paulo, 2005.

16. BARROSO, Luís Roberto. Prefacio à obra *Interesses Públicos versus Interesses Privados: desconstruindo o princípio de supremacia do interesse público.* 2ª tiragem. Editora Lumen Juris. Rio de Janeiro, 2007.

Dessa forma, após a promulgação da CRFB/88, a qual estabeleceu amplo rol de direitos fundamentais e demonstrou de forma extremamente clara os pressupostos e objetivos da República Federativa do Brasil, não é possível afirmar que a Administração Pública tem liberdade de escolha absoluta e irrestrita para a formulação e implementação de políticas públicas e autonomia irrestrita na execução do orçamento. As escolhas do legislador, do administrador, necessariamente, deverão estar pautadas na efetivação das escolhas da Constituição.

Sendo a Constituição também o fundamento de validade das políticas públicas e da execução orçamentária, o Poder Judiciário tem legitimidade para efetuar o controle de políticas públicas, de modo que sejam cumpridos os objetivos de Estado que foram definidos na Constituição, especialmente quando a Administração Pública não estiver observando os interesses públicos primários da coletividade, ou quando direitos e garantias fundamentais previstos em nossa Carta Magna não estejam sendo observados.

## 4. CRÍTICAS AO ESTADO DE COISAS INCONSTITUCIONAL E REPERCUSSÃO DO JULGADO

As críticas feitas ao STF em razão da declaração do ECI do sistema prisional brasileiro são relativas à falta de legitimidade do Poder Judiciário para interferir na Administração Pública, ao risco de arbítrio judicial, à violação ao princípio da separação de poderes e à possível inocuidade do reconhecimento do ECI para fins de geração dos efeitos corretivos práticos necessários para superação do quadro de violação de direitos fundamentais dos presos.

Para Lenio Luiz Streck[17], a tese do estado de coisas inconstitucional fortalece o ativismo judicial, não podendo o parâmetro colombiano ser aplicável ao Brasil. O mencionado professor questiona a capacidade institucional do Poder Judiciário para aferir as incongruências existentes entre o texto constitucional e a realidade, já que o objeto do controle constitucional é a norma jurídica e não a

---

17. STRECK, Lenio Luiz. *Estado de coisas inconstitucional é uma nova forma de ativismo.* Consultor Jurídico. Disponível em: www.conjur.com.br, 2015. Acessado em 11 de outubro de 2016.

chamada realidade empírica sob a qual incidem. Ainda, levanta dúvidas acerca das referências de conteúdo e procedimentais para a chamada tutela estrutural e defende a indisponibilidade das políticas públicas ao Poder Judiciário.

Já para Raffaele de Giorgi, José Eduardo Faria e Celso Campilongo[18], o ECI é mais uma faceta da judicialização da Administração Pública. Seu reconhecimento pelo STF traz a ideia de que seria lícito aos juízes intervir sempre que a atuação ou omissão das autoridades coloque em risco direitos dos jurisdicionados. Entendem os autores que invocar o ECI pode causar dificuldades à eficácia da própria Constituição e que seu reconhecimento pode representar grave ameaça ao princípio da separação dos poderes, haja vista que não caberia ao Poder Judiciário compensar a "incompetência" dos demais. Finalmente, questionam os autores o caráter jurídico do ECI, bem como sua efetividade ao indagarem acerca das sanções que poderiam ser aplicadas caso a inércia que motivou sua declaração permanecesse, tendo em conta que sentenças judiciais são geralmente inúteis para corrigir as mazelas sociais que se impõem à população.

Parte dos questionamentos formulados pelos abalizados mestres aqui citados podem ser endereçadas através da análise dos pressupostos necessários para a caracterização e reconhecimento do ECI. Por definição, a caracterização do ECI exige a existência de grave e continuada violação a direitos fundamentais de número elevado de pessoas, consubstanciada na omissão contumaz do poder público, em evidente afronta à Constituição. Dada a amplitude da lesão a direitos fundamentais, não existem meios legais, processuais, administrativos e orçamentários outros que se mostrem suficientes à superação desse panorama, principalmente se considerada a necessidade de atuação conjunta de múltiplos órgãos para sua correção.

Apenas a excepcionalidade e extraordinariedade das transgressões a direitos fundamentais de número elevado de cidadãos em razão de omissão estatal reiterada permitem que seja considerada a tese do ECI, e não qualquer transgressão a direito fundamental. Analisando-se os critérios do ECI, podemos perceber que a mencionada técnica processual não poderá ser utilizada de forma usual ou

---

18. GIORGI, Raffaele, FARIA, José Eduardo e CAMPILONGO, Celso. *Estado de coisas inconstitucional*. Opinião Estadão. Disponível em: www.opiniao.estadao.com.br/noticia/geral,estado-de-coisas-inconstitucional.

corriqueira. Em verdade, dada a possibilidade de interferência junto aos demais poderes, a declaração do ECI exige do Poder Judiciário o ônus argumentativo de demonstrar a existência de panorama tão gravoso, tão degradante a direitos e garantias fundamentais que legitime sua adoção e possibilite sua atuação para além das competências tradicionalmente a ele atribuídas.

Isto posto, não poderá ser adotada a tese do ECI para toda e qualquer lesão a direito fundamental, mas apenas nas estritas hipóteses em que restar demonstrado desrespeito sistemático e continuado a direitos fundamentais de número elevado de pessoas em razão de omissão persistente da autoridade pública, sendo necessária a atuação de múltiplos órgãos para correção das violações, bem como o risco de número elevado de demandas judiciais em razão do grande contingente de pessoas afetadas.

Adicionalmente, faz-se imperioso ressaltar o caráter colaborativo que advém da declaração do ECI. O Supremo Tribunal Federal ao acolher a mencionada tese não o fez com o objetivo de constranger aos demais poderes ou para impor-se frente a eles, sequestrando competências constitucionais que não lhe pertencem. O reconhecimento do ECI teve por finalidade maior encorajar poderes e órgãos legislativos, administrativos e judiciais para atuar em conjunto, em razão da necessidade de cooperação e atuação harmônica e equilibrada na proposição e efetivação de medidas eficazes para alcançar um objetivo a todos comum: A superação da violação dos direitos fundamentais dos presos.

A análise do julgado produzido na medida cautelar da ADPF 347 demonstra isso. Ao declarar a existência do ECI do sistema prisional brasileiro, a Corte Suprema asseverou a importância da participação no processo de órgãos integrantes da estrutura dos três poderes, de entidades civis que militam em prol dos direitos dos presos, da Defensoria Pública. Ressaltou a necessidade de realização de audiências públicas e afirmou aos Poderes Legislativo e Executivo a indispensabilidade de encontrar-se uma solução conjunta, apta a retificar o quadro de violação de direitos fundamentais dos presos que hoje se apresenta.

A atuação conjunta e integrada dos Poderes da República, de seus órgãos, de entidades civis e quiçá de toda a sociedade também nos parece suficiente para responder às críticas dirigidas ao risco de inefetividade da declaração do estado de coisas inconstitucional do sistema prisional brasileiro, bem como àquelas voltadas à estrita separação dos poderes. O ECI permitirá ao Judiciário participar da formulação de políticas públicas em conjunto com os demais poderes e com a sociedade, buscando-se assim a melhoria do quadro deplorável do sistema prisional brasileiro através da tomada de ações aprovadas e referendadas por todos os envolvidos no processo, de forma que seja garantida a efetividade de direitos fundamentais previstos na Constituição da República Federativa do Brasil.

Finalmente, no que diz respeito às críticas ao ECI consistentes em alegações de ausência de legitimidade democrática do Poder Judiciário para direcionar a atuação política e orçamentária do Estado, faz-se necessário mais uma vez, recordar o caso em que se deu o seu reconhecimento: as condições degradantes dos presos no Brasil. O STF ao reconhecer o ECI e admitir a possibilidade de sua participação na criação de políticas públicas e no orçamento o fez a fim de que os fins de Estado estivessem em harmonia com aqueles previstos na Constituição da República, especialmente com o fundamento da dignidade da pessoa humana.

O STF ao reconhecer o ECI busca que cesse a sistemática violação de direitos fundamentais daqueles que não possuem representação política e social, de um grupo de pessoas absolutamente desfavorecido, sem força política e apoio social necessários para se fazerem notar. Como cunhar de ilegítima ou antidemocrática postura que visa a garantia de direitos fundamentais de todos os cidadãos, independentemente de seu ranking social?

Em situações como a que se mostra na ADPF 347, na qual é discutida a aviltante violação de direitos fundamentais de milhares de pessoas que hoje fazem parte do sistema prisional brasileiro, violação essa atribuída à omissão do Estado brasileiro que não propõe e implementa políticas públicas suficientes e eficientes, não cumpre mandamentos constitucionais e legais, permitindo que seus custodiados, a quem deveria proteger, estejam sujeitos a toda forma de abuso, não pode ser tachada de ilegítima postura do STF que, como guardião da Constituição, insta aos Poderes Legislativo e Executivo que cumpram suas atribuições constitucionais e observem as leis do País. Ilegítimo e antidemocrático seria o silêncio da Corte Suprema, sua inércia, permitindo assim a perpetuação de violação sistemática de direitos fundamentais.

## 5. CONCLUSÃO

A declaração do estado de coisas inconstitucional tem por objetivo impulsionar o aparato estatal para que esse desenhe, implemente e financie políticas públicas necessárias para cessar a violação massiva de direitos[19]. Considerado o cenário político-jurídico brasileiro, caracterizado pela crescente participação do Poder Judiciário, especialmente do STF em temas de excepcional relevância social, política e econômica, a declaração do ECI, respeitadas suas características informadoras, parece-nos compatível com nosso ordenamento jurídico.

Demonstrada a existência de quadro grave, consistente e reiterado de violação a direitos fundamentais de número indeterminado de pessoas em decorrência de omissão estatal contumaz, cuja solução requeira atuação inter e intragovernamental, de todos os poderes e até mesmo da sociedade civil, deve ser utilizada a técnica do ECI para sua superação, sendo permitido ao Poder Judiciário não somente exercer controle de constitucionalidade da omissão estatal, bem como tomar parte na formulação e efetivação de políticas públicas, inclusive no que diz respeito a questões orçamentárias.

Por mais que princípios como o da separação dos poderes sejam caros à ordem constitucional, devendo, portanto, ser observados, e que devam ser reconhecidos os riscos decorrentes da adoção de uma postura judicial exacerbadamente ativista, na hipótese de existir violação persistente, sistemática e reiterada de direitos fundamentais de parcela importante da população, acarretada por omissão estatal contumaz, não é possível negar à Corte Suprema o exercício de seu papel de guardiã da Constituição.

A excepcionalidade do quadro que ensejou a caracterização do ECI, bem como a gravidade da violação dos direitos fundamentais dos presos, permitem a adoção de uma técnica decisória heterodoxa pelo STF, devendo a Corte Suprema, contudo, ao atuar com uma espécie de competência alargada em face dos demais poderes, observar a necessidade de comunicação constante e trabalho conjunto com os demais poderes e com a sociedade.

---

19. RODRÍGUEZ GARAVITO, César. *¿Cuando cesa el estado de cosas inconstitucional del deslocamento?* Apud CAMPOS, Carlos Alexandre de Azevedo. *Estado de Coisas Inconstitucional.* Rio de Janeiro: Ed. JusPodivm, 2016.

Em casos de aviltante violação de direitos fundamentais como o descrito na ADPF 347, exige-se a atuação do STF de forma que seja assegurada a efetividade da ordem constitucional, especialmente ao verificar-se que o desrespeito a direitos fundamentais, à dignidade da pessoa humana e ao mínimo existencial tem como causa principal a omissão do Estado brasileiro, a ausência de medidas legislativas, administrativas, orçamentárias e judiciais, acarretando falha estrutural na garantia desses direitos.

A atuação do STF em face da omissão reiterada de todos os poderes e de múltiplos órgãos públicos não pode ser considerada arbitrária. Muito pelo contrário. A adoção e utilização pelo STF da técnica decisória do ECI é legítima e consistente com a Constituição da República. Deverá, portanto, a Corte Suprema atentar para os pressupostos necessários para sua caracterização, bem como para a necessidade de adoção de uma postura cooperativa e participativa frente aos demais poderes, para que, através de sua atuação conjunta, seja logrado êxito na correção da omissão estatal e consequentemente do cenário de violação sistemática e estrutural de direitos fundamentais dos custodiados.

## REFERÊNCIAS BIBLIOGRÁFICAS

ABRAHAM, Marcus. *Políticas Públicas e o seu controle judicial na área da saúde: Uma crítica à reserva do possível no Brasil.* In: QUEIROZ, Luís Cesar de Souza, ABRAHAM, Marcus e CAMPOS, Carlos Alexandre de Azevedo (org). *Estado Fiscal e Tributação.* Rio de Janeiro: LMJ Mundo Jurídico, 2015.

ARIZA, Libardo José. *The Economic and Social Rights of Prisioners and Constitutional Court Intervention in the Penitenciary System in Colombia.*

BALEEIRO, Aliomar. *Uma introdução à ciência das finanças.* 15ª ed. Rio de Janeiro: Forense, 1997.

BARROSO, Luís Roberto. *Judicialização, ativismo judicial e legitimidade democrática.* Anuario Iberoamericano de Justicia Constitucional 13, Madrid (2009)

BARROSO, Luís Roberto. *O controle de constitucionalidade no direito brasileiro: exposição sistemática da doutrina e análise crítica da jurisprudência.* São Paulo: Ed. Saraiva, 2008.

BARROSO, Luís Roberto. Prefacio à obra *Interesses Públicos versus Interesses Privados: desconstruindo o princípio de supremacia do interesse público.* 2ª tiragem. Editora Lúmen Júris. Rio de Janeiro, 2007.

BRANCO, Paulo Gustavo Gonet e MENDES, Gilmar Ferreira. *Curso de Direito Constitucional.* Ed. Saraiva, edição digital, 2015.

CAMPOS, Carlos Alexandre de Azevedo. *Estado de Coisas Inconstitucional.* Rio de Janeiro: Ed. JusPodivm, 2016.

GIORGI, Raffaele, FARIA, José Eduardo e CAMPILONGO, Celso. *Estado de coisas inconstitucional.* Opinião Estadão. Disponível em: <www.opiniao.estadao.com.br/noticia/geral,estado-de-coisas-inconstitucional>.

MELLO, Celso Antônio Bandeira de. *Curso de Direito Administrativo.* 19º edição. Editora Malheiros. São Paulo, 2005.

RAQUEL CÁRDENAS, Blanca. *Contornos jurídico-fáticos del estado de cosas inconstitucional.* Bogotá: Universidad Externado de Colombia, 2011.

SCAFF, Fernando Facury. *Orçamento Público, direitos sociais e escolhas políticas ou reserva do possível e escolhas trágicas na implementação dos direitos sociais. In: Temas de Direito Público. Estudos em homenagem ao Professor Flávio Bauer Novelli.* Editora Multifoco. Rio de Janeiro, 2015.

SILVA, José Afonso. *Aplicabilidade das Normas Constitucionais.* Ed. Malheiros, 8ª edição, 2012.

STRECK, Lenio Luiz. *Estado de coisas inconstitucional é uma nova forma de ativismo.* Consultor Jurídico. Disponível em: <www.conjur.com.br>, 2015. Acessado em 11 de outubro de 2016.

# O RE Nº 723.651: O IPI E A IMPORTAÇÃO DE AUTOMÓVEIS POR PESSOA FÍSICA

DIANA RODRIGUES PRADO DE CASTRO[1]

**Sumário:** 1. Introdução. 2. Apresentação da controvérsia. 3. Desenvolvimento dos conceitos e teorias envolvidos. 4. Descrição do julgado. 4.1. Voto do Ministro Relator Marco Aurélio Mello. 4.2. Voto do Ministro Luís Roberto Barroso. 4.3. Demais votos. 4.4. Voto vencedor e efeitos da decisão. 5. Análise crítica. 5.1. O IPI e a não-cumulatividade (é obrigatória?) 5.2. Modulação dos efeitos e segurança jurídica. 6. Considerações finais

## 1. INTRODUÇÃO

Em 04 de fevereiro de 2016 o Supremo Tribunal Federal ("STF") julgou, sob a sistemática da repercussão geral, nos termos dos artigos 543-A e 543-B do Código de Processo Civil – CPC, o Recurso Extraordinário nº 723.651/PA, cujo objeto era a (não) incidência do Imposto sobre Produtos Industrializados ("IPI") na importação de veículos por pessoa física, para uso próprio. Participaram do julgamento os Ministros Edson Fachin, Dias Toffoli, Luís Roberto Barroso, Luiz Fux, Celso de Mello, Gilmar Mendes, Carmem Lúcia, Rosa Weber, Ricardo Lewandowski, Teori Zavascki e Marco Aurélio, este último como relator do Recurso Extraordinário.

Por maioria de votos (três votos favoráveis ao contribuinte e oito desfavoráveis), a Corte assentou a incidência do IPI nas importações realizadas por pessoa física não contribuinte do imposto. Quanto à atribuição dos efeitos da decisão, a Corte, igualmente por maioria de votos, optou por não atribuir efeitos prospectivos à decisão proferida.

---

1. Mestranda em Finanças Públicas, Tributação e Desenvolvimento pela UERJ. Pós-graduada em Direito Tributário pela Fundação Getúlio Vargas. Graduada pela Universidade Federal Fluminense- UFF. Advogada. dianarpcastro@gmail.com

O presente artigo objetiva, assim, analisar os fundamentos e principais aspectos da decisão proferida pela Suprema Corte, bem como sua coerência com o entendimento que vinha sendo adotado pelo STF e pelo Superior Tribunal de Justiça ("STJ") acerca da matéria.

## 2. APRESENTAÇÃO DA CONTROVÉRSIA: A (NÃO) INCIDÊNCIA DO IPI NAS IMPORTAÇÕES DE VEÍCULOS REALIZADAS POR PESSOA FÍSICA

O Recurso Extraordinário foi interposto por Luiz Geraldo Bertolini Filho, com o propósito de afastar a incidência do IPI no desembaraço aduaneiro do automóvel da marca *Cadillac*. Para tanto, foi impetrado mandado de segurança com fundamento na violação aos princípios da não-cumulatividade, igualdade e capacidade contributiva, bem como no fato de o STF possuir, à época, consolidada jurisprudência no sentido de não incidir IPI na importação de bens realizados por pessoa física[2]. Ao pontuar que o fato gerador do IPI deve compreender o exercício de uma atividade mercantil, o impetrante salientou que a figura do consumidor final que importa o veículo para fins próprios não se enquadra nesta hipótese.

O juízo de primeiro grau entendeu pela não-incidência do IPI na hipótese supracitada. Entretanto, a Segunda Turma do Tribunal Regional Federal da 5ª Região reformou a sentença, assentando a legitimidade constitucional da exigência do IPI nas importações de veículos automotores, ainda que para uso próprio do importador pessoa física. No entendimento do Tribunal, a destinação do bem seria irrelevante, pouco interessando tratar-se, o adquirente, de pessoa física consumidor final do produto. Inexistiria, neste caso, ofensa ao princípio da não-cumulatividade, porquanto, nas operações de importação de bens para utilização própria, o importador atuaria como substituto tributário do exportador não tributado pelas leis brasileiras, restando descaracterizado o IPI como um imposto indireto[3].

---

2. Jurisprudência cuja origem baseou-se no RE 255.682, de relatoria do Ministro Carlos Velloso.
3. Eis ementa do acórdão:
    "TRIBUTÁRIO. IPI. IMPORTAÇÃO DE VEÍCULO. PESSOA FÍSICA. USO PRÓPRIO. INCIDÊNCIA.

O RE Nº 723.651: O IPI E A IMPORTAÇÃO DE AUTOMÓVEIS POR PESSOA FÍSICA    71

Diante do acórdão do Tribunal Regional Federal da 4ª Região, o recorrente interpôs Recurso Extraordinário ao Supremo Tribunal Federal, alegando, em síntese, violação ao princípio da não-cumulatividade, pois, como a operação não produzirá créditos a serem repassados na cadeia produtiva, o IPI tornar--se-á cumulativo e o acúmulo de créditos onerará excessivamente o recorrente,

---

1. É legítima a incidência do IPI na importação de veículo para uso próprio, por pessoa física, uma vez que a destinação final do bem não é relevante para a definição da incidência do tributo em questão. De qualquer sorte, a destinação do bem, no campo do direito tributário, deve ser aferida a partir da ótica do alienante e não do adquirente, sob pena de reconhecer-se forçosamente a inexigibilidade de todo e qualquer tributo incidente sobre produto adquirido por consumidor final, o que não guarda razoabilidade.

2. O fato de pessoa física possuir domicílio ou residência, e não estabelecimento, também não guarda nenhuma relevância para desqualificar a pessoa física importadora como contribuinte do IPI, nem mesmo como contribuinte do ICMS, na redação anterior à EC 33/2001, já que tal critério foi utilizado pela Constituição Federal em sua redação anterior à referida EC tão somente para definir o ente federado destinatário da arrecadação, num contexto de guerra fiscal, e não para excluir a incidência dos impostos incidentes na importação.

3. Não há falar em ofensa ao princípio da não-cumulatividade. O fato de não haver uma operação sucessiva que permita o abatimento do valor pago na importação não conduz à conclusão de que o tributo, nesta hipótese, será indevido, pois tal conclusão equivaleria a conceder uma isenção de tributo, ao arrepio da lei. Nas importações para uso próprio, o importador age como substituto tributário do exportador que não pode ser alcançado pelas leis brasileiras, descaracterizando o IPI como tributo indireto, em tais hipóteses.

4. O 'IPI tem caráter fortemente extrafiscal, constituindo instrumento de política econômica; logo, a tributação no caso em tela surge como mecanismo de proteção ao fisco contra fraudes e instrumento de preservação da isonomia e equidade no comércio internacional' (STJ, REsp nº 794.352/RJ, Rel. Ministro Castro Meira, 2ª Turma, j. 17-12-2009, Dje 10-02-2010). A pura e simples exoneração do tributo, sob equivocada invocação do princípio da não-cumulatividade, além de operar contrariamente à finalidade extrafiscal do tributo, acarreta ofensa ao princípio da isonomia, uma vez que o veículo produzido no mercado interno passa a concorrer em condições desfavoráveis com os veículos importados, pois, neste caso, apenas o produto nacional seria tributado pelo IPI.

5. Entendimento que se harmoniza com a redação dada pela EC nº 33/2001 ao art. 155, § 2º, IX, 'a' da Constituição Federal, o qual, relativamente ao ICMS, tributo da mesma espécie do IPI, dispôs que 'incidirá também sobre a entrada de bem ou mercadoria importados do exterior por pessoa física ou jurídica, ainda que não seja contribuinte habitual do imposto, qualquer que seja a sua finalidade'. Superveniência de Emenda Constitucional que tornou superado o entendimento antes consolidado na Súmula nº 660 do STF e com base no qual aquela Suprema Corte em alguns julgados não submetidos à sistemática da repercussão geral excluiu a incidência do IPI na importação de veículo por pessoa física para uso próprio.

6. Sentença reformada.".

considerando a impossibilidade de compensação destes valores. O recorrente alegou, ainda, violação indireta aos princípios da isonomia e da capacidade contributiva, alegando sua vinculação direta ao princípio da não-cumulatividade.

Foram juntados aos autos precedentes em que a Segunda Turma do Supremo concluiu pela inconstitucionalidade da incidência tributária discutida (agravos regimentais nos Recursos Extraordinários nº 255.090, de relatoria do ministro Ayres Britto, nº 501.773, de relatoria do ministro Eros Grau, e nº 255.682, de relatoria do ministro Carlos Velloso) [4].

Já a União, nas contrarrazões, afirmou que o recurso não deveria ser conhecido, ante o Verbete nº 279 da Súmula do STF, bem como a falta de repercussão geral da questão aduzida e a inexistência de afronta direta à Constituição. Quanto ao mérito, destacou a ausência de pronunciamentos do Supremo, com eficácia vinculante, sobre o tema, assim como a necessidade de a matéria ser debatida também sob o ângulo das definições do fato gerador e do contribuinte do imposto pelo Código Tributário Nacional. O Ministério Público, por sua vez, opinou pelo conhecimento e provimento do recurso extraordinário, entendendo pela não incidência do imposto sobre a importação de veículo automotor, para uso próprio, por pessoa natural, sob pena de violação ao princípio constitucional da não-cumulatividade. Citou, ainda, decisões de ambas as Turmas do Supremo nesse sentido.

---

4. "TRIBUTÁRIO. IMPOSTO SOBRE PRODUTOS INDUSTRIALIZADOS – IPI. Importação de veículo por pessoa física para uso próprio. Não-incidência. Aplicabilidade do princípio da não cumulatividade". (Ag. Reg. em RE nº 255.090, Rel. Min. Ayres Britto, Segunda Turma, Julgado em 24.08.2010) "IPI. IMPORTAÇÃO DE VEÍCULO AUTOMOTOR. PESSOA FÍSICA. USO PRÓPRIO. 1. Não incide IPI em importação de veículo automotor, para uso próprio, por pessoa física. Aplicabilidade do princípio da não-cumulatividade. Precedente". (Ag. Reg. em RE nº 501.773, Rel. Min. Eros Grau, Segunda Turma, Julgado em 24.06.2008)
"IPI. IMPORTAÇÃO: PESSSOA FÍSICA NÃO COMERCIANTE OU EMPRESÁRIO: PRINCÍPIO DA NÃO-CUMULATIVIDADE: CF, ART. 153, § 3º, II. NÃO-INCIDÊNCIA DO IPI. I. – Veículo importado por pessoa física que não é comerciante nem empresário, destinado ao uso próprio: não-incidência do IPI: aplicabilidade do princípio da não-cumulatividade: CF, art. 153, § 3º, II. Precedentes do STF relativamente ao ICMS, anteriormente à EC 33/2001: RE 203.075/DF, Min. Maurício Corrêa, Plenário, "DJ" de 29.10.1999; RE 191.346/RS, Min. Carlos Velloso, 2ª Turma, "DJ" de 20.11.1998; RE 298.630/SP, Min. Moreira Alves, 1ª Turma, "DJ" de 09.11.2001. II. – RE conhecido e provido. Agravo não provido". (Ag. Reg. em RE nº 255.682, Rel. Min. Carlos Velloso, Segunda Turma, Julgado em 29.11.2005)

O RE Nº 723.651: O IPI E A IMPORTAÇÃO DE AUTOMÓVEIS POR PESSOA FÍSICA    **73**

Ao enfrentar a controvérsia acerca da (não) incidência do IPI nas importações realizadas por não contribuinte do imposto, a Corte analisou os principais elementos do fato gerador do IPI, sua matriz constitucional e princípios norteadores, bem como os limites e exceções ao princípio da não-cumulatividade previsto no artigo 153, parágrafo terceiro da Constituição Federal[5]. Merecem destaque os votos dos Ministros Marco Aurélio, relator do Recurso Extraordinário, e do Ministro Luiz Barroso, que, após vista do processo, trouxe aos autos a análise do histórico das decisões reiteradas sobre o tema, de modo a identificar a *ratio decidendi* utilizada pelo Supremo no caso paradigma da questão: a incidência do ICMS nas importações por pessoa física não contribuinte do imposto, objeto do Recurso Extraordinário nº 203.075[6]. Após a decisão de mérito, a Corte, ao analisar seus efeitos, optou por não os limita-los, concedendo efeitos retroativos ao julgado e possibilitando que a decisão alcançasse atos já concretizados no passado.

## 3. DESENVOLVIMENTO DOS CONCEITOS E TEORIAS ENVOLVIDOS

A decisão da Suprema Corte se fundamentou, primeiramente, na análise dos precedentes do STF e STJ acerca da matéria, realizando uma interpretação histórica e teleológica dos julgados paradigma, de modo a identificar a *ratio decidendi* utilizada na decisão proferida nos autos do Recurso Extraordinário nº 203.075/DF, que, ao tratar da incidência do ICMS nas importações realizadas por pessoa física não contribuinte do imposto antes da Emenda Constitucional nº 33/2001[7], tornou-se parâmetro para as decisões proferidas em sentido semelhante quanto à incidência do IPI.

---

5.  "Art. 153. Compete à União instituir impostos sobre:
    I – importação de produtos estrangeiros;
    II – exportação, para o exterior, de produtos nacionais ou nacionalizados;
    III – renda e proventos de qualquer natureza;
    IV – produtos industrializados;
    § 3º O imposto previsto no inciso IV:
    I – será seletivo, em função da essencialidade do produto;
    II – será não-cumulativo, compensando-se o que for devido em cada operação com o montante cobrado nas anteriores;"
6.  RE 203.075, Rel. Min. Ilmar Galvão, j. 05/08/1998, DJ 29/10/1999.
7.  A Emenda Constitucional alterou o artigo 155, parágrafo segundo, incluindo a alínea "a" do inciso IX:

Ademais, a decisão igualmente se fundamentou na análise do fim almejado com o princípio da não-cumulatividade e sua aplicabilidade em operações plurifásicas, bem como na proteção da livre concorrência e igualdade de condições entre bens adquiridos localmente e bens adquiridos do exterior.

Apresentaremos, abaixo, os principais argumentos dos votos proferidos por ocasião do julgamento do Recurso Extraordinário nº 723.651/PA.

## 4. DESCRIÇÃO DO JULGADO

### 4.1. Voto do Ministro Relator Marco Aurélio Mello

O Ministro Marco Aurélio, relator do caso, iniciou seu voto afirmando que, quanto à não-cumulatividade, sua utilização possui como único efeito afastar a bitributação. Citando os precedentes acerca do creditamento do IPI na aquisição de insumos isentos, não tributados ou sujeitos à alíquota zero (Recursos Extraordinários nº 353.657/PR, de sua autoria, e nº 370.682/SC, cujo relator foi o ministro Ilmar Galvão, acórdão redigido pelo Ministro Gilmar Mendes, apenas caberia mencionar o princípio da não-cumulatividade quando da incidência sequencial do tributo. De acordo com o seu entendimento, a não-cumulatividade pressupõe sempre a existência de operações sequenciais passíveis de tributação. Assim, a cobrança do tributo na importação não implicaria violação à não-cumulatividade, tendo em vista a ausência de tributação em cascata[8].

---

"Art. 155. Compete aos Estados e ao Distrito Federal instituir impostos sobre

§ 2º O imposto previsto no inciso II atenderá ao seguinte:

IX – incidirá também:

a) sobre a entrada de bem ou mercadoria importados do exterior por pessoa física ou jurídica, ainda que não seja contribuinte habitual do imposto, qualquer que seja a sua finalidade, assim como sobre o serviço prestado no exterior, cabendo o imposto ao Estado onde estiver situado o domicílio ou o estabelecimento do destinatário da mercadoria, bem ou serviço;"

8. Embasando seu entendimento, o ministro Marco Aurélio cita acórdão da lavra da Juíza Letícia Mello, nos autos da Apelação no Mandado de Segurança nº 2003.51.01.011530-3:

"MANDADO DE SEGURANÇA – TRIBUTÁRIO – IMPOSTO SOBRE PRODUTOS INDUSTRIALIZADOS – IMPORTAÇÃO DE BENS PARA USO PRÓPRIO PELO CONSUMIDOR FINAL – PRINCÍPIO DA NÃO CUMULATIVIDADE – INCIDÊNCIA DO IMPOSTO.

1 – Não há que se falar em violação do princípio da não cumulatividade nos casos de incidência do IPI na importação de produto industrializado pelo consumidor final, pois se trata de hipótese em que incidência é isolada e única, o que torna logicamente impossível a cumulação.

Analisando questões afetas ao almejado tratamento igualitário e à harmonia de valores, o ministro salientou que, ocorrendo a produção em território nacional, haveria a incidência do tributo. Desta forma, as políticas de mercado, visando à isonomia, deveriam ser conducentes a homenagear, tanto quanto possível, a circulação de produtos nacionais, sem prejuízo do fenômeno no tocante aos produtos estrangeiros.

Concluindo seu voto e embasando-se, sobretudo, na lógica econômica e justiça fiscal, entendeu pela exigibilidade do IPI na importação, por pessoa física não contribuinte do imposto, de veículo automotor para uso próprio.

## 4.2. Voto do Ministro Luís Roberto Barroso

O voto-vista do Ministro Luiz Roberto Barroso merece destaque. Isso porque o Ministro não só limitou-se a analisar os contornos da matriz constitucional do IPI à luz das Constituições que anteriormente regularam o imposto, bem como, ao analisar a fundamentação das decisões reiteradas da Corte e do STJ acerca do tema, vislumbrou que, em síntese, as decisões reproduziam a ementa destacada no Recurso Extraordinário n° 203.075/DF.

O Ministro nos relembra que, originariamente, o IPI surgiu como "Imposto de Consumo", instituído pela Lei n° 25, de 03 de Dezembro de 1891. A hipótese de incidência prevista em lei era a saída de produtos do estabelecimento fabril. Cumpre salientar que, até a égide da Constituição de 1934, o IPI não possuía sua matriz de incidência na Constituição Federal, o que somente veio a ocorrer por meio da Constituição de 1934. Nesta ocasião, foi delineada constitucionalmente

---

2 – O importador, mesmo quando seja consumidor final, é sujeito passivo do IPI, nos termos do art. 51, I do CTN.

3 – De acordo com o art. 153, II, da Constituição, o tributo incide sobre operações com produtos industrializados e não sobre a industrialização propriamente dita. Sendo assim, é irrelevante se a industrialização ocorreu dentro ou fora do território nacional.

4 – Tendo em vista que as exportações são, em geral, livres de tributos, a incidência de IPI nas importações é medida que assegura a isonomia entre os produtores nacionais e estrangeiros.

5 – O fato de o importador-consumidor conjugar as figuras de contribuinte de fato e de direito apenas o equipara ao consumidor que adquire produtos industrializados importados no mercado interno, o que é contribuinte de fato. Ambos arcam, como consumidores finais, com o custo econômico do IPI.

6 – Apelação à qual se nega provimento."

a competência da União para instituir imposto sobre o "consumo de quaisquer mercadorias"[9] e sobre a "importação de mercadorias de procedência estrangeira". Esta configuração foi mantida até a Emenda Constitucional nº 18/1965, que alterou a Constituição de 1946 para atribuir à União a competência para instituir o "imposto sobre importação de produtos estrangeiros" e o "imposto sobre produtos industrializados[10]. Assim, sob a égide da Constituição de 1946, o IPI passou a receber a definição que vem sendo adotada até os dias atuais.

Especificamente quanto à importação, a Constituição de 1988 inovou ao prever uma nova materialidade para o ICMS[11]. Já quanto ao IPI, após a Emenda Constitucional nº 18/1965 e as Constituições de 1967 e Emenda Constitucional nº 01/1969, o seu raio de incidência já abrangia indiscriminadamente bens industrializados, independentemente de sua origem[12]. Assim, desde a Emenda

---

9. Constituição de 1934, artigo 6º, I, "b":

"Art 6º – Compete, também, privativamente à União:

I – decretar impostos:

a) sobre a importação de mercadorias de procedência estrangeira;

b) de consumo de quaisquer mercadorias, exceto os combustíveis de motor de explosão;"

10. Constituição de 1946 após a Emenda Constitucional nº 18/1965:

"Art. 7º Compete à União:

I – o impôsto sôbre a importação de produtos estrangeiros;

II – o impôsto sôbre a exportação, para o estrangeiro, de produtos nacionais ou nacionalizados.

Art. 11. Compete à União o impôsto sôbre produtos industrializados.

Parágrafo único. O impôsto é seletivo em função da essencialidade dos produtos, e não-cumulativo, abatendo-se, em cada operação, o montante cobrado nos anteriores."

11. Artigo 155, §2º, IX, "a":

"Art. 155. Compete aos Estados e ao Distrito Federal instituir impostos sobre: (Redação dada pela Emenda Constitucional nº 3, de 1993)

§ 2º O imposto previsto no inciso II atenderá ao seguinte: (Redação dada pela Emenda Constitucional nº 3, de 1993)

IX – incidirá também:

a) sobre a entrada de bem ou mercadoria importados do exterior por pessoa física ou jurídica, ainda que não seja contribuinte habitual do imposto, qualquer que seja a sua finalidade, assim como sobre o serviço prestado no exterior, cabendo o imposto ao Estado onde estiver situado o domicílio ou o estabelecimento do destinatário da mercadoria, bem ou serviço; (Redação dada pela Emenda Constitucional nº 33, de 2001)."

12. Esta é inclusive a regra determinada no artigo 46 do Código Tributário Nacional ("CTN"), Lei nº 5.172/1966:

"SEÇÃO I

Imposto sobre Produtos Industrializados

Constitucional nº 18/1965 o IPI passou a ter sua feição atual, imposto que encontra sua validade em uma materialidade com base na natureza do produto (industrializado), abandonando a anterior validação constitucional como um imposto de consumo. Na visão do Ministro Barroso, a materialidade prevista no CTN veio tão somente confirmar uma realidade já exposta na legislação anterior: a existência de dois fatos geradores de IPI distintos e autônomos[13]. Ao analisar historicamente as mudanças na materialidade constitucional do IPI, o ilustre Ministro concluiu que o IPI poderia incidir tanto em aquisições quanto em vendas de produtos industrializados, na medida em que, desde a sua origem, o IPI incide na aquisição do bem industrializado, quando originado do exterior, ou na saída do estabelecimento, em operações internas. A determinação do sujeito que pratica a industrialização seria irrelevante, pois o foco seria o produto industrializado. Como o fato imponível do imposto está associado ao verbo "adquirir", o imposto poderia ser monofásico, caso o adquirente o fizesse na condição de destinatário final.

Analisando origem e fundamento das decisões acerca desta matéria que vinham sendo concedidas pelo Poder Judiciário favoravelmente aos contribuintes (no sentido de garantir o direito de importar bens para consumo próprio

---

Art. 46. O imposto, de competência da União, sobre produtos industrializados tem como fato gerador:

I – o seu desembaraço aduaneiro, quando de procedência estrangeira;

II – a sua saída dos estabelecimentos a que se refere o parágrafo único do artigo 51;

III – a sua arrematação, quando apreendido ou abandonado e levado a leilão.

Parágrafo único. Para os efeitos deste imposto, considera-se industrializado o produto que tenha sido submetido a qualquer operação que lhe modifique a natureza ou a finalidade, ou o aperfeiçoe para o consumo."

13. Artigo 2º da Lei nº 4.502/1964 (fato gerador do imposto sobre consumo, precursor do IPI antes da reforma promovida pela Emenda Constitucional nº 18/1965):

"Art. 2º Constitui fato gerador do imposto:

I – quanto aos produtos de procedência estrangeira o respectivo desembaraço aduaneiro;

II – quanto aos de produção nacional, a saída do respectivo estabelecimento produtor."

Redação atual do artigo 46 do CTN:

Art. 46. O imposto, de competência da União, sobre produtos industrializados tem como fato gerador:

I – o seu desembaraço aduaneiro, quando de procedência estrangeira;

II – a sua saída dos estabelecimentos a que se refere o parágrafo único do artigo 51;"

sem a incidência do IPI-importação), o ilustre Ministro constatou a existência de um precedente matriz do Plenário que decidiu a questão relativa ao ICMS[14], decorrendo deste todos os demais acórdãos proferidos pelas Turmas para o caso do IPI, concluindo não haver um julgado do STF tratando especificamente do IPI-importação.

Neste sentido, os dois primeiros precedentes que afirmaram a não incidência do IPI na importação realizada por consumidor final, Recursos Extraordinários n° 255.682[15] e 272.230[16], ambos de relatoria do Ministro Carlos Velloso[17], possuem como razão de decidir a adaptação do entendimento proferido pelo Plenário ao julgar o Recurso Extraordinário n° 203.075/DF, conforme se depreende da leitura da ementa abaixo transcrita:

> "Ementa: Constitucional. Tributário. Ipi. Importação: Pessoa Física Não Comerciante Ou Empresário: Princípio Da Não-Cumulatividade: Cf, Art. 153, § 3°, Ii. Não-Incidência Do Ipi.
>
> I – Veículo Importado Por Pessoa Física Que Não É Comerciante Nem Empresário, Destinado Ao Uso Próprio: Não-Incidência do IPI: Aplicabilidade Do Princípio da Não-Cumulatividade: Cf, Art. 153, § 3°,
>
> II. Precedentes Do Stf Relativamente Ao Icms, Anteriormente À Ec 33/2001: Re 203.075/Df, Min. Maurício Corrêa, Plenário, "Dj" De 29.10.1999; Re 191.346/Rs, Min. Carlos Velloso, 2ª Turma, "Dj" De 20.11.1998; Re 298.630/Sp, Min. Moreira Alves, 1ª Turma, "Dj" De 09.11.2001. Ii. – Re Conhecido E Provido. Agravo Não Provido."
>
> (RE 255.682. Rel. Min. Carlos Velloso. Segunda Turma. Julgamento Publicado em 10/02/2006)

---

14. Recurso Extraordinário n° 203.075/DF.

15. RE 255.682, Rel. Min. Carlos Velloso, j. 29/11/2005, DJ 10/02/2006.

16. RE 272.230, Rel. Min. Carlos Velloso, j. 29/11/2005, DJ 10/02/2006.

17. Cujo voto parcialmente transcrevemos:

   *"Aplicou-se, no caso, a jurisprudência atinente ao ICMS, no que toca ao princípio da não-cumulatividade. Tem-se aqui o denominado "argumento a pari, que estende o preceito formulado para um caso às hipóteses iguais, ou fundamentos semelhantes: ubi eadem ratio..." (Carlos Maximiliano, "Hermenêutica e aplicação do direito", Forense, 10ª Ed., 1988, pág. 245). Ora, onde existe a mesma razão, prevalece a mesma regra de Direito: "ubi eadem ratio, ibi eadem legis dispositio".*

O Ministro Barroso, ao analisar os fundamentos utilizados pela Corte ao julgar o RE nº 203.075, alcança duas conclusões, que serão detalhadamente expostas a seguir: (i) ainda que a ementa do RE nº 203.075[18] preveja expressamente a não-cumulatividade, este argumento não teria sido decisivo para o julgamento da lide e, como consequência, não deveria ter a força persuasiva que dele se obteve para influenciar todos os demais julgamentos do IPI-importação a ele posteriores; e (ii) autorizar a incidência do IPI-importação para não contribuintes do imposto não supera o entendimento adotado pela Corte em relação ao ICMS.

Quanto à *ratio decidendi* do RE 203.075[19], o eminente ministro pondera que os seguintes argumentos foram centrais para o desfecho deste julgamento: (i) o fato de as pessoas físicas importadoras não serem comerciantes e, portanto, não revenderem posteriormente os bens, entendendo os Ministros que os bens importados não se enquadrariam no conceito constitucional de mercadoria; (ii) a necessidade do importador possuir "estabelecimento", o que seria próprio de pessoas jurídicas. Interpretando literalmente o texto constitucional, cinco

---

18. Recurso Extraordinário nº 203.075/DF:
    "EMENTA: RECURSO EXTRAORDINÁRIO. CONSTITUCIONAL. TRIBUTÁRIO. PESSOA FÍSICA. IMPORTAÇÃO DE BEM. EXIGÊNCIA DE PAGAMENTO DO ICMS POR OCASIÃO DO DESEMBARAÇO ADUANEIRO. IMPOSSIBILIDADE. 1. A incidência do ICMS na importação de mercadoria tem como fato gerador operação de natureza mercantil ou assemelhada, sendo inexigível o imposto quando se tratar de bem importado por pessoa física. 2. Princípio da não-cumulatividade do ICMS. Pessoa física. Importação de bem. Impossibilidade de se compensar o que devido em cada operação com o montante cobrado nas anteriores pelo mesmo ou outro Estado ou pelo Distrito Federal. Não sendo comerciante e como tal não estabelecida, a pessoa física não pratica atos que envolvam circulação de mercadoria. Recurso extraordinário não conhecido."
19. Ressalte-se que o RE foi julgado em 05 de agosto de 1988, anterior à Emenda Constitucional nº 33/2001, ou seja, sob a seguinte redação da Constituição:
    "Art. 155. Compete aos Estados e ao Distrito Federal instituir impostos sobre:
    II – operações relativas à circulação de mercadorias e sobre prestações de serviços de transporte interestadual e intermunicipal e de comunicação, ainda que as operações e as prestações se iniciem no exterior;
    § 2º O imposto previsto no inciso II atenderá ao seguinte:
    IX – incidirá também:
    sobre a entrada de mercadoria importada do exterior, ainda quando se tratar de bem destinado a consumo ou ativo fixo do estabelecimento, assim como sobre serviço prestado no exterior, cabendo o imposto ao Estado onde estiver situado o estabelecimento destinatário da mercadoria ou do serviço."

ministros entenderam que pessoas físicas possuem apenas domicílio e, assim, estariam fora do alcance da regra de competência constitucional do ICMS na importação, pois, à época, a Constituição mencionava *"entrada de mercadoria importada do exterior, ainda quando se tratar de bem destinado a consumo ou ativo fixo do estabelecimento"*. Pela análise dos votos proferidos no julgamento do RE 203.075, o Ministro conclui que a aplicação da não-cumulatividade não foi um argumento relevante para o deslinde da questão. Isso porque as discussões se concentravam na abrangência da regra de competência do ICMS, analisando se da materialidade do imposto era possível se extrair a tributação de pessoas físicas e não contribuintes. A Corte respondeu negativamente a este questionamento e o relator do acórdão optou por incluir na ementa a menção à não-cumulatividade.

O julgamento influenciou substancialmente a jurisprudência da Corte, culminando na edição da Súmula nº 660/STF[20] e alteração do texto constitucional por meio da Emenda Constitucional nº 33/2001, para superar o entendimento do STF para estes casos. Afirma o Ministro Barroso que, inclusive na edição da Súmula nº 660, os precedentes utilizados limitaram-se a aplicar o que constava na ementa do RE nº 203.075, o que contribuiu para que o argumento da não-cumulatividade assumisse um papel maior do que aquele que de fato teve na solução do caso.

No que diz respeito à possibilidade de autorização da incidência do IPI-importação para não contribuintes do imposto vis-à-vis o entendimento adotado pela Corte em relação ao ICMS, o ilustre Ministro entendeu que considerar a incidência do IPI nestes casos não contrariaria o decidido pelo Pleno do Tribunal na ocasião em que julgou o ICMS. O Ministro propôs a superação do argumento da não-cumulatividade para o caso do IPI, pois entendeu que a "supervalorização" da não-cumulatividade poderia ensejar um raciocínio equivocado para o deslinde da questão.

Neste aspecto, o Ministro entende que não há um "princípio" da não-cumulatividade, e sim uma regra que constitucionaliza uma técnica de tributação. Para o Ministro, não há no artigo 153, §3º, II[21] um conteúdo axiológico próprio,

---

20. Súmula 660/STF:
   "Não incide ICMS na importação de bens por pessoa física ou jurídica que não seja contribuinte do imposto."
21. "Art. 153. Compete à União instituir impostos sobre:
   I – importação de produtos estrangeiros;

uma dimensão de peso ou estado de coisas a ser perseguido. Ao contrário, a não-cumulatividade seria um método aplicável aos impostos sobre o consumo (indiretos), cujo objetivo é expurgar o imposto pago nas operações antecedentes. Assim, a não-cumulatividade faria parte de uma dinâmica de apuração que objetiva que a tributação incida apenas sobre o valor agregado em cada operação e, em razão disso, não se caracteriza como norma que tenha o condão de alterar a materialidade constitucional do imposto. Por ser regra, na sua visão a não-cumulatividade teria a pretensão de definir exclusivamente apenas a questão analisada, garantindo, nas hipóteses de tributação em cadeia, a compensação do imposto pago nas operações anteriores. A sua aplicação pressupõe, no seu entendimento, a existência de operações plurifásicas, de modo que, ausente esta premissa, não seria legítimo limitar o espaço de conformação do legislador infraconstitucional com base na não-cumulatividade, até porque o efeito indesejado que a regra constitucional pretendeu evitar não se apresentará. Desta forma, não seria sempre que a não-cumulatividade seria aplicada, ainda que nos casos de impostos indiretos por natureza, como o IPI e o ICMS. Nas operações monofásicas não haveria utilidade para a não-cumulatividade, pois a situação encontrar-se-ia fora do campo de aplicação desta regra constitucional.

Para o Ministro, a jurisprudência firmada no julgamento do *leading case* do IPI-importação, o RE nº 255.682, Rel. Min. Carlos Velloso, merece revisão e não deveria ser utilizada como fundamento para julgamento desta controvérsia. Isso porque a descontinuidade do ciclo da não-cumulatividade não obstaria a viabilidade da incidência do imposto, entendo ser equivocado o raciocínio de que o IPI não poderia incidir pois o importador não poderia apropriar créditos. O correto, segundo o Ministro Barroso, seria afirmar que o imposto incide e que

---

II – exportação, para o exterior, de produtos nacionais ou nacionalizados;

III – renda e proventos de qualquer natureza;

IV – produtos industrializados;

§ 3º O imposto previsto no inciso IV:

I – será seletivo, em função da essencialidade do produto;

II – será não-cumulativo, compensando-se o que for devido em cada operação com o montante cobrado nas anteriores;"

o importador seria contribuinte de fato e de direito, ou, analisando sob outra perspectiva, o importador seria um substituto tributário do alienante estrangeiro, sendo este o contribuinte do imposto.

Neste contexto, quando o comerciante estrangeiro vender um produto industrializado para um destinatário final situado no território nacional, a incidência do IPI será única.

O Ministro também salientou que, caso a posição do STF permanecesse no mesmo sentido, haveria uma expressa violação ao princípio da isonomia tributária, na medida em que diferente tratamento tributário estaria sendo conferido entre não contribuintes que adquirem produtos industrializados do exterior e aqueles que os adquirem em território nacional. Em sua visão, ainda que ambos manifestem a mesma capacidade econômica, a manutenção da jurisprudência tradicional do STF favorecia os não contribuintes que adquirem produtos industrializados do exterior, o que caminharia em sentido diametralmente oposto ao caráter extrafiscal do IPI, como mecanismo de proteção ao mercado interno.

O Ministro também destaca a necessidade de preservação do equilíbrio da concorrência entre os mercados interno e externo, na medida em que o modelo de tributação do comércio exterior baseado na tributação das mercadorias e produtos sempre no país de destino, a incidência do IPI equalizaria as aquisições realizadas no mercado interno e as operações de importação. Retirar o IPI nas importações de produtos industrializados causaria uma distorção na livre concorrência entre vendedores estrangeiros e nacionais.

Salienta, ainda, que no comércio internacional se adota o princípio da tributação do país de destino como regra, o que desonera as exportações e concentra a tributação na importação. No entendimento do Ministro, a desoneração das exportações prevista na Constituição[22] implicitamente constitucionaliza o princípio do país de destino, reforçando a necessidade de tributação na entrada destes bens industrializados no país, independente de sua destinação.

---

22. Conforme artigo 153, IV, §3º, III:

"Art. 153. Compete à União instituir impostos sobre:

(...)

IV – produtos industrializados;

§ 3º O imposto previsto no inciso IV:

O RE Nº 723.651: O IPI E A IMPORTAÇÃO DE AUTOMÓVEIS POR PESSOA FÍSICA 83

Conclui o Ministro que a legitimidade da incidência do IPI nas importações realizadas por não contribuintes é a interpretação constitucionalmente adequada da materialidade do imposto constitucionalmente prevista, em razão da eficácia interpretativa dos princípios da igualdade tributária[23] e da livre concorrência[24].

Quanto aos efeitos da decisão, o Ministro Barroso salientou o fato de haver pelo menos oito decisões colegiadas das duas Turmas do STF, transitadas em julgado, em sentido favorável aos contribuintes. Estas decisões influenciaram o STJ a adotar esta tese em sede de recurso repetitivo[25], com expressa menção aos precedentes do Supremo Tribunal Federal. Em sua opinião, a mudança da jurisprudência da Corte equivale à criação de direito novo e, portanto, não pode operar efeitos retroativos[26]. Assim, em respeito à dimensão subjetiva da segurança jurídica, representada pela confiança legítima, o ilustre Ministro entendeu ser fundamental resguardar os direitos dos contribuintes que se basearam na

---

III – não incidirá sobre produtos industrializados destinados ao exterior."

23. Conforme artigo 150, II:

"Art. 150. Sem prejuízo de outras garantias asseguradas ao contribuinte, é vedado à União, aos Estados, ao Distrito Federal e aos Municípios:

I – exigir ou aumentar tributo sem lei que o estabeleça;

II – instituir tratamento desigual entre contribuintes que se encontrem em situação equivalente, proibida qualquer distinção em razão de ocupação profissional ou função por eles exercida, independentemente da denominação jurídica dos rendimentos, títulos ou direitos;"

24. Conforme artigo 170, IV:

"Art. 170. A ordem econômica, fundada na valorização do trabalho humano e na livre iniciativa, tem por fim assegurar a todos existência digna, conforme os ditames da justiça social, observados os seguintes princípios:

I – soberania nacional;

II – propriedade privada;

III – função social da propriedade;

IV – livre concorrência;"

25. Neste sentido: RE 255682 AgR, Rel. Min. Carlos Velloso, Segunda Turma, DJ 10.02.2006; RE 412045 AgR, Rel. Min. Ayres Britto, Primeira Turma, DJ 17.11.2006; RE 501773 AgR, Rel. Min. Eros Grau, Segunda Turma, DJe 14.08; RE 255090 AgR, Rel. Min. Ayres Britto, Segunda Turma, DJe 07.10.2010; RE 550170 AgR, Rel. Min. Ricardo Lewandowski, Primeira Turma, DJe 03.08.2011; RE 615595 AgR, Rel. Min. Ricardo Lewandowski, Primeira Turma, Dje 04.05.2011; RE 643525 AgR, Rel. Min. Dias Toffoli, Primeira Turma Dje 26.04.2013; RE 627844 AgR, Rel. Min. Celso de Mello, Segunda Turma, Dje 12.11.2012.

26. BARROSO, Luís Roberto. *Mudança da Jurisprudência do Supremo Tribunal Federal em Matéria Tributária. Segurança Jurídica e Modulação dos Efeitos Temporais das Decisões Judiciais.* Parecer RDE. Revista de Direito do Estado., v.2, 2006, p.261.

interpretação consolidada na jurisprudência reiterada da Corte. A solução neste caso seria, consequentemente, a modulação dos efeitos da decisão, como decorrência direta da aplicação dos princípios da segurança jurídica, da proteção da confiança, da irretroatividade tributária e da boa-fé. Como o Ministro considerou que este novo entendimento equivaleria à criação de nova norma jurídica, deveria apenas atingir fatos geradores ocorridos após a decisão, de modo que as importações realizadas por não contribuintes antes deste precedente permaneceriam afastadas da incidência do IPI, nos moldes previstos na jurisprudência pretérita da Corte.

Ainda que o IPI seja um imposto sujeito ao princípio da não-cumulatividade, esta deve ser aplicada tão somente nas operações plurifásicas, com múltiplas incidências na cadeia econômica. Ele entende que a jurisprudência anterior, ao apontar que a não-cumulatividade estaria violada, não é real.

O Ministro entendeu que a origem do produto não desnatura a sua natureza de "produto industrializado", esta sim regra matriz de incidência do IPI.

Por fim, na visão do Ministro Barroso, a importação de carros por pessoas físicas alcançaria dimensões substancialmente maiores, na medida em que causaria reflexos em todas as importações realizadas por sujeitos que não fossem contribuintes do IPI[27].

### 4.3. Demais votos

Os Ministros Edson Fachin e Dias Toffoli votaram favoravelmente ao contribuinte, embasando seu posicionamento nos seguintes argumentos: (i) violação ao princípio da não-cumulatividade, pois o importador não poderia recuperar o ônus do imposto em posterior revenda; (ii) *bis in idem*, (mesmo ente, mesma materialidade, mesmo fato gerador e mesma base de cálculo); (iii) impossibilidade de o contribuinte de fato ser substituto tributário do alienante; e, por fim, (iv) não haveria regra implícita afastando a não-cumulatividade do IPI.

---

27. O Ministro sugeriu a seguinte tese: "*o IPI-Importação pode incidir na entrada de produtos industrializados provenientes do estrangeiro, independentemente da destinação do bem. Contudo, ante a mudança de jurisprudência do Supremo na hipótese, esse novo entendimento não poderá retroagir para atingir fatos geradores anteriores à presente decisão.*"

Já os demais ministros (Celso de Mello, Gilmar Mendes, Carmem Lúcia, Luiz Fux, Rosa Weber, Ricardo Lewandowski e Teori Zavascki) entenderam pelo desprovimento do recurso extraordinário, com a ressalva de que o Ministro Luiz Fux ponderou que a tese deveria ser aplicável somente para importação de automóveis, de modo a não inviabilizar os demais setores (educação, saúde etc.). Em sentido oposto entendeu o Ministro Barroso, propondo uma tese com maior abrangência, aplicando-se também à importação de qualquer produto industrializado por não contribuinte do imposto. Nesse ponto, ficou vencido.

### 4.4. Voto vencedor e efeitos da decisão

Quanto aos seus efeitos, a Suprema Corte entendeu, por maioria, que a decisão deveria ter efeitos retroativos (conforme votos dos Ministros Ministros Marco Aurélio (Relator), Teori Zavascki, Rosa Weber, Cármen Lúcia e Gilmar Mendes). Foram contra a modulação os Ministros Marco Aurélio (Relator), Teori Zavascki, Rosa Weber, Cármen Lúcia e Gilmar Mendes.

Votaram a favor da modulação para que a decisão exerça seus efeitos prospectivos, não podendo a Fazenda acionar o devedor retroativamente, mas admitindo a possibilidade de uma eventual restituição de indébito (mudança de jurisprudência estabilizada é mudança de norma nova e somente pode terá ter efeitos prospectivos): Ministros Roberto Barroso, Edson Fachin, Dias Toffoli e Celso de Mello.

Votaram a favor da modulação dos efeitos da decisão em menor extensão, no sentido de não se aplicar a tese adotada aos casos em que a cobrança já esteja sendo questionada na Justiça: Ministros Luiz Fux e Ricardo Lewandowski.

## 5. ANÁLISE CRÍTICA

### 5.1. O IPI e a não-cumulatividade (é obrigatória?)

De acordo com o parágrafo terceiro do artigo 153 da Constituição, o IPI *"será não-cumulativo, compensando-se o que for devido em cada operação com o montante cobrado nas anteriores."*

O Ministro Luís Roberto Barroso, por ocasião das discussões em Plenário, expressamente manifestou seu entendimento no sentido de que a não-cumulatividade não seria uma premissa de incidência do IPI.

Neste contexto, cumpre analisar, primeiramente, quais características essenciais de um tributo indireto, para, em seguida, analisarmos se a não-cumulatividade está intrinsecamente associada à natureza destes tributos ou se seria possível a existência de etapas monofásicas no IPI.

Ao analisar a natureza do ICMS e do IPI, Hugo de Brito Machado[28] afirma que ambos são impostos indiretos, pois tanto o comerciante, como o industrial, na condição de sujeito passivo da correspondente obrigação tributária, transferem para os compradores de suas mercadorias e produtos o ônus correspondente. Em seu modo de ver, existe sim relação entre a tributação indireta e a não-cumulatividade. Isso porque tanto a não-cumulatividade como a tributação indireta dizem respeito a tributos incidentes em operações que se sucedem desde a produção ou importação até o consumo dos produtos ou mercadorias. Todavia, em que pese os tributos não-cumulativos serem indiretos, os tributos indiretos não necessariamente deverão ser não-cumulativos. Como exemplo, Hugo de Brito cita o Imposto sobre Vendas e Consignações ("IVC") que, apesar de ser cumulativo, sempre foi considerado como um imposto indireto.

Já Gustavo Miguez de Mello e Luiz Carlos Marques Simões[29] também possuem entendimento no sentido de que a tributação indireta pode ser dissociada da não-cumulatividade, e vice-versa[30]:

---

28. MACHADO, Hugo de Brito. *Tributação indireta no Direito Brasileiro*. In: MACHADO, Hugo de Brito (Coordenador). *Tributação indireta no Direito Brasileiro*. São Paulo: Malheiros Editores, 2013.

29. Os autores entendem que não se pode afirmar que o ICMS e o IPI sejam tributos indiretos. Isso porque não há, nas legislações destes impostos, previsão para repercussão jurídica do encargo financeiro dos tributos para o consumidor final do produto ou serviço, "conquanto a sistemática de apuração e cobrança do IPI evidencie que o valor do tributo é destacado no documento fiscal e adicionado ao preço do produto, podendo parecer, à primeira vista, que sua cobrança é supostamente autorizada pelo contribuinte de fato ao adquirir o produto. Isso, contudo, não ocorre juridicamente. E, por isso mesmo, não se pode afirmar com segurança que seu encargo financeiro pertence ao contribuinte de fato. Irrelevante que o IPI conste destacadamente do próprio documento fiscal que ampara a transferência do produto para se afirmar que há a transladação do seu ônus financeiro do contribuinte de direito para o contribuinte de fato." Os autores citam, a título de ilustração, a hipótese de inadimplência do contribuinte de fato, demonstrando que, neste caso, o contribuinte de fato não teria arcado com o ônus destes tributos.

30. DE MELLO, Gustavo Miguez. SIMÕES, Luiz Carlos Marques. *Tributação indireta no Direito Brasileiro*. In: MACHADO, Hugo de Brito (Coordenador). *Tributação indireta no Direito Brasileiro*. São Paulo: Malheiros Editores, 2013.

"Embora distintas, a não-cumulatividade e a tributação indireta têm em comum o fato de se aplicarem a tributo cuja base imponível seja operação envolvendo uma dualidade de sujeitos. A primeira, prevista no inciso I do §2º do art. 155 da CF de 1988, consiste na técnica de apuração do tributo segundo a qual se abate do tributo, em cada operação ou prestação, o montante cobrado pelo sujeito ativo em cada operação ou prestação anterior, de modo que o contribuinte de direito recolha somente a diferença.

Já a tributação indireta, que tem como núcleo a transferência do encargo financeiro do tributo, diz respeito, principalmente, à identificação do agente que, efetivamente, deve suportar seu ônus, irradiando daí seus efeitos jurídicos. Exceto pela citada característica em comum entre ambas, não se pode afirmar que a não-cumulatividade, por si só, tem o condão de definir ser o tributo indireto, ou vice-versa. Consideramo-la indiferente para fins de classificação do tributo em direto e indireto."

Carlos César Souza Cintra pondera que o fato de determinados tributos que oneram a produção (como IPI e ICMS) serem mais vocacionados a admitir a transferência do respectivo encargo financeiro, não significa que existam tributos que, por sua própria natureza, ensejem a repercussão econômica enquanto outros não se prestem a se sujeitar a este fenômeno. Isso porque *"para todos os tributos existe, pelo menos em tese, a possibilidade de ocorrer aquela transferência do aludido encargo financeiro para terceiro, também designada de 'repercussão meramente econômica'"*.

Ao entender pela possibilidade de incidência cumulativa dos tributos indiretos, Carlos César Souza Cintra afirma que *"nada obsta a que um tributo tido como 'indireto' incida em cascata, isto é, seja cumulativo, de modo que haja sobreposição do quantum que incide sucessivamente em cada uma das fases do ciclo econômico sobre o valor global de cada uma delas, e que vai se incorporando ao preço do produto, ampliando, assim, a base de cálculo da incidência seguinte."* Neste contexto, o autor relembra que tanto o imposto sobre consumo (sucedido pelo IPI) quanto o imposto sobre vendas e consignações (sucedido pelo ICMS), ainda que classificados como impostos indiretos, não se sujeitavam a **não-cumulatividade**[31].

---

31. O Ministro Barroso defendeu, em seu voto, posicionamento neste sentido, entendendo que não-cumulatividade não compreende norma que tenha o condão de alterar a materialidade

Neste mesmo sentido, complementa que o ISS, ainda que por vezes classificado pelo STJ como imposto indireto e por vezes como imposto direto[32], igualmente tem feição cumulativa, o que corrobora o seu entendimento de que inexiste relação biunívoca entre a não-cumulatividade e a tributação indireta. Assim, entende o autor que a sujeição de determinado tributo à não-cumulatividade não teria o condão de classificá-lo como tributo indireto.

Analisando especificamente a incidência do IPI na importação por não contribuinte do imposto[33], Sacha Calmon Navarro Coêlho e André Mendes Moreira[34], elencam três argumentos que fundamentariam a sua tributação.

Em primeiro lugar, em que pese o STF ter adotado à época posicionamento no sentido de que os bens importados para utilização própria não poderiam ser caracterizados como mercadoria, os autores entendem que esta qualificação deve ser analisada sob o ponto de vista do alienante, e não do adquirente. Isso porque, adotando-se entendimento contrário, as aquisições de bens de uso pessoal também não sofreriam a incidência de IPI e ICMS.

Entendem os autores que tanto o IPI quanto o ICMS recolhidos na importação são devidos por incidirem sobre mercadorias, assim qualificadas sob a ótica do vendedor, em que pese as exações serem pagas pelo importador nacional (diante da impossibilidade de cobrá-las de outro modo).

---

constitucional do imposto. O Ministro entende que a sua aplicação pressupõe a existência de uma cadeia plurifásica. Neste contexto, em sendo única a operação, o Ministro entende que não há utilidade para a não-cumulatividade, pois a situação encontrar-se-ia totalmente fora do campo de aplicação da regra constitucional.

32. "O ISS é espécie tributária que admite a sua dicotomização como tributo direto ou indireto, consoante o caso concreto." (STJ, 1ª Seção, Resp 1.131.476-RS, rel. Min. Luiz Fux, j. 9.12.2009, DJe 1.2.2010).

33. Os autores analisaram a incidência do IPI nas importações por não contribuintes à luz da jurisprudência anteriormente pacificada do STJ e STF acerca do tema, bem como a possibilidade de mudança deste entendimento por meio do Recurso Extraordinário nº 723. 651 (tema 643 – repercussão geral), à época pendente de julgamento.

34. COELHO, Sacha Calmon Navarro Coêlho. MOREIRA, André Mendes. *Segurança jurídica e mutações jurisprudenciais: a incidência do IPI nas importações feitas por não contribuintes. Necessidade de reversão do entendimento atual do STF, com modulação de seus efeitos. Tema 643- Repercussão geral.* In: *Sistema constitucional tributário: dos fundamentos teóricos aos hard cases tributários: estudos em homenagem ao ministro Luiz Fux*; Marcus Lívio Gomes, Andreu Pitten Velloso (organizadores). – Porto Alegre: Livraria do Advogado Editora, 2014.

Em segundo lugar, os autores defendem que a desoneração das importações realizadas por pessoas físicas violaria o princípio da isonomia e prejudicaria a indústria nacional, na medida em que as vendas a não contribuinte são normalmente tributadas localmente.

Mencionam os autores que a Constituição de 1988 (em sua redação anterior à EC 33/01) estipulava que o ICMS seria devido ao Estado em que situado o estabelecimento do importador. Considerando que as pessoas físicas não possuem estabelecimento – e sim domicílio ou residência – o STF afastou a cobrança do ICMS nesta hipótese. Para os autores, a mera ausência de menção a "domicílio" ou "residência", quando da determinação de incidência do ICMS sobre bens importados não autorizaria a conclusão de que pessoas físicas estariam desobrigadas do recolhimento desse imposto na importação. Isso porque, seja na importação por pessoa física ou jurídica, contribuinte ou não do IPI ou do ICMS, o direito da União, Estados e Distrito Federal de tributar decorre diretamente da isonomia estabelecida na Constituição, sendo suficiente que a legislação infraconstitucional assim determine.

Por fim, quanto à eventual ofensa ao princípio da não-cumulatividade, os autores entendem que a importação de mercadorias é uma situação atípica na qual há a concentração, em uma só pessoa (física ou jurídica), das figuras do contribuinte de fato e de direito. Assim, de acordo com Sacha Calmon Navarro Coêlho e André Mendes Moreira, *"em sendo inviável exigir-se que o exportador situado em território estrangeiro recolha ICMS e IPI aos cofres brasileiros, tal cobrança é feita do importador (que paga o tributo que seria devido pelo exportador). Caso o importador não seja contribuinte, ele reunirá as características de contribuinte de jure – por "substituição" do exportador situado além-mar – e de facto, suportando juridicamente o ônus econômico dos impostos não cumulativos."*

Neste contexto, entendem os autores que a incidência do IPI em quaisquer importações é essencial para equiparação, para fins tributários, dos produtos nacionais aos estrangeiros. Todavia, os autores ressaltam que, considerando a jurisprudência já consolidada à época dispensando o pagamento do IPI na importação realizada por pessoa física, a modulação dos efeitos da decisão do STF no julgamento do RE 723.651 far-se-ia necessária, em consonância com o princípio da segurança jurídica e proteção da legítima confiança dos contribuintes. Isso porque as decisões dos Tribunais Superiores têm poder normativo, orientando condutas não somente das partes do processo como também de todos os agentes econômicos.

## 5.2. Modulação de efeitos e segurança jurídica

A Corte optou, por maioria de dois terços de seus membros[35], por não modular os efeitos da decisão. Cumpre salientar, contudo, que a decisão proferida no julgamento do RE 723.651 representou uma mudança radical de um posicionamento já consolidado pelos Tribunais Superiores (e, inclusive, objeto de decisão em sede de recurso repetitivo no STJ[36]).

---

35. O ministro Luís Roberto Barroso, que não integrava o Tribunal quando a matéria foi discutida anteriormente pelo Plenário, deixou registrada sua posição favorável à aplicação do quórum de maioria absoluta para modulação de efeitos nos casos de mudança de jurisprudência da Corte. Para ele, a exigência da maioria de dois terços apenas se aplica aos casos de declaração de inconstitucionalidade. Também quanto a esse ponto, os ministros Celso de Mello e Gilmar Mendes reafirmaram entendimento favorável à maioria absoluta, conforme votos proferidos na sessão de 2013. Na ocasião, em virtude do julgamento do RE 586453, cinco ministros foram favoráveis ao quórum qualificado de dois terços para modulação, conforme previsto no artigo 27 da Lei 9.868/1999 (Lei das Ações Diretas de Inconstitucionalidade – ADIs), e quatro votaram pelo quórum de maioria absoluta.

36. Recurso Especial nº 1.396.488, cujo relator foi o Ministro Humberto Martins, publicado em 17 de março de 2015:
"PROCESSUAL CIVIL. TRIBUTÁRIO. RECURSO ESPECIAL. VIOLAÇÃO AO ART. 535 DO CPC. INOCORRÊNCIA. INCIDÊNCIA DO IPI SOBRE VEÍCULO AUTOMOTOR IMPORTADO PARA USO PRÓPRIO. IMPOSSIBILIDADE. CONSUMIDOR FINAL. PRINCÍPIO DA NÃO-CUMULATIVIDADE. 1. Não se faz necessário, para a completa prestação judiciária, que o Tribunal se manifeste acerca de todos os pontos e dispositivos alegados pelo recorrente. 2. É firme o entendimento no sentido de que não incide IPI sobre veículo importado para uso próprio, tendo em vista que o fato gerador do referido tributo é a operação de natureza mercantil ou assemelhada e, ainda, por aplicação do princípio da não-cumulatividade. 3. Precedentes desta Corte: AgRg no AREsp 252.997/RS, Rel. Ministro Mauro Campbell Marques, Segunda Turma, julgado em 2.4.2013, DJe 10.4.2013; AgRg no AREsp 333.428/RS, Rel. Ministra Eliana Calmon, Segunda Turma, julgado em 15.8.2013, DJe 22.8.2013; AgRg no REsp 1369578/SC, Rel. Ministro Sérgio Kukina, Primeira Turma, julgado em 6.6.2013, DJe 12/06/2013; AgRg no AREsp 215.391/SC, Rel. Ministro Arnaldo Esteves Lima, Primeira Turma, julgado em 4.6.2013, DJe 21/06/2013; AgRg no AREsp 227.517/SC, Rel. Ministro Castro Meira, Segunda Turma, julgado em 19.2.2013, DJe 25.2.2013; AgRg no AREsp 244.838/RS, Rel. Ministro Herman Benjamin, Segunda Turma, julgado em 5.2.2013, DJe 15/02/2013; AgRg no AREsp 241.019/SC, Rel. Ministro Benedito Gonçalves, Primeira Turma, julgado em 6.12.2012, DJe 11.12.2012; AgRg no AREsp 204.994/PR, Rel. Ministro Napoleão Nunes Maia Filho, Primeira Turma, julgado em 9.10.2012, DJe 16.10.2012. 4. Precedentes do STF: RE 550170 AgR, Relator(a): Min. Ricardo Lewandowski, Primeira Turma,

A modulação, proposta pelo Ministro Luís Roberto Barroso, tinha por objetivo resguardar os contribuintes em virtude da existência de precedentes das turmas do STF em sentido contrário à tributação. Segundo Barroso, o Supremo deveria considerar a existência de pelo menos oito decisões colegiadas das duas Turmas em sentido contrário, já transitadas em julgado, o havia por sua vez influenciado o Superior Tribunal de Justiça a adotar a mesma tese em sede de recurso repetitivo[37].

De acordo com o Ministro, embora fosse absolutamente legítima a mudança de opinião do Tribunal sempre que considerar constitucionalmente mais acertado, seria *"preciso resguardar as expectativas daqueles que confiaram e, portanto, pautaram as suas vidas e os seus negócios segundo os parâmetros previamente estabelecidos pelas decisões do Supremo. Em tais situações, tenho defendido que a mudança da jurisprudência da Corte equivale verdadeiramente à criação de direito novo e, por tal razão, não pode operar efeitos retroativos."*.

Em estudo específico sobre o tema[38], Barroso salientou que a mudança de uma jurisprudência consolidada na Suprema Corte possui os mesmos efeitos da majoração da alíquota do tributo, ao afirmar que a jurisprudência dos tribunais, *"notadamente do STF, tornou-se elemento fundamental para a estabilidade e a harmonia do sistema jurídico. A observância dos precedentes liga-se a valores essenciais em um Estado de direito democrático, como a racionalidade e a legitimidade das decisões judiciais, a segurança jurídica e a isonomia."*

---

julgado em 7.6.2011, DJe-149 Divulg 3.8.2011 Public 4.8.2011; RE 255090 AgR, Relator(a): Min. Ayres Britto, Segunda Turma, julgado em 24.8.2010, DJe-190 Divulg 7.10.2010 Public 8.10.2010; RE 501773 AgR, Relator(a): Min. Eros Grau, Segunda Turma, julgado em 24.6.2008, DJe-152 Divulg 14.8.2008 Public 15.8.2008. 5. Acórdão sujeito ao regime do art. 543-C do CPC e da Resolução STJ 08/08. Recurso especial provido."

(Resp 1.396.488/SC, Rel. Min. Humberto Martins, j. 25/02/2015, DJ 17/03/2015)

37. REsp 1396488/SC, Rel. Ministro Humberto Martins, Primeira Seção, julgado em 25/02/2015, DJe 17/03/2015

38. BARROSO, Luís Roberto. *Mudança da jurisprudência do Supremo Tribunal Federal em matéria tributária. Segurança jurídica e modulação dos efeitos temporais das decisões judiciais*. Revista de Direito do Estado. abr/jun 2006.

## 6. CONSIDERAÇÕES FINAIS

A decisão proferida nos autos do Recurso Extraordinário nº 723.651 representa um marco na jurisprudência do STF, na medida em que a Corte rompeu com uma jurisprudência já consolidada durante anos (nas duas Cortes Superiores), desconsiderando a possibilidade de modulação dos efeitos da decisão, em cristalina afronta ao princípio da segurança jurídica.

Neste aspecto, compartilhamos do entendimento do Ministro Barroso, no sentido de que, ainda que seja legítima a mudança de entendimento da Suprema Corte, deve-se respeitar os valores essenciais do Estado Democrático de Direito, sobretudo o princípio da confiança legítima do contribuinte[39].

## REFERÊNCIAS BIBLIOGRÁFICAS

BARROSO, Luís Roberto. *Mudança da Jurisprudência do Supremo Tribunal Federal em Matéria Tributária. Segurança Jurídica e Modulação dos Efeitos Temporais das Decisões Judiciais.* RDE – Revista de Direito do Estado nº 2, 2006, p. 261-288.

COELHO, Sacha Calmon Navarro Coêlho. MOREIRA, André Mendes. *Segurança jurídica e mutações jurisprudenciais: a incidência do IPI nas importações feitas por não contribuintes. Necessidade de reversão do entendimento atual do STF, com modulação de seus efeitos. Tema 643-Repercussão geral.* In: *Sistema constitucional tributário: dos fundamentos teóricos aos hard cases tributários: estudos em homenagem ao ministro Luiz Fux*; Marcus Lívio Gomes, Andreu Pitten Velloso (organizadores). – Porto Alegre: Livraria do Advogado Editora, 2014.

---

39. Neste sentido, Ricardo Lodi Ribeiro afirma que "*a declaração de que um tributo é devido, após longo tempo em que a jurisprudência dos tribunais superiores indicou em sentido contrário, causa grave violação à confiança legítima do contribuinte, que, acreditando no posicionamento dos Tribunais Superiores, planejou os seus negócios, calculou seus custos e preços, realizou investimentos, na lídima crença da inexistência da obrigação de pagar o tributo*". RIBEIRO, Ricardo Lodi. *A proteção da confiança legítima do contribuinte.* Disponível em http://www.academia.edu

DE MELLO, GUSTAVO MIGUEZ. SIMÕES, LUIZ CARLOS MARQUES. *Tributação indireta no Direito Brasileiro.* In MACHADO, Hugo de Brito (Coordenador). *Tributação indireta no Direito Brasileiro.* São Paulo: Malheiros Editores, 2013.

MACHADO, Hugo de Brito. *Tributação indireta no Direito Brasileiro.* In MACHADO, Hugo de Brito (Coordenador). *Tributação indireta no Direito Brasileiro.* São Paulo: Malheiros Editores, 2013.

RIBEIRO, Ricardo Lodi. *A proteção da confiança legítima do contribuinte.* Disponível em <http://www.academia.edu>.

# O RE Nº 632.265: REGIME DE RECOLHIMENTO DO ICMS POR ESTIMATIVA INSTITUÍDO VIA DECRETO

GUSTAVO CARVALHO GOMES SCHWARTZ[1]

**Sumário:** 1. Introdução. 2. Apresentação da controvérsia. 3. Análise descritiva das razões do Acórdão do Tribunal de Justiça do Estado do Rio de Janeiro (acórdão recorrido). 4. Análise descritiva dos argumentos do Recurso Extraordinário e das Contrarrazões. 4.1. Razões do Recurso Extraordinário. 4.1.1. Violação aos Princípios da Separação dos Poderes e da Legalidade Administrativa. 4.1.2.Violação ao Princípio da Moralidade Administrativa. 4.1.3. Violação ao Princípio da Isonomia Tributária. 4.2. Argumento das Contrarrazões do Recurso Extraordinário. 5. Reconstrução analítica das razões do Acórdão do Recurso Extraordinário nº. 632.265. 6. Análise crítica do julgado. 6.1. Avaliação crítica das razões do julgado frente a outros precedentes do STF. 6.2. Avaliação crítica das razões do julgado em relação a correntes doutrinárias. 7. Conclusão.

## 1. INTRODUÇÃO

O presente artigo é fruto do trabalho desenvolvido no Grupo de Pesquisa Institucional: Análise Crítica da Jurisprudência Tributária, criado no âmbito do Programa de Pós-Graduação em Direito da Universidade do Estado do Rio de Janeiro (Uerj), que teve por objetivo o estudo descritivo e crítico das principais decisões proferidas pelo Supremo Tribunal Federal em 2015 versando sobre controvérsias de natureza tributária.

O Recurso Extraordinário nº. 632.265, em que se discutia a constitucionalidade de dois Decretos do Poder Executivo do Estado do Rio de Janeiro que instituíram o regime de recolhimento do Imposto sobre Circulação de Mercadorias e Serviços (ICMS) por estimativa, antecipando o pagamento do tributo para o próprio mês de ocorrência do fato gerador, foi um dos julgados objeto de análise.

---

1. Mestrando em Finanças Públicas, Tributação e Desenvolvimento na Uerj. Advogado.

Neste julgado, a primeira questão controversa dizia respeito à natureza jurídica da regra que autoriza a instituição de recolhimento do ICMS por estimativa, incerta no inciso III do artigo 26 da Lei Complementar nº 87/1996[2]. Debateu-se se referida regra trataria apenas da regência de novos critérios relativos a forma e ao prazo de recolhimento do imposto, como restou consignado no acórdão recorrido do Tribunal de Justiça do Estado do Rio de Janeiro – o que autorizaria sua regulamentação por decreto, ou se, ao revés, versaria sobre a forma de sua apuração, autorizando a instituição de base de cálculo ficta, distinta daquela prevista no art. 13 da mencionada Lei Complementar, como sustentado no Recurso Extraordinário, o que atrairia a incidência do Princípio Constitucional da Legalidade Tributária, inscrito no artigo 150, I da Constituição Federal.

Discutiu-se, ainda, se a lei estadual poderia delegar ao Poder Executivo competência para instituir, através de decreto, a sistemática de apuração do ICMS por estimativa, tendo o STF se debruçado, mesmo que brevemente, sobre a questão relativa aos limites de atribuição normativa ao decreto regulamentar tributário.

Pretende-se no presente artigo, em um primeiro momento, expor descritivamente os principais argumentos levantados pelo acórdão prolatado pelo Tribunal de Justiça do Estado do Rio de Janeiro, pelo Recurso Extraordinário e suas Contrarrazões. Em seguida, buscar-se-á reconstruir analiticamente as razões do acórdão prolatado pelo Supremo Tribunal Federal no Recurso Extraordinário nº 632.265, procedendo-se, ato contínuo, à análise crítica dos fundamentos utilizados, que levaram à fixação da tese, em repercussão geral, de que "somente lei em sentido formal pode instituir o regime de recolhimento do Imposto sobre a Circulação de Mercadorias e Prestação de Serviços – ICMS por estimativa"[3], cotejando-os com os fundamentos utilizados em precedentes anteriores do Tribunal.

---

2. Art. 26. Em substituição ao regime de apuração mencionado nos arts. 24 e 25, a lei estadual poderá estabelecer:

    [...]

    III – que, em função do porte ou da atividade do estabelecimento, o imposto seja pago em parcelas periódicas e calculado por estimativa, para um determinado período, assegurado ao sujeito passivo o direito de impugná-la e instaurar processo contraditório.

3. STF – Pleno. RE. nº. 632.265/RJ. Rel: Min. Marco Aurélio, j. 18/06/2015, DJ 05/10/2015.

## 2. APRESENTAÇÃO DA CONTROVÉRSIA

Ao fim do artigo, pretende-se investigar em que medida a jurisprudência do STF tem sido reflexiva quanto às posições doutrinárias relativas aos pontos controvertidos, analisando, afinal, quais correntes sobressaíram.

## 2. APRESENTAÇÃO DA CONTROVÉRSIA

Sob a justificativa de regulamentar o artigo 39 da Lei Estadual nº 2.657/1996[4], a Governadora do Estado do Rio de Janeiro editou o Decreto nº 31.632/2002, cujo teor fora posteriormente reproduzido no Decreto nº 35.219/2004, estabelecendo que os contribuintes listados em seu anexo único passariam a efetuar o pagamento do ICMS relativo às operações realizadas a cada mês nos dias 10, 20 e último dia útil do próprio mês, correspondendo o valor de cada um desses pagamentos a 1/3 (um terço) do montante do imposto apurado no mês anterior.

Estabeleceu-se, ainda, posterior ajuste de contas, admitindo-se o creditamento caso o saldo fosse favorável ao contribuinte.

Em outras palavras, instituiu-se, para determinados contribuintes, o regime de apuração do ICMS por estimativa, previsto no inciso III do artigo 26, da LC 87/96, determinando-se, ainda, a antecipação do recolhimento do tributo.

Intencionando não se submeter aos critérios estabelecidos nos referidos decretos, a Companhia de Eletricidade do Rio de Janeiro – CERJ impetrou Mandado de Segurança, que teve a ordem denegada pelo Tribunal de Justiça do Estado do Rio de Janeiro, por acórdão assim ementado[5]:

> Direito Tributário. ICMS incidente sobre o fornecimento de energia elétrica. Pretensão à não submissão aos critérios estabelecidos no Decreto nº 31.623/02. Alegação de violação a princípios constitucionais. Denegação da Segurança. Inconformismo do impetrante. Improvimento do recurso.
>
> Tratando-se de decreto regulamentador do artigo 39, da Lei nº 2.657/96, que fixou, apenas, critérios objetivos para recolhimento do ICMS, sem afronta a princípio constitucional algum, impõe-se a confirmação da decisão de primeiro grau, que denegou a Segurança.

---

4. Art. 39. O imposto é pago na forma e no prazo fixados pelo Poder Executivo.
5. Ementa do acórdão do Tribunal de Justiça do Estado do Rio de Janeiro referente ao julgamento da apelação nº. 2004.001.00315, que posteriormente se tornou o Recurso Extraordinário nº 632.265.

Em face desse acórdão, a CERJ interpôs o Recurso Extraordinário nº 632.265, cujo julgamento pelo STF é objeto da análise aqui empreendida.

## 3. ANÁLISE DESCRITIVA DAS RAZÕES DO ACÓRDÃO DO TRIBUNAL DE JUSTIÇA DO ESTADO DO RIO DE JANEIRO (ACÓRDÃO RECORRIDO)

O acórdão recorrido, prolatado pela 15ª Câmara Cível do Tribunal de Justiça do Estado do Rio de Janeiro (TJRJ), teve como principal fundamento a inocorrência de inovação nos decretos impugnados, que pudesse implicar em excesso no exercício do poder regulamentar do qual fora investido o Poder Executivo estadual pelo artigo 39, da Lei 2.657/96.

Para o Tribunal, não houve violação ao princípio da legalidade tributária, uma vez que o Decreto nº 31.632/02, cujo teor fora posteriormente reproduzido no Decreto nº 35.219/04, nada mais fez do que fixar a forma e o prazo de recolhimento do ICMS, sem extrapolar os limites da atribuição conferida pelo citado artigo 39, da Lei 2.657/96[6].

Ressalte-se que sequer se discutiu acerca da natureza jurídica da regra que autoriza a instituição do regime de apuração do ICMS por estimativa, constante do já mencionado artigo 26, III, da LC nº 87/96, partindo o acórdão recorrido da premissa de que se tratava de mera regência de novos critérios de prazo e forma de recolhimento do tributo, não havendo, por isso, qualquer irregularidade no seu tratamento por meio de decreto.

---

6. Pode-se citar como exemplo dessa conclusão o seguinte trecho do voto do Desembargador Relator: "Por outro lado, o princípio da legalidade está devidamente observado, tanto no que diz respeito às normas constitucionais, quanto às relativas às leis ordinárias.

   Não há, no Decreto nº 31.632/02 qualquer inovação que pudesse ser acoimada de ilegal ou inconstitucional, tratando-se, apenas, de fixação de critérios para o respectivo recolhimento do tributo.

   [...]

   O que o referido Decreto estabeleceu foi, pura e simplesmente, regulamentando o artigo 39, da Lei nº 2.657/96, fixar a forma e o prazo de pagamento desse imposto, o que é da exclusiva competência do Poder Executivo, aproximando o período de apuração à data em que ocorreu o fato gerador. "

O RE Nº 632.265: REGIME DE RECOLHIMENTO DO ICMS POR ESTIMATIVA INSTITUÍDO VIA DECRETO

Em função disso, o acórdão analisou a existência ou não de violação ao Princípio da Legalidade exclusivamente sob a ótica dos limites ao poder regulamentar da Administração Pública, desviando-se da questão específica relativa à violação ao Princípio da Legalidade Tributária, insculpido no art. 150, I da CF[7].

O Tribunal afastou, ainda, a alegação de violação ao Princípio da Isonomia – alegação essa baseada no fato de os decretos impugnados terem instituído o regime de apuração do ICMS por estimativa para apenas alguns contribuintes – sob o fundamento de que esse regime se aplicava a operações de circulação de mercadoria sem paradigma semelhante.

## 4. ANÁLISE DESCRITIVA DOS ARGUMENTOS DO RECURSO EXTRAORDINÁRIO E DAS CONTRARRAZÕES

### 4.1 Razões do Recurso Extraordinário

Os argumentos apresentados no Recurso Extraordinário foram divididos em três capítulos distintos, cada qual tratando da violação de dispositivos específicos da Constituição Federal, os quais se traduzem em um ou mais princípios constitucionais. O primeiro capítulo tratou da violação aos Princípios da Separação de Poderes e da Legalidade Tributária (arts. 2º, *caput* e 150, I); o segundo versou sobre a violação ao Princípio da Moralidade Administrativa (art. 37, *caput*); e o Terceiro apresentou as razões que sustentariam a tese de violação ao Princípio da Isonomia Tributária (art. 150, II).

### 4.1.1. Violação aos Princípios da Separação de Poderes e da Legalidade Tributária

As alegações referentes à violação dos artigos 2º, *caput* e 150, I da Constituição Federal foram tratadas em conjunto, no primeiro capítulo, em razão de o seu pressuposto fático ser o mesmo, qual seja, a instituição do regime de apuração por estimativa do ICMS via decreto do Poder Executivo.

---

7. Em verdade, o Tribunal de Justiça do Estado do Rio de Janeiro se limitou a analisar os argumentos da Apelação sob a ótica do Princípio da Legalidade genérica ou administrativa, incertos nos arts. 5º, II e 37, *caput* da CF.

Sustentou-se no Recurso Extraordinário que o Decreto nº 31.632/2002 (cujo teor fora posteriormente reproduzido pelo Decreto nº 35.219/2004), sob o pretexto de alterar critérios de forma e prazo de recolhimento, promoveu na realidade a alteração da base de cálculo do ICMS, prevista no artigo 13 da LC nº 87/96, instituindo o regime de recolhimento por estimativa, com a fixação de base de cálculo ficta, consubstanciada no montante de imposto apurado no mês anterior.

Assim, referidos Decretos seriam inconstitucionais por violação ao Princípio da Legalidade Tributária, incerto no artigo 150, I da Constituição Federal, que submete à reserva de lei formal a alteração de qualquer dos elementos essenciais da obrigação tributária, como é a base de cálculo.

Contestou-se, assim, a tese acolhida pelo acórdão recorrido de que os Decretos nº. 31.632/2002 e nº 35.219/2004 teriam, nos limites do poder regulamentar conferido pelo artigo 39 da Lei nº 2.657/96, simplesmente fixado critérios relativos à forma e ao prazo de recolhimento do ICMS.

Ao instituírem o regime de recolhimento do ICMS por estimativa, os citados Decretos determinaram também que o pagamento do tributo ocorresse nos dias 10, 20 e último dia útil do próprio mês em que realizadas as operações de circulação de mercadorias e serviços.

Defendeu-se nas razões do recurso que essa determinação importou em antecipação do recolhimento do ICMS para momento anterior à efetiva ocorrência do fato gerador, o que só poderia ocorrer através de substituição tributária, cuja instituição, nos exatos termos do artigo 150, § 7º da Constituição Federal, também exige lei em sentido formal. Haveria, assim, inconstitucionalidade a macular os Decretos por violação, uma vez mais, do Princípio da Legalidade Tributária.

Seriam ainda inconstitucionais por violação ao Princípio da Separação de Poderes (art. 2º, *caput*, CF), uma vez que disciplinaram matéria submetida à reserva de lei formal – modificação da base de cálculo, configurando usurpação de competência exclusiva do Poder Legislativo.

## 4.1.2. Violação ao Princípio da Moralidade Administrativa

A violação ao Princípio da Moralidade Administrativa estaria configurada, segundo o Recurso Extraordinário, em razão da finalidade perseguida pelos Decretos nº 31.632/2002 e nº 35.219/2004 ao instituir o regime de apuração do ICMS por estimativa, antecipando o recolhimento do tributo devido para o próprio mês em que seriam realizados os fatos geradores.

Com efeito, defendeu-se que a finalidade perseguida pelos Decretos foi meramente arrecadatória, já que impuseram a alteração da base de cálculo do ICMS para os contribuintes ali referidos ao arrepio das normas constitucionais de regência.

Ao almejar o aumento da arrecadação, e não o poder-dever de regulamentar o artigo 39, da Lei 2.657/96, os Decretos teriam ofendido a boa-fé e desrespeitado o equilíbrio que deve permear a relação tributária, violando o Princípio da Moralidade Administrativa, insculpido no artigo 37, *caput* da Constituição Federal.

## 4.1.3. Violação ao Princípio da Isonomia Tributária

Por fim, advogou-se no Recurso Extraordinário que, ao instituir o regime de apuração do ICMS por estimativa para apenas alguns contribuintes listados em seu anexo único, o Decreto nº 31.632/2002, posteriormente substituído pelo Decreto nº 35.219/2004, teria violado o Princípio da Isonomia Tributária.

Isso porque, a distinção levada a efeito pelos referidos diplomas normativos teve como base o porte das empresas e o valor recolhido aos cofres públicos, tendo sido listados no anexo único tão-somente os maiores contribuintes do Estado do Rio de Janeiro.

Essa discriminação, que teve por objetivo único acelerar a arrecadação de ICMS, seria ilegítima e inconstitucional, na medida em que não guardaria relação de pertinência com qualquer valor constitucional. Teriam os Decretos, então, promovido, sem fundamento plausível, tratamento fiscal desigual, violando-se o artigo 150, II da Constituição Federal.

Argumentou-se, por fim, que não haveria razão para excluir os contribuintes listados nos anexos dos Decretos do regime de apuração disciplinado pelos artigos 24 e 25 da Lei Complementar 87/96, já que o fato tributável para todos os contribuintes é o mesmo: circulação de mercadorias.

## 4.2. Argumentos das Contrarrazões ao Recurso Extraordinário

O Estado do Rio de Janeiro defendeu, em suas contrarrazões, não haver qualquer irregularidade no regime de recolhimento do ICMS por estimativa, mostrando-se, ao contrário, inteiramente em harmonia com a legislação complementar e com a Constituição Federal, como, inclusive, já teria decido o Supremo Tribunal Federal no julgamento do Recurso Extraordinário 73.506/GB[8].

Ademais, teria o Poder Executivo, ao editar os Decretos nº 31.632/2002 e nº 35.219/2004, agido no estrito limite da competência constitucional regulamentar, estabelecendo meros critérios de apuração do imposto, sem violação a quaisquer princípios, máxime o da Separação dos Poderes.

Não haveria, do mesmo modo, violação ao Princípio da Isonomia, já que todas as empresas do mesmo ramo de atividade da recorrente (fornecedoras de energia elétrica) estariam sujeitas ao regime de apuração do ICMS por estimativa, inexistindo, portanto, tratamento discriminatório.

Por fim, as contrarrazões prestigiaram o acórdão recorrido, postulando a sua manutenção.

## 5. RECONSTRUÇÃO ANALÍTICA DAS RAZÕES DO ACÓRDÃO DO RECURSO EXTRAORDINÁRIO Nº 632.265/RJ

É possível identificar algumas razões que fundamentam o acórdão proferido pelo plenário do Supremo Tribunal Federal no julgamento do Recurso Extraordinário nº 632.265, o qual, à unanimidade, rejeitou as alegações de inconstitucionalidade por violação aos Princípios Constitucionais da Moralidade Administrativa (art. 37, *caput*, CF) e da Isonomia Tributária (art. 150, II, CF),

---

8. STF – Segunda Turma. RE 73.506/GB. Rel. Min. Xavier de Albuquerque, j. 22/02/1974, DJ 22/03/1974.

O RE Nº 632.265: REGIME DE RECOLHIMENTO DO ICMS POR ESTIMATIVA INSTITUÍDO VIA DECRETO    **103**

tendo acolhido, entretanto, a alegação de violação aos Princípios da Separação de Poderes (art. 2º, *caput*, CF) e da Legalidade Tributária (art. 150, I, CF), declarando a inconstitucionalidade dos Decretos nº 31.632/02 e nº. 35.219/04, com a fixação da tese, em repercussão geral, de que "somente lei em sentido formal pode instituir o regime de recolhimento do Imposto sobre a Circulação de Mercadorias e Prestação de Serviços – ICMS por estimativa".

A primeira razão de decidir fundamentou a rejeição à alegação de violação do Princípio da Moralidade Administrativa. Entendeu o STF que referida alegação seria irrelevante para o deslinde da causa, não violando o Princípio da Moralidade Administrativa a antecipação do pagamento do imposto.

O STF não acolheu, do mesmo modo, a arguição de violação ao Princípio da Isonomia Tributária, inscrito no artigo 150, II da Constituição Federal, tendo o Ministro Marco Aurélio, Relator do RE nº 632.265, sustentado que, embora os Decretos impugnados imponham, de fato, tratamento diferenciado a determinado grupo de contribuintes, a distinção baseada na capacidade econômica não é inconstitucional, sendo, ao contrário, um objetivo a ser perseguido pela Carta de 1988[9], que prevê, ela própria, tratamento diferenciado em certos casos[10].

O Ministro Luís Roberto Barroso, acompanhando o Ministro Relator, argumentou em seu voto, ainda, que, por se estar tratando desigualmente aos desiguais, não haveria inconstitucionalidade no tratamento diferenciado dispensado aos grandes contribuintes.

Após afastar as alegações de violação aos artigos 37, *caput* e 150, II da Constituição Federal, buscou o acórdão circunscrever o ponto controvertido à ocorrência ou não de violação aos Princípios da Separação dos Poderes e da Legalidade Tributária, estampados, como dito, nos artigos 2º, *caput* e 150, I da Carta de 1988. Para responder a essa questão, perquiriu-se acerca da natureza

---

9. Art. 145 [...]

§ 1º Sempre que possível, os impostos terão caráter pessoal e **serão graduados segundo a capacidade econômica do contribuinte**, facultando à administração tributária, especialmente para conferir efetividade a esses objetivos, identificar, respeitados os direitos individuais e nos termos da lei, o patrimônio, os rendimentos e as atividades econômicas do contribuinte. (grifou-se)

10. É o caso, por exemplo, da hipótese prevista no artigo 146, III, alínea *d* da Constituição Federal, que dispõe sobre o tratamento diferenciado a ser dispensado às micro e pequenas empresas.

jurídica da regra veiculada pelo artigo 26, III e § 1º da Lei Complementar nº 87/96, reproduzida pelos Decretos nº 31.632/2002 e nº 35.219/2004, que autoriza a instituição do regime de apuração do ICMS por estimativa: versaria ela sobre a forma de apuração do tributo – matéria submetida à reserva de lei formal – ou, ao contrário, cuidaria de mera regência de critérios de forma e prazo de recolhimento do ICMS?

Entendeu o Supremo Tribunal Federal tratar-se do modo de apuração do imposto, mais especificamente do critério de quantificação do valor devido (base de cálculo), sujeitando-se a alteração promovida pelo Decreto nº. 31.632/2002, posteriormente mantida pelo Decreto nº 35.219/2004, então, à reserva de lei formal[11].

O Ministro Relator afastou, ademais, a tese do Estado do Rio de Janeiro, segundo a qual o artigo 39 da Lei estadual 2.657/96, que dispõe que "o imposto é pago na forma e no prazo fixados pelo Poder Executivo", preencheria a exigência de edição de lei estadual específica para a adoção do regime previsto no inciso III, do artigo 26 da LC nº 87/96, sendo o fundamento dos Decretos impugnados.

Para o STF, a instituição de um novo regime de apuração, com a fixação de base de cálculo ficta, consubstanciada no valor do imposto pago no mês anterior, e a determinação de que seja antecipado o imposto para momento prévio à

---

11. É importante observar que, embora o inciso I do artigo 150 da Constituição Federal faça referência expressa apenas às condutas de "exigir" e "aumentar tributo", também se sujeitam à reserva de lei formal a definição ou alteração do fato gerador, do sujeito passivo, da base de cálculo, alíquota e sanções, conforme explicitado pelo artigo 97, do CTN. Cf. GRECO, Marco Aurélio. Comentário ao artigo 150, I. In: CANOTILHO, J. J. Gomes; MENDES, Gilmar F.; SARLET, Ingo W.; STRECK, Lenio L. (Coord.). *Comentários à Constituição do Brasil*. São Paulo: Saraiva/Almedina, 2013. p. 1.632. "Embora o dispositivo, tal como ocorria na CF/67, se refira a 'exigir' e não a 'instituir' tributo, o sentido do termo é o de criar uma exigência nova, acrescer sua dimensão ou cobrá-la; vale dizer, tudo que estiver no conjunto normativo que desemboca no atingimento do patrimônio do sujeito passivo está abrangido pelo dispositivo. "Estão alcançadas pelo dispositivo as previsões que digam respeito aos elementos essenciais do tributo, quais sejam, a definição do seu fato gerador, sujeitos passivos, base de cálculo, alíquota e sanções atreladas ao eventual descumprimento desses preceitos." Do mesmo modo RIBEIRO, Ricardo Lodi. *Limitações Constitucionais ao Poder de Tributar*. Rio de Janeiro: Editora Lumen Juris, 2010. p. 30.

ocorrência do fato gerador, extrapola os limites do poder regulamentar do qual foi investido o Poder Executivo do Estado do Rio de Janeiro para disciplinar forma e prazo de pagamento[12].

Concluiu o Ministro Relator, em continuação, que, diante da inexistência de lei estadual específica adotando o regime de apuração do ICMS por estimativa, e da ausência de informação quanto à ocorrência do fato gerador, vez que antecipado o pagamento do imposto, utilizando-se base de cálculo ficta, a modificação do regime de apuração do ICMS por decreto implicou afronta ao Princípio Constitucional da Legalidade Tributária, estampado no artigo 150, I da Carta de 1988, que veda a exigência de tributo sem lei que o estabeleça.

Assinale-se, outrossim, que em seu voto o Ministro Luís Roberto Barroso salientou a legitimidade do regime de apuração do ICMS por estimativa, ressalvando, no entanto, que há exigência expressa de que seja instituído por lei em sentido formal. Para ele a inconstitucionalidade limitou-se ao instrumento que colocou em vigor a nova base de cálculo do ICMS incidente sobre as operações dos contribuintes listados no anexo único dos Decretos impugnados.

É de se observar, ainda, que, ao contrário dos Ministros Marco Aurélio[13] e Luiz Fux[14], para os quais houve a antecipação do pagamento do imposto para momento anterior à ocorrência do fato gerador, entendeu o Ministro Barroso que

---

12. É pedagógica a seguinte passagem do voto do Ministro Marco Aurélio: "A determinação de que seja antecipado o imposto devido valendo-se de base de cálculo ficta, com posterior ajuste, olvida, a mais não poder, o poder atribuído pela lei para disciplinar 'forma' e 'prazo' de pagamento. " Cf. STF – Pleno. RE 632.265/RJ. Rel. Min. Marco Aurélio, j. 18/06/2015, DJe 02/10/2015, Pub 05/10/2015.

13. O voto do Ministro Marco Aurélio é menos claro quanto ao entendimento de que houve determinação de antecipação do pagamento do imposto para momento prévio à ocorrência do fato gerador. No entanto, chega-se a essa conclusão pela leitura de sua parte final, especificamente dos seguintes trechos: "A determinação de que seja antecipado o imposto devido valendo-se de base de cálculo ficta, com posterior ajuste, olvida, a mais não poder, o poder atribuído pela lei para disciplinar 'forma' e 'prazo' de pagamento. [...]
"Ora, se não há informação quanto à ocorrência do fato gerador, mostra-se impossível reconhecer a existência da obrigação tributária, como quer o Estado do Rio de Janeiro. Cf. STF – Pleno. RE 632.265/RJ. Rel. Min. Marco Aurélio, j. 18/06/2015, DJe 02/10/2015, Pub 05/10/2015.

14. O Ministro Luiz Fux, por sua vez, foi expresso quanto ao entendimento de que os decretos impugnados impuseram o pagamento do ICMS antes da ocorrência do fato gerador. É elucidativa a seguinte passagem de seu voto: "Esse paradigma do período anterior é apenas para estabelecer a forma de pagamento, mas, na verdade, o que se está exigindo é o imposto antes

a modificação do regime de apuração promovida pelos Decretos nº 31.632/02 e nº 35.219/04 antecipou o pagamento para momento posterior ao fato gerador, fazendo crer que teria havido mera alteração do prazo de pagamento e não verdadeiramente antecipação[15].

O Ministro Celso de Mello, por sua vez, também acompanhando o Ministro Relator, somou às considerações feitas no voto condutor as razões de decidir expostas no julgamento da ADI nº 1.296/PE[16], de sua relatoria, no sentido de que a delegação legislativa externa ao Executivo de matérias submetidas à reserva absoluta de lei em sentido formal é inconstitucional, por violação ao Princípio da Separação de Poderes, que impede a outorga do exercício de competências exclusivas do parlamento a qualquer outra instância de poder.

O Ministro Luiz Fux, do mesmo modo, questionou em seu voto a possibilidade de a Assembleia Legislativa do Estado do Rio de Janeiro delegar ao Poder Executivo a gestão do ICMS, abdicando de uma de suas competências – inovar o ordenamento tributário – que configuraria norma indisponível.

Os demais Ministros, por seu turno, não trouxeram em seus votos novos argumentos ou razões de decidir distintas daquelas expostas no voto do Ministro Relator, debruçando-se mais detidamente em questões processuais.

Com efeito, em razão de o RE nº 632.265/RJ ter sido interposto antes da sistemática processual da repercussão geral, o Ministro Teori Zavascki sugeriu que o Tribunal reconhecesse a repercussão geral da questão constitucional suscitada, o que foi feito por maioria de votos, tendo ficado vencidos o Ministro Relator e os Ministros Luiz Fux e Cármen Lúcia.

---

da ocorrência do fato gerador." Cf. STF – Pleno. RE 632.265/RJ. Rel. Min. Marco Aurélio, j. 18/06/2015, DJe 02/10/2015, Pub 05/10/2015.

15. Transcreve-se, para ilustrar a afirmação acima, trecho do voto do Ministro Luís Roberto Barroso: "[...] também eu acredito que não haja violação ao princípio da moralidade em se antecipar o pagamento para um momento **posterior** ao fato gerador, portanto, a hipótese é diferente da que já decidimos [...]" (grifou-se)
Cf. STF – Pleno. RE 632.265/RJ. Rel. Min. Marco Aurélio, j. 18/06/2015, DJe 02/10/2015, Pub 05/10/2015.

16. STF – Pleno ADI 1.296/PE. Medida Cautelar. Rel. Min. Celso de Mello. J. 14/06/1995.

Com a atribuição de repercussão geral ao RE nº 632.265/RJ, a unanimidade dos Ministros acompanhou a proposta do Ministro Luís Roberto Barroso, fixando o STF a tese, aqui já citada, de que "somente lei em sentido formal pode instituir o regime de recolhimento do Imposto sobre a Circulação de Mercadorias e Prestação de Serviços – ICMS por estimativa".

Por fim, é de se destacar, ainda, que ao final do julgamento o STF debateu, de forma exaustiva, acerca da modulação dos efeitos da decisão tomada, diante das possíveis consequências econômicas prejudiciais ao Estado do Rio de Janeiro, preocupando-se com eventuais "esqueletos" ou "cadáveres" financeiros.

Afastou-se, no entanto, a modulação ante a conclusão de que, em relação aos Decretos declarados inconstitucionais, não haveria "esqueletos" financeiros, uma vez que o regime de apuração do ICMS por estimativa instituído pelo Poder Executivo do Estado do Rio de Janeiro previa o encontro de contas no mês subsequente.

## 6. ANÁLISE CRÍTICA DO JULGADO

A decisão do plenário do Supremo Tribunal Federal no julgamento do Recurso Extraordinário nº 632.265/RJ equacionou de forma adequada, no nosso entender, a questão da instituição do regime de recolhimento do ICMS por estimativa, ao exigir, para tanto, a edição de lei estadual, em atenção ao Princípio da Legalidade Tributária.

Isso porque, a previsão constante do artigo 26, III e § 1º da Lei Complementar nº 87/96 não trata apenas de um regime distinto de recolhimento do imposto; uma mera alternativa ao sistema de encontro de contas, que busca atender ao mandamento constitucional de que o ICMS seja não-cumulativo[17].

Referido dispositivo legal autoriza, na verdade, como bem interpretou o Supremo, a fixação de base de cálculo ficta – distinta daquelas previstas nos incisos do artigo 13 do referido diploma legal, possibilitando a cobrança do ICMS antes mesmo da ocorrência do fato gerador.

---

17. Cf. artigo 155, § 2º, I, da Constituição Federal.

Somente em momento posterior, quando do ajuste com base na escrituração regular do contribuinte (encontro de contas), é que será verificada a efetiva ocorrência do fato gerador (circulação de mercadorias) e a intensidade de sua ocorrência (montante de imposto efetivamente devido)[18].

Agiu bem, portanto, o STF ao submeter à lei estadual a instituição desse regime de apuração do imposto, dando efetividade ao artigo 150, I, da Constituição Federal, que, além de vedar a exigência de tributo sem lei que o estabeleça, subordina à reserva de lei em sentido formal a fixação ou alteração de qualquer dos elementos essenciais da obrigação tributária, como a base de cálculo.

No entanto, é de observar que, não obstante a relevância do tema debatido – instituição do regime de apuração do ICMS por estimativa – e dos seus efeitos, os votos dos Ministros pouco desenvolveram as razões que fundamentaram o acórdão do RE 632.265, tangenciando, sem aprofundamento, temas de grande interesse para o direito tributário, como os relativos aos limites normativos do decreto regulamentar tributário e à antecipação da cobrança do imposto em relação ao fato gerador, fora da hipótese denominada "substituição tributária para frente"[19].

Ainda assim, e tendo como pano de fundo o acórdão do RE 632.265, parece-nos que o Tribunal não sufraga a tese da tipicidade cerrada, admitindo a atribuição de, ao menos, algum poder normativo ao decreto regulamentar tributário, como será demonstrado com maior profundidade abaixo.

Inobstante a exiguidade no desenvolvimento das razões de decidir, cumpre, agora, avaliar criticamente os fundamentos do acórdão do STF no julgamento do RE nº 632.265 em relação aos precedentes do Tribunal, a fim de investigar se o Tribunal seguiu entendimentos anteriores, ou se, ao contrário, operou-se a sua revisão.

---

18. A exigência do posterior encontro de contas está prevista no § 1º, do artigo 26, da LC nº 87/96, e constitui pressuposto lógico do próprio fenômeno da tributação. A obrigação tributária só nasce na medida em que a hipótese prevista em lei ocorre no mundo fático. Sem que se verifique a ocorrência efetiva do fato gerador, não há como se legitimar a cobrança do imposto, que se transmuda em verdadeiro confisco.

19. Para Marco Aurélio Greco, essa nomenclatura não está correta, vendo referido autor no §7º também a hipótese de antecipação sem substituição tributária. GRECO, Marco Aurélio. op. cit. p. 1.668.

## 6.1. Avaliação crítica das razões do julgado frente a outros precedentes do STF

Como consignado acima, no julgamento do RE nº 632.265/RJ o Supremo declarou inconstitucional a instituição, por decreto, do regime de apuração do ICMS por estimativa. Embora não haja no voto do Ministro Relator menção expressa à constitucionalidade da sistemática de apuração por estimativa em si, é possível concluir com segurança, sobretudo pela alusão explícita constante do voto do Ministro Luís Roberto Barroso[20], que o Tribunal entende como legítima a cobrança do imposto de acordo com o regime previsto no inciso III e § 1º, do artigo 26, da LC nº 87/96, exigindo, apenas, a edição de lei em sentido formal para tanto.

Manteve-se, destarte, o entendimento adotado no julgamento do Recurso Extraordinário 73.506/GB[21], de relatoria do Ministro Xavier de Albuquerque, citado pelo Estado do Rio de Janeiro em suas Contrarrazões, no sentido da constitucionalidade do sistema de cobrança do ICMS por estimativa.

É de se reconhecer, ademais, que o STF seguiu, também em relação à questão da inconstitucionalidade da alteração de base de cálculo de tributo via decreto ou portaria, uma das razões de julgar que fundamentaram o RE nº 632.265/RJ, entendimento adotado em precedente anterior.

Referimo-nos aqui ao julgamento do RMS nº 25.476/DF[22], em que se discutia a inconstitucionalidade de Portaria do Ministério da Previdência Social que majorou a base de cálculo da contribuição previdenciária patronal incidente sobre a remuneração paga ao transportador autônomo de frete, carreto ou transporte de passageiros, e no qual o Tribunal fixou o entendimento de que a modificação da base de cálculo submete-se ao princípio da legalidade tributária.

---

20. "Porém, tal como o Ministro Marco Aurélio e o eminente Ministro Fachin, entendo que há exigência expressa de que esse regime seja instituído por lei. O regime é todo legítimo, salvo pelo instrumento que o colocou em vigor, que foi um decreto, quando deveria ter sido a lei." Cf. STF – Pleno. RE 632.265/RJ. Rel. Min. Marco Aurélio, j. 18/06/2015, DJe 02/10/2015, Pub 05/10/2015.

21. STF – Segunda Turma. RE nº 73.506/GB. Rel. Min. Xavier de Albuquerque, 22/02/1974, DJ 22/03/1974.

22. STF – Pleno. RMS nº 25.476/DF. Rel. Min. Luiz Fux; Rel. p/ Acórdão Min. Marco Aurélio, j. 22/05/2013, DJe- 23/05/2014, P. 26/05/2014.

Com efeito, nesse julgado, ao interpretar o artigo 150, I, da Constituição Federal, o Tribunal submeteu à reserva de lei em sentido formal não só a instituição do tributo, mas também a definição de todos os elementos essenciais da obrigação tributária, em atenção ao princípio da tipicidade tributária. Sufragou a tese, assim, de que além da definição, a modificação da base de cálculo, seja para altera-la, majorá-la ou reduzi-la, pressupõe a edição de lei pelo parlamento.

Ademais, ao apreciar o argumento de que os decretos impugnados no RE nº 632.265/RJ apenas regulamentaram o artigo 39 da lei estadual nº 2.657/96, decidiu o Tribunal, como visto, que a fixação de base de cálculo ficta, em substituição àquela prevista em lei, com a determinação de antecipação do imposto devido extrapolou, a mais não poder, os limites do poder regulamentar do qual fora investido o poder executivo do Estado do Rio de Janeiro.

Ao assim fazer, o STF se posicionou no sentido de que o regulamento delegado ou autorizado (*intra legem*), sobretudo na seara do Direito Tributário, não pode extrapolar os limites da lei ao qual está vinculado. Isto é, não pode pretender alterar os elementos essenciais da obrigação tributária, como a base de cálculo, sob pena de se configurar a prática de ato normativo primário, que implicaria em delegação legislativa (*praeter legem*), que é proibida no sistema constitucional brasileiro.

Parece-nos que, igualmente em relação a esse ponto, o acórdão do RE nº 632.265/RJ está em consonância com precedentes anteriores que se depararam com a questão dos limites normativos do regulamento tributário. Alude-se aqui à ADI nº 1.296/PE[23], de relatoria do Ministro Celso de Mello, e ao RE nº 343.446[24]/SC, de relatoria do Ministro Carlos Velloso.

Inicialmente, é clara a conformidade do julgado ora em análise com a ADI nº 1.296/PE. Não só porque, em seu voto, o Ministro Celso de Mello utilizou, como razão de decidir, as razões que expôs no julgamento deste primeiro precedente. Mas também porque o STF entendeu, naquele julgamento, ter havido excesso em relação ao poder regulamentar de que fora investido o Governador.

---

23. STF – Pleno ADI 1.296/PE. Medida Cautelar. Rel. Min. Celso de Mello, j. 14/06/1995, DJ 01/08/2003.
24. STF – Pleno. RE nº 343.446/SC. Rel. Min. Carlos Velloso, j. 20/03/2003, DJ 04/04/2003.

O RE Nº 632.265: REGIME DE RECOLHIMENTO DO ICMS POR ESTIMATIVA INSTITUÍDO VIA DECRETO

Com efeito, decidiu o STF, no julgamento da ADI nº 1.296/PE, pela inconstitucionalidade do artigo 1º e parágrafo único de lei 11.205/95 que atribuiu ao Poder Executivo estadual a competência para estabelecer benefícios e isenções fiscais em proveito de refinarias de petróleo que se instalassem em território do Estado de Pernambuco.

Em ambos os casos o Tribunal entendeu ter havido excesso em relação ao poder do Executivo para regulamentar matérias submetidas à reserva de lei formal.

Ressalve-se, apenas, que no RE nº 632.265/RJ a Suprema Corte analisou a (in)constitucionalidade do decreto regulamentar, isto é, eventual excesso no *exercício* do poder regulamentar, não havendo questionamento acerca da constitucionalidade da norma que atribuiu competência ao Poder Executivo para regular forma e prazo de pagamento do ICMS[25].

Já na ADI nº 1.296/PE, a norma objeto do controle de constitucionalidade era a lei que atribuiu ao decreto competência para dispor sobre benefícios ou isenções fiscais, ou seja, analisou-se o excesso na *atribuição* de poder regulamentar (delegação legislativa).

Pode-se afirmar, ainda, que o entendimento esposado no RE nº 632.265/RJ está em harmonia com aquele sufragado no RE nº 343.446/SC.

Neste Recurso Extraordinário, analisou-se a constitucionalidade do Decreto nº. 612/92, alterado posteriormente pelos Decretos 2.173/97 e 3.048/99, que definiu, com fundamento no § 3º, do art. 22 da Lei nº 8.212/91[26], os conceitos de "atividade preponderante" e "grau de risco leve, médio e grave", regulamentando, assim, o recolhimento da contribuição para o Seguro de Acidente do Trabalho (SAT), prevista no inciso II do mesmo art. 22, do citado diploma legal.

Entendeu o Supremo, neste paradigmático julgamento, que nem o § 3º, do art. 22 da Lei nº 8.212/91, o qual autorizou o Ministério do Trabalho alterar o enquadramento das empresas para efeitos da contribuição ao SAT, nem os

---

25. Artigo 39, da Lei 2.657/96.
26. "§ 3º O Ministério do Trabalho e da Previdência Social poderá alterar, com base nas estatísticas de acidentes do trabalho, apuradas em inspeção, o enquadramento de empresas para efeito da contribuição a que se refere o inciso II deste artigo, a fim de estimular investimentos em prevenção de acidentes."

Decretos n°. 612/92, 2.173/97 e 3.048/99, que, baseados em estatística, delimitaram os conceitos de "atividade preponderante" e "grau de risco leve, médio e grave", estariam eivados de inconstitucionalidade por ofensa aos Princípios da Legalidade Genérica (art. 5°, II CF) e da Legalidade Tributária (art. 150, I CF).

Decidiu-se, ao revés, que a atribuição ao regulamento da complementação de conceitos legais ou da aferição de dados justamente para a boa aplicação da lei não viola o Princípio da Legalidade Tributária, traduzindo-se em delegação *intra legem*, que é condizente com a ordem constitucional brasileira.

Portanto, não tendo os referidos decretos ultrapassado os limites do poder atribuído por lei para delimitar os conceitos de "atividade preponderante" e "grau de risco leve, médio e grave", não haveria que se falar em inconstitucionalidade.

Como dito acima, entendemos que o RE n° 632.265/RJ está de acordo com esse precedente. Isso porque, o acórdão relatado pelo Ministro Marco Aurélio não consignou a *impossibilidade absoluta* de que a lei atribua ao decreto regulamentar tributário competência para preencher determinados conceitos ou aferir dados concretos, necessários à aplicação concreta da lei instituidora do tributo.

O acórdão do RE n° 632.265/RJ consignou, apenas, a impossibilidade de atribuição de competência ao Executivo para regulamentar os *elementos essenciais* da obrigação tributária, definindo-os ou modificando-os. Algo que, aparentemente, também proibiu o acórdão do RE n° 343.446/SC[27], ao assinalar a necessidade de que, na lei instituidora do tributo, todos os elementos essenciais da obrigação tributária estejam satisfatoriamente definidos.

---

27. Proibição essa que fica clara nos seguintes trechos do voto do Ministro Relator, ao citar o voto da Ministra Ellen Gracie na qualidade de Desembargadora Relatora do caso no Tribunal Regional Federal da 4ª região: "Ressalte-se que a Lei n° 8.212/91 define satisfatoriamente todos os elementos capazes de fazer nascer uma obrigação tributária válida. [...] A partir desses critérios, pode a norma infralegal, dentro de seu campo de conformação, definir o que se haveria de entender por atividade preponderante da empresa. Assim agindo, desde que não se chegue a violentar o sentido emanado do texto legal, exsurge legítimo o exercício do respectivo poder regulamentar. "Os conceitos de 'atividade preponderante' e 'grau de risco leve, médio ou grave' são passíveis d serem complementados por decreto, ao regulamentar a previsão legislativa. **Não se está modificando os elementos essenciais da contribuição, mas delimitando conceitos necessários à aplicação concreta da norma.**" (grifou-se). Cf. STF – Pleno. RE 343.446/SC. Rel. Min. Carlos Velloso, j. 20/03/2003, DJ 04/04/2003.

Por fim, conquanto a hipótese de antecipação do pagamento do ICMS analisada no julgamento do RE nº 632.265/RJ não esteja associada à substituição tributária "para frente", e a despeito de não ter havido expressa referência à sua constitucionalidade[28], pode-se afirmar, com certa segurança, que o julgamento aqui analisado está também em consonância com o RE 213.396/SP, precedente no qual se firmou a constitucionalidade da referida sistemática da substituição tributária "para frente".

## 6.2. Avaliação crítica das razões do julgado em relação a correntes doutrinárias.

Feita a análise crítica do RE nº 632.265/RJ em relação a precedentes do STF, a fim de verificar a sua adequação ou inadequação a entendimentos consolidados pelo Tribunal, faz-se mister agora analisar as razões de decidir do acórdão, investigando em que medida elas refletem as posições doutrinárias acerca dos temas controvertidos abordados no julgamento.

Pois bem. Como assinalado acima, proclamou o acórdão que, na medida em que o tratamento tributário desigual dispensado aos contribuintes listados no anexo único dos decretos nº. 31.632/02 e nº 35.219/04 fundou-se na sua capacidade econômica, não haveria que se falar em violação do artigo 150, II da Constituição Federal.

Assim, apontou o Supremo como critério utilizado para distinguir os contribuintes o princípio da capacidade contributiva, critério esse que, conforme consignado nos votos, é legítimo e razoável para fundamentar o desigualamento de tratamento jurídico-tributário entre contribuintes, segundo o disposto no artigo 145, § 1º, da Constituição Federal.

---

28. Ressalte-se, uma vez mais, que, embora não haja menção expressa à constitucionalidade do regime de apuração do ICMS por estimativa em si, que, além da base de cálculo ficta, autoriza a antecipação do pagamento do imposto em relação à ocorrência do fato gerador, a leitura do acórdão demonstra que o STF rechaçou como inconstitucional apenas o veículo através do qual se introduziu referido regime no ordenamento jurídico do Estado do Rio de Janeiro.

Esse entendimento defendido no julgamento do RE 632.265/RJ reflete, inegavelmente, a posição unânime da doutrina tributária brasileira, que, ao discorrer sobre o princípio da igualdade tributária[29], sustenta que, em matéria de impostos, o único critério legítimo para justificar um tratamento tributário discriminatório entre contribuintes é o princípio da capacidade contributiva.

De acordo com Heleno Taveira Torres:

> a *interdição ao tratamento discriminatório*, como previsto na Constituição, não é uma decorrência da adoção do *princípio da capacidade contributiva*, mas este, em matéria de impostos, vê-se assumido como o único critério para permitir a diferenciação de tratamento entre "contribuintes". E isso é um evidente limite à liberdade legislativa para dispor sobre tratamento tributário dos tributos, mormente no caso dos *impostos*, no qual só o princípio da *capacidade contributiva* confere autorização democrática para diferençar o regime tributário aplicável a cada contribuinte. [30]

---

29. A nomenclatura conferida ao princípio positivado no artigo 150, II da Constituição Federal varia de acordo com o autor. Alguns preferem princípio da igualdade (Cf. TORRES, Ricardo Lobo. *Tratado de Direito Constitucional Financeiro e Tributário: valores e princípios constitucionais tributários. Vol. 2.* Rio de Janeiro: Renovar, 2005; CARVALHO, Paulo de Barros. Op. Cit.); outros preferem princípio da isonomia (Cf. RIBEIRO. Ricardo Lodi. Op. Cit.; ALEXANDRINO, Marcelo; PAULO, Vicente. *Direito Tributário na Constituição e no STF. 17. ed.* São Paulo: Grupo Editorial nacional, 2014); outros, ainda, preferem princípio de não discriminação (TORRES, Heleno Taveira. Comentários ao artigo 150, II. In: CANOTILHO, JJ. Op. Cit. p. 1.634); por fim, há os que utilizam ambos os termos, princípio da isonomia ou igualdade tributária (AMARO, Luciano. *Direito Tributário Brasileiro. 21. ed.* São Paulo: Saraiva.).

30. TORRES, Heleno Taveira. Comentários ao artigo 150, II. In: CANOTILHO, JJ. Op. Cit. p. 1.634. No mesmo sentido TORRES, Ricardo Lobo. Op. Cit., p. 306/307: "Qualquer incidência tributária que, mesmo encontrando suporte na riqueza individual, implique a escolha de outro qualquer critério diferente da capacidade contributiva é inconstitucional."; e RIBEIRO, Ricardo Lodi. Op. Cit. p. 56/57: "Vale destacar que a Isonomia não é atendida com o tratamento legal de todos da mesma forma. [...]. Nesse contexto, respeitar a Isonomia significa, como lecionava Rui Barbosa, desigualar os desiguais na medida das suas desigualdades. [...] Há que se inquirir em relação a que as coisas são iguais e, a partir daí, averiguar se as distinções encontradas justificam, de fato, a atribuição de um tratamento diferenciado pelo legislador tributário. [...] Assim, é essencial identificar quais distinções são admitidas à luz do princípio da razoabilidade. Sendo as normas de tributação destinadas a distribuir os custos sociais de acordo com o princípio da Capacidade Contributiva (ainda que este se revele na relação custo-benefício), esta é a mais importante razão de distinção entre contribuintes. Desse modo, em princípio, a carga tributária será distribuída tomando por base a manifestação de riqueza do contribuinte."

O RE Nº 632.265: REGIME DE RECOLHIMENTO DO ICMS POR ESTIMATIVA INSTITUÍDO VIA DECRETO

Pode-se concluir, então, que a decisão do STF no julgamento do referido recurso extraordinário foi reflexiva em relação à posição doutrinária a respeito do princípio da igualdade tributária, ao afastar a arguição de inconstitucionalidade dos decretos impugnados por violação ao artigo 150, II da Constituição Federal, à razão de que o critério de distinção baseado na capacidade econômica do contribuinte é legítimo.

Parece-nos que, também quanto ao tema da inconstitucionalidade de fixação ou modificação da base de cálculo por decreto, refletiu o Supremo Tribunal Federal a posição consolidada na doutrina.

Assentou-se no julgamento que a modificação do regime de apuração do imposto (apuração por estimativa), com a fixação de base de calcula ficta, em substituição àquela prevista em lei, viola o Princípio Constitucional da Legalidade Tributária, na medida em que a fixação ou modificação dos elementos essenciais da obrigação tributária (elementos subjetivo, material, quantitativo, espacial e temporal) é matéria sujeita à reserva absoluta de lei.

Essa interpretação do STF acerca do artigo 150, I da Constituição Federal, segundo a qual a lei deve, além de conferir autorização para que o Estado cobre determinado tributo, descrever todos os aspectos relevantes do fato gerador, é, como dito, consonante com a posição da doutrina.

Pode-se inclusive afirmar, com certa tranquilidade, que há unanimidade na doutrina nacional acerca da necessidade de que, mais do que ser o "veículo introdutor da regra tributária no ordenamento"[31], deve a lei indicar com clareza todos os elementos essenciais da obrigação tributária[32].

Não obstante a unanimidade existente na doutrina quanto à exigência de que a lei fixe de forma clara todos os aspectos do fato gerador, há grande divergência quanto à possibilidade de utilização de conceitos indeterminados pelo legislador tributário e, em consequência, quanto aos limites de atribuição normativa ao regulamento tributário.

---

31. CARVALHO, Paulo de Barros. Op. Cit., p. 167.
32. Cf., entre outros, TORRES, Ricardo Lodo. Op. Cit., p. 423-424 e 481; XAVIER, Alberto. *Os princípios da legalidade e da tipicidade da tributação*. São Paulo: Editora Revista dos Tribunais, 1978. p. 37-38 e 93; RIBEIRO, Ricardo Lodi. *A segurança jurídica do Contribuinte: Legalidade, Não-surpresa e proteção à Confiança Legítima*. Rio de Janeiro: Editora Lumen Juris, 2008. p. 110-111; CARVALHO, Paulo de Barros. Op. Cit., p. 167; e AMARO. Luciano. Op. Cit., p. 134-135.

Duas são as correntes que se contrapõe. A primeira, que se deve, sobretudo, a Alberto Xavier[33], calcada no positivismo formalista, defende que a lei tributária deve conter em si mesma todos os elementos e aspectos do fato gerador, seu antecedente e consequente, de tal forma precisados e determinados, "que o órgão de aplicação do direito não possa introduzir critérios subjetivos de apreciação na sua aplicação concreta."[34]

Essa corrente, que introduziu no direito tributário brasileiro a ideia de reserva absoluta de lei e de tipicidade fechada ou cerrada, rejeita qualquer atribuição normativa ao regulamento tributário, sustentando que a atividade administrativa é absolutamente vinculada e que cabe ao aplicador a mera subsunção do fato na norma tributária posta.

Assim, a utilização de conceitos indeterminados pelo legislador e a abertura de espaço para a aferição de dados técnicos pelo administrador é integralmente rechaçada por esses autores, sob o fundamento de que importam em delegação de competência ao Poder Executivo para integrar a norma tributária, o que violaria o art. 150, I da Constituição Federal.

Em contraposição, situa-se a corrente doutrinária[35] que admite a atribuição de algum poder normativo ao regulamento tributário.

Essa corrente se funda em algumas premissas, dentre as quais impõe destacar três, por entendermos as mais importantes. A primeira premissa se refere à percepção de que, nos dias atuais, vivemos em uma sociedade de risco, cujas características são a ambivalência e a imprevisibilidade. Com o advento da sociedade pós-industrial e globalizada, constatou-se que os perigos enfrentados hoje pela humanidade não decorrem mais da natureza, sendo resultado, ao contrário, dos efeitos colaterais da própria ação humana.

---

33. As bases dessa primeira corrente foram fundadas, sobretudo, na obra *Os princípios da legalidade e da tipicidade da tributação*, de 1978.

34. XAVIER, Alberto. Op. Cit., p 93.

35. Corrente essa defendida, dentre outros, por Ricardo lobo Torres (TORRES, Ricardo Lobo. Op. Cit., p. 484-486); Ricardo Lodi Ribeiro (RIBEIRO, Ricardo Lodi. Op. Cit., p. 152-153); Marco Aurélio Greco (GRECO, Marco Aurélio. Op. Cit., p. 1.632) e Sergio André da Rocha (ROCHA, Sérgio André. A Deslegalização no Direito Tributário Brasileiro Contemporâneo. In: BORJA, Célio; RIBEIRO, Ricardo Lodi (Org.). *Temas de Direito Público: Estudos em homenagem ao Professor Flávio Bauer Novelli*. Rio de Janeiro: Editora Multifoco, 2015. p. 528)

O RE Nº 632.265: REGIME DE RECOLHIMENTO DO ICMS POR ESTIMATIVA INSTITUÍDO VIA DECRETO   **117**

Assim, a incapacidade de se prever as consequências das medidas adotadas, combinada com o enfraquecimento da racionalidade baseada no conhecimento do passado, impuseram a superação dos ideais iluministas de certeza e previsibilidade do Direito.

A segunda premissa se refere à natureza aberta da linguagem jurídica.

Com efeito, já há algum tempo a doutrina que estuda o fenômeno da linguagem jurídica sustenta que são raros no Direito os conceitos absolutamente determinados[36], justamente porque a linguagem humana, da qual se serve, é dotada de caráter plurissignificativo.

Portanto, mesmo as normas tributárias, sejam as de imposição ou de competência, terão algum grau de indeterminação, sendo muito difícil a sua absoluta determinação em abstrato pelo legislador.

A última premissa, que decorre das duas anteriores, se funda na constatação de que, diante da complexidade da vida moderna, da imprevisibilidade característica da sociedade de risco e da limitação da linguagem humana que, como dito, é plurissignificativa e aberta, o legislador "não se vê mais capaz de dar cumprimento aos ideais de determinação total e da plena adequação, mediante seus próprios preceitos".[37]

Partindo dessas premissas, conclui essa corrente doutrinária que é ilusória a ideia de tipicidade cerrada, não só porque os tipos são sempre abertos, mas também porque não é possível a determinação prévia e em abstrato de todas as decisões relativas ao fenômeno tributário.

---

36. "Os conceitos absolutamente determinados são muito raros no Direito. [...] Os conceitos jurídicos são predominantemente indeterminados, pelo menos em parte. "Cf. ENGISH, Karl. *Introdução ao pensamento jurídico*. 11. ed. Lisboa: Fundação Calouste Gulbenkian, 2014. p. 207-209.

37. Cf. RIBEIRO, Ricardo Lodi. *Temas de Direito Constitucional Tributário*. Rio de Janeiro: Editora Lumen Juris, 2009. p. 73. Vale transcrever, pela excelente síntese que apresenta desta terceira e última premissa, o parágrafo completo do qual fora extraído o trecho citado acima: "Corroborando com a perda do prestígio da sua obra, o legislador, como sustenta Philipp Heck, não se vê mais capaz de dar cumprimento aos ideais da determinação total e da plena adequação, mediante seus próprios preceitos, não só pela insuficiência de sua capacidade de percepção, dada à imprevisibilidade do futuro e à quase infinita complexidade da vida moderna; mas também pela limitação dos seus meios de expressão, incapazes de reproduzir ou expressar suas ideias de modo inequívoco e completo, ainda que pudesse perceber todos os casos da vida.".

Admitem, assim, a utilização de conceitos indeterminados no campo do direito tributário[38], atribuindo ao regulamento tributário a interpretação/determinação desses conceitos contidos na lei, a partir de uma valoração objetiva.

Não obstante, é de se atentar que para essa corrente, "a despeito de admitir o uso de tipos e conceitos indeterminados, o princípio da legalidade tributária não admite que a lei tributária instituidora de tributos lance mão de conceitos discricionários."[39]

Assim é que, as decisões fundamentais relativas aos aspectos do fato gerador, como aquelas concernentes aos elementos subjetivo, material, quantitativo, espacial e temporal, devem ser tomadas pelo legislador, de forma a que o contribuinte tenha conhecimento, através da própria lei, da extensão da obrigação tributária.

Embora atribua poder normativo ao regulamento tributário para, como dito, interpretar/integrar os conceitos indeterminados presentes na lei tributária, defende essa corrente que o regulamento não pode extravasar os limites objetivos impostos pela própria lei, como o próprio significado preliminar mínimo do texto e o núcleo do conceito indeterminado, sendo-lhe absolutamente vedado dispor sobre os elementos essenciais da obrigação tributária[40].

Parece-nos, destarte, que, não obstante ter declarado inconstitucionais os decretos nº 31.632/02 e nº 35.219/04 sob o fundamento de que extrapolaram os limites do poder regulamentar para disciplinar "forma" e "prazo" de pagamento do ICMS (artigo 39, da Lei. Estadual nº 2.657/96), o acórdão prolatado no julgamento do RE nº 632.265/RJ filiou-se a essa segunda corrente doutrinária – também

---

38. "No entanto, como visto, não há qualquer singularidade nesta disciplina jurídica [direito tributário] que justifique tal postura [de rechaçar a utilização de conceitos indeterminados], uma vez que os conceitos indeterminados devem possuir um núcleo mínimo de conteúdo semântico [...]". Cf. RIBEIRO, Ricardo Lodi *A segurança jurídica do Contribuinte*: Legalidade, Não-surpresa e proteção à Confiança Legítima. Rio de Janeiro: Editora Lumen Juris, 2008. p 152.

39. RIBEIRO, Ricardo Lodi. Op. Cit., p. 157.

40. Nesse sentido RIBEIRO, Ricardo Lodi. Op. Cit. pp. 157-158: "Isso não significa que essa definição legal não deixe margem para uma valoração por ocasião da concreção da norma, mas que esta se dará a partir de uma decisão suficientemente clara do legislador, capaz de dar uma única opção ao aplicador, que, por meio de um juízo objetivo irá identificar a solução preconizada pela lei para aquele caso concreto. Deste modo, não cabe ao Fisco decidir quem paga ou quem tem direito ao benefício fiscal; ou quanto cada um paga; ou se o pagamento é à vista ou parcelado; ou ainda se a dedução legal deve ou não ser aplicada.".

adotada, de certo modo, no julgamento do RE 343.446/SC – na medida em que não rechaçou completamente a possibilidade de atribuição normativa ao decreto regulamentar tributário.

## 7. CONCLUSÃO

Cada vez mais o Supremo Tribunal Federal tem apreciado e julgado casos envolvendo matéria tributária. Seja em razão de a Constituição Federal ser pródiga na disciplina de matéria tributária, seja pela inegável repercussão geral das controvérsias envolvendo questões dessa natureza.

O julgamento do Recurso Extraordinário nº 632.265/RJ compõe, inegavelmente, o rol de importantes julgamentos em matéria tributária no STF em 2015. E essa importância se comprova pela fixação da tese, após a atribuição de repercussão geral ao recurso extraordinário, de que "somente lei em sentido formal pode instituir o regime de recolhimento do Imposto sobre a Circulação de Mercadorias e Prestação de Serviços – ICMS por estimativa.".

Embora o acórdão deste julgamento não seja extenso, e conquanto não tenha o Tribunal se aprofundado na análise de importantes questões, parece-nos que a decisão tomada pelo STF foi acertada, sendo absolutamente coerente com precedentes da Corte.

Com efeito, ao assentar, a nosso ver de forma correta, que o inciso III, do art. 26 da LC nº 87/96 trata da forma de apuração do ICMS, isto é, a forma de apurar a base de cálculo do imposto, andou bem o STF ao submeter a instituição do regime de recolhimento por estimativa à reserva de lei formal.

Por fim, e em relação especificamente à temática dos limites normativos do regulamento tributário, embora o STF não tenha se debruçado profundamente sobre essa questão, é possível afirmar, com certa segurança, que o acórdão refletiu a posição defendida pela segunda corrente, que prega uma flexibilização na compreensão dos Princípios da Legalidade estrita e da Tipicidade cerrada.

## REFERÊNCIAS BIBLIOGRÁFICAS

ALEXANDRINO, Marcelo; PAULO, Vicente. *Direito Tributário na Constituição e no STF*. 17. ed. São Paulo: Grupo Editorial nacional, 2014.

AMARO, Luciano. *Direito Tributário Brasileiro*. 21. ed. São Paulo: Saraiva, 2016.

CARVALHO, Paulo de Barros. *Curso de Direito Tributário*. 26. ed. São Paulo: Saraiva, 2014.

ENGISH, Karl. *Introdução ao pensamento jurídico*. 11. ed. Lisboa: Fundação Calouste Gulbenkian, 2014.

GRECO, Marco Aurélio. Comentário ao artigo 150, I. In: CANOTILHO, J. J. Gomes; MENDES, Gilmar F.; SARLET, Ingo W.; STRECK, Lenio L. (Coord.). *Comentários à Constituição do Brasil*. São Paulo: Saraiva/Almedina, 2013.

RIBEIRO, Ricardo Lodi. *A segurança jurídica do Contribuinte*: Legalidade, Não-surpresa e proteção à Confiança Legítima. Rio de Janeiro: Editora Lumen Juris, 2008.

_____ *Limitações Constitucionais ao Poder de Tributar*. Rio de Janeiro: Editora Lumen Juris, 2010.

_____ *Temas de Direito Constitucional Tributário*. Rio de Janeiro: Editora Lumen Juris, 2009.

ROCHA, Sérgio André. A Deslegalização no Direito Tributário Brasileiro Contemporâneo. In: BORJA, Célio; RIBEIRO, Ricardo Lodi (Org.). *Temas de Direito Público*: Estudos em homenagem ao Professor Flávio Bauer Novelli. Rio de Janeiro: Editora Multifoco, 2015.

TORRES, Heleno Taveira. Comentários ao artigo 150, II. In: CANOTILHO, J. J. Gomes; MENDES, Gilmar F.; SARLET, Ingo W.; STRECK, Lenio L. (Coord.). *Comentários à Constituição do Brasil*. São Paulo: Saraiva/Almedina, 2013.

TORRES, Ricardo Lobo. *Tratado de Direito Constitucional Financeiro e Tributário*: valores e princípios constitucionais tributários. Vol. 2. Rio de Janeiro: Renovar, 2005.

XAVIER, Alberto. *Os princípios da legalidade e da tipicidade da tributação*. São Paulo: Editora Revista dos Tribunais, 1978.

# RE Nº 673.707: O *HABEAS DATA* EM MATÉRIA TRIBUTÁRIA

DANIEL LANNES POUBEL[1]

**Sumário:** 1. Introdução. 2. Os mecanismos de promoção e de tutela do direito à informação na seara fiscal e tributária. 2.1 O *habeas data*. 2.2 Divulgação de dados na internet. O portal Transparência Pública e o e-CAC da Receita Federal. 2.3 A Lei de Acesso à Informação. 3. Apresentação da controvérsia e dos elementos do processo. 4. Desenvolvimento dos conceitos e teorias envolvidos. 5. Descrição do julgado. 6. Análise Crítica. 7. Conclusão.

## 1. INTRODUÇÃO

Partindo de um pressuposto (que será mais bem desenvolvido adiante) de que a publicidade dos atos de gestão e o acesso à informação constituem elementos de essencial importância em uma república democrática – como a que se pretende ser a brasileira – resta averiguar como o Direito efetiva e tutela esses institutos.

Isso tem a ver com a estrutura necessária à promoção do acesso à informação, isto é, quais seriam (e como funcionam) os instrumentos, suficientes e necessários, para que um indivíduo ou mesmo a sociedade sejam adequadamente informados. Para essa análise, inicialmente se deve partir da descrição de quais seriam esses instrumentos no sistema jurídico brasileiro, de seus respectivos âmbitos de aplicação e de quais são as funções por eles desempenhadas.

---

1. Mestrando no Programa de Pós-graduação em Direito da Universidade do Estado do Rio de Janeiro (UERJ) na Linha de Finanças Públicas, Tributação e Desenvolvimento. Advogado.

No que diz respeito ao âmbito do presente estudo, serão objetos de destaque alguns mecanismos específicos da seara fiscal-tributária. Após uma breve descrição desses instrumentos, tomar-se-á em consideração a abordagem do Supremo Tribunal Federal a respeito de um deles, o habeas data, e sua utilidade em matéria tributária.

Para tanto, inicialmente, este estudo se ocupará de uma descrição dos elementos do processo que resultaram no julgamento do acórdão paradigma do Recurso Extraordinário nº 673.707/MG; traçando, em seguida, um panorama axiológico e funcional da relação do tema de fundo desse julgado com o contexto da publicidade, da transparência e do acesso à informação; e descrevendo, em sequência, a decisão tomada pelo tribunal constitucional.

Ao final, será feita uma análise crítica do julgado, destacando os pontos positivos e negativos da decisão frente às teorias em jogo, bem como em relação à postura do próprio tribunal constitucional brasileiro.

## 2. OS MECANISMOS DE PROMOÇÃO E DE TUTELA DO DIREITO À INFORMAÇÃO NA SEARA FISCAL E TRIBUTÁRIA

Dentre as diversas opções colocadas à disposição do legislador para efetivar o direito à informação, destacam-se os seguintes: **(i)** o *habeas data*; **(ii)** a divulgação de dados e informações pelos órgãos e entidades da Administração Federal, por meio da internet; e **(iii)** a lei de acesso à informação.

### 2.1. O *habeas data*

O *habeas data* foi concebido durante a Assembleia Constituinte como instrumento essencialmente político para acesso aos dados constantes dos arquivos do Governo Militar[2]-[3]. Trata-se de importante inovação do legislador constituinte

---

2.  "Não se pode esquecer que o habeas data foi concebido na constituição de 1998 como instrumento essencialmente político. Os membros da Assembleia Nacional Constituinte tinham em mente, sobretudo, os registros do antigo Serviço Nacional de Informações/SNI durante o regime militar de 1964." (MEIRELLES, Hely Lopes. WALD, Arnoldo. MENDES, Gilmar Ferreira. *Mandado de segurança e ações constitucionais*. 36ª ed. São Paulo: Malheiros, 2014, p. 361)
3.  MENDES, Gilmar Ferreira. BRANCO, Paulo Gustavo Gonet. *Curso de Direito Constitucional*. 11ª ed. São Paulo: Saraiva, 2016, p. 454.

de 1988, ao prever instrumento processual para (i) assegurar o conhecimento de informações relativas à pessoa do impetrante, constantes de registros ou bancos de dados de entidades governamentais ou de caráter público; e (ii) para a retificação de dados, quando não se prefira fazê-lo por processo sigiloso, judicial ou administrativo (art. 5º, LXXII e LXXVII, CF).

Em consonância, a Lei nº 9.507/1997 regulamentou o direito de acesso a informações e disciplinou o rito processual dessa ação, prevendo, para além das duas hipóteses do texto constitucional, a concessão de *habeas data* também para a anotação, nos assentamentos do interessado, de contestação ou explicação sobre dado verdadeiro, mas justificável, e que esteja sob pendência judicial ou amigável (art. 7º, III).

O rito especial do *habeas data* aproxima esse remédio constitucional aos trâmites do já conhecido mandado de segurança. De comum, as ações têm o seguinte: não há dilação probatória, exigindo-se a instrução da petição inicial com prova pré-constituída (art. 8, parágrafo único); deve figurar no polo passivo uma autoridade coatora (arts. 9º e 13); a previsão de prazos reduzidos para resposta e manifestação (arts. 9º e 12). As ações, no entanto, guardam diferenças não apenas em relação ao âmbito de aplicação – o mandado de segurança é de uso subsidiário em relação ao *habeas data* (art. 5º, LXIX, CF) –, mas também em relação aos custos do processo – a própria Constituição Federal cuidou de conferir gratuidade ao *habeas data* (art. 5º, LXXVII, CF).

## 2.2. Divulgação de dados na internet. O portal Transparência Pública e o e-CAC da Receita Federal

Outro instrumento para garantia do direito à informação, efetivando os deveres de publicidade e transparência da gestão pública, deu-se com o advento da Lei nº 9.755/1998 e do Decreto nº 5.482/2005. A partir de então, o Governo Federal passou a veicular, por meio da internet, no *Portal da Transparência*[4], dados e informações detalhados sobre a execução orçamentária e financeira da União e entidades da Administração Pública federal.

---

4. Disponível em http://www.portaldatransparencia.gov.br/, acesso em 07.10.2016.

Trata-se de iniciativa louvável, que vai ao encontro dos anseios almejados pela Constituição Federal e pela Lei de Responsabilidade Fiscal (art. 48 da Lei Complementar nº 101/2000), na transparência e lisura da gestão da coisa pública – fins últimos do princípio da publicidade[5].

Na mesma linha, a partir da Instrução Normativa RFB nº 1.077/2010, que dispõe sobre o Centro Virtual de Atendimento da Secretaria da Receita Federal do Brasil – e-CAC. Em linhas gerais, trata-se de um sistema de autoatendimento colocado à disposição dos contribuintes, para acesso ininterrupto aos mais diversos serviços oferecidos ao Fisco federal, como, por exemplo: emissão de relatórios de situação fiscal; obtenção de cópias de declarações e processos e de informações sobre pagamentos e pendências fiscais; protocolo de petições e transmissão de documentos; outorga de procurações eletrônicas; agendamento de atendimento presencial quando se fizer necessário etc.

O acesso se dá via internet, por meio de um certificado digital (método de autenticação de informação digital), de modo a assegurar a integridade das informações e o necessário sigilo fiscal. Enfim, o e-CAC permite que, sem muita burocracia, o contribuinte possa interagir com a Receita Federal, solicitando e prestando informações fiscais que lhe digam respeito.

---

5. Neste particular, confira-se trecho da ementa da ADI 2.198 (Rel. Min. Dias Toffoli): "Ação direta de inconstitucionalidade. Lei Federal nº 9.755/98. Autorização para que o Tribunal de Contas da União crie sítio eletrônico denominado Contas Públicas para a divulgação de dados tributários e financeiros dos entes federados. (…) Prestígio do princípio da publicidade. Improcedência da ação. 1. O sítio eletrônico gerenciado pelo Tribunal de Contas da União tem o escopo de reunir as informações tributárias e financeiras dos diversos entes da federação em um único portal, a fim de facilitar o acesso dessas informações pelo público. (…) 3. A norma não representa desrespeito ao princípio federativo, inspirando-se no princípio da publicidade, na sua vertente mais específica, a da transparência dos atos do Poder Público. Enquadra-se, portanto, no contexto do aprimoramento da necessária transparência das atividades administrativas, reafirmando e cumprindo, assim, o princípio constitucional da publicidade da administração pública (art. 37, caput, CF/88)." (ADI 2198, Relator Min. Dias Toffoli, Tribunal Pleno, julgado em 11/04/2013, Acórdão Eletrônico DJe-161 Divulg. 16-08-2013 Public. 19-08-2013)

## 2.3. A Lei de Acesso à Informação

Por sua vez, a Lei de Acesso à Informação (LAI – Lei nº 12.527/2011) constituiu um importante avanço para a efetivação do dever de publicidade, ao dispor sobre os procedimentos a serem observados pela União, Estados, Distrito Federal e Municípios, com o fim de garantir o acesso a informações, previsto no inciso XXXIII do art. 5º, no inciso II do § 3º do art. 37 e no § 2º do art. 216 da CF.

O escopo da LAI é o de que todas as informações produzidas ou custodiadas pelo poder público são públicas e, portanto, acessíveis a todos os cidadãos, ressalvadas as hipóteses de sigilo estabelecidas em lei[6]. Para instrumentalizar esse direito, foi criado o *Sistema Eletrônico do Serviço de Informações ao Cidadão* (e-SIC), que permite que qualquer pessoa, física ou jurídica, encaminhe pedidos de acesso à informação, acompanhe o prazo e receba a resposta da solicitação realizada para órgãos e entidades do Executivo Federal[7].

Em suma, todos esses instrumentos visam a conjugar os princípios de igualdade e liberdade individual; sigilo e publicidade; cooperação e transparência.

## 3. APRESENTAÇÃO DA CONTROVÉRSIA E DOS ELEMENTOS DO PROCESSO

Diante de todo esse panorama, no julgamento do Recurso Extraordinário nº 673.707/MG, relatado pelo Min. Luiz Fux, o Supremo Tribunal Federal foi chamado a definir se, à luz do art. 5º, LXXII, da Constituição Federal, o *habeas data* seria instrumento adequado para obtenção de informações relativas a débitos tributários em nome do próprio contribuinte, bem como de todos os pagamentos efetuados que constem das bases de dados de apoio ao controle da arrecadação utilizadas pela Receita Federal, em especial o sistema SINCOR/CONTACORPJ. O SINCOR (Sistema Integrado de Cobrança) e o CONTACORPJ (*conta corrente de pessoa jurídica*) são sistemas da Receita Federal que registram os dados de apoio à arrecadação federal, ao armazenar as informações de débitos e créditos dos contribuintes.

---

6. Videhttp://www.acessoainformacao.gov.br/menu-de-apoio/entenda-a-lai,acessoem07.10.2016.

7. Vide http://esic.cgu.gov.br/sistema/site/index.html, acesso em 07.10.2016.

Na origem, o impetrante havia apresentado requerimento à Receita Federal, para obter certidão na qual fosse informada, em relação ao período compreendido entre os anos de 1991 a 2005, a relação de: **(i)** todos os débitos tributários declarados pelo próprio sujeito passivo, controlados pelo SINCOR ou qualquer outro onde estivessem registrados; **(ii)** pagamentos efetuados para liquidação dos referidos débitos, através de vinculação automática ou manual; e **(iii)** relação dos pagamentos efetuados e disponíveis (não vinculados) existente no referido sistema de armazenamento de dados, relativamente ao IRRF, IRPJ, CSLL, PIS, COFINS, IPI e FINSOCIAL, com indicação expressa de tais débitos e créditos com seus respectivos códigos.

A sentença havia julgado improcedentes os pedidos do contribuinte, por inadequação da via eleita, tendo sido mantida pelo Tribunal Regional Federal da 1ª Região em grau de apelação. O acórdão recorrido assentou-se basicamente em dois fundamentos:

a. nem todas as informações de caráter meramente administrativo seriam de caráter público e estão acessíveis a terceiros; e

b. por ser um sistema de uso tipicamente privativo do órgão federal, o SINCOR não se enquadraria no conceito de *cadastro público*, a ensejar a via do *habeas data*.

No recurso extraordinário, o contribuinte alegou violação ao art. 5º, XXXIII, da Constituição Federal, assentando que:

a. o instituto do *habeas data* é uma garantia fundamental do cidadão;

b. intimamente ligado a esse instituto está o direito fundamental à informação (art. 5º, XXXIII, CF/88);

c. no *habeas data,* basta ao impetrante o simples desejo de conhecer as informações relativas à sua pessoa, independentemente de revelação das causas do requerimento ou da demonstração de que elas se prestam à defesa de direitos, pois o direito de acesso é universal, não podendo ficar dependente de condições que restrinjam seu exercício;

Em contrapartida, a Fazenda Nacional alegou em sua defesa, em síntese, que:

RE Nº 673.707: O *HABEAS DATA* EM MATÉRIA TRIBUTÁRIA                    **127**

a.  as informações requeridas pelo impetrante são aquelas por ele próprio prestadas ao Fisco, e os pagamentos, igualmente, são aqueles que o sujeito passivo realizou;

b.  deste modo, na verdade o controle e a regularidade das informações requeridas seriam impostas ao próprio particular, já que a regularidade e a conformidade contábeis são exigência da legislação para o regular funcionamento das pessoas jurídicas;

c.  as informações eventualmente fornecidas pela Receita Federal, por meio de certidão, não seria documento hábil ao pleito de repetição de eventual indébito ou de compensação. Isso porque o SINCOR veicularia tão somente informações de forma automatizada, de diversas fontes estranhas à RFB, advindas da rede bancária arrecadadora; portanto, destituídas de depuração humana.

d.  tal caractere, por si só, já desqualificaria essas informações de pagamento como documento juridicamente representativo de qualquer juízo de valor feito pelo órgão de arrecadação, no sentido da inexistência ou não do indébito tributário, quanto ao seu aspecto quantitativo ou mesmo existência para extinguir um débito tributário;

e.  assim, competiria ao próprio contribuinte apurar os créditos a serem restituídos ou utilizados na compensação das exações administradas pela Receita Federal, mediante declaração (PER/DCOMP – art. 74 da Lei n° 9.430/96).

Chamada a se manifestar, a Procuradoria-Geral da República emitiu parecer retratando, em suma, que:

a.  embora constasse da ementa do acórdão recorrido o afastamento do pedido de *habeas data* em razão de não ser possível obter informações de dados relativos a *terceiros*, o pedido se refere a informações do próprio contribuinte;

b. afirmar a suposta "ausência de caráter público" do banco de dados não constitui argumento idôneo a impedir o acesso às informações e, consequentemente, indeferir o *habeas data,* haja vista ser o cadastro mantido por entidade governamental (Receita Federal) e não por pessoa privada;

c. o contribuinte possuiria direito a saber se a informação por ele fornecida foi computada, analisada e arquivada pela Administração Pública da maneira devida;

d. somente de posse das referidas informações e após confrontação com os seus registros contábeis, o contribuinte adquire subsídios para pleitear, administrativamente ou em juízo, caso queira, a repetição do indébito porventura existente.

## 4. DESENVOLVIMENTO DOS CONCEITOS E TEORIAS ENVOLVIDOS

Desde 1988, as perspectivas formalistas do Direito Tributário, estritamente liberais e individualistas, têm perdido espaço para visões outras, que buscam efetivar os múltiplos valores[8] e princípios[9] consagrado na Constituição Federal. Esse

---

8. "Liberdade, segurança, justiça, e solidariedade são os valores ou ideias básicas do Direito. De certa forma o pensamento jurídico continua a se concentrar em torno da tríade da Revolução Francesa: (...)

   De uns trinta anos para cá assiste-se ao retorno aos valores como caminho para superação dos positivismos. A partir do que convencionou chamar "virada kantiana" (*kantische Wende*), isto é, a volta à influência da filosofia de Kant, deu-se a reaproximação entre ética e direito, com fundamentação moral dos direitos humanos e com busca da justiça fundada no imperativo categórico. (...)

   O direito tributário, embora instrumental, não é insensível aos valores nem cego para com os princípios jurídicos. Apesar de não serem fundantes de valores, o orçamento e a tributação se movem no ambiente axiológico, eis que profundamente marcados pelos valores éticos e jurídicos que impregnam as próprias políticas públicas. A lei financeira serve de instrumento para a afirmação da liberdade, para a consecução da justiça e para a garantia e segurança dos direitos fundamentais. (TORRES, Ricardo Lobo. *Tratado de Direito Constitucional Financeiro e Tributário – Valores e princípios constitucionais tributários*. 2ª ed. Rio de Janeiro, Renovar, 2014, pp. 39-40.)

9. "Os princípios tributários constituem especificidade dos princípios gerais do direito e se vinculam também a valores.

   Ao tempo do positivismo foram desconsiderados, diante do fortalecimento do modelo de regras. Tipke criticou a ausência de princípios (*Prinxipienlosigkeit*). Hoje, com a reaproximação entre

contexto de abertura axiológica do Direito traz reflexos também para a relação fiscal e tributária, que deixa de estar pautada exclusivamente em uma excessiva preocupação de reforço da segurança jurídica dos particulares (o direito como proteção contra o Estado), para passar a ser pautada sob o viés de *cooperação*[10] e *transparência*[11] entre contribuintes e Fisco (o direito em favor do bem comum).

Com isso, surgem alguns questionamentos. Afinal, qual é o fundamento jurídico da cooperação e da transparência? Como instrumentalizar esses conceitos? A resposta perpassa, essencialmente, a discussão acerca do acesso à informação e de seus limites.

Em um aspecto funcional, o acesso à informação é essencial num mundo marcado pelo dinamismo e celeridade. É quase truísmo constatar que os indivíduos e instituições somente adquirem reais e efetivas condições de organização e planejamento, na medida em que estejam munidos de um suficiente conjunto de informações necessárias ao exercício de suas atividades. Nesse panorama, o acesso à informação constitui instrumento essencial à efetivação da *autonomia* e *liberdade*.

---

ética e direito tributário, os princípios passam a exercer notável influência na elaboração e aplicação do direito tributário, principalmente na Alemanha (Tipke, Kirchhof, Vogel, Lehner) e na Espanha (Herrera Molina, Garcia Novoa).

No Brasil adotou-se o modelo de regras, inspirado pelo Código Tributário Nacional, que reservava papel secundário para os princípios (art. 108), e sobretudo pela Constituição de 1967/69, que baniu a capacidade contributiva do rol de princípios tributários. A doutrina apegou-se ao só princípio da legalidade, em sua exacerbação como legalidade estrita e tipicidade fechada. O Supremo Tribunal Federal tem observado as regras de interpretação do CTN, o que o afasta do modelo de princípios. Algumas exceções têm aparecido nos últimos anos, recuperando-se, em parte, a importância dos princípios." (Ibidem. pp. 288-289)

10. "Em suma, a igualdade tributária apresenta-se em uma dinâmica relacional entre os cidadãos, à luz da justiça social, para além de uma dicotomia entre Administração Tributária e Contribuinte.

    A meu sentir, olhar o sistema constitucional tributário por essa perspectiva mostra-se mais producente e justo na medida em que localiza a conflitividade em sua raiz, na dinâmica social." (voto do Min. Edson Fachin no RE nº 601.314/SP.

11. "A transparência fiscal é um princípio constitucional implícito. Sinaliza no sentido de que a atividade financeira deve se desenvolver segundo os ditames da clareza, abertura e simplicidade. Dirige-se assim ao Estado como à Sociedade, tanto aos organismos financeiros supranacionais quanto às entidades não-governamentais. Baliza e modula a problemática da elaboração do orçamento e da sua gestação responsável, da criação de normas antielisivas, da abertura do sigilo bancário e do combate à corrupção." (TORRES, Ricardo Lobo. *Op. cit.*, p. 253.)

Num aspecto axiológico, o acesso à informação revela-se de importância fundamental ao desenvolvimento das diretrizes e valores democráticos e republicanos. A primeira condição para que as decisões (majoritárias ou contramajoritárias) sejam tomadas às claras[12] é a identificação dos recursos e meios disponíveis, bem como das finalidades colocadas à disposição dos representantes da sociedade.

Da mesma forma, a consciência individual e coletiva acerca de o que constitui a *coisa pública* depende, evidentemente, da formação cidadã, por meio da educação e do ensino das ideias de coletividade, organização e autocontenção do poder político. Dentre as principais notas características do exercício do poder republicano[13], ressalta o caráter de responsabilidade (*accountability*)[14] do gestor público, a qual somente pode ser alcançada caso haja transparência na atuação do Estado.

Daí que, sempre que possível, a *visibilidade do poder* é a direção a ser buscada numa república democrática, sendo a sua efetivação dada precipuamente

---

12. "As definições de democracia, como todos sabem, são muitas. Entre todas, prefiro aquela que apresenta a democracia como o 'poder em público'. Uso essa expressão sintética para indicar todos aqueles expedientes institucionais que obrigam os governantes a tomarem as suas decisões às claras e permitem que os governados 'vejam' como e onde as tomam." (BOBBIO, Norberto. *Teoria geral da política: a filosofia política e as lições dos clássicos*. Rio de Janeiro: Campus, 2000, p. 386)

13. Quais sejam: temporariedade, eletividade e responsabilidade do chefe de Governo (DALLARI, Dalmo de Abreu. *Elementos de teoria geral do Estado*. 20ª ed. São Paulo: Saraiva, 1998, p. 229).

14. Neste sentido, sem grifos no original:

"(...) a participação para ser efetiva demanda informações precisas e confiáveis que permitam ao cidadão construir um quadro referencial da atuação do governo e, a partir daí, atuar no sentido de exigir que os representantes expliquem as suas ações, mudem sua forma de agir ou mesmo alterem os objetivos das políticas públicas. 'Publicizar o que se faz, como se faz e criar canais de contestação integram uma dimensão indispensável para que mecanismos de controle social da administração possam ser efetivos.' (IPEA, 2010b, p. 194). Daí, a necessidade de cobrar respostas dos agentes públicos em relação aos anseios e às demandas da sociedade. De acordo com Schedler (1999), a accountability como forma de cobrar respostas dos governantes ocorre exatamente porque existem deficiências nas informações que são passadas ao público, 'Nesse caso, a *accountability* (como *answerability*) pretende criar mais transparência em relação ao exercício do poder'. E completa: 'Se o exercício do poder fosse transparente, não seria preciso que alguém fosse accountable. A demanda por *accountability* origina-se da opacidade do poder.' (Schedler, 1999, p. 25)." (ROCHA, Arlindo Carvalho. Accountability na Administração Pública: Modelos Teóricos e Abordagens. In: *Contabilidade, Gestão e Governança*. Brasília, v. 14, n. 2, p. 82-97, mai/ago 2011. Também disponível em meio eletrônico em https://cgg-amg.unb.br/index.php/contabil/article/viewFile/314/pdf_162, acesso em 30.09.2016).

RE Nº 673.707: O *HABEAS DATA* EM MATÉRIA TRIBUTÁRIA

por meio do *dever de informar*. Nesse contexto, exsurge a importância do Direito como meio de aparelhamento, organização e efetividade do acesso à informação pelos indivíduos e instituições.

Sob a perspectiva normativa, é evidente que legislador constituinte brasileiro dedicou especial tutela à temática do direito à informação, assegurando-o no rol de direitos fundamentais do art. 5º (cf. incisos XIV e XXXIII, entre outros) e enfatizando-o em diversos outros trechos do texto constitucional. Tome-se, por exemplo, a previsão de que a manifestação do pensamento, a criação, a expressão e a *informação*, sob qualquer forma, processo ou veículo, não podem sofrer restrição, sendo vedado à lei conter dispositivo que possa constituir embaraço à plena *liberdade de informação* jornalística em qualquer veículo de comunicação social (art. 220, *caput* e § 1º).

Numa perspectiva relacional, a legislação ordena e impõe o caráter de *publicidade* em diversos aspectos das relações privadas, para conferir validade e eficácia aos atos da vida civil[15] e empresarial[16]. Nas relações entre entes públicos, iniciativas como o Projeto BEPS[17] e os acordos internacionais de troca

---

15. É o caso, p. ex., da necessidade de registro do título no Registro de Imóveis, como condição para adquirir a propriedade de bens imóveis (arts. 1.245 a 1.247 do Código Civil – Lei nº 10.406/2002); e da celebração do respectivo negócio jurídico por meio de escritura pública, em se tratando de imóveis com valor acima de 30 salários mínimos (art. 108 do Código Civil – Lei nº 10.406/2002).

16. É o caso da publicação de atas de convocações de assembleias de sociedades empresárias (p. ex., art. 86 da Lei das Sociedades Anônimas – Lei nº 6.404/1972).

17. "O projeto BEPS visa atacar formas de planejamento tributário 'agressivo', em desconexão com as atividades econômicas correlatas, e tem por objetivo combater o agravamento da erosão da base tributável e atingir uma maior moralidade tributaria [sic]. Tal problemática deu origem a 15 (quinze) planos de ação, traçados e desenvolvidos pela OCDE, com o apoio do G-20, a fim de atacar distintas formas de BEPS, utilizadas no sistema tributário internacional. Tais discussões e trabalhos preparatórios culminaram na publicação de resultados de tais análises, publicadas em Outubro de 2015, sob a forma de recomendações finais específicas para cada uma das ações que visam combater tal realidade.
Coerência, substância e transparência passaram a ser tratadas como pilares ideais de um novo sistema tributário internacional. (...)" (GOMES. Marcus Lívio. Relatório do Projeto de Pesquisa Coletiva 'Base Erosion and Profit Shifting (BEPS)'. *In: A tributação internacional na era pós-BEPS: soluções globais e peculiaridades de países em desenvolvimento*. Vol. 1. Rio de Janeiro: Lumen Juris, 2016, p. 1, sem grifos no original)

informações fiscais[18] revelam a importância da interação e comunicação entre Estados nacionais, como forma de combater o abuso de direito no planejamento tributário e a evasão fiscal.

No plano interno, as administrações tributárias dos entes da federação estão autorizadas a atuar de forma integrada, inclusive com o *compartilhamento de cadastros e de informações fiscais* (art. 37, XXII, da Constituição Federal e art. 199, CTN). A Constituição se preocupou também em assegurar o acesso institucional à informação. Tome-se, por exemplo, que o controle e a fiscalização contábil, financeira, orçamentária, operacional e patrimonial da União e das entidades da administração direta e indireta, quanto à legalidade, legitimidade, economicidade, aplicação das subvenções e renúncia de receitas, deve ser feita com auxílio do Tribunal de Contas da União, ao qual compete, dentre outras atribuições, *prestar as informações* solicitadas pelo Congresso Nacional (art. 71, VII, CF).

Por fim, como anteriormente demonstrado, o acesso à informação encontra-se no seio da relação entre indivíduos e Estado dentro de uma república democrática. Da perspectiva do Estado, atribui-se à Administração Pública um vasto número de competências para acesso e manuseio de dados dos indivíduos. No âmbito tributário, o legislador constituinte autorizou a Fisco a identificar o patrimônio, os rendimentos e as atividades econômicas do contribuinte, como meio de assegurar, sempre que possível, a justa tributação pela correta mensuração da capacidade contributiva (art. 145, § 1º, da CF). Coube ainda à legislação infraconstitucional regulamentar essa competência por diversos meios (p. ex., a lei complementar nº 105/2001 e lei federal nº 10.174/2001), sempre respeitando o necessário sigilo fiscal e bancário (cf. arts. 194 a 200, CTN; art. 6º da LC nº 105/2001).

Em suma, a legislação confere ao Estado uma série de poderes e competências, outorgando-lhe o *direito* de acesso a dados fiscais e bancários dos cidadãos, tendo em pauta a necessidade de *transparência* como meio de promoção da *igualdade* dos indivíduos. Paralelamente, mas em outra perspectiva de análise,

---

18. "De toda forma, pode-se afirmar que a transparência fiscal tem ocupado um espaço cada vez maior no Direito Tributário, em particular no Direito Internacional Tributário, assumindo um papel especialmente destacado no campo onde atualmente trava-se a batalha contra os paraísos fiscais e os regimes fiscais privilegiados." (ROCHA, Sérgio André. *Troca internacional de informações para fins fiscais*. São Paulo: Quartier Latin, 2015, p. 25, sem grifos no original)

o legislador constituinte previu ainda os *deveres* de *publicidade* (art. 37, caput) e *transparência* do Estado[19]. Exemplo disso é a autorização ao acesso dos usuários a registros administrativos e a informações sobre atos de governo (art. 37, § 3º, II); com a consequente atribuição de competência e à administração pública para a gestão da documentação governamental e as providências para franquear sua consulta a quantos dela necessitem (art. 216, § 2º).

De tudo o que foi exposto, percebe-se que há um feixe de atribuições, composto por conjuntos de direitos e deveres conferidos ao Estado e ao indivíduo na temática do acesso à informação. Em certo sentido, pode-se dizer que há, então, uma verdadeira tendência à promoção da *transparência*, com decréscimo cada vez maior do sigilo das informações.

Na perspectiva penal, por exemplo, há uma razão pela qual algumas atividades investigativas devem ser sigilosas: a necessidade de conferir eficácia à persecução criminal, justificável, por sua vez, pelo interesse público em punir os delitos e, em última análise, garantir a pacificação social. No entanto, mesmo os inquéritos sigilosos não tendem a permanecer *ad infinitum* nessa condição: ou bem se tornam uma ação penal, sujeita então à regra da publicidade do processo (art. 93, IX, CF e Súmula Vinculante 14[20]); ou bem são arquivados, sendo, contudo, acessíveis ao menos por aquele que, outrora, era investigado.

Da perspectiva da atividade fiscal, também se confia ao Estado a permissão de acesso a (e investigação de) dados (fiscais, contábeis e bancários) dos indivíduos, desde que, paralelamente, haja um correlato *dever de sigilo* ao tratamento dessas informações em relação a terceiros. Aqui também se identifica uma razão que justifica a não divulgação desse tipo de informação, qual seja: o respeito aos direitos fundamentais à intimidade e privacidade do contribuinte enquanto cidadão. Ainda assim, desde que não haja identificação de dados pessoais dos indivíduos, é admissível que a Administração Pública agrupe essas informações, gerando relatórios estatísticos para as mais diversas finalidades – p. ex., avaliação da performance do Sistema Tributário Nacional, identificação de estratégias,

---

19. MENDES, Gilmar Ferreira. BRANCO, Paulo Gustavo Gonet. Op. cit., pp. 887-890.
20. Súmula Vinculante 14: "É direito do defensor, no interesse do representado, ter acesso amplo aos elementos de prova que, já documentados em procedimento investigatório realizado por órgão com competência de polícia judiciária, digam respeito ao exercício do direito de defesa."

elaboração de estimativas orçamentárias etc. Tais relatórios, em regra, também se submetem ao caráter de publicidade, em regra inerente aos atos administrativos. Ou seja: em alguma medida, percebe-se também aqui uma tendência à publicização de um dado outrora sigiloso.

Esse panorama revela o pano de fundo que perpassa todas essas normas jurídicas, um mote que nos leva a crer que mesmo dados sensíveis, que por razões de conveniência, segurança ou intimidade não possam ser divulgados pela Administração Pública a qualquer tempo e modo, um dia devem vir (e virão) a conhecimento público, na medida em que haja interesse justificável em jogo e desde que respeitados os direitos fundamentais. Em termos simples: a regra é a publicidade das informações; o sigilo é exceção.

Mas voltando à seara fiscal, e se analisarmos a questão da perspectiva inversa? Ou seja: haveria, por parte do Fisco, um direito de não permitir ao contribuinte o acesso aos dados desse mesmo contribuinte, que tivessem sido reunidos e coletados pela Administração Pública? Em outras palavras: na seara fiscal, o Estado poderia, em alguma medida, esconder do indivíduo dados que detenha acerca do próprio indivíduo?

Ao que tudo indica, diante de todo o panorama traçado, tal situação não seria juridicamente justificável nem tolerável, tendo em vista os imperativos de *publicidade* e *transparência* que devem pautar o agir do Estado[21].

Consequência disso é a necessidade de instituir mecanismos aos particulares para efetivar o acesso, controle e do manuseio das informações detidas pelo Estado.

Como visto, o instituto do *habeas data* foi pensado como instrumento político, para acesso a arquivos do Governo Militar a respeito de dados acerca do cidadão. Assim, seria possível entender que, com o passar dos anos, esse

---

21. "A despeito desse avanço positivo, não se olvida que o tratamento dos dados e informações públicos e sua divulgação devem ter como meta a transmissão de uma informação de interesse público ao cidadão (individual ou coletivamente), desde que inexista vedação constitucional ou legal. Assim, veda-se a divulgação de informação inútil e sem relevância, que deturpe informações e dados públicos em favor de uma devassa, de uma curiosidade ou de uma exposição ilícitas de dados pessoais, para mero deleite de quem a acessa." (MENDES, Gilmar Ferreira. BRANCO, Paulo Gustavo Gonet. *Op. cit.*, p. 889.)

instrumento teria perdido utilidade – especialmente se considerada a posterior edição da Lei de Acesso à Informação e das facilidades oferecidas a partir do advento do e-Cac.

Não obstante, o texto constitucional é vivo e se amolda à realidade e à evolução da sociedade. Assim, careceria de sentido perenizar, no elenco de direitos e garantias fundamentais, um instrumento processual com âmbito de aplicação tão restrito.

Daí que o instituto do *habeas data* deve ser compreendido do modo mais amplo possível, a partir *"da valorização do direito constitucional de acesso à informação, afigurando-se, portanto, um importante instrumento de accountability de que se vale o cidadão em face do Poder Público"*[22].

Vejamos então como se comportou o Supremo Tribunal Federal diante do caso aqui analisado.

## 5. DESCRIÇÃO DO JULGADO

Ao apreciar a questão, o STF decidiu, de forma unânime, pelo provimento do recurso extraordinário do contribuinte.

Disse o tribunal que a regra do parágrafo único do artigo 1º da Lei nº 9.507/97 não tem por objetivo *negar a seu próprio titular* o conhecimento das informações que a seu respeito estejam cadastradas junto às entidades depositárias. Na verdade, o intuito por trás dessa regra seria restringir a divulgação desses dados a outros órgãos, que não o detentor das informações, ou a terceiros, que não o titular dos dados registrados.

Ademais, entendeu o STF que o SINCOR se encarta em um conceito mais amplo de *arquivos, bancos ou registro de dados*, que devem ser entendidos em seu sentido mais *lato*, abrangendo tudo que diga respeito ao interessado, seja de modo direto ou indireto;

Na visão do tribunal, aos contribuintes foi assegurado o direito de conhecer as informações que lhes digam respeito em bancos de dados públicos ou de caráter público, em razão da necessidade de preservar o status de seu nome, planejamento

---

22. *Ibidem*, p. 455.

empresarial, estratégia de investimento e, em especial, a recuperação de tributos pagos indevidamente, dentre outras.

Consequentemente, essas informações não são de *uso privativo* do órgão ou entidade produtora ou depositária das informações (no caso, a Receita Federal), mas dizem respeito ao próprio contribuinte.

Nessa toada, as informações fiscais relativas ao próprio contribuinte, se forem sigilosas, não importa em que grau, deveriam ser protegidas da sociedade em geral, mas não de quem a elas se referem, por força do direito à informação (art. 5º, XXXIII, da CF/1998), que traz como única ressalva o sigilo imprescindível à segurança da sociedade e do Estado, o que não se aplicaria no caso em exame.

Da mesma forma, ressaltou o Tribunal que, ainda que se admitisse que a empresa deveria ter os dados que objetiva serem prestados pela Receita Federal, tal fato, por si só, não obstaria o interesse empresarial no conhecimento das informações contidas nos sistemas informatizados de apoio à arrecadação, para fins de aferição do fiel cumprimento de suas obrigações, o que se justifica diante da transparência que deve revestir as informações atinentes aos pagamentos efetuados pelo próprio contribuinte.

O Tribunal também teve a preocupação de afastar a alegação do Fisco de que o SINCOR veicularia apenas informações de forma automatizada, de diversas fontes estranhas à RFB, advindas da rede bancária arrecadadora, destituídas de depuração humana, o que, por si só, descaracterizaria essas informações como documento juridicamente representativo de qualquer juízo de valor feito pelo órgão de arrecadação, no sentido da existência ou não do indébito tributário. Na visão do Tribunal, a validade jurídica das informações e seu peso probatório deveriam ser aquilatados pelo contribuinte, à luz de sua contabilidade e das perspectivas de êxito em eventual ação de repetição do indébito.

Da mesma forma, a classificação dos pagamentos como "não alocados", "disponíveis" ou "não vinculados" no SINCOR interessaria apenas à Fazenda Nacional, como instrumento de aferição dos dados do sistema informatizado, de forma a obter um controle da arrecadação e do adimplemento das obrigações tributárias principais e acessórias pelos contribuintes. Assim, a conclusão do status definitivo destes pagamentos seria responsabilidade do contribuinte, ao confrontar tais informações com os seus livros contábeis e fiscais de escrituração obrigatória. Evidentemente, a transparência dessas informações, por si só, não gera direito subjetivo à repetição do indébito, que deve ser corroborada por suporte probatório idôneo.

Apesar de não ser juridicamente relevante expor todos os motivos que levam o contribuinte a impetrar um *habeas data*, para o Tribunal haveria diversas justificativas a fundamentar a transparência dessas informações, a demandar o controle das múltiplas inconsistências que poderiam advir do tratamento informatizado destes dados, a saber (de forma não exaustiva):

a. a captura equivocada do código de pagamento de cada tributo pelo sistema informatizado da rede bancária arrecadadora;

b. os possíveis erros de preenchimento dos documentos de arrecadação pelos contribuintes;

c. a ausência de processamento das declarações prestadas pelos contribuintes pelos órgãos fazendários;

d. a incompatibilidade entre a implementação da Escrituração Contábil Fiscal-ECF/Escrituração Contábil Digital-ECD (IN RFB nº 1.422/2013), com os pronunciamentos contábeis do Conselho Federal de Contabilidade;

e. a mudança de critério jurídico da Fazenda Nacional quanto à imputação de pagamentos de tributos, multas, correção monetária e juros de mora;

f. a declaração integral ou parcial de inconstitucionalidade de norma tributária, pelo método concentrado ou difuso, a ensejar a interpretação do julgado para eventual ação de repetição de indébito.

Da mesma forma, permitir o acesso aos sistemas de controle de pagamentos não significaria criar obrigação jurídica para a Fazenda Nacional ou, ainda, direito subjetivo do contribuinte a utilizar essa informação bruta em futura ação de repetição de indébito. Caberia ao contribuinte a depuração dos dados e a verificação da compatibilidade destes pagamentos com a sua contabilidade, de forma que possa aferir se houve erro por parte da Fazenda Nacional na alocação de seus pagamentos ou se houve erro seu no adimplemento das obrigações tributárias.

Da mesma forma, não haveria risco, para a ordem administrativa, na formação de precedente que acolha a tese de cabimento de *habeas data* para a obtenção de relatórios do SINCOR. Um direito subjetivo do contribuinte, amparado em dispositivo constitucional, não poderia ser negado sob a argumentação de que a administração fazendária não estaria preparada para atendê-lo. Na verdade, a solução reclamaria lógica inversa – ou seja: é o Fisco quem deve se adaptar para cumprir os comandos constitucionais, ainda que isso o onere administrativamente.

Ao não permitir ao contribuinte o acesso a todas as informações fiscais inerentes aos seus deveres e ao cumprimento de suas obrigações tributárias principais e acessórias, o Fisco estaria violando os princípios da razoabilidade e da proporcionalidade, segundo o tribunal.

Igualmente, para o STF, quanto mais expressivo for o direito material assegurado, maior é o número de instrumentos de tutela a serviço desse direito. Deste modo, considerando a possibilidade de haver vários concursos de ações para tutela de um mesmo direito ou interesse ordinário, haveria ainda mais razões para se instituir uma multiplicidade de meios de tutela dos direitos fundamentais. Nessa toada, não se poderia sequer utilizar a regra de que, escolhida uma via, outra seria vedada, de modo que o direito à informação poderia ser tutelado por diversas vias: *habeas data*, simples petição, ação ordinária etc.

Com essas considerações, o Supremo Tribunal Federal deu provimento ao recurso extraordinário do contribuinte, fixando ao final a seguinte tese: "O *Habeas Data* é garantia constitucional adequada para a obtenção dos dados concernentes ao pagamento de tributos do próprio contribuinte constantes dos sistemas informatizados de apoio à arrecadação dos órgãos da administração fazendária dos entes estatais".

## 6. ANÁLISE CRÍTICA

Dentro da perspectiva de máxima efetividade dos direitos fundamentais, o precedente aqui tratado é de grande importância para a revitalização do *habeas data* como instrumento de tutela do direito à informação e de controle dos atos administrativos.

A questão ganha ainda maior relevo, se considerarmos o advento posterior do e-Cac da Receita Federal, que passou a permitir ao contribuinte o acesso às suas próprias informações fiscais, de forma muito mais célere e simplificada do que pela via judicial – diante do fato de que o e-Cac permite acesso às informações por meio da internet, sem depender da presença pessoal do interessado em um órgão do Fisco federal ou da interveniência de um funcionário da Administração Pública ou de um aparato judicial. Assim, é louvável a postura do STF, que, em vez de aplicar ao caso uma solução processual pobre (p. ex., a perda superveniente do interesse de agir), reafirmou nesse julgado a doutrina da máxima tutela dos direitos fundamentais[23].

A decisão também é elogiável se tomarmos em conta que a Receita Federal atualmente disponibiliza muitas informações via e-Cac, mas essa facilidade de acesso não necessariamente ocorre, no mesmo grau e amplitude, em relação aos Estados e no Distrito Federal, bem como nos milhares de Municípios espalhados em todo o país. E, em relação à própria Receita Federal, não há garantia de operabilidade perene do sistema, nem de que todo tipo de informação vinculada à pessoa do sujeito passivo (contribuinte ou responsável) estará à plena disposição no e-Cac.

Por outro lado, a atitude do Tribunal Constitucional brasileiro a respeito do tema não está imune a críticas. Não se tem notícia de julgamento anterior do Pleno tratando do uso do *habeas data* pelo contribuinte para acesso a dados constantes de registros fiscais que dizem respeito à pessoa do próprio impetrante. Mesmo assim, o precedente ganha relevo porque alguns dos ministros que participaram desse julgamento haviam anteriormente denegado, monocraticamente, a ordem de *habeas data* para situações idênticas[24] ou bem similares[25] à aqui tratada, em todas elas, dentre outras razões, por não se atribuir o *caráter público* a determinadas

---

23. "Essas circunstâncias levam a doutrina a entrever no art. 5º, § 1º, da Constituição Federal uma norma-princípio, estabelecendo uma ordem de otimização, uma determinação para que se confira a maior eficácia possível aos direitos fundamentais. O princípio em tela valeria como indicador de aplicabilidade imediata da norma constitucional, devendo-se presumir a sua perfeição, quando possível." (MENDES, Gilmar Ferreira. BRANCO, Paulo Gustavo Gonet. Op. cit., p. 153.)

24. Vide p. ex. o RE 601.782 (Rel. Min. Cármen Lúcia, julgado em 04/02/2010, publicado em DJe-036 DIVULG 26/02/2010 PUBLIC 01/03/2010), no qual a Min. Carmen Lúcia não concedeu a ordem, dentre outros motivos, por não reconhecer o atributo de *caráter público* ao banco de dados do SINCOR. No mesmo sentido, o RE 666.866 (Relator Min. Luiz Fux, julgado em 15/02/2012, publicado em DJe-037 DIVULG 22/02/2012 PUBLIC 23/02/2012)

25. Vide p. ex. o RE 844.694 (Rel. Min. Roberto Barroso, julgado em 01/09/2015, processo eletrônico DJe-173 divulg. 02/09/2015 public. 03/09/2015), no qual o Min. Barroso também não reconheceu o *caráter público* ao Registro de Procedimento Fiscal (RPF) e, também por isso, não concedeu a ordem de acesso a essas informações.

informações constantes de bancos de dados do Fisco[26]. Tal atitude pode revelar ou uma incoerência entre as decisões dos componentes do tribunal constitucional, ou (assim se espera), uma salutar alteração do posicionamento anterior.

## 7. CONCLUSÃO

Na elaboração do presente trabalho, buscou-se inserir a crítica ao RE nº 673.707/MG dentro de um contexto de análise do direito fundamental do acesso à informação e dos respectivos deveres de publicidade e transparência que devem pautar a atuação da Administração Pública, especialmente nas searas fiscal e tributária, dentro de uma república democrática como pretende ser a brasileira.

Nesse aspecto, ao definir que o *habeas data* é garantia constitucional adequada para a obtenção dos dados concernentes ao pagamento de tributos do próprio contribuinte, constantes dos sistemas informatizados de apoio à arrecadação dos órgãos da administração fazendária dos entes estatais, conclui-se que o Supremo Tribunal atendeu, em medida ótima, ao postulado de máxima garantia do direito fundamental à informação, tanto na perspectiva do acesso dos particulares, quanto na do respectivo dever de publicidade.

Por outro lado, analisada a postura da corte constitucional sobre o tema ao longo do tempo tende a revelar uma incoerência, já que ao menos três dos ministros que compuseram a sessão de julgamento do paradigma aqui enfrentado já haviam prolatado decisões monocráticas rejeitando o direito do contribuinte ao uso do *habeas data* em situações idênticas ou muito semelhantes. Assim, tanto a admissibilidade da repercussão geral a esse precedente, quanto a fundamentação da decisão tomada, revelam, em alguma medida, uma opção política da Corte Constitucional na apreciação dessa questão. Extrapolando o raciocínio, chega-se a cogitar se, em última análise, haveria ou não um caráter de discricionariedade na definição dos temas a serem julgados pelo Supremo Tribunal Federal.

Por fim, e pensando nas repercussões que o precedente pode trazer para o cenário jurídico brasileiro, cabe destacar duas questões que, apesar de não terem sido tratadas nesse precedente, poderiam ser ainda objeto de apreciação.

---

26. Em sentido similar, a decisão monocrática proferida no RE 601766, Relator Min. Joaquim Barbosa, julgado em 03/02/2012, publicado em DJe-033 divulg. 14/02/2012 public. 15/02/2012.

Em primeiro lugar, poderia o contribuinte valer-se do *habeas data* para alterar a situação fiscal de um débito no sistema informatizado do Fisco? Exemplos: essa ação seria cabível para efetivar a consolidação ou encerramento de um parcelamento que o contribuinte já sabe que foi quitado? Caberia *habeas data* para obrigar a autoridade fiscal a analisar um pedido de restituição ou declaração de compensação? O *habeas data* é instrumento adequado para expedição de certidão de regularidade fiscal (certidão negativa ou positiva com efeitos de negativa) do contribuinte? A resposta a essas perguntas depende da amplitude que se atribua ao conceito de *retificação de dados* a que se refere o permissivo constitucional (art. 5º, LXXII, CF).

Além disso, o contribuinte poderia utilizar o *habeas data* para ter acesso a julgamentos sigilosos no âmbito administrativo? Por exemplo: caberia essa ação para tornar públicas as sessões realizadas no âmbito das Delegacias da Receita Federal de Julgamento (DRJ), que atualmente são realizadas a portas fechadas?

Por mais intrigantes que sejam essas questões, o seu tratamento foge ao escopo desse trabalho, que buscou minimamente analisar, de forma crítica, o julgamento do RE nº 673.707/MG.

## REFERÊNCIAS BIBLIOGRÁFICAS

BOBBIO, N. *Teoria geral da política: a filosofia política e as lições dos clássicos.* Rio de Janeiro: Campus, 2000.

DALLARI, D. A. *Elementos de teoria geral do Estado.* 20ª ed. São Paulo: Saraiva, 1998.

GOMES, M. L. Relatório do Projeto de Pesquisa Coletiva 'Base Erosion and Profit Shifting (BEPS)'. *In: A tributação internacional na era pós-BEPS:* soluções globais e peculiaridades de países em desenvolvimento. Rio de Janeiro, vol. 1: Lumen Juris, 2016.

MEIRELLES, H. L.; WALD, A.; MENDES, G. F. *Mandado de segurança e ações constitucionais.* 36ª ed. São Paulo: Malheiros, 2014.

MENDES, G. F.; BRANCO, P. G. G. *Curso de direito constitucional.* 11ª ed. São Paulo: Saraiva, 2016.

ROCHA, A. C. *Accountability na Administração Pública: Modelos Teóricos e Abordagens. In: Contabilidade, Gestão e Governança.* Brasília, v. 14, n. 2, p. 82-97, mai./ago. 2011.

ROCHA, S. A. *Troca internacional de informações para fins fiscais.* São Paulo: Quartier Latin, 2015.

Sistema eletrônico do serviço de informação ao cidadão (e-SIC). Disponível em: <http://esic.cgu.gov.br/sistema/site/index.html>. Acesso em: 07 de outubro de 2016.

TORRES, R. L. *Tratado de direito constitucional financeiro e tributário: valores e princípios constitucionais tributários.* 2ª ed. Rio de janeiro: Renovar, 2014.

# RE Nº 602.347: O IPTU PROGRESSIVO E MUDANÇA JURISPRUDENCIAL

ANDRÉ LUIZ BATALHA ALCÂNTARA[1]

**Sumário:** 1. Introdução. 2. Controvérsia jurídica. 3. Conceitos e teorias envolvidas. 4. Descrição do julgado. 5. Análise crítica. 6. Conclusão.

## 1. INTRODUÇÃO

O presente trabalho analisa, de forma detalhada, o julgamento do Recurso Extraordinário (RE) 602.347 de Minas Gerais. Para tanto, faz-se necessária uma breve exposição do caso concreto que deu ensejo ao recurso analisado pelo Supremo Tribunal Federal (STF).

O imbróglio jurídico que deu origem ao RE 602.347/MG teve início na Apelação Cível nº 1.0024.05.822634-1/001 julgada pela 1ª Câmara Cível do Tribunal de Justiça do Estado de Minas Gerais (TJMG).

Originalmente, tratava-se de execução fiscal movida pelo Município de Belo Horizonte cobrando valores devidos a título de Imposto sobre a Propriedade predial e Territorial Urbana (IPTU) e Taxa de Limpeza Pública (TLP) dos anos de 1995, 1996, 1997, 1998 e 1999. Em primeira instância, os embargos do executado foram improvidos, tendo, portanto, dado origem à apelação já mencionada.

Mais especificamente, a contribuinte questionava a constitucionalidade da Lei Municipal nº 5.641 de 1989, com as alterações das Leis Municipais nº 7.242 de 1996 e 7.633 de 1998. Tal apontamento é relevante porque a Lei 5.641 trazia a sistemática da progressividade do IPTU na Tabela III em sua redação original.

---

1. Mestrando do Programa de Pós-graduação em Direito da Universidade do Estado do Rio de Janeiro (UERJ) na Linha de Finanças Públicas, Tributação e Desenvolvimento; Advogado.

Entretanto, com a alteração da Lei 7.633 em 1998, esse mecanismo foi revogado, prevendo alíquotas diferenciadas apenas com relação à utilização do imóvel, tal como se demonstra em tabela ilustrativa abaixo.

**Tabela 1** – Comparativo de alíquotas para imóveis edificados da Tabela III da Lei Municipal nº 5.641/89 antes e depois da alteração realizada pela Lei 7.633/98.

| **Tabela III original de 1989** | **Tabela III com a modificação da Lei 7.633/98** |
|---|---|
| I – IMÓVEIS EDIFICADOS: | I – IMÓVEIS EDIFICADOS: |
| *1.1 – Ocupação exclusivamente residencial:* | 1.1 – Ocupação exclusivamente residencial ... 0,8% |
| 1.1.1 – Padrão Popular............................... 0,5% | 1.2 – Demais ocupações .............................. 1,6% |
| 1.1.2 – Padrão Baxo................................... 0,6% | |
| 1.1.3 – Padrão Normal............................... 0,7% | |
| 1.1.4 – Padrão Alto..................................... 0,8% | |
| 1.1.5 – Padrão Luxo.................................... 1,0% | |
| *1.2 – Demais Ocupações:* | |
| 1.2.1 – Padrão Popular............................... 1,0% | |
| 1.2.2 – Padrão Baixo................................... 1,3% | |
| 1.2.3 – Padrão Normal............................... 1,6% | |
| 1.2.4 – Padrão Alto..................................... 1,9% | |
| 1.2.5 – Padrão Luxo.................................... 2,2% | |

Fonte: http://www.cmbh.mg.gov.br/leis/legislacao/pesquisa (Acesso em 07/09/2016)

Ocorre que a contribuinte alegava que essa alteração não poderia provocar constitucionalização superveniente do estatuto legal, já que a inconstitucionalidade no ordenamento brasileiro é concebida desde o início da lei. Por fim, também se questionava a constitucionalidade da TLP presente na Lei Municipal 5.641.

No acórdão proferido pelo Tribunal de Justiça mineiro, a 1ª Câmara Cível não teve muitas dificuldades em julgar a inconstitucionalidade da progressividade do IPTU e da TLP[2].

---

2. A ementa ficou consolidada da seguinte maneira: IPTU – LEI MUNICIPAL Nº 5.641/89 – MUNICÍPIO DE BELO HORIZONTE – PROGRESSIVIDADE DAS ALÍQUOTAS

Primeiro, porque o artigo 83 da Lei Municipal n° 5.641 de 1989[3] já havia sido declarado inconstitucional pelo próprio TJMG em 2001 na Ação Direta de Inconstitucionalidade (ADI) n° 1.0000.00.198214-9/000, mesmo com a redação dada pelas Leis Municipais n° 7.242 e 7.633[4]. Tal artigo direcionava o cálculo do IPTU diretamente para a Tabela III da lei, que originalmente previa um mecanismo de progressividade com relação ao valor venal do imóvel.

Segundo, porque a TLP, dentro do conceito de Taxas de Serviços Urbanos, era absolutamente genérica e indivisível, tornando-a flagrantemente inconstitucional. Essa constatação óbvia fica ainda mais clara quando se observa que esse ponto nem foi alvo de impugnação posterior.

Assim, o município de Belo Horizonte interpôs recurso extraordinário requerendo que, mesmo frente à inconstitucionalidade da sistemática da progressividade do IPTU, fosse permitida a aplicação da alíquota mínima prevista

---

– INCONSTITUCIONALIDADE – TAXA DE LIMPEZA PÚBLICA – PREVISÃO DE SERVIÇOS 'UTI UNIVERSI' – INCONSTITUCIONALIDADE.

É de ser reconhecida a inconstitucionalidade da cobrança do IPTU feito com base na Lei Municipal n° 5.641/89, do Município de Belo Horizonte, cuja progressividade das alíquotas ofende a CR/88, sem embargos da posterior legislação municipal que adequou a tabela com mera seletividade, não aplicável ao fato gerador anterior.

A taxa de limpeza pública não incide apenas sobre a coleta de lixo, esta sim capaz de ser auferida e mensurada de forma específica e divisível, mas de vários outros serviços impossíveis de aferição individual, não sendo legítima a sua cobrança. (TJMG - Apelação Cível 1.0024.05.822634-1/001, Relator(a): Des.(a) Vanessa Verdolim Hudson Andrade , 1ª CÂMARA CÍVEL, julgamento em 28/10/2008, publicação da súmula em 14/11/2008).

3. Artigo 83 da Lei Municipal n° 5.641/89: As alíquotas do IPTU são as constantes da Tabela III anexa a esta Lei.

4. A referida ADI teve a seguinte ementa: Ação Direta de Inconstitucionalidade – IPTU – Progressividade – Preliminares de inépcia, falta de interesse de agir e requisito essencial à propositura da ação rejeitadas – inconstitucionalidade do art. 83 ""caput"", da Lei Municipal n° 5.641/89, alterado pelas Leis Municipais n°s 7.242/96 e 7.633/98. Preliminares: Se o pedido foi inteiramente compreendido pela representada, não há que se falar em inépcia. A ação direta de inconstitucionalidade é a via adequada para se enfrentar a questão posta em julgamento, pois o representante ataca dispositivo de lei municipal frente a artigo da Carta Estadual. Se o artigo 170 da Carta Mineira incorporou os princípios constitucionais, inseridos na Carta Federal não há que se falar em inconstitucionalidade reflexa. Preliminares rejeitadas. Mérito: Impossibilidade de cobrança de IPTU segundo alíquotas progressivas, pois inconstitucional é o art. 83, ""caput"", da Lei Municipal n° 5.641/89, alterado pelas Leis Municipais n°s 7.242/96 e 7.633/98. (TJMG - Ação Direta Inconst 1.0000.00.198214-9/000, Relator(a): Des.(a) Amilar Campos Oliveira , CORTE SUPERIOR, julgamento em 26/09/2001, publicação da súmula em 31/10/2001).

na lei[5]. O recurso extraordinário teve a repercussão geral reconhecida pelo STF em 22 de outubro de 2009[6].

Agora, tendo esse retrospecto fático específico do RE 602.347/MG, é possível discorrer, de forma mais abrangente, como esse embate se desenvolveu em nossos tribunais até chegar a essa decisão.

## 2. CONTROVÉRSIA JURÍDICA

A história da controvérsia do IPTU progressivo com base no valor venal do imóvel sob a égide da Constituição de 1988 surgiu pela primeira vez no STF pela Reclamação nº 383/SP de 1992[7]. À época, o Município de São Paulo se insurgia contra a decisão do Tribunal de Justiça local que havia concedido cautelar em controle concentrado pela inconstitucionalidade da progressividade do IPTU. Nesse momento, o STF não chegou a se manifestar expressamente sobre a questão, afastando o mérito da reclamação por questões processuais.

Essa questão voltou ao plenário e foi amplamente debatida a partir do RE 153.771/MG. Curiosamente, nesse recurso extraordinário também questionava-se a constitucionalidade da Lei 5.641/89 do município de Belo Horizonte.

---

5. Em seu recurso extraordinário, o município alegou que ao declarar a inconstitucionalidade da sistemática como um todo, o TJMG estaria isentando os contribuintes indiretamente.

6. STF – Pleno. Repercussão Geral no RE 602.347/MG, Rel **Min. Ricardo Lewandowski,** j. 22/10/2009, DJ 20/11/2009.

7. Os dados levantados neste trabalho são fruto de pesquisa junto ao sítio de busca do STF. Nessa ferramenta de busca, foi utilizado o termo "IPTU progressividade" no período delimitado entre 05 de outubro de 1988 até 13 de setembro de 2000. Foram encontrados 32 resultados. Desses 32 resultados, 4 não se referiam à progressividade do IPTU com base na capacidade contributiva (ADC 8 MC/DF, RE 229.233/SP, RE 198.506/SP e RE 202.261/SP), 4 foram extintos por questões processuais (RE 239.163 AgR/SP, RE 237.455 ED/SP, Pet 1.245 ED-AgR/SP e Rcl 383/SP) e o restante tratava diretamente sobre o tema (RE 248.892/RJ, RE 228.735/SP, RE 206.777/SP, RE 232.063/SP, RE 233.054/SP, RE 199.281/SP, AI 222.172 AgR/SP, RE 230.343/SP, RE 229.457/SP, RE 179.273/RS, RE 196.337/SP, RE 204.666/SP, RE 203.115/SP, RE 213.735/SP, RE 199.969/SP, AI 194.944 AgR/SP, AI 198.985 AgR/SP, AI 191.181 AgR/SP, RE 192.737/SP, RE 194.036/SP, AI 189.824 AgR/SP, RE 167.654/MG, RE 204.827/SP e RE 153.771/MG). Disponível em:<http://www.stf.jus.br/portal/jurisprudencia/pesquisarJurisprudencia.asp>. Acesso em: 09/09/2016.

Nesse julgamento, foi declarada a inconstitucionalidade dessa lei por nove votos a um. Cumpre destacar que o voto vencido do Relator Carlos Veloso teve contornos bastante próximos daquilo que foi defendido pelo Ministro Edson Fachin no RE 602.347/MG, como se verá adiante.

O Ministro Carlos Veloso sustentou que a Constituição Federal (CF) facultaria ao município pelo menos dois tipos de progressividade: (1) extrafiscal, com base na função social da propriedade prevista no art. 156, §1º da CF[8], e (2) fiscal, com base na capacidade contributiva prevista no art. 145, §1º da CF. Sendo assim, o Ministro derrotado concluiu que a progressividade de acordo com o valor venal do imóvel contribuía para a concretização de uma maior justiça fiscal.

Logo em seguida, o Ministro Moreira Alves inaugurou o que seria o fundamento das outras 23 decisões sobre o tema até o advento da Emenda Constitucional (EC) nº 29 de 2000.

Primeiro, Moreira Alves contrabateu o argumento do art. 145, §1º da CF, alegando que o referido artigo previa que os impostos progressivos deveriam ter caráter pessoal. Nesse sentido, o IPTU não seria apto para demonstrar as características subjetivas do contribuinte por se tratar de um imposto real.

Deste modo, a própria natureza real do IPTU impediria que houvesse uma medição da capacidade contributiva do particular. Tendo em vista que a capacidade contributiva leva em conta uma análise do cidadão como um todo, a avaliação fria e distante do valor venal do imóvel não permitiria compreender a verdadeira situação do contribuinte.

Moreira Alves complementou argumentando que, mesmo que a capacidade contributiva pudesse ser avaliada pelo valor venal do imóvel, a Carta Federal não concedeu essa autorização ao legislador municipal. Segundo argumenta o Ministro, a única progressividade constitucionalmente permitida para o IPTU seria a extrafiscal, referente a função social da propriedade (art. 156, §1º da CF anterior à EC nº 29 de 2000).

---

8. Art. 156, §1º, da CF com a redação anterior à EC nº 29 de 2000: § 1º – O imposto previsto no inciso I poderá ser progressivo, nos termos de lei municipal, de forma a assegurar o cumprimento da função social da propriedade.

Faz-se importante notar que essa argumentação se utiliza de uma metodologia estrutural de interpretação da Constituição. Dada a exaustividade do constituinte originário brasileiro, não caberia, segundo a maioria dos ministros, uma sistemática diferente daquela expressamente prevista para a cobrança do IPTU. Nesse sentido, vale destacar excerto do voto do Ministro Ilmar Galvão:

> Na verdade, a progressividade, no imposto de renda visa à realização de uma política de distribuição de renda; a diversidade de alíquotas, no ITR, assegura a política de correção do uso e de redistribuição da terra; a seletividade, no IPI, a execução de uma política de controle de consumo; e a flexibilidade das alíquotas, no II e IE, regula o fluxo internacional de mercadorias, no País.
>
> Com a Constituição de 1988, o IPTU passou a ser progressivo, tornou-se um dos principais instrumentos destinados a realizar programas de organização das cidades.
>
> (...)
>
> Desse modo, exauriu a matéria, não deixando margem ao legislador municipal, para a introdução de novos critérios de progressividade.[9]

Em consonância ao Ministro Galvão, observa-se, também, o apontamento do Ministro Sepúlveda Pertence. Mesmo aceitando que o valor do imóvel poderia ser um demonstrativo de riqueza do contribuinte apto para avaliar a capacidade contributiva, Pertence entendia que a Carta Maior não dava essa autorização ao legislador.

> Toda a minha inclinação pessoal seria pela admissão da progressividade da alíquota do IPTU, conforme o valor da propriedade urbana. Nem divisaria, em tese, impossibilidade de o IPTU ser disciplinado como imposto pessoal, tomado o valor do imóvel como presunção absoluta *juris et de jure*, da capacidade contributiva do proprietário.
>
> Não creio, entretanto, que a Constituição federal o permita.
>
> De logo, para mim, com as vênias do eminente Relator, também me convenci que o art. 156, §1º, que autoriza a progressividade do tributo questionado 'de forma a

---

9. STF – Pleno. RE 153.771/MG, Rel. Min. Carlos Velloso, Rel. para acórdão Min. Moreira Alves, j. 20/11/1996, DJ 05/09/1997, p. 550 da reprodução taquigráfica do inteiro teor do acórdão.

RE Nº 602.347: O IPTU PROGRESSIVO E MUDANÇA JURISPRUDENCIAL                    **149**

assegurar o cumprimento da função social da propriedade', está efetiva e inextrincavelmente vinculado ao conjunto normativo do art. 182 da mesma Constituição.[10]

Segundo essas bases, o Supremo lastreou os argumentos que perdurariam até que houvesse uma resposta do constituinte derivado[11]. Com a EC nº 29 de 2000, o art. 156, §1º, da CF passou a ter a seguinte redação:

> Art. 156, §1º, da CF: Sem prejuízo da progressividade no tempo a que se refere o art. 182, § 4º, inciso II, o imposto previsto no inciso I poderá:
>
> I – ser progressivo em razão do valor do imóvel; e
>
> II – ter alíquotas diferentes de acordo com a localização e o uso do imóvel.

Com permissão constitucional expressa, apenas restou aos ministros do STF restabelecerem a coerência dos seus julgados a partir da súmula nº 668, na qual se lê: "É inconstitucional a lei municipal que tenha estabelecido, antes da Emenda Constitucional 29/2000, alíquotas progressivas para o IPTU, salvo se destinada a assegurar o cumprimento da função social da propriedade urbana".

Entretanto, apesar da súmula ter resolvido as questões envolvendo as leis anteriores à Emenda, havia duas questões ainda em aberto: (1) será que a emenda

---

10. ibidem, p. 569 da reprodução taquigráfica do inteiro teor do acórdão.

11. Ementa da decisão: – IPTU. Progressividade. – No sistema tributário nacional é o IPTU inequivocamente um imposto real. – Sob o império da atual Constituição, não é admitida a progressividade fiscal do IPTU, quer com base exclusivamente no seu artigo 145, § 1º, porque esse imposto tem caráter real que é incompatível com a progressividade decorrente da capacidade econômica do contribuinte, quer com arrimo na conjugação desse dispositivo constitucional (genérico) com o artigo 156, § 1º (específico). – A interpretação sistemática da Constituição conduz inequivocamente à conclusão de que o IPTU com finalidade extrafiscal a que alude o inciso II do § 4º do artigo 182 é a explicitação especificada, inclusive com limitação temporal, do IPTU com finalidade extrafiscal aludido no artigo 156, I, § 1º. – Portanto, é inconstitucional qualquer progressividade, em se tratando de IPTU, que não atenda exclusivamente ao disposto no artigo 156, § 1º, aplicado com as limitações expressamente constantes dos §§ 2º e 4º do artigo 182, ambos da Constituição Federal. Recurso extraordinário conhecido e provido, declarando-se inconstitucional o sub-item 2.2.3 do setor II da Tabela III da Lei 5.641, de 22.12.89, no município de Belo Horizonte. (RE 153771, Relator(a): Min. CARLOS VELLOSO, Relator(a) p/ Acórdão: Min. MOREIRA ALVES, Tribunal Pleno, julgado em 20/11/1996, DJ 05-09-1997 PP-41892 EMENT VOL-01881-03 PP-00496 RTJ VOL-00162-02 PP-00726).

constitucional nº 29 era constitucional; e (2) o que fazer com as execuções fiscais anteriores à emenda.

A primeira questão possui enorme relevância, tendo em vista que, segundo a argumentação construída pelo Ministro Moreira Alves no RE 153.771/MG, haveria uma impossibilidade lógica de identificação da capacidade contributiva de impostos reais. Foi nessa linha que julgou o 1º Tribunal de Alçada Cível do Estado de São Paulo, entendendo que a progressividade fiscal estaria adstrita aos impostos pessoais e, portanto, a EC nº 29/2000 violaria garantia fundamental do contribuinte. Essa decisão deu origem ao RE 423.768/SP, permitindo que o STF revisitasse o tema.

Destaca-se que nesse julgamento, por unanimidade, o pleno do Supremo não identificou nenhuma inviabilidade na progressividade fiscal do IPTU[12]. Isso, por si só, já demonstrava que a mudança na composição da corte implicou uma transformação interpretativa significativa da Constituição. Nesse sentido, o voto da Ministra Cármen Lúcia afirma:

> A nosso ver, a só propriedade do imóvel luxuoso constitui-se em uma presunção *iures et de iure* de existência de capacidade contributiva (pelo menos para fins de tributação por via do IPTU). Estaria inaugurado o império da incerteza se a situação econômica individual do contribuinte tivesse que ser considerada na hora do lançamento do imposto.
>
> Portanto, a capacidade contributiva revela-se no caso do IPTU, com o próprio imóvel urbano (Grifo no original).[13]

---

12. Ementa da decisão: IMPOSTO PREDIAL E TERRITORIAL URBANO – PROGRESSIVIDADE – FUNÇÃO SOCIAL DA PROPRIEDADE – EMENDA CONSTITUCIONAL Nº 29/2000 – LEI POSTERIOR. Surge legítima, sob o ângulo constitucional, lei a prever alíquotas diversas presentes imóveis residenciais e comerciais, uma vez editada após a Emenda Constitucional nº 29/2000. (RE 423768, Relator(a): Min. MARCO AURÉLIO, Tribunal Pleno, julgado em 01/12/2010, DJe-086 DIVULG 09-05-2011 PUBLIC 10-05-2011 EMENT VOL-02518-02 PP-00286).

13. STF – Pleno. RE 423.768/SP, Rel. Min. Marco Aurélio, j. 01/12/2010, DJe 09/05/2011, p. 303 da reprodução taquigráfica do inteiro teor do acórdão.

Enfim, foi atribuída repercussão geral a esse posicionamento com o RE 586.693/SP.[14] [15]

Com relação à segunda questão, surgiram apelos dos Municípios que tentavam não perder as execuções fiscais já em andamento, tendo em vista a nova realidade constitucional. Essas execuções tinham sido ajuizadas sob a égide da realidade Constitucional anterior, mas contavam com julgadores mais inclinados a sua tese. Assim, o embate institucional, que levou os municípios recorrerem ao Congresso Nacional para que pudessem superar o entendimento do Supremo, agora contava com apoio dentro do próprio tribunal constitucional brasileiro.

Por fim, observa-se que o pano de fundo para a resolução do RE 602.347/ MG passa justamente pela resolução da segunda questão em aberto: o que fazer com as execuções lastreadas em leis anteriores à EC nº 29/2000?

## 3. CONCEITOS E TEORIAS ENVOLVIDAS

O estudo de Aliomar Baleeiro[16] permite uma arqueologia jurídica relatando que, já na década de 1970, o STF enfrentava a polêmica questão da progressividade do IPTU, ainda que sob a égide da sistemática constitucional anterior. Nesse caso histórico, o Município de Americana em São Paulo havia estabelecido alíquotas

---

14. Ementa da decisão: NULIDADE – JULGAMENTO DE FUNDO – ARTIGO 249, § 2º, DO CÓDIGO DE PROCESSO CIVIL. Quando for possível decidir a causa em favor da parte a quem beneficiaria a declaração de nulidade, cumpre fazê-lo, em atenção ao disposto no artigo 249, § 2º, do Código de Processo Civil, homenageando-se a economia e a celeridade processuais, ou seja, alcançar-se o máximo de eficácia da lei com o mínimo de atividade judicante, sobrepondo-se à forma a realidade. IMPOSTO PREDIAL E TERRITORIAL URBANO – PROGRESSIVIDADE – FUNÇÃO SOCIAL DA PROPRIEDADE – EMENDA CONSTITUCIONAL Nº 29/2000 – LEI POSTERIOR. Surge legítima, sob o ângulo constitucional, lei a prever alíquotas diversas, presentes imóveis residenciais e comerciais, uma vez editada após a Emenda Constitucional nº 29/2000. (RE 586693, Relator(a): Min. MARCO AURÉLIO, Tribunal Pleno, julgado em 25/05/2011, REPERCUSSÃO GERAL – MÉRITO DJe-119 DIVULG 21-06-2011 PUBLIC 22-06-2011 EMENT VOL-02549-01 PP-00126).

15. Posteriormente (07/10/2015), também houve o julgamento da Ação Direta de Inconstitucionalidade (ADI) nº 2.732/DF, que também discutia a constitucionalidade da EC nº 29/2000. Nesse julgamento, não houve qualquer novidade, o STF repetiu a fundamentação que já havia sido construída nos RE 423.768/SP e RE 586.693/SP.

16. BALEEIRO, Aliomar. *Direito tributário brasileiro*. 13ª ed. Rio de Janeiro: Forense, 2015, pp. 334-335.

progressivas em função da área do bem e do número de imóveis de seus proprietários. Em 1975, o STF expurgou a progressividade prevista no município de Americana no RE 69.784/SP[17] sob a relatoria do Ministro Djaci Falcão.

Neste julgamento, Aliomar Baleeiro, atuando como ministro, entendeu que seria constitucional a progressividade do IPTU criada pelo município Americana, entretanto, foi vencido pelo plenário. É curioso notar que em resposta ao voto do ministro Aliomar Baleeiro, o ministro Djaci Falcão afirma que "Não há dúvidas de que se pode acrescer a alíquota, tomando-se consideração o imóvel de valor mais elevado"[18], ele apenas não admitia critérios subjetivos do contribuinte informando a tributação, que, no caso de Americana, era a quantidade de imóveis do contribuinte. O Relator foi categórico ao afirmar que a progressividade vinculada ao valor venal do imóvel seria "extrafiscal"[19] [20] e estaria abarcada pela sua base de cálculo prevista pelo Código Tributário Nacional (CTN).

Feita essa retrospectiva histórica, é possível identificar dois grupos antagônicos de argumentos atualmente. O primeiro pode ser representado pelo pensamento de Ricardo Lobo Torres. O autor identifica dois tipos de progressividades para o IPTU[21]: (1) fiscal e (2) extrafiscal. Nessa classificação, a progressividade fiscal poderia ser dividida em (a) objetiva[22] ou (b) subjetiva[23].

Para Lobo Torres, a (1.a) progressividade fiscal objetiva seria aquela em que haveria variação de cobrança do imposto em função de características objetivas do imóvel. Já na (1.b) progressividade fiscal subjetiva o valor do tributo poderia

---

17. STF – Pleno. RE 69.784/SP, Rel. Min. Djaci Falcão, j. 05/03/1975, RTJ VOL 77-01, p. 172 da reprodução taquigráfica do inteiro teor do acórdão.
18. *Ibidem*, p. 178 da reprodução taquigráfica do inteiro teor do acórdão.
19. Idem.
20. O uso do termo "extrafiscal" pelo Ministro Djaci Falcão não se identifica com o uso na classificação de Ricardo Lobo Torres utilizado em seguida. Para o Ministro, a variação da alíquota pura e simplesmente pelo valor do imóvel poderia se identificar como uma tributação extrafiscal.
21. TORRES, Ricardo Lobo. *Tratado de direito constitucional financeiro e tributário*: tributos na Constituição. Vol. IV. 1ª ed. Rio de Janeiro: Renovar, 2007, p. 341.
22. *ibidem*, pp. 341-345.
23. *ibidem*, pp. 345-346.

RE Nº 602.347: O IPTU PROGRESSIVO E MUDANÇA JURISPRUDENCIAL          153

ser agravado em função de características pessoais do proprietário. Já a (2) progressividade extrafiscal[24] seria aquela na qual o IPTU varia para o atingimento de alguma finalidade extrafiscal em função de características objetivas do imóvel.

Observa-se, portanto, que dentro da classificação proposta por Lobo Torres, a composição da corte constitucional de 1975, com exceção de Aliomar Baleeiro, aceitaria tanto a progressividade fiscal objetiva quanto a extrafiscal, mas repudiaria a progressividade fiscal subjetiva.

Entretanto, para Torres apenas a progressividade extrafiscal seria admissível constitucionalmente. Para ele, no caso da progressividade fiscal objetiva haveria uma "subjetivação"[25] discriminatória do contribuinte. Isso porque a variação da alíquota em função do valor venal do imóvel, por exemplo, não permitiria aferir a real condição financeira do proprietário. Segundo o autor, é possível que o proprietário de um imóvel valioso tenha menos condições financeiras do que o proprietário de um imóvel mais barato. Além disso, haveria favorecimento indevido daqueles que possuíssem inúmeros imóveis de baixo valor. Ou seja, para Lobo Torres, a presunção de que quanto mais valioso o imóvel mais rico seria o seu proprietário não é verdadeira.

Além disso, ele afirma que essa medida transferiria indevidamente a base do tributo do imóvel para o proprietário e, consequentemente, descaracterizaria o atributo real desse imposto. Por esse mesmo argumento, não seria possível a progressividade fiscal subjetiva. Seguindo a sua lógica, a base tributária deveria sempre estar ligada a características do imóvel, nunca passando para seu proprietário.

Torres constrói sua argumentação identificando, inclusive, que haveria inconstitucionalidade da EC nº 29 de 2000[26]. Essa emenda feriria cláusulas pétreas previstas nos incisos III e IV do artigo 60, §4º, da CF. Ele afirma que a construção argumentativa expressa nos votos dos ministros Moreira Alves e Celso de Mello encerrariam a questão sem margem de discricionariedade do

---

24. *ibidem*, pp. 346-347.
25. *ibidem*, p. 342.
26. *ibidem*, pp. 342-345.

constituinte derivado. A construção de STF definiria um núcleo intransponível a partir da própria lógica dos tributos reais e, nesse sentido, a emenda afrontaria a separação de poderes[27].

Além disso, pelos mesmos motivos expostos quanto a vedação de subjetivação dos impostos reais, a emenda afrontaria, também, o próprio direito de propriedade[28]. Assim, a previsão de progressividade fiscal objetiva do IPTU trazida pela EC nº 29 seria inconstitucional.

Por outro lado, em contraposição à tese defendida por Lobo Torres, Misabel Derzi defende que a progressividade fiscal do IPTU seria uma verdadeira exigência constitucional da carta de 1988[29].

Para a autora, a previsão do artigo 145, § 1º, da CF criaria uma verdadeira obrigação para que todo imposto respeitasse a progressividade e tivesse o caráter mais pessoal possível. Segundo Derzi, a graduação da alíquota em função do valor do imóvel concretizaria de forma mais satisfatória a justiça social e, concretamente, permitiria uma análise mais detalhada das condições de cada contribuinte, concedendo isenções para aqueles mais pobres e agravando a alíquota daqueles com imóveis mais valiosos[30]. Assim, a progressividade do IPTU serviria como forma de equilíbrio fiscal da tributação sobre a propriedade.

De forma coerente, Derzi entende que a EC nº 29 de 2000 seria totalmente desnecessária, mas sua vinda serviu para que não restassem mais dúvidas do que, a seu ver, era óbvio[31]. Observa-se que, para a autora, há uma relação entre valor do imóvel e condição do proprietário, em oposição ao que foi defendido por Lobo Torres.

Em consonância com Derzi, Roque Carrazza[32] e Humberto Ávila[33] entendem que a progressividade fiscal objetiva faz-se obrigatória até para concretizar o princípio da capacidade contributiva no IPTU. Ávila afirma abertamente que o

---

27. *ibidem*, p. 343.

28. *ibidem*, p. 344.

29. DERZI, Misabel Abreu Machado. Nota de atualização. In: BALEEIRO, Aliomar. *Direito tributário brasileiro*. 13ª ed. Rio de Janeiro: Forense, 2015, p. 335.

30. idem.

31. *ibidem*, pp. 336-337.

32. CARRAZZA, Roque Antônio. *Curso de direito constitucional tributário*. 28ª ed. São Paulo: Malheiros, 2012, p. 124.

33. ÁVILA, Humberto. *Sistema constitucional tributário*. 5ª ed. São Paulo: Saraiva, 2012, p. 446.

valor venal é um atributo exclusivamente ligado ao imóvel, mantendo, portanto, sua característica de imposto real[34]. Assim, para o titular da Universidade de São Paulo essa progressividade não implicaria uma subjetivação do tributo, em contraposição ao que defende Lobo Torres.

Frente a esse panorama, percebe-se que a questão da progressividade fiscal do IPTU, historicamente, é tormentosa para os tributaristas e, atualmente, está longe de ser pacificada no campo doutrinário.

## 4. DESCRIÇÃO DO JULGADO

Passando por todos os pressupostos fáticos e teóricos que envolveram a questão, buscar-se-á uma análise detalhada do posicionamento de cada ministro no RE.

O primeiro voto foi do Ministro Relator Edson Fachin. Antes de mais nada, o Relator esclarece que trata de cobrança de fatos geradores ocorridos antes da Emenda Constitucional nº 29 de 2000. Nesse sentido, o objetivo do recurso seria a manutenção da cobrança do IPTU, embora a sistemática da progressividade da lei que embasava as Certidões de Dívida Ativa já tivesse sido declarada inconstitucional.

Assim, o Ministro aponta que essa declaração de inconstitucionalidade teria lastro em dois fundamentos: (1) incompatibilidade necessária entre a progressividade e a aferição de capacidade contributiva do particular, dado o caráter real do IPTU; e (2) a violação em utilizar um mecanismo de cálculo progressivo diferente daquele previsto no art. 182, §4º, da Constituição Federal.

Realizando uma digressão, Fachin aponta a decisão do STF no RE 153.771/MG em que já se teria declarado a inconstitucionalidade da mesma tabela III da Lei Municipal nº 5.641 de 1989. Além disso, o Ministro também aponta que na Repercussão Geral por Questão de Ordem em Agravo de Instrumento nº 712.743/SP teria pacificado a questão no Pleno do STF.

Entretanto, a partir da EC nº 29/2000 a situação teria mudado. Os municípios passariam a ser competentes para instituição de um IPTU progressivo, mas fica em aberto, segundo o Ministro, as situações anteriores à Emenda.

---

34. idem.

Fundamentando-se em Thomas Pikkety, Fachin afirma que a criação do imposto sobre a renda (IR) progressivo[35] fora a principal inovação do século XX para o combate da desigualdade. Nesse sentido, a ampliação dessa sistemática iria diretamente ao encontro dos objetivos constitucionais expostos no art. 3º da Carta Maior.

Além disso, citando diretamente Misabel Derzi, para o Relator a progressividade do IPTU contribuiria para a concretização do princípio da igualdade. Mas o Ministro vai além, ao asseverar que a progressividade deveria ser uma característica de todo e qualquer tributo e, inclusive, o STF já teria endossado essa tese nos julgamentos sobre a progressividade na Contribuição de Iluminação Pública[36] e no Imposto sobre Transmissão Causa Mortis e Doação (ITCMD)[37].

---

35. Em seu voto, o Ministro não parece observar qualquer diferença estrutural entre o IR e o IPTU no que tange a possibilidade de cobrança progressiva.

36. Ementa da decisão: CONSTITUCIONAL. TRIBUTÁRIO. RE INTERPOSTO CONTRA DECISÃO PROFERIDA EM AÇÃO DIRETA DE INCONSTITUCIONALIDADE ESTADUAL. CONTRIBUIÇÃO PARA O CUSTEIO DO SERVIÇO DE ILUMINAÇÃO PÚBLICA – COSIP. ART. 149-A DA CONSTITUIÇÃO FEDERAL. LEI COMPLEMENTAR 7/2002, DO MUNICÍPIO DE SÃO JOSÉ, SANTA CATARINA. COBRANÇA REALIZADA NA FATURA DE ENERGIA ELÉTRICA. UNIVERSO DE CONTRIBUINTES QUE NÃO COINCIDE COM O DE BENEFICIÁRIOS DO SERVIÇO. BASE DE CÁLCULO QUE LEVA EM CONSIDERAÇÃO O CUSTO DA ILUMINAÇÃO PÚBLICA E O CONSUMO DE ENERGIA. PROGRESSIVIDADE DA ALÍQUOTA QUE EXPRESSA O RATEIO DAS DESPESAS INCORRIDAS PELO MUNICÍPIO. OFENSA AOS PRINCÍPIOS DA ISONOMIA E DA CAPACIDADE CONTRIBUTIVA. INOCORRÊNCIA. EXAÇÃO QUE RESPEITA OS PRINCÍPIOS DA RAZOABILIDADE E PROPORCIONALIDADE. RECURSO EXTRAORDINÁRIO IMPROVIDO. I – Lei que restringe os contribuintes da COSIP aos consumidores de energia elétrica do município não ofende o princípio da isonomia, ante a impossibilidade de se identificar e tributar todos os beneficiários do serviço de iluminação pública. II – A progressividade da alíquota, que resulta do rateio do custo da iluminação pública entre os consumidores de energia elétrica, não afronta o princípio da capacidade contributiva. III – Tributo de caráter sui generis, que não se confunde com um imposto, porque sua receita se destina a finalidade específica, nem com uma taxa, por não exigir a contraprestação individualizada de um serviço ao contribuinte. IV – Exação que, ademais, se amolda aos princípios da razoabilidade e da proporcionalidade. V – Recurso extraordinário conhecido e improvido. (RE 573675, Relator(a): Min. RICARDO LEWANDOWSKI, Tribunal Pleno, julgado em 25/03/2009, REPERCUSSÃO GERAL – MÉRITO DJe-094 DIVULG 21-05-2009 PUBLIC 22-05-2009 EMENT VOL-02361-07 PP-01404 RTJ VOL-00211-01 PP-00536 RDDT n. 167, 2009, p. 144-157 RF v. 105, n. 401, 2009, p. 409-429 JC v. 35, n. 118, 2009, p. 167-200).

37. Ementa da decisão: RECURSO EXTRAORDINÁRIO. CONSTITUCIONAL. TRIBUTÁRIO. LEI ESTADUAL: PROGRESSIVIDADE DE ALÍQUOTA DE IMPOSTO SOBRE TRANSMISSÃO CAUSA MORTIS E DOAÇÃO DE BENS E DIREITOS. CONSTITUCIONALIDADE. ART.

Assim, o Relator reconhece que houve um verdadeiro "giro jurisprudencial", mas como a lei em questão já tinha sido declarada inconstitucional, não se poderia aplicar a mesma decisão dos casos supramencionados. Por outro lado, ele aponta que a inconstitucionalidade estaria apenas na sistemática da progressividade, não necessariamente na cobrança do IPTU.

O Ministro entende que as alíquotas são apenas "um dos elementos do critério quantitativo do consequente normativo da regra matriz tributária do tributo"[38] e, deste modo, elas não impedem a incidência do tributo como um todo. Utilizando como referência o manual constitucional do Ministro Gilmar Mendes, Fachin preconiza a divisibilidade legislativa e entende que é possível conciliar a inconstitucionalidade da sistemática de progressividade com a cobrança do tributo.

Por fim, o Ministro entende que a cobrança do IPTU, a partir da menor alíquota prevista na sistemática da progressividade, seria a única forma de conciliar a declaração de inconstitucionalidade do TJMG com a competência constitucional do Município de Belo Horizonte de cobrar o tributo.

Em seguida, votou o Ministro Dias Toffoli, que sugeriu ao Relator que fossem adotadas as menores alíquotas conforme o uso do imóvel, tendo em vista que essa diferenciação não se confundiria com a progressividade fiscal. Prontamente atendido por Fachin, Toffoli completou o voto acompanhando o Relator.

Cármen Lúcia sucedeu Toffoli proferindo longo voto vogal. Após a descrição do caso, a Ministra mencionou o já citado RE nº 153.771/MG, em que o próprio STF havia entendido pela inconstitucionalidade da Lei 5.641/1989. Reforçou ainda que essa posição tinha sido reafirmada pelas turmas do Supremo no AI 417.165-AgR e no AI 325.852-AgR , bem como foi matéria da súmula 668.

---

145, § 1º, DA CONSTITUIÇÃO DA REPÚBLICA. PRINCÍPIO DA IGUALDADE MATERIAL TRIBUTÁRIA. OBSERVÂNCIA DA CAPACIDADE CONTRIBUTIVA. RECURSO EXTRAORDINÁRIO PROVIDO. (RE 562045, Relator(a): Min. RICARDO LEWANDOWSKI, Relator(a) p/ Acórdão: Min. CÁRMEN LÚCIA, Tribunal Pleno, julgado em 06/02/2013, REPERCUSSÃO GERAL – MÉRITO DJe-233 DIVULG 26-11-2013 PUBLIC 27-11-2013 EMENT VOL-02712-01 PP-00001).

38. STF – Pleno. RE 602.347/MG, Rel. Min. Edson Fachin, j. 04/11/2015, DJ 12/04/2016, página 12 da reprodução taquigráfica do inteiro teor do acórdão.

Além disso, a Ministra também ressaltou que controvérsias semelhantes já tinham sido julgadas pelas turmas da Corte[39]. Em todas as decisões elencadas, as turmas posicionaram-se no sentido da aplicação da menor alíquota prevista pela lei nos casos de IPTUs progressivos anteriores à EC 29 de 2000.

Cármen Lúcia ainda assevera que a máxima efetividade da Constituição só pode ser atingida a partir de uma ponderação entre a autonomia financeira do município e a intervenção menos gravosa possível para o contribuinte. Se, por um lado, o município precisa dessa receita para se manter, por outro, o cidadão não pode ser tributado além do que a Constituição permite.

A partir desse raciocínio, a Ministra acompanha o Relator. Na mesma esteira, o Ministro Gilmar Mendes segue o voto dos antecessores, sendo sucedido pelo voto divergente do Ministro Marco Aurélio.

Marco Aurélio aponta a ausência de prequestionamento da questão, já que a tese da aplicação da alíquota mínima só fora aventada pelo município em sede de embargos declaratórios do acórdão recorrido. Ou seja, não foi dado ao juízo *a quo* a oportunidade de se manifestar sobre essa tese na medida em que ela só foi levantada após o termino do julgamento pela via inadequada. Tal análise também havia sido realizada por pronunciamento da Procuradoria Geral da República, mas a questão foi desconsiderada pelo Ministro Relator.

Além disso, no que tange ao mérito, Marco Aurélio entende que se a lei fora declarada inconstitucional, dever-se-ia buscar a legislação pretérita que dispusesse do IPTU sem progressividade fiscal. Nestes termos, o ministro não endossa a aplicação da menor alíquota.

Por fim, os Ministros Celso Mello, Ricardo Lewandowski e Teori Zavascki acompanharam a posição majoritária sem acrescentar argumentos novos ao debate.

Assim, por maioria, os ministros consolidaram a seguinte ementa:

> RECURSO EXTRAORDINÁRIO COM REPERCUSSÃO GERAL. DIREITO TRIBUTÁRIO. IMPOSTO TERRITORIAL PREDIAL URBANO – IPTU. PROGRESSIVIDADE DAS ALÍQUOTAS. INCONSTITUCIONALIDADE.

---

39. São eles: AI 663.016-AgR, AI 605.018-AgR, RE 403.495-AgR-ED, AI 746.590-AgR, RE 378.221-AgR, RE 414.216-AgR, AI 705.453-AgR e RE 443.410-AgR-EDA.

EXIGIBILIDADE DO TRIBUTO. FATO GERADOR OCORRIDO EM PERÍODO ANTERIOR À EMENDA CONSTITUCIONAL 29/2000. ALÍQUOTA MÍNIMA. MENOR GRAVOSIDADE AO CONTRIBUINTE. PROPORCIONALIDADE DO CRITÉRIO QUANTITATIVO DA REGRA-MATRIZ DE INCIDÊNCIA TRIBUTÁRIA. 1. Tese de repercussão geral fixada: "Declarada inconstitucional a progressividade de alíquota tributária do Imposto Predial Territorial Urbano no que se refere à fato gerador ocorrido em período anterior ao advento da EC 29/2000, é devido o tributo calculado pela alíquota mínima correspondente, de acordo com a destinação do imóvel e a legislação municipal de instituição do tributo em vigor à época". 2. O Supremo Tribunal Federal possui entendimento sumulado no sentido de que "É inconstitucional a lei municipal que tenha estabelecido, antes da Emenda Constitucional 29/2000, alíquotas progressivas para o IPTU, salvo se destinada a assegurar o cumprimento da função social da propriedade urbana." Súmula 668 do STF. Precedente: AI-QO-RG 712.743, de relatoria da Ministra Ellen Gracie, Tribunal Pleno, DJe 8.5.2009. 3. É constitucional a cobrança de IPTU, referente a período anterior à Emenda Constitucional 29/2000, mesmo que a progressividade das alíquotas tenha sido declarada inconstitucional, em sede de representação de inconstitucionalidade em Tribunal de Justiça local. Função da alíquota na norma tributária. Teoria da divisibilidade das leis. Inconstitucionalidade parcial. 4. O IPTU é exigível com base na alíquota mínima prevista na lei municipal, de modo que o critério quantitativo da regra matriz de incidência tributária seja proporcional e o menos gravoso possível ao contribuinte. Precedentes. 5. Recurso extraordinário provido. (RE 602347, Relator(a): Min. EDSON FACHIN, Tribunal Pleno, julgado em 04/11/2015, ACÓRDÃO ELETRÔNICO REPERCUSSÃO GERAL – MÉRITO DJe-067 DIVULG 11-04-2016 PUBLIC 12-04-2016)

## 5. ANÁLISE CRÍTICA

Frente ao exposto, há dois pontos juridicamente sensíveis que merecem destaque: (1) a estrutura constitucional e (2) a segurança jurídica.

Primeiro, com relação à estrutura, vale recordar as análises dos Ministros Ilmar Galvão e Sepúlveda Pertence no RE 153.771/MG. Suas linhas argumentativas parecem ser bastante fortes, ainda mais quando o próprio Ministro Pertence afirma ser simpatizante da progressividade fiscal do IPTU, mas acredita que a Constituição não respaldaria essa possibilidade. De fato, nossa Constituição é prolixa, cheia de meandros e detalhes, ignorar esse fator estrutural, sem nem mesmo enfrentá-lo argumentativamente parece um equívoco. A própria ideia de progressividade deve ser repensada, o sistema constitucional tributário deve ser harmônico, a justiça fiscal deve ser observada no sistema e não em cada tributo individualmente considerado.

Ocorre que, com a popularização do voto do Ministro Moreira Alves, redator da ementa da decisão, algumas linhas argumentativas foram esquecidas e, posteriormente, pouco trabalhadas na doutrina. Infelizmente, a discussão acabou sendo focada no voto de Moreira Alves que, quando confrontado com o inteiro teor da decisão, nem parece ter sido o principal argumento de convencimento do plenário como um todo.

O que pareceu decisivo no RE 153.771/MG nem sequer foi mencionado na decisão do RE 602.347/MG. Talvez esse lapso do STF seja reflexo da doutrina que acabou polarizando o debate: "impossibilidade dos impostos reais serem progressivos" versus "concretização da capacidade contributiva e justiça fiscal a partir da progressividade".

Além dessa questão, deve-se atentar para a legítima expectativa dos contribuintes materializada constitucionalmente na segurança jurídica. José Afonso da Silva, em comentários ao direito constitucional positivo brasileiro, elenca a segurança jurídica como um dos princípios fundamentais do Estado Democrático de Direito[40]. O autor prossegue classificando esse princípio como um dos direitos individuais fundamentais e o conceitua, basicamente, como a possibilidade do indivíduo poder prever a repercussão dos seus atos[41].

Especialmente no processo, a segurança jurídica possui papel fundamental. Luiz Guilherme Marinoni e Daniel Mitidiero explicitam o respeito ao precedente como uma das facetas da segurança jurídica. Assim, o respeito às decisões concretizaria não só a segurança jurídica, mas também a igualdade, dando coerência ao sistema. Essa questão é tão sensível que Marinoni chega a afirmar que a

---

40. SILVA, José Afonso da. *Curso de direito constitucional positivo*. 33ª ed. São Paulo: Malheiros, 2010, p. 122.
41. *ibidem*, p. 443.

"obrigação do Poder Judiciário de seguir precedentes é oriunda da Constituição. Trata-se de imposição do Estado Constitucional"[42].

Constata-se, também, que essa doutrina está em perfeita sintonia com as mais recentes inovações legislativas, vide a criação do incidente de resolução de demandas repetitivas[43] e exigência de integridade e coerência das decisões judiciais[44] prevista no Novo Código de Processo Civil (Lei 13.105/2015).

Deve-se ter em conta que no RE 602.347/MG se discutia uma questão concreta quanto à nulidade das Certidões de Dívida Ativa inscritas sob o manto de uma lei inconstitucional. Nesse caso específico, diversos fatores pesavam contra essa decisão: (1) o STF já havia decidido pela inconstitucionalidade dessa mesma lei no RE 153.771/MG; (2) havia dezenas de julgados no mesmo sentido com uma estabilidade de quase duas décadas desse posicionamento; (3) o TJMG já havia declarado a inconstitucionalidade dessa lei; e (4) a súmula 668 do próprio STF parecia ser clara quanto ao tema. Entretanto, mesmo frente a essa conjuntura, o STF resolveu mudar seu entendimento.

É fato que nenhuma corte é refém dos seus próprios julgados eternamente e pode mudar seus posicionamentos, entretanto, a mudança deve, no mínimo, respeitar os jurisdicionados. Se o julgamento da progressividade do ITCMD foi um aceno para mudança de posicionamento, o RE 602.347/MG poderia ter sido o caso que o Supremo precisava para estabelecer parâmetros claros para superação de precedentes. No entanto, optou-se por uma mudança brusca, sem quaisquer medidas transitórias que respeitassem a legítima expectativa do contribuinte.

A fluidez e facilidade com que nossa Corte Constitucional superou seu posicionamento foi espantosa, transmitindo uma mensagem de total insegurança para aqueles que buscam a tutela jurisdicional.

---

42. MARINONI, L. G.; MITIDIERO, D.; SARLET, I. W. *Curso de direito constitucional*. 2ª ed. São Paulo: Revista dos Tribunais, 2013, p. 758.
43. Vide Capítulo VIII do Código de Processo Civil.
44. Artigo 926 do Código de Processo Civil: Os tribunais devem uniformizar sua jurisprudência e mantê-la estável, íntegra e coerente.

# 6. CONCLUSÃO

Por tudo, é possível perceber que, apesar da recente decisão do STF, a progressividade fiscal dos impostos reais, especialmente do IPTU, está longe de ser um tema pacificado na doutrina, sujeito a mudanças legislativas, constitucionais e jurisprudenciais. Nestes termos, é uma excelente oportunidade para que reflitamos de forma mais crítica sobre o fundamento do julgado.

Além dos debates jurídicos materiais que a questão permite, do ponto de vista institucional, é possível identificar certo relapso do Supremo no que tange o respeito a sua própria história. Nossa Corte Constitucional ainda carece de balizas claras e objetivas nas suas mudanças de posicionamento, sujeitando o jurisdicionado à uma insegurança pouco saudável em um Estado Democrático em que seus tribunais deveriam prezar pela coerência e integridade das decisões.

## REFERÊNCIAS BIBLIOGRÁFICAS

ÁVILA, Humberto. *Sistema constitucional tributário*. 5ª ed. São Paulo: Saraiva, 2012.

BALEEIRO, Aliomar. *Direito tributário brasileiro*. 13ª ed. Rio de Janeiro: Forense, 2015.

CARRAZZA, Roque Antônio. *Curso de direito constitucional tributário*. 28ª ed. São Paulo: Malheiros, 2012.

DERZI, Misabel Abreu Machado. Nota de atualização. In: BALEEIRO, Aliomar. *Direito tributário brasileiro*. 13ª ed. Rio de Janeiro: Forense, 2015.

MARINONI, L. G.; MITIDIERO, D.; SARLET, I. W. *Curso de direito constitucional*. 2ª ed. São Paulo: Revista dos Tribunais, 2013.

SILVA, José Afonso da. *Curso de direito constitucional positivo*. 33ª ed. São Paulo: Malheiros, 2010.

TORRES, Ricardo Lobo. *Tratado de direito constitucional financeiro e tributário*: tributos na Constituição. Vol. IV. 1ª ed. Rio de Janeiro: Renovar, 2007.

# ADI Nº 5.480: TAXA DE FISCALIZAÇÃO DA EXTRAÇÃO DE PETRÓLEO

DONOVAN MAZZA LESSA[1]

**Sumário:** 1. Introdução. 2. O caso concreto: ADI 5.480. 3. As Taxas no Sistema Tributário Nacional: 3.1. A Taxa como tributo vinculado à atuação estatal e sua hipótese de incidência constitucionalmente delineada. 3.2. A base de cálculo das taxas. 3.3. Critérios de mensuração da taxa. 4. A TFPG. 4.1. A Natureza Jurídica da TFPG: imposto travestido de taxa 4.2. Desproporcionalidade e confiscatoriedade da TFPG. 4.3. Das atividades de polícia previstas na lei e da competência para seu exercício. 4.3.1. Da impossibilidade de considerar parte das atividades indicadas no art. 2º da Lei nº 7.182/15 como espécie de poder de polícia. 4.3.2. Da competência prevista no art. 23, XI, DA CF/88: diante da ausência de lei complementar, cabe à União Federal executar as atividades ali indicadas. 4.3.3. Da competência ambiental para fiscalizar as atividades realizadas no mar territorial, na plataforma continental e na zona econômica exclusiva. 5. Conclusão.

## 1. INTRODUÇÃO

As taxas, tributos da competência comum dos Entes da Federação, tem escopo bastante limitado, seja em função de sua evolução histórica (nas ciências das finanças, a taxa era o instrumento de partilha de determinados custos estatais específicos e divisíveis entre aqueles que causaram tal custo[2]), seja em função

---

1.  Mestre em Direito pela UCAM, Doutorando em Finanças Públicas e Tributação na UERJ, Advogado.

2.  *"Adam Smith, divulgando V. Justi, apontado como o primeiro ou dos primeiros na distinção entre taxas e impostos, não propôs denominação especial (Smith, Whealth of Nations, NY, Modern Library, [s.d.] p. 679; sobre pedágios, p. 682 e segs). Aliás, Smith já usa a palavra fees no sentido de taxas. Essa distinção foi o germe da teoria das taxas, no fim do século XVIII. Só no sec. XIX, a partir de Rau, divulgar-se-ia , tornando-se um lugar-comum de todos os compêndios de finanças. Forma-se, assim, a noção clássica da taxa, como um processo de repartição de uma despesas pública, para fim especial, exclusivamente entre aqueles que se beneficiarem dela ou*

de sua estrutura jurídica (conforme expressa previsão constitucional, a taxa é devida em razão da prestação do serviço público ou em razão do exercício do poder de polícia).

Apesar disto, recentemente, temos visto a criação de diversas taxas que, sob a justificativa de remunerar atividades fiscalizatórias, pretendem a arrecadação de expressivos valores aos Entes Públicos. São exemplos as Taxas de Fiscalização da ANATEL e as Taxas de Fiscalização Minerária de Minas Gerais, Pará e Amapá. E isto não é novidade nenhuma, sendo este fenômeno da utilização de taxas em tempos de crise fiscal já denunciado há tempos por Aliomar Baleeiro[3].

Neste contexto, analisaremos a Lei nº 7.182/15, que instituiu a Taxa de Fiscalização sobre as atividades de petróleo e gás (TFPG) no Estado do Rio de Janeiro, para, com base na doutrina e na jurisprudência do STF, verificar sua constitucionalidade.

## 2. O CASO CONCRETO: ADI 5480

Contra a referida lei estadual foi ajuizada pela Associação Brasileira das Empresas de Petróleo e Gás (ABEP) a ADI 5480, inicialmente distribuída ao Ministro Teori Zavascki e posteriormente, redistribuída ao Ministro Alexandre de Moraes. Apesar de ajuizada em fevereiro de 2016, até o momento não houve apreciação da medida cautelar. A AGU se manifestou contra ao deferimento da medida, ao passo que a PGR se manifestou a favor do pleito das empresas.

Em síntese, os argumentos deduzidos pela autora da ADI para sustentar a inconstitucionalidade da exigência são os seguintes: a) a base de cálculo adotada na lei é típica de imposto violando o §2º do art. 145 da CF, pois a taxa varia conforme a produção de petróleo da empresa; b) a taxa é confiscatória e desproporcional, pois o valor arrecadado supera em muito qualquer expectativa de gastos em relação

---

*deram motivo a que ela se fizesse.*" (BALEEIRO, Aliomar. *Direito Tributário Brasileiro*, 12ª ed. atual. por DERZI, Misabel de Abreu Machado. Rio de Janeiro: Forense, 2013, p. 847).

3. "*São conhecidos dos tribunais vários casos em que legisladores rebeldes à discriminação constitucional de rendas ou infensos à solução lógica de majoração dos tributos da competência local, nos casos de apertura dos cofres públicos, preferem o caminho tortuoso da criação de falsas taxas, como disfarces de impostos de alheia competência.*". (*Direito Tributário Brasileiro*, 12ª ed. atual. por DERZI, Misabel de Abreu Machado. Rio de Janeiro: Forense, 2013, p. 853).

ADI Nº 5.480: TAXA DE FISCALIZAÇÃO DA EXTRAÇÃO DE PETRÓLEO

às atividades de fiscalização pretendidas pela lei; c) as atividades descritas com ensejadoras da cobrança da taxa ou não se configuram com poder de polícia, ou são de competência da União.

Em suas informações, o Governador do Rio de Janeiro e a ALERJ defendem a constitucionalidade da lei, alegando que: a) a base de cálculo está correta pois aufere a capacidade contributiva do contribuinte, o que seria permitido em matéria de taxa conforme jurisprudência do STF; b) o valor da arrecadação seria compatível com os custos das fiscalizações ambientais, sobretudo após o desastre ocorrido na cidade de Mariana; c) as atividades fiscalizatórias na lei são de competência do Estado.

Além das questões acima, a Autora da ADI suscita ainda a impossibilidade da tributação em razão das atividades fiscalizatórias se darem fora do território do Estado (as atividades de extração no Rio de Janeiro são feitas na plataforma continental, mar territorial e zona econômica exclusiva). Contudo, como este argumento diz respeito à ausência de competência tributária em geral e não apenas para as taxas, ele não será examinado neste estudo.

## 3. AS TAXAS NO SISTEMA TRIBUTÁRIO NACIONAL.

### 3.1. A taxa como tributo vinculado à atuação estatal e sua hipótese de incidência constitucionalmente delineada.

Como noticia Sacha Calmon, ao apresentar os tributos da competência comum dos Entes da Federação no art. 145 da CF/88, o constituinte originário adotou, como assim já adotara o constituinte de 1967, a doutrina que classifica os tributos em vinculados e não-vinculados a uma atuação estatal[4].

Esta doutrina predica que, a partir de seu aspecto material, serão vinculados os tributos cuja hipótese de incidência consista na descrição de uma atuação estatal, e não-vinculados os tributos cuja hipótese de incidência consista na descrição de um fato qualquer relacionado ao contribuinte[5].

---

4.   COELHO, Sacha Calmon Navarro. *Curso de Direito Tributário,* 9ª ed. Rio de Janeiro: Forense, 2006, p. 73.

5.   ATALIBA, Geraldo. *Hipótese de Incidência Tributária,* 6ª ed. 4ª tiragem. São Paulo: Malheiros, 2003, p. 131.

Os impostos, portanto, são tributos não-vinculados, pois decorrem exclusivamente de fatos ou atos próprios do contribuinte. Paga imposto aquele que praticou o fato imponível previsto na lei como indicativo da capacidade de contribuir para a manutenção do Estado (auferir renda, vender um imóvel, ser proprietário de veículo automotor, etc.).

Já as taxas e as contribuições de melhoria são tributos vinculados, e o que dá origem a sua exigência é uma atuação do Estado relacionada ao contribuinte. No caso específico das taxas, um ato ou prestação do Estado relacionado à pessoa ou atividade do contribuinte. Note-se que, ao falar das taxas, evitamos usar o termo "em favor do contribuinte", pois a atuação estatal pode não lhe trazer vantagem, mas, ao contrário, pode-lhe limitar o exercício de direitos, como ocorre no exercício do poder de polícia.

Ao contrário do que ocorre em outros países, no Brasil não há espaço para dúvidas quanto ao objeto das taxas e os limites para sua instituição. É que, ao descrever as espécies tributárias, o constituinte deixou claro que as taxas são um tributo que decorre da atuação estatal, e não de atos ou fatos próprios do contribuinte. Como observa Humberto Ávila[6], isto é confirmado pela própria locução constitucional do inc. II, que autoriza a instituição de taxa "em razão" do exercício do poder de polícia ou da prestação de serviços públicos. Logo, o que dá causa à cobrança da taxa – sua hipótese de incidência – é uma atividade do Estado, e não um fato revelador de riqueza do contribuinte[7].

Como técnica para repartição da competência tributária (i.e, do poder de instituir tributos mediante lei), o constituinte, para os tributos não-vinculados, optou por identificar as materialidades reveladoras de capacidade contributiva

---

6. "As Taxas e sua Mensuração". In *Revista Dialética de Direito Tributário*. São Paulo: Dialética, nº 204, Set/2012, p.37.

7. Além da segurança jurídica decorrente da constitucionalização das hipóteses de incidência das taxas, o professor Flavio Novelli noticia que a preocupação do constituinte foi também dar supedâneo à cobrança para as taxas que não decorressem necessariamente de uma vantagem ao contribuinte (como ocorre nas taxas de polícia) e também para as taxas devidas por serviços não efetivamente utilizados pelo particular (utilização "potencial"). NOVELLI, Flavio Bauer. Apontamentos sobre o conceito de taxa. In *Revista de Direito Administrativo*. Rio de Janeiro: Renovar, nº 189, Jul/Set, 1992, p. 11.

ADI Nº 5.480: TAXA DE FISCALIZAÇÃO DA EXTRAÇÃO DE PETRÓLEO

e as atribuiu de forma rigorosa a cada uma das pessoas políticas da Federação. Por isso, União, Estados e Municípios tem competência limitada para instituir apenas os impostos autorizados a cada um deles nos arts. 153 a 156[8].

Já em relação aos tributos vinculados, o constituinte, sabiamente, limitou-se a autorizar as pessoas políticas a instituírem taxas e contribuição de melhoria. E não poderia ser de outra forma, pois precede à competência para instituição de taxas e de contribuição de melhoria a competência administrativa para prestar o serviço público, exercer o poder de polícia e realizar a obra pública. Será competente para instituir – por lei – a taxa a pessoa política a quem couber o dever de fiscalizar determinada atividade ou de prestar determinado serviço público. A contribuição de melhoria será instituída – também por lei – pelo ente que realizar a obra.

Portanto, a União, todos os vinte e seis Estados, o Distrito Federal e os mais de cinco mil municípios tem competência para instituir e cobrar taxas, desde que o façam com respeito às hipóteses de incidência delineadas no inc. II do art. 145.

## 3.2. A base de cálculo das taxas.

O estudo da base de cálculo dos tributos é de extrema relevância, pois é ela quem irá confirmar ou infirmar sua real natureza.

A hipótese de incidência do tributo descreve seu aspecto material, isto é, o ato ou fato ou conjunto de fatos que levam ao nascimento da obrigação tributária. Já a base de cálculo é a "*perspectiva dimensível do aspecto da hipótese de incidência, que a lei qualifica, com a finalidade de fixar o critério para a determinação, em cada obrigação tributária concreta, do quantum debeatur*"[9]. Em outras palavras: a base de cálculo é o aspecto quantitativo da hipótese de incidência, de modo a permitir a apuração do crédito tributário decorrente da prática do fato imponível.

---

8.  Além dos fatos reveladores de riqueza já pré-selecionados na Constituição e partilhados entre os Entes, o constituinte originário outorgou à União a competência residual para instituir novos impostos, observando-se os critérios estabelecidos no inc. I do art. 154 (por meio de lei complementar, não-cumulativos e que tenham fato gerador e base de cálculo diversos dos impostos já discriminados na Constituição).

9.  ATALIBA, Geraldo. *Hipótese de Incidência Tributária*, 6ª ed. 4ª tiragem. São Paulo: Malheiros Editores, 2003, pg. 108.

De se notar, pois, a estreita ligação entre o fato gerador (ou hipótese de incidência, como prefere Ataliba) e a base de cálculo, devendo esta última ser o espelho do primeiro. É que a base de cálculo deve guardar relação direta com o fato gerador, para que seja confirmada a hipótese de incidência. De fato, se a lei descreve como hipótese de incidência auferir renda, não poderá a base de cálculo considerar o valor de um bem imóvel para fins de apuração do montante devido. Do contrário, estar-se-á diante de um imposto sobre o patrimônio, e não sobre a renda. Daí as críticas feitas por Paulo de Barros Carvalho ao art. 4º do CTN, que, ingenuamente, diz o professor, estabelece que a natureza jurídica do tributo é determinada pelo fato gerador da obrigação tributária. Na verdade, apenas da análise conjunta do fato gerador e da base de cálculo é que se pode encontrar a "intimidade estrutural da figura tributária"[10]

Alfredo Augusto Becker há muito já se preocupara com esta questão, tendo defendido, pioneiramente no direito brasileiro, que é a partir da base de cálculo que se pode aferir realmente a natureza do tributo[11].

Esta preocupação com a investigação da base de cálculo ganha especial relevo quando se está diante dos tributos vinculados, em especial das taxas. É que, a depender da base de cálculo, pode-se descaracterizar a própria espécie tributária.

A justificativa teórica das taxas é distinta da dos impostos. O Estado, para que possa exercer suas funções, precisa de recurso. E, no Estado Fiscal, estes recursos são auferidos por meio de tributos (receita derivada), já que as receitas originárias têm alcance limitado (receitas provenientes do patrimônio público).

Para o financiamento estatal, o instrumento primordial são os impostos, meio pelo qual se arrecada para fazer frente aos gastos gerais em favor da coletividade. Entretanto, em algumas situações o Estado dispende recursos de forma específica para atender às necessidades de determinados indivíduos. Quando isto ocorre, ou seja, quando é possível identificar o beneficiário da atuação estatal, a

---

10. CARVALHO, Paulo de Barros. *Curso de Direito Tributário*, 21ª ed. São Paulo: Saraiva, 2009, pg. 28/29.

11. *"Basta verificar a base de cálculo: a natureza desta conferirá, sempre e necessariamente, o gênero jurídico do tributo."* (BECKER, Alfredo. *Teoria Geral do Direito Tributário*. 2 ed. São Paulo: Saraiva, 1972, apud ATALIBA, Geraldo. *Hipótese de Incidência Tributária*, 6ª ed. 4ª tiragem. São Paulo: Malheiros Editores, 2003, pg. 131)

ADI Nº 5.480: TAXA DE FISCALIZAÇÃO DA EXTRAÇÃO DE PETRÓLEO

questão que se coloca é sobre quem deverá financiar o custo da atuação do Estado. Deverá este custo ser suportado por toda a coletividade ou, sendo um custo específico e divisível, deverá ser ele exigido individualizadamente do interessado na ação do Poder Público? Da resposta a esta pergunta é que surgiu, no campo da economia, a diferenciação entre taxa e imposto.

De fato, se um gasto é específico e voltado para um determinado particular, nada mais justo que seja ele a arcar com este custo. E, para tanto, o instrumento a ser utilizado pelo Estado será a taxa. Já para o financiamento geral do Estado, cuja atuação beneficia a todos de maneira difusa, então o custo da máquina pública deverá ser rateado por todos os membros da sociedade, desde que tenham capacidade econômica para contribuir. O instrumento, aqui, será o imposto, que inclusive não poderá ter sua receita afetada para finalidades específicas[12].

Portanto, as taxas, tributos vinculados que são, somente podem ser instituídas para fazer face às despesas incorridas pelo Ente em decorrência de suas ações ou prestações direcionadas para um particular perfeitamente identificável. E os valores exigidos dos contribuintes devem ser proporcionais aos custos desta mesma atividade estatal. Já com os impostos o fenômeno é diverso, pois são instituídos e cobrados para fazer frente às despesas gerais do Estado, razão pela qual o valor cobrado dos contribuintes não guarda correspondência com nenhum benefício do pagante ou custo direto decorrente de uma atividade estatal[13].

Mas esta distinção de justificação econômico-financeira, embora possa estar na origem dos institutos, precisava ganhar os devidos contornos jurídicos, para que pudesse ser aplicada e controlada pelo Direito[14]. Por esta razão, o legislador

---

12. Conforme disposto no art. 167, IV da CF.

13. Após examinar o art. 145, §1º e 2º e o art. 167, IV da CF, Humberto Ávila conclui que *"todas as disposições anteriores, quando examinadas em conjunto, não deixam dúvidas de que os impostos se destinam ao financiamento de despesas gerais, ao passo que as taxas servem ao custeio de despesas suscetíveis de individualização. Em outras palavras, os impostos servem ao bem comum enquanto as taxas servem ao bem individual"* (ÁVILA, Humberto. "As Taxas e sua Mensuração". In *Revista Dialética de Direito Tributário*. São Paulo: Editora Dialética. Nº 204. Set.2012, p.38)

14. *"O conceito de tributo, bem como suas espécies deve ser construído a partir do sistema positivo, sem nenhuma influência de noções ou formulações estranhas ou impertinentes, como são as econômico-financeiras. Cabe aqui a censura que Celso Antônio Bandeira de Mello aplicou a claudicações semelhantes, que praticam alguns administrativistas: 'Sucede, no entanto, que para o*

constituinte derivado, autor da Emenda Constitucional nº 18/65, constitucionalizou a definição de taxa, a qual vinculou, como fato gerador da exação, a atuação estatal específica e divisível, decorrente da prestação de serviço público ou do exercício do poder de polícia. Até então, o art. 30 da Constituição de 1946 limitava-se a incluir na competência comum os entes da Federação a exigência de taxa, sem dar-lhe qualquer conceito jurídico.

Ocorre que tão importante quanto à definição dos fatos geradores das taxas foi a inclusão de dispositivo que tratou de sua base de cálculo, de modo a proibir que as taxas tivessem base de cálculo dos impostos discriminados na referida EC nº 18/65.

A primeira vista, desnecessária, pois, pela hipótese de incidência constitucionalmente prevista para as taxas (ato estatal de prestação de serviço ou ação de polícia), sua base de cálculo não poderia mesmo ser semelhante a dos impostos, já que nestes o fato gerador é um ato ou fato próprio do contribuinte[15].

Contudo, fato é que muitos entes, buscando driblar a rígida discriminação de competências constitucionalmente estabelecida (uma tradição do direito tributário brasileiro), viam nas taxas um instrumento para incrementar suas receitas. Assim, muitas exações foram instituídas sob o nome de taxa mas que, em verdade, tinham natureza de impostos, pois eram cobrados independentemente de uma efetiva atuação estatal e tomavam como base de cálculo alguma grandeza econômica própria do contribuinte (e não o custo da atividade pública). Este fenômeno já fora identificado por Aliomar Baleeiro, como já dissemos anteriormente.

---

*estudioso do direito é sumamente importante distinguir ente jurídico – isto é, a figura que resulta de um sistema de normas – naquele ser diverso, que lhe serviu de engaste, mas cuja realidade é apreensível fora do raciocínio jurídico. Com efeito, a lamentável confusão entre os dois ocasiona procedimentos metodológicos defeituosos, inviáveis para se alcançarem os fins a que se propõe (ob. cit. pg. 52)"* (ATALIBA, Geraldo. *Hipótese de Incidência Tributária*, 6ª ed. 4ª tiragem. São Paulo: Malheiros Editores, 2003, pg. 127)

15. *"Ora, constituindo a base de cálculo a dimensão do aspecto material da hipótese de incidência, como as materialidades de impostos e taxas são absolutamente distintas – diante da vinculação, ou não, da situação fática a uma atuação estatal – jamais poderá uma taxa, validamente, ter base de cálculo própria de imposto."*(COSTA, Regina Helena. *Curso de Direito Tributário – Constituição e Código Tributário Nacional*. São Paulo: Saraiva, 2009, pg.115)

ADI Nº 5.480: TAXA DE FISCALIZAÇÃO DA EXTRAÇÃO DE PETRÓLEO

Daí, portanto, a importância da proibição – constitucional – de se criar taxas com base de cálculo de impostos, pois é a partir da base de cálculo que se pode aferir realmente a natureza do tributo. Uma taxa cujo aspecto quantitativo seja apurado a partir de um fato ou situação próprios do contribuinte será na verdade um imposto travestido de taxa, ou, como prefere chamar Misabel Derzi, um "criptoimposto"[16].

Apesar da importância do parágrafo único do art. 18 da Constituição de 1946 (incluído pela EC nº 18/65), o dispositivo proibia apenas que as taxas tivessem base de cálculo dos impostos já previstos na Constituição. Logo, uma intepretação a que se poderia chegar do dispositivo seria de que o legislador ordinário das taxas estaria livre para adotar bases de cálculo típicas de impostos, com exceção daquelas decorrentes dos impostos já descritos no Texto Constitucional.

Tal interpretação, evidentemente, seria equivocada. Pela natureza da hipótese de incidência das taxas, suas bases de cálculo não poderão ser outras que não elementos que dimensionem a atividade estatal. Assim sendo, uma taxa jamais poderá ter base de cálculo de qualquer imposto, pois neste a tributação é dimensionada a partir da riqueza (capacidade de contribuir) do contribuinte.

Apesar desta conclusão emergir da própria da natureza das espécies tributárias, fato é que o constituinte originário da Constituição de 1988 foi além de seus predecessores, e, ao tratar do tema no § 2º, dispôs que *as taxas não poderão ter base de cálculo própria de impostos*[17].

Esta modificação da norma constitucional referente à base de cálculo das taxas representa uma evolução substancial no trato do tema, conforme observa Humberto Ávila[18]. Agora, a impossibilidade de as taxas adotarem base de cálculo

---

16. DERZI, Misabel de Abreu Machado, notas de atualização de BALEEIRO, Aliomar. *Limitações Constitucionais ao Poder de Tributar*, 12ª ed. Rio de Janeiro: Forense, 2013, p. 854.

17. Registre-se que, apesar de curtas, as normas do inc. II do art. 145 e de seu §2º constitucionalizaram toda a estrutura jurídica das taxas. Este fenômeno, destaca FLAVIO NOVELLI, é peculiar, pois a taxa "é o único dos tributos cujo conceito a própria Constituição prefixa". Além disto, o professor noticia tratar-se de algo tipicamente brasileiro, pois não se tem notícia de norma constitucional semelhante em outros países. (NOVELLI, Flavio Bauer. Apontamentos sobre o conceito de taxa. In *Revista de Direito Administrativo*. Rio de Janeiro: Editora Renovar. Nº 189. Jul/Set, 1992, p. 11)

18. ÁVILA, Humberto. "As Taxas e sua Mensuração". In *Revista Dialética de Direito Tributário*. São Paulo: Editora Dialética. Nº 204. Set.2012, p.38.

típica de imposto, que já era deduzida a partir do contorno destas duas espécies tributárias, tornou-se mandamento constitucional expresso. O legislador ordinário, portanto, deverá fixar a base de cálculo da taxa de acordo com o custo da atividade do Estado, sem considerar qualquer situação ou fato particular do contribuinte na mensuração da taxa (salvo quando isto impactar em maior esforço do Ente), pois a graduação do tributo em função da capacidade contributiva do contribuinte só é admitida nos impostos.

A base de cálculo das taxas, ou seja, o aspecto quantitativo da hipótese de incidência, é o custo da atividade estatal. Assim entende a maioria absoluta da doutrina, podendo-se citar em suporte a opinião de Luís Eduardo Schoueri[19]. A jurisprudência do Supremo Tribunal Federal sempre seguiu esta linha, sendo tradicional o entendimento de que a taxa que supera o custo da atividade viola o princípio do não-confisco[20].

### 3.3. Critérios de mensuração da taxa.

Nos impostos, a valor do crédito tributário se apura pela aplicação conjunta da base de cálculo com a alíquota. Nesta espécie tributária, a base de cálculo é uma grandeza econômica relacionada com a hipótese de incidência. Esta grandeza econômica (objeto do imposto), por sua vez, é traduzida em valor monetário por um método de conversão (por exemplo, a base de cálculo do IPTU é o valor do imóvel, que, convertido de acordo com o valor de mercado, é de R$ 100.000,00). E, para que se possa apurar o montante do imposto devido, sobre a base de cálculo – grandeza econômica convertida em unidade monetária – aplica-se uma

---

19. SCHOUERI, Luís Eduardo. *Direito Tributário*. 2 ed. São Paulo: Saraiva: 2012, p. 170.
20. *"TAXA: CORRESPONDÊNCIA ENTRE O VALOR EXIGIDO E O CUSTO DA ATIVIDADE ESTATAL. – A taxa, enquanto contraprestação a uma atividade do Poder Público, não pode superar a relação de razoável equivalência que deve existir entre o custo real da atuação estatal referida ao contribuinte e o valor que o Estado pode exigir de cada contribuinte, considerados, para esse efeito, os elementos pertinentes às alíquotas e à base de cálculo fixadas em lei. – Se o valor da taxa, no entanto, ultrapassar o custo do serviço prestado ou posto à disposição do contribuinte, dando causa, assim, a uma situação de onerosidade excessiva, que descaracterize essa relação de equivalência entre os fatores referidos (o custo real do serviço, de um lado, e o valor exigido do contribuinte, de outro), configurar-se-á, então, quanto a essa modalidade de tributo, hipótese de ofensa à cláusula vedatória inscrita no art. 150, IV, da Constituição da República".* (STF, Pleno, ADI-MC-QO nº 2.551/MG, Rel. Min. Celso de Mello, julgamento em 02.04.03)

alíquota que, via de regra, é definida em um percentual (*ad valorem*). A alíquota, o nome já diz, é uma quota, uma parte, uma fração, que irá ser retirada da base de cálculo a título do tributo[21]. Há ainda outra técnica de tributação, na qual se adota uma alíquota específica (montante de dinheiro previamente fixado) a ser multiplicada por unidade de medida fixada em lei como base de cálculo do tributo. Assim ocorre, por exemplo, em algumas hipóteses do Imposto de Importação, no qual o tributo é fixado de acordo com o peso ou volume da mercadoria importada (R$ 10,00 reais por tonelada de minério de ferro, por exemplo). Neste caso, a alíquota representa um valor monetário prévio e fixo, e a base de cálculo será a quantidade do produto sobre o qual incide a tributação.

A distinção das hipóteses de incidência destas duas espécies tributárias (na taxa, uma ação do Estado, no imposto, um ato ou fato revelador de capacidade contributiva) conduz à necessária distinção de suas bases de cálculo. Se o fato gerador do imposto é um fato do contribuinte que revela riqueza disponível à tributação, então a base de cálculo também deverá mensurar este fato do contribuinte. Por sua vez, se o fato gerador da taxa é uma ação do Estado, sua base de cálculo deverá guardar intima relação com este fato, representando: o custo da atividade estatal (prestação do serviço ou poder de polícia).

Mas se esta é a base de cálculo como se faz para apurar o valor devido a título de taxa pelo contribuinte?

O pressuposto para a cobrança da taxa é a de que a ação estatal seja específica (usuário/fiscalizado identificado) e divisível (possibilidade de divisão do custo da atividade entre os envolvidos na ação do Estado). Sendo assim, tem-se que o custo da ação do Estado deverá ser repartido entre os particulares que se beneficiaram ou provocaram o ato estatal.

E o critério de repartição deste custo entre os particulares envolvidos na prestação estatal é o que Geraldo Ataliba aponta como *alíquota* aplicada nas taxas. Toma-se o valor global da atuação (base de cálculo) e o divide entre os particulares envolvidos nesta atuação (alíquota). Grosso modo, por exemplo, se o custo para o Estado do Rio de Janeiro para manter o aparato fiscalizatório de

---

21. ATALIBA, Geraldo. *Hipótese de Incidência Tributária*, 6ª ed. 4ª tiragem. São Paulo: Malheiros Editores, 2003, pg. 113/114.

inspeção veicular (ato de polícia) é de um milhão de reais por ano, e se serão inspecionados dez mil veículos, a taxa será de R$ 100,00 por particular (custo individual). A ideia de alíquota nas taxas, portanto, é a de índice de divisibilidade do custo estatal partilhado (base de cálculo)[22].

Na prática, esta conta, que na teoria é simples, é mais complexa do parece. De fato, é impossível saber exatamente o valor do custo do serviço ou da fiscalização assim com o número exato dos indivíduos que usarão o serviço ou serão fiscalizados. Mas é possível estimar os custos e o número de usuários/fiscalizados, e, por meio desta estimativa, fixar um valor a ser cobrado a título de taxa (*a forfait*).

Por uma questão de praticabilidade, não é possível exigir correspondência exata entre o custo da atividade e o montante exigido a título de taxa. Mas é certo que, por premissa, o valor arrecadado a título de taxa não deve superar o total gasto na atuação estatal. Aqui, a necessidade de observar a proporcionalidade na repartição do custeio do agir público entra em ação, de modo que uma taxa fixa, desde que razoavelmente dimensionada, não agride a Constituição. O estabelecimento de valores fixos para as taxas, na verdade, é uma necessidade para viabilização da cobrança desta espécie tributária expressamente prevista e desejada pelo Constituinte.

Por vezes, a taxa, apesar de apresentada em valores fixos, varia conforme tabela que leva em consideração de determinados elementos que impactem na prestação ou no exercício poder de polícia. Nestes casos, o modo de cobrança é legítimo, como será visto abaixo. Mais simples são os casos das taxas de serviço que admitem medições objetivas por unidade do serviço público utilizado. Por exemplo, para os que veem na figura do serviço de fornecimento de água a natureza de taxa, esta seria calculada de acordo com o custo unitário por litro consumido.

Ainda respeito da mensuração das taxas, Humberto Ávila faz duas importantes considerações, que decorrem diretamente da sua base de cálculo (custo da atividade estatal). A primeira, diz respeito ao "critério da cobertura especial de custos", segundo o qual "o valor da taxa não pode ultrapassar os custos concretos e individuais decorrentes da atuação administrativa". A segunda, trata do "critério

---

22. ATALIBA, Geraldo. *Hipótese de Incidência Tributária*, 6ª ed. 4ª tiragem. São Paulo: Malheiros Editores, 2003, pg. 152.

ADI Nº 5.480: TAXA DE FISCALIZAÇÃO DA EXTRAÇÃO DE PETRÓLEO

da cobertura geral dos custos", segundo o qual "as receitas totais auferidas pelo Estado, em cada período, pela cobrança da taxa não podem ultrapassar os custos totais decorrentes da atividade administrativa vinculada à taxa"[23].

As considerações são perfeitas, pois, sendo a taxa um tributo vinculado, o contribuinte não pode pagar através dela mais do que o custo por ele gerado ao Estado, assim como não pode este último arrecadar por meio das taxas mais do que aquilo que despende nestas atividades.

De fato, já o dissemos, a taxa é um tributo vinculado que tem como razão de ser a partilha dos custos estatais que possam identificados de divididos entre aqueles que estão relacionados com a despesa. E assim se faz para que a coletividade não tenha que arcar com custos que são decorrentes do interesse de apenas parcela da população. Logo, a taxa não pode ser instrumento arrecadatório para despesas gerais, já que lhe é inerente um limite que advém de sua própria natureza de tributo vinculado. Sendo assim, não pode haver "lucro" na arrecadação desta espécie tributária.

Ao contrário de Bernardo Ribeiro de Moraes[24], entendemos que o custo da atividade é um limite jurídico inafastável da taxa como espécie tributária. A nosso ver, o custo da atividade como uma limitação jurídica da exação pode ser encontrado a partir da hipótese de incidência constitucionalmente delineada no §2º do art. 145 da CF. Ao positivar que a taxa decorre de uma ação estatal, e ao destacar que ela não pode ter base de cálculo típica dos impostos, a norma constitucional jurisdiciza uma única base de cálculo possível, qual seja, o custo da atividade. Daí porque não há liberdade do legislador de ir além deste limite, pois este é um limite jurídico, e não apenas conceitual ou da teoria das finanças.

---

23. ÁVILA, Humberto. "As Taxas e sua Mensuração". In *Revista Dialética de Direito Tributário*. São Paulo: Editora Dialética. Nº 204. Set.2012, p.44

24. Para o autor: "*a taxa não seria juridicamente invalidada somente porque o montante cobrado ultrapassou o custo da atividade estatal. Na hipótese, pode o Poder Público exigir taxa mais elevada para criar reservas ou provisões para o futuro, seja para ampliar ou aperfeiçoar a respectiva atividade estatal. Em verdade, o quantum da taxa não tem nada a ver com a essência jurídica da espécie tributária.*" (MORAES, Bernardo Ribeiro de. *Compêndio de Direito Tributário*, primeiro volume. 4 ed. São Paulo: Forense, 1995, p. 544)

Sobre o tema da proporção da arrecadação das taxas em face do custo das atividades estatais que lhe dão gênese, há um interessante estudo feito por André Mendes Moreira e César Vale Stanislau, no qual os autores escancaram a desproporção entre os valores cobrados pela ANATEL das empresas de telecomunicação a título de TFI e TFF e os custos com as atividades fiscalizatórias[25], em que os autores demonstram que o total arrecadado com as duas taxas em 2013 foi de 2,9 bilhões de reais, ao passo que os gastos com fiscalização foram de apenas vinte milhões de reais. E, mesmo que as taxas visassem à manutenção do órgão, o que já seria em si uma inconstitucionalidade, ainda assim a exorbitância da cobrança permaneceria, pois o total do orçamento empenhado da ANATEL para o não foi de menos de 500 milhões de reais.

O relevante, portanto, no estudo da base de cálculo das taxas, é a premissa inafastável de que ela deve representar apenas o custo da atividade estatal. Mas, uma vez que este seja definido, deve-se então buscar qual será o critério de repartição deste custo entre os contribuintes das taxas.

A regra geral é a divisão em igual parte dos custos das atividades entre os envolvidos. Ocorre que, em determinadas situações, a extensão ou intensidade da atividade do Estado pode variar de contribuinte para contribuinte. Por exemplo, em uma taxa pela prestação do serviço de coleta de lixo domiciliar, o volume de lixo a ser retirado de uma pequena casa e de uma casa grande é distinto. Por presunção, tem-se que a casa menor – até por, em tese, abrigar menos pessoas – irá gerar menos lixo do que a casa grande. Logo, esta característica específica do contribuinte – ser proprietário de um imóvel com metragem superior – irá impactar no volume do serviço prestado, motivo pelo qual o custo gerado ao Município será maior. Justifica-se, pois, que o valor da taxa cobrado para um imóvel de maior metragem seja superior à taxa cobrada do imóvel de menor proporção. É bem verdade que pode ocorrer de, na casa menor, haver mais moradores gerando maior quantidade de lixo do que na casa de maior metragem

---

25. MOREIRA, André Mendes; ESTANISLAU, César Vale. "As Taxas e o Princípio da Equivalência entre a sua Arrecadação e os Custos da Atividade Estatal"; In *Revista Dialética de Direito Tributário*. São Paulo: Editora Dialética. Nº 233.Fev.2015, p.41/44.

que, circunstancialmente, está vazia. Mas esta hipótese – ainda que existente na prática – é sem dúvida uma exceção, razão pela qual a lei pode estabelecer a presunção de maior produção de lixo para as casas com maior metragem.

Neste aspecto, pois, as características pessoais do contribuinte podem impactar no *quantum debeatur* das taxas. Se, em razão das particularidades da situação do contribuinte, houver necessidade de maior ou menor esforço do aparato público para a prestação do serviço ou do exercício do poder de polícia, este será um critério válido para diferenciar o montante da taxa a ser pago. Outros exemplos podem ser dados, como o da taxa de fiscalização para liberação de funcionamento. O esforço fiscalizatório para liberação de um bar de esquina não é o mesmo da liberação de um hotel. Se há maior fiscalização em um caso (maior número de agentes envolvidos, horas trabalhadas, material gasto, etc.), então nada impede – aliás, o princípio da isonomia até exige – que a taxa seja diferencia em razão destas características pessoais do fiscalizado. É o que Humberto Ávila chama de "critério da equivalência"[26].

Reitere-se, entretanto, que esta mensuração da taxa de acordo com elementos pessoais do contribuinte só é admissível quando tais elementos impactarem no custo da atividade exercida pelo Estado[27]. O importante, neste ponto, é analisar se o critério adotado na lei para variação do valor da taxa é adequado a medição do nível de intensidade da atividade estatal[28]. Um critério que toma a metragem do imóvel para a cobrança da taxa de lixo domiciliar parece razoável para a finalidade

---

26. "As Taxas e sua Mensuração". In *Revista Dialética de Direito Tributário*. São Paulo: Editora Dialética. Nº 204. Set.2012, p.44.

27. PAULSEN, Leandro. *Direito Tributário – Constituição e Código Tributário à luz da doutrina e da jurisprudência.* 15ª ed. Ed. Livraria do Advogado. Porto Alegre, 2013, p. 63.

28. "*A base de cálculo da taxa de classificação é correta e adequada, apesar de levar em conta a tonelagem de produtos vegetais a serem classificados. É que a quantidade de tais produtos interfere no exercício do poder de polícia federal, que se traduz na classificação de produtos vetais, para fins de comercialização. Melhor esclarecendo, a classificação em tela não é feita, retirando-se, a esmo, uma amostra, de todo o lote, independentemente de seu volume. Pelo contrário, é feita por meio da retirada de amostras, em várias partes do loto analisado, justamente para que se obtenha real representatividade do estado em que ele se encontra. Portanto, quanto maior o volume (tonelagem) de produtos vegetais, maiores as despesas (custos), para a realização do ato de polícia que se materializa na classificação*" (CARRAZA, Roque Antonio. "Considerações Acerca da Taxa de Classificação de Produtos Vegetais". In *Revista Dialética de Direito Tributário*. São Paulo: Editora Dialética. Nº 27. Jan/98, p.116)

a que se propõe (quanto maior a casa, maior o lixo produzido). Mas se o critério for arbitrário, então esta distinção em função de uma característica pessoal do contribuinte não é tolerável (por exemplo, cobrar maior taxa de coleta de lixo para casas de cor escuras), pois ela não medirá a extensão do serviço prestado.

O que não pode ocorrer, de maneira, alguma, é a taxa ser cobrada em função de características pessoais do contribuinte que não tenham qualquer relação com a intensidade do agir do Estado. Do contrário, ou seja, quando uma taxa adota para sua mensuração elementos intrínsecos aos contribuintes que não interfiram no esforço estatal previsto na hipótese de incidência, o que se estará a tributar na verdade é algum ato ou fato tido pela lei como reveladora de capacidade contributiva. Mas a capacidade contributiva, decorrente de fatos que se presumem reveladores de riqueza, somente dá ensejo à cobrança de impostos, e mesmo assim aqueles descritos na Constituição (com a exceção da competência residual da União). Por isso, nestas situações, a base de cálculo da taxa estará desmentindo sua hipótese de incidência[29]. Uma taxa de coleta de lixo domiciliar que seja fixada de acordo com a localização do imóvel (áreas mais nobres terão o valor majorado) não tem real natureza de taxa (tributo vinculado). Na verdade, a base de cálculo distorcida estará a indicar que o objeto da tributação é a propriedade imobiliária, ainda que escondida sob o manto de uma hipótese de incidência de taxa (prestação de serviço). Como se percebe, em casos assim, a natureza da espécie tributária passa a ser revelada por sua base de cálculo e não pela hipótese de incidência.

Caso digno de nota é o da "Taxa de Fiscalização do Mercado de Valores Mobiliários", instituída pela Lei nº 7.940/89, que tem por hipótese de incidência o *"exercício do poder de polícia legalmente atribuído à CVM"* (art. 2). Sua base de cálculo é apontada por meio de uma tabela, que apresenta uma série de valores fixos que variam conforme o capital social da empresa fiscalizada. Discutia-se,

---

29. *No caso das taxas, duas funções tem a base de cálculo, incontornáveis: a primeira, medir a atuação do Estado que lhe está subjacente. A segunda, veritativa, de confirmar o fato eleito como gerador do tributo".* (COELHO, Sacha Calmon Navarro. *Curso de Direito Tributário*, 9 ª ed, Rio de Janeiro: Forense, 2006, p. 99.)

ADI Nº 5.480: TAXA DE FISCALIZAÇÃO DA EXTRAÇÃO DE PETRÓLEO

pois, se esta era uma base de cálculo adequada para a taxa, pois sua variação (ainda que por meio de valores tabelados) em função do capital social estaria a revelar tributação de acordo com a capacidade contributiva do contribuinte.

O STF, ao examinar a taxa, entendeu por sua constitucionalidade, em acórdão cuja ementa[30] poderia levar à conclusão precipitada de que Supremo Tribunal Federal teria julgado legitima a variação da taxa de acordo com a capacidade contributiva do contribuinte, o que seria um enorme retrocesso em sua jurisprudência histórica e um flagrante desrespeito ao §2º do art. 145 da CF.

É que, apesar da ementa falar que a capacidade contributiva também se aplica à taxa como espécie tributária e que critério adotado na mensuração da base de cálculo estaria a atender este princípio, fato é que, ao se examinar o inteiro teor do julgado, percebe-se que em verdade o que foi discutido entre os Ministros foi a adequação do critério legal à intensidade da fiscalização a ser realizada pela CVM[31]: quanto maior o capital social das empresas, mais complexas e numerosas serão suas atividades, razão pela qual maior será o esforço fiscalizatório da Autarquia Federal.

---

30. *"E M E N T A: TAXA DE FISCALIZAÇÃO DOS MERCADOS DE TÍTULOS E VALORES MOBILIÁRIOS – COMISSÃO DE VALORES MOBILIÁRIOS – LEI Nº 7.940/89 – LEGITIMIDADE CONSTITUCIONAL – PRECEDENTES FIRMADOS PELO PLENÁRIO DO SUPREMO TRIBUNAL FEDERAL – POSSIBILIDADE DE JULGAMENTO IMEDIATO DE OUTRAS CAUSAS VERSANDO O MESMO TEMA PELAS TURMAS OU JUÍZES DO SUPREMO TRIBUNAL FEDERAL, COM FUNDAMENTO NO LEADING CASE (RISTF, ART. 101) – AGRAVO IMPROVIDO. A TAXA DE FISCALIZAÇÃO DA COMISSÃO DE VALORES MOBILIÁRIOS, INSTITUÍDA PELA LEI Nº 7.940/89, É CONSTITUCIONAL. – A taxa de fiscalização da CVM, instituída pela Lei nº 7.940/89, qualifica-se como espécie tributária cujo fato gerador reside no exercício do Poder de polícia legalmente atribuído à Comissão de Valores Mobiliários. A base de cálculo dessa típica taxa de polícia não se identifica com o patrimônio líquido das empresas, inocorrendo, em conseqüência, qualquer situação de ofensa à cláusula vedatória inscrita no art. 145, § 2º, da Constituição da República. O critério adotado pelo legislador para a cobrança dessa taxa de polícia busca realizar o princípio constitucional da capacidade contributiva, também aplicável a essa modalidade de tributo, notadamente quando a taxa tem, como fato gerador, o exercício do poder de polícia."* (2ª T, ArgREx 176.382/CE, Min. Celso de Melo, d.j. 19.05.00)

31. Veja-se o seguinte trecho do voto do Min. Gilmar Mendes: *"Os montantes devido, no entanto, são fixados com base na quantidade de fiscalização que cada grupo de contribuintes exige. (...) Na medida em que as tabelas razoavelmente dividem os contribuintes, respeitando as respectivas capacidades contributivas, com referência no patrimônio líquido (tabela A), no modelo de serviços prestados (tabela B), bem como no número de estabelecimentos dos contribuintes (Tabela C), não há falar em desrespeito à isonomia. A flutuação dos valores cobrados deriva da amplitude do patrimônio líquido do contribuinte, o que identifica uma maior necessidade de*

Colocada nesta perspectiva, a decisão da Suprema Corte deixa de ser absurda, pois, como dissemos acima, as taxas podem de acordo com a intensidade da atividade estatal provocada pelo contribuinte. Também por esta razão, o STF já decidiu ser constitucional a "Taxa de licença para localização e estabelecimento", apurada com base no tamanho do imóvel, pois este seria um critério válido para aferir a intensidade da atividade estatal[32].

Por outro lado, taxas mensuradas em critérios que não guardam coerência com o esforço estatal têm sido repelidas pelo STF. Como exemplo, tem-se a Taxa de Fiscalização de Estabelecimento fixada com base no número de empregados[33].

Em síntese, a variação da taxa em razão de critérios que afiram maior esforço estatal é válida, desde que os critérios adotados na lei sejam razoáveis e pertinentes com a atuação do Estado a qual a taxa se vincula.

---

*fiscalização. Em outras palavras, na medida em que maior o patrimônio líquido do fiscalizado, e consequentemente, maior a taxa cobrada, evidencia-se uma também maior necessidade do exercício do poder de fiscalização (...) No caso da Taxa de Fiscalização da CVM a variação dos valores lançados não só reflete a capacidade contributiva do interessado, bem como espelha a quantidade necessária do serviço público dispensado, uti singuli, e que deve ser remunerado na exata proporção do trabalho de fiscalização efetivado"*

32. *"Direito tributário. Taxa de licença para localização de estabelecimento. Constitucionalidade. Base de cálculo. Proporcionalidade com o custo da atividade estatal de fiscalização. Precedentes. (...) 2. A base de cálculo da taxa de fiscalização e funcionamento fundada na área de fiscalização é constitucional, na medida em que traduz o custo da atividade estatal de fiscalização. Quando a Constituição se refere às taxas, o faz no sentido de que o tributo não incida sobre a prestação, mas em razão da prestação de serviço pelo Estado. A área ocupada pelo estabelecimento comercial revela-se apta a refletir o custo aproximado da atividade estatal de fiscalização.(...)* (RE 856185 AgR, Relator(a): Min. ROBERTO BARROSO, Primeira Turma, julgado em 04/08/2015, ACÓRDÃO ELETRÔNICO DJe-190 DIVULG 23-09-2015 PUBLIC 24-09-2015)

33. *" Tributário. Taxa de fiscalização de estabelecimentos – TFE. Base de cálculo. Número de empregados. Dados insuficientes para aferir o efetivo poder de polícia. 1. As taxas comprometem-se tão somente com o custo do serviço específico e divisível que as motiva, ou com a atividade de polícia desenvolvida. 2. Os critérios do número de empregados ou da atividade exercida pelo contribuinte para aferir o custo do exercício do poder de polícia desvinculam-se do maior ou menor trabalho ou atividade que o Poder Público se vê obrigado a desempenhar.* (ARE 744804 AgR, Relator(a): Min. DIAS TOFFOLI, Primeira Turma, julgado em 05/08/2014, DJe-196 DIVULG 07-10-2014 PUBLIC 08-10-2014)"

# 4. A TAXA DE CONTROLE, MONITORAMENTO E FISCALIZAÇÃO AMBIENTAL DAS ATIVIDADES DE PESQUISA, LAVRA, EXPLORAÇÃO E PRODUÇÃO DE PETRÓLEO E GÁS (TFPG)

Em relação à Taxa de Controle, Monitoramento e Fiscalização Ambiental das Atividades de Pesquisa, Lavra, Exploração e Produção de Petróleo e Gás (TFPG), o art. 1º da Lei nº 7.182/15[34], que a instituiu, dispôs seu fato gerador é o "exercício regular do poder de polícia ambiental conferido ao Instituto Estadual do Ambiente – INEA" (autarquia estadual cuja função é implementar a política estadual do meio ambiente – art. 5º da Lei 5.101/07), sendo o contribuinte a pessoa jurídica autorizada a realizar pesquisa, lavra, exploração e produção de recursos de petróleo e gás no Estado do Rio de Janeiro[35].

Entretanto, apesar de ser essa a dicção do art. 1º da Lei nº 7.182/15, a TFPG não é uma taxa tipicamente ambiental, já que em seu art. 2º[36], ao enumerar as atividades consideradas como exercício do poder de polícia que dão ensejo

---

34. *"Art. 1º Fica instituída a Taxa de Controle, Monitoramento e Fiscalização Ambiental das Atividades de Pesquisa, Lavra, Exploração e Produção de Petróleo e Gás – TFPG, que tem como fato gerador o exercício regular do poder de polícia ambiental conferido ao Instituto Estadual do Ambiente – INEA sobre a atividade de pesquisa, lavra, exploração e produção de Petróleo e Gás, realizada no âmbito do Estado do Rio de Janeiro, consoante competência estabelecida no inciso XI do artigo 23 da Constituição Federal."*

35. *"Art. 3º Contribuinte da Taxa de Controle, Monitoramento e Fiscalização Ambiental das Atividades de Pesquisa, Lavra, Exploração e Produção de Petróleo e Gás – TFPG é a pessoa jurídica, que esteja, a qualquer título, autorizada a realizar pesquisa, lavra, exploração, e produção de recursos de petróleo e gás no Estado do Rio de Janeiro."*

36. *"Art. 2º O poder de polícia de que trata o artigo 1º, com ações específicas em benefício da coletividade para evitar danos ambientais irreversíveis será exercido mediante:*

    *I – controle e avaliação das ações setoriais relativas à utilização de recursos de petróleo e gás e ao desenvolvimento de sistemas de produção, transformação, expansão, transporte, distribuição de bens relativos ao petróleo e gás;*

    *II – controle e fiscalização das autorizações, licenciamentos, permissões e concessões para pesquisa, lavra, exploração e produção de recursos de petróleo e gás;*

    *III – controle, monitoramento e fiscalização das atividades de pesquisa, lavra, exploração e produção de recursos de petróleo e gás;*

    *IV – defesa dos recursos naturais;*

    *V – aplicação das normas de preservação, conservação, controle e desenvolvimento sustentável dos recursos naturais, entre os quais o solo e o subsolo, e zelo pela observância dessas normas, em articulação com outros órgãos;*

    *VI – identificação dos recursos naturais do Estado, mediante o mapeamento por imagens espaciais de toda a área de abrangência das atividades de petróleo e gás e seu entorno, com o objetivo de*

à cobrança da taxa, há diversas atividades que em nada se relacionam com a fiscalização ambiental. Neste sentido, inclusive, destaca-se que o próprio art.1º da lei instituidora, apesar de anunciar a taxa como de fiscalização ambiental, remete como fundamento das atividades a serem remuneradas pela taxa o inciso XI do art. 23[37] da Constituição Federal, que trata de competência administrativa relacionada com a fiscalização dos aspectos técnicos inerentes às outorgas de exploração de recursos minerais concedidas pela União Federal.

### 4.1. A natureza jurídica da TFPG: imposto travestido de taxa.

A base de cálculo da TFPG é, segundo o art. 4º da Lei nº 7.182/15, o *"barril de petróleo extraído ou unidade equivalente de gás"*. Ou seja: a cada barril ou unidade equivalente de gás extraída, o contribuinte deverá pagar R$ 3,0023 (UFIR/16) aos cofres estaduais, donde se infere que quanto maior for a sua produtividade, maior será o valor da TFPG a pagar, ainda que, em termos de fiscalização, exija tanto quanto, ou até menos, que outro contribuinte que tenha menor produtividade.

De plano, já se pode afirmar que a base de cálculo da TFPG leva em consideração a capacidade contributiva da pessoa autorizada a realizar pesquisa, lavra e exploração de recursos minerais, e não o custo da atividade estatal de polícia.

Se o legislador anunciou no art. 1º que a TFPG está fundada no poder de polícia ambiental do INEA (da onde se supõe que irá fiscalizar apenas o cumprimento das normas ambientais pelo concessionário), a verdade é que não há

---

*fornecer subsídios à fiscalização do setor, compatibilizando as medidas preservacionistas e conservacionistas com a exploração racional, conforme as diretrizes do desenvolvimento sustentável;*

*VII – realização de atividades de controle e fiscalização referentes ao uso dos presentes recursos naturais do Estado, não renováveis, quer seja no solo, no subsolo ou na sua plataforma continental, seja no pré-sal ou no pós-sal, consoante competência estabelecida no inciso XI do artigo 23 da Constituição Federal;*

*VIII – defesa do solo, das águas, da fauna, da flora, das florestas e dos recursos naturais, através da aplicação da taxa, em políticas públicas socioambientais inerentes a natureza da mesma, inclusive, mediante convênios de cooperação técnico- científico.*

*Parágrafo único. Os recursos advindos da presente taxa serão utilizados nas atividades explicitadas neste artigo."*

37. *"Art. 23. É competência comum da União, dos Estados, do Distrito Federal e dos Municípios:(...) XI – registrar, acompanhar e fiscalizar as concessões de direitos de pesquisa e exploração de recursos hídricos e minerais em seus territórios".*

relação entre a produtividade do contribuinte e os custos das inspeções ambientais que pudesse justificar a eleição dessa base de cálculo típica de imposto.

De fato, é de conhecimento geral que os campos de petróleo têm diferentes desempenhos, sendo uns capazes de produzir muito mais óleo por dia que outros, de forma que é perfeitamente possível que uma empresa possua apenas uma plataforma em atividade, mas, ao revés, extraia mais óleo do que outra com duas em operação. Nesse caso, surgem alguns questionamentos relevantes: quem gera mais custos de fiscalização para o Estado? A empresa que possui uma única plataforma, ou a empresa que se encontra com duas em atividade (mas que produz um volume menor de óleo e gás que a anterior)?

O fato de ser extraído mais óleo e gás de uma plataforma não significa que o Estado precisará inspecionar esse contribuinte com mais frequência ou com uma quantidade maior de funcionários do que aquele que retira o mesmo volume (ou até menos) em duas plataformas distintas. Igualmente, o volume de óleo em nada interfere nos equipamentos que serão utilizados pelo INEA para se realizar as fiscalizações.

Se o objetivo é fiscalizar os contribuintes que exploram petróleo e gás para que se evitem danos ambientais, então a taxa poderia variar, por exemplo, conforme o número de plataformas existentes, a distância que elas se encontram da costa (pois representaria um custo maior de deslocamento dos funcionários do INEA), ou, se fosse o caso, até mesmo em razão da natureza do campo que está sendo explorado pelo contribuinte (uma plataforma no pré-sal, diante da dificuldade de extração do óleo, poderia representar, em tese, mais riscos ambientais e, por isso, demandaria um número maior de inspeções por parte do INEA). A fiscalização, portanto, não é mais intensa, e nem gera mais custos, apenas porque o contribuinte produziu mais óleo naquele mês do que outro na mesma situação.

Imagine-se, por exemplo, que duas empresas possuem uma plataforma de exploração cada em campos contíguos. Via de regra, ambas as plataformas produzem quantidades de óleo semelhantes por mês. Contudo, num determinado período, uma delas resolve diminuir a produção e a outra, por outro lado, decide aumenta-la. Dito isso, pergunta-se: faz algum sentido que contribuintes que exploram óleo na mesma localidade com estruturas idênticas venham a pagar valores diferentes a título de taxa de polícia, apenas porque um produziu mais do que outro?

Variar conforme a produção é, sem sombra de dúvida, tributar a capacidade contributiva do contribuinte. Paga mais quem fatura mais. Não há qualquer fundamento capaz de justificar a relação entre o "barril de petróleo extraído ou unidade equivalente de gás" (produtividade, expressão de capacidade econômica) e o custo da atividade estatal supostamente exercida pelo INEA.

Ao que tudo indica, o que o Estado do Rio de Janeiro parece pretender criar um imposto nos moldes do extinto Imposto Único sobre Minerais – IUM, tributo federal que vigorou no Brasil até a promulgação da Constituição de 1988 e que incidia sobre a *"extração, a circulação e a exportação das substâncias minerais ou fósseis originarias do País* (...)"[38]. Isso porque a TFPG é cobrada pelo volume de óleo e gás extraído, e seu fato gerador é a atividade econômica dos contribuintes, de modo que se tem, em última análise, um imposto sobre o petróleo comercializado pela operadora do campo.

A única diferença entre a TFPG e o ICMS, por exemplo, é que a primeira é calculada com base numa alíquota específica (ou seja, uma alíquota fixa incidente sobre determinada unidade de medida, que é o barril de petróleo ou "unidade equivalente de gás") e o segundo é apurado por meio de uma alíquota ad valorem (isto é, um percentual sobre o valor de venda do petróleo e do gás pela empresa)[39].

## 4.2. Da desproporcionalidade e confiscatoriedade da TFPG

Como já exposto acima, há pelo menos dois limites quanto à fixação do valora da taxa: a) deve haver razoável correlação entre o custo individual da ação causa pelo contribuinte; b) o valor global a ser arrecadado a título de taxa não ultrapassar os custos totais do Estado com o desempenho da atividade que ensejou a sua instituição.

---

38. Cf. Decreto-lei n° 1.038/69, art. 1°.

39. Vale lembrar o entendimento do STF no julgamento da ADI n° 447, a respeito da caracterização das taxas a partir de sua base de cálculo, que deve ser vinculada à atuação estatal que se pretenda remunerar. (STF, Pleno, ADI n° 447, Rel. Min. OCTAVIO GALLOTTI, voto do Min. CARLOS VELLOSO, DJ 05.03.1993).

O desequilíbrio nessa equação ofende a essência retributiva da taxa. A cobrança de valores desproporcionais e não razoáveis, além de representar um desvio da finalidade da taxa – pois sua instituição não terá visado apenas a recomposição dos custos da ação estatal, como também o financiamento das despesas gerais do Estado -, afronta ainda a garantia da vedação à tributação confiscatória, na medida em que se estará exigindo do contribuinte um valor muito superior ao que seria devido pela ação estatal que lhe foi direcionada.

E é justamente este desequilíbrio que tem se operado com a TFPG. De fato, analisando-se a Lei nº 7.182/15, vê-se que o legislador fluminense atribuiu à TFPG o custo de R$ 3,0023 *"por barril de petróleo extraído ou unidade equivalente de gás"* (art. 4º), o que, segundo estimativas que constam na exposição de motivos do referido diploma, significará uma arrecadação anual da ordem de R$ 1.840.000.000,00 (um bilhão e oitocentos e quarenta milhões de reais), levando-se em consideração a produção de petróleo e gás do ano de 2015.

Ocorre que, ante os dados existentes até momento e a falta de justificativas para a estimativa do custo da atividade de polícia em R$ 1,84 bilhão por ano, é patente falta de razoabilidade e equivalência na instituição da TFPG. Basta ver que o orçamento anual do INEA em 2015 (órgão que exercerá as supostas atividades de fiscalização previstas na Lei nº 7.182/15) foi da ordem de R$ 400.000.000,00 (quatrocentos milhões de reais), de acordo com a Lei nº 6.955/15 (Lei Orçamentária Anual). Ou seja, para a fiscalização de todos os agentes econômicos no âmbito do Estado do Rio de Janeiro, que possui 43.696 km2, era suficiente até 2015 o montante de R$ 400.000.000,00.

Diante de tais dados, não é razoável pressupor que a fiscalização da atividade de extração de petróleo e gás, agora prevista na Lei nº 7.182/15, supere em 350% o atual orçamento do INEA. Parece claro que a inspeção das plataformas de petróleo não irá consumir R$ 1.840.000.000,00 por ano.

As disparidades aumentam ao se considerar o orçamento de 2015 da ANP – autarquia federal competente para regulamentar e fiscalizar, como um todo, a atividade de exploração de petróleo e gás no país inteiro – que representou R$ 711.692.890,00[40], valor suficiente para cobrir todas as despesas com pessoal,

---

40. Disponível em: http://www.orcamentofederal.gov.br/orcamentos-anuais/orcamento-2015-2/arquivos-loa/Volume-IV-LOA-2015.pdf, acesso em 01.02.2016.

implementação de projetos, processos judiciais etc., além, claro, das próprias do controle, monitoramento e fiscalização da atividade de exploração de petróleo e gás em todo o país. É possível perceber que, se os orçamentos do INEA e da ANP em 2015 fossem somados, ter-se-ia o valor de R$ 1.111.603.462,00, que representa apenas cerca de 60% do montante que o Fisco fluminense pretende arrecadar anualmente com a TFPG.

Diante da ausência da razoabilidade na fixação do valor a ser cobrado a título de taxa, vê-se um completo desvio de finalidade da exação, o que, por onerar sobremaneira o contribuinte, chega a ferir o princípio do não confisco (art. 150, IV, da CF/88)[41].

## 4.3. Das atividades de polícia prevista na lei e da competência para seu exercício

Além do já denunciado caráter híbrido da taxa (que se intitula como ambiental, mas que se funda em dispositivo constitucional referente à competência administrativa relacionada à atividade de extração de petróleo), há problemas de duas ordens em relação às atividades previstas na lei como ensejadoras da cobrança do tributo: 1) parte das atividades relacionadas não se configuram como atos de exercício do poder de polícia; 2) entre as atividades que se caracterizam como poder de polícia (sejam de poder de polícia ambiental, sejam de poder de polícia no âmbito da atividade de extração de petróleo), a competência seria da União.

### 4.3.1. Da impossibilidade de considerar parte das atividades indicadas no art. 2º da Lei nº 7.182/15 como espécie de poder de polícia.

A razão do poder de polícia é o interesse social e seu fundamento reside na supremacia geral que o Estado exerce sobre todas as pessoas, bens e atividades, que lhe permite, em prol da coletividade, opor condicionamentos e restrições aos direitos individuais. O conceito doutrinário do poder de polícia[42] foi incorporado à legislação pátria no art. 78 do CTN.

---

41. Neste sentido, a ADI 2551 MC-QO, Relator Min. Celso de Mello, Tribunal Pleno, julg. 02/04/2003, DJ 20/04/2006, já citada acima.

42. Partindo do escólio de Hely Lopes Meirelles, temos que: *"Em linguagem menos técnica podemos dizer que o poder de polícia é o mecanismo de frenagem de que dispõe a Administração*

ADI Nº 5.480: TAXA DE FISCALIZAÇÃO DA EXTRAÇÃO DE PETRÓLEO

Portanto, qualquer atividade que se pretenda remunerar mediante a cobrança da espécie tributária "taxa de polícia" deverá reunir os requisitos acima indicados. Contudo, no caso da TFPG, nem todas as atividades previstas no art. 2º da Lei nº 7.182/15 traduzem poder de polícia nos termos do art. 145, II, da CF/88 e do art. 78 do CTN.

As disposições dos incisos I, IV, VI e VIII são absolutamente genéricas e não representam limitação de direitos, pois sequer compete ao particular sua observância. Na verdade, são normas que orientarão a conduta do Estado do Rio de Janeiro, não se podendo falar que a partir de sua materialização o ente político cobrará do particular uma atuação específica. Tanto é assim que sua inobservância sequer poderá acarretar sanções, afinal, o contribuinte da taxa nem mesmo se relaciona com tais atribuições.

Logo, se tais atividades, por serem absolutamente genéricas e não se configurarem como restrições ao particular, não representam o exercício do poder de polícia, não pode haver dúvidas que seus custos não podem ser recompostos por meio de taxa.

### 4.3.2. Da competência prevista no art. 23, XI, da CF/88: diante da ausência de lei complementar, cabe à União Federal executar as atividades ali indicadas.

As atividades indicadas nos incisos II, III e VII do art. 2º da Lei da TFPG certamente se configuram como decorrentes do exercício do poder polícia, sendo que a competência constitucional para o seu exercício se funda no art. 23, XI da CF/88.

Regra geral, a entidade que possui competência para executar é a mesma competente para legislar sobre a matéria. Essa é a premissa que norteia toda a teoria das taxas em matéria tributária, porquanto para cobrá-las deve-se ter

---

*Pública, para conter os abusos do direito individual. Por esse mecanismo, que faz parte de toda a Administração, o Estado detém a atividade dos particulares que se revelar contrária, nociva ou inconveniente ao bem-estar social, ao desenvolvimento e à segurança nacional. (...) O que todos os publicistas assinalam uniformemente é a faculdade que tem a Administração Pública de ditar e executar medidas restritivas do direito individual em benefício do bem-estar da coletividade e da preservação do próprio Estado. Esse poder é inerente a toda a Administração e se reparte entre todas as esferas administrativas da União, dos Estados e dos Municípios.(...)"* (MEIRELLES, Hely Lopes. *Direito Administrativo Brasileiro*. 16ª Ed. São Paulo: RT, 1991. P. 110/111.)

competência para fiscalizar e, previamente, para estipular as regras que pautarão o próprio processo fiscalizatório.

Excepcionalmente, pode ocorrer que mais de um ente federado possuir competência para legislar sobre o tema, ensejando a competência comum de fiscalização e, por conseguinte, o direito à cobrança de taxas por mais de um ente federado.

Situação *sui generis* ocorre quando um único ente detém a competência legislativa, porém a Constituição atribui (no art. 23) a competência administrativa às três ordens jurídicas parciais, como se vê neste caso, em que foi atribuída a competência privativa da União para legislar (art. 22, XII)[43] e comum entre União, Estados e Municípios para fiscalizar a atividade de exploração de recursos minerais (art. 23, XI).

É do último dispositivo (inciso XI do art. 23) que o art. 1º da Lei nº 7.182/15 afirma extrair o fundamento do poder de polícia que se pretende remunerar pela TFPG. Ocorre que o inciso XI do art. 23 da CF/88 jamais poderia ter sido eleito pelo legislador estadual como fundamento da taxa em questão, de modo que as atividades vinculadas à referida competência (caso dos incisos II, III e VII do art. 2º da Lei nº 7.182/15) não poderiam integrar a lista de ações a serem desempenhadas pelo INEA.

E tal constatação decorre do fato de que cabe unicamente à União Federal, na ausência da lei complementar a que se refere o parágrafo único do art. 23 da CF/88, exercer a competência que se encontra estabelecida no inciso XI. Com efeito, após elencar uma série de competências comuns no corpo do art. 23, o constituinte impôs a edição de lei complementar que fixasse as normas de cooperação entre a União, Estados, e Municípios, as quais buscariam evitar os choques e a inevitável dispersão de recursos públicos, coordenando as ações das pessoas políticas com vistas à obtenção de resultados mais satisfatórios[44].

---

43. *"Art. 22. Compete privativamente à União legislar sobre: (...) XII – jazidas, minas, outros recursos minerais e metalurgia; (...) Parágrafo único. Lei complementar poderá autorizar os Estados a legislar sobre questões específicas das matérias relacionadas neste artigo."*

44. MENDES, Gilmar Ferreira. BRANCO, Paulo Gustavo Gonet. *Curso de Direito Constitucional.* São Paulo, Saraiva: 2011, p. 852.

Contudo, até o presente momento, a lei complementar que trataria da cooperação entre os entes para *"registrar, acompanhar e fiscalizar as concessões de direitos de pesquisa e exploração de recursos hídricos e minerais em seus territórios"* (inciso XI do art. 23 da CF/88) ainda não foi editada.

Da mesma forma, também não foi editada a lei complementar indicada no parágrafo único do art. 22 da CF/88, a qual poderia "quebrar" a competência privativa da União para legislar sobre jazidas, minas e recursos minerais em prol dos Estados. Sendo assim, se não é dos Estados a competência para legislar, não terão eles aptidão para fiscalizar, salvo se vier a ser editada a lei complementar a que se referem os parágrafos únicos dos art. 22 e 23 da Carta Magna.

Diante disso, dado o fato de que a União Federal, titular da competência exclusiva para legislar sobre o tema, já exerce toda a fiscalização cabível sobre a atividade de exploração de petróleo por intermédio da Agência Nacional de Petróleo (ANP), nada resta a ser feito pelo Estado do Rio de Janeiro.

Logo, a norma do inciso XI do art. 23 da CF, que atribui aos Estados e Municípios competência para atuar em conjunto com a União no registro, acompanhamento e fiscalização das concessões de direitos de pesquisa e exploração de recursos minerais, não é uma autorização genérica, como se Estados e Municípios pudessem atuar amplamente na administração e policiamento da referida atividade, o que traria impensável confusão burocrática e fiscal.

Afinal, se os recursos minerais são bens da União (arts. 176 e 177, I, da CF/88) – a quem compete legislar privativamente, inclusive para conceder a exploração dos recursos ao particular (art. 22, XII, da CF/88) – não restam dúvidas de que a competência administrativa dos Estados prevista no art. 23, XI, da CF/88 será sempre residual, a qual só poderá ser exercida mediante autorização do legislador complementar.

A predominância do interesse da União sobre os demais entes, além de patente no presente caso, é o único caminho a se seguir enquanto não houver a lei complementar prevista nos citados dispositivos da Carta Magna, que deveria repartir a competência administrativa entre as ordens jurídicas parciais, de modo a evitar conflitos.

E a competência privativa da União para – na ausência de lei complementar – fiscalizar as outorgas de exploração de jazidas de petróleo e gás fica ainda mais evidente quando se analisa o teor da Lei Federal 9.478/97 (editada com base no art. 22, XII, da Constituição), que definiu a política energética nacional e instituiu a Agência Nacional de Petróleo, Gás Natural e Biocombustíveis (ANP)[45].

Como se vê, todo o processo administrativo, desde a outorga do direito de exploração da jazida até a sua execução, foi atribuído pela Lei nº 9.478/97 à ANP, órgão ao qual incumbe, além de implementar a política nacional de petróleo, gás e biocombustíveis, a tarefa de *"elaborar os editais e promover as licitações para a concessão de exploração, desenvolvimento e produção, celebrando os contratos delas decorrentes e fiscalizando a sua execução"* (inciso IV).

Eis a competência prevista no art. 23, XI, da CF/88 sendo exercida pela ANP. Diante disso, tendo o legislador federal atribuído integralmente à União, por meio da ANP, o dever de conceder outorgas para exploração dos recursos minerais e fiscalizar o processo produtivo – até porque esse órgão tem conhecimentos técnicos para tanto, o que definitivamente não ocorre com o INEA -, não há parcela alguma da competência administrativa a ser exercida pelos Estados ou Municípios.

Desse modo, jamais poderiam constar no rol da Lei nº 7.182/15 as atividades dos incisos II, III e VII de seu art. 2º, já que falece competência ao Estado do Rio de Janeiro para exercer tal espécie de fiscalização.

### 4.3.3. Da competência ambiental para fiscalizar as atividades realizadas no mar territorial, na plataforma continental e na zona econômica exclusiva

Resta examinar o inciso V do art. 2º, únicas das atividades previstas na lei instituidora da TFPG que se caracteriza como exercício do poder de polícia ambiental.

---

45. *"Art. 8º A ANP terá como finalidade promover a regulação, a contratação e a fiscalização das atividades econômicas integrantes da indústria do petróleo, do gás natural e dos biocombustíveis, cabendo-lhe: (…) IV – elaborar os editais e promover as licitações para a concessão de exploração, desenvolvimento e produção, celebrando os contratos delas decorrentes e fiscalizando a sua execução;*

Esta competência pode ser extraída do art. 23, VI e VII da Constituição Federal, que preveem que os Estados, o Distrito Federal e os Municípios podem atuar em conjunto com a União para *"proteger o meio ambiente e combater a poluição em qualquer de suas formas"* (inciso VI) e *"preservar as florestas, a fauna e a flora"* (inciso VII).

Como já foi dito, o parágrafo único do art. 23 determina que as regras de cooperação – quanto ao exercício das competências comuns previstas no dispositivo – serão definidas por lei complementar. E, por conta disto, foi editada Lei Complementar nº 140/11 que, em seu art. 7º, XIV, "b", atribui à União a competência para realizar licenciamentos ambientais das atividades desenvolvidas em mar territorial, plataforma continental ou zona econômica exclusiva, consignando, ainda, que as atividades licenciadas ambientalmente pela União (como é o caso da exploração de petróleo e gás em águas marítimas) serão por ela fiscalizadas[46].

A União Federal, portanto, é o ente que detém a competência administrativa para conceder a outorga dos direitos de exploração, para realizar o licenciamento ambiental (o que é realizado pelo IBAMA, nos termos do art. 4º, I, da Resolução CONAMA nº 237/97 e do art. 3º do Decreto Federal nº 8.437/15) e, como não poderia deixar de ser, para fiscalizar as atividades por ela autorizadas.

Assim sendo, como a extração de petróleo no Estado do Rio de Janeiro é realizada na modalidade *"offshore"*, através de plataformas em alto mar, o ente competente para o exercício do poder de polícia sobre tal atividade, conforme determina a LC nº 140/11, é a União. Corrobora com essa assertiva o fato do artigo 8º, IX da Lei nº 9.478/97 conferir à ANP o dever de fazer cumprir as práticas de preservação ao meio ambiente[47], o que vai ao encontro do art. 7, XIII e XIV, "b" da Lei Complementar nº 140/11.

---

46. *"Art. 7º: São ações administrativas da União: (...) XIII – exercer o controle e fiscalizar as atividades e empreendimentos cuja atribuição para licenciar ou autorizar, ambientalmente, for cometida à União; XIV – promover o licenciamento ambiental de empreendimentos e atividades: (...) b) localizados ou desenvolvidos no mar territorial, na plataforma continental ou na zona econômica exclusiva".*

47. *"Art. 8o A ANP terá como finalidade promover a regulação, a contratação e a fiscalização das atividades econômicas integrantes da indústria do petróleo, do gás natural e dos biocombustíveis, cabendo-lhe: (...) IX – fazer cumprir as boas práticas de conservação e uso racional do petróleo, gás natural, seus derivados e biocombustíveis e de preservação do meio ambiente".*

A União, por força do art. 20, V, da CF/88, é a titular dos recursos naturais existentes na plataforma continental e na zona econômica exclusiva; em função disso, cabe apenas a ela explorar (art. 177 da CF/88) e, se for o caso, outorgar o direito de exploração das jazidas existentes (art. 176 da CF/88). Logo, recaindo toda a competência administrativa sobre o petróleo em alto mar na figura da União (a quem cabe ainda conceder os licenciamentos ambientais), não faria sentido algum que a atribuição de fiscalizar as atividades ali exercidas coubesse também a outro ente federado.

Sendo assim, as atividades inseridas no art. 2º, inciso V, da Lei nº 7.182/15 não poderiam ser utilizadas como fundamento para exigência da TFPG, pois, apesar de configurarem poder de polícia (ambiental) em sentido lato, não podem ser exercidas pelo Estado do Rio de Janeiro.

## 5. CONCLUSÃO

Diante dos motivos expostos acima, nossa conclusão é no sentido de que a Lei nº 7.182/15 é inconstitucional, pois: a) adota base de cálculo típica de imposto (número de barris de petróleo ou equivalente em gás); b) o valor a ser arrecadado com a taxa extrapola – em muito – o custo de qualquer atividade fiscalizatória exercida pelo Estado, violando o princípio do não-confisco (há farta jurisprudência do STF neste sentido); c) enumera como atos de polícia geradores da cobrança da taxa atividades que não configuram restrição ao direito dos particulares (ou seja, não configuram exercício do poder de polícia); d) mesmo em relação aos atos que podem ser entendidos como configuradores do exercício do poder de polícia, a competência para o seu exercício seria da União, e não do Estado.

## REFERÊNCIAS BIBLIOGRÁFICAS

ATALIBA, Geraldo. *Hipótese de Incidência Tributária*, 6ª ed. 4ª tiragem. São Paulo: Malheiros, 2003.

ÁVILA, Humberto. "As Taxas e sua Mensuração" In *Revista Dialética de Direito Tributário*. São Paulo: Dialética, nº 204, set/2012.

BALEEIRO, Aliomar. *Direito Tributário Brasileiro*, 12ª ed. atual. por DERZI, Misabel de Abreu Machado. Rio de Janeiro: Forense, 2013.

BECKER, Alfredo. *Teoria Geral do Direito Tributário*. 2 ed. São Paulo: Saraiva, 1972

CARRAZA, Roque Antonio. "Considerações Acerca da Taxa de Classificação de Produtos Vegetais". In *Revista Dialética de Direito Tributário*. São Paulo: Dialética, nº 27, jan/1998.

CARVALHO, Paulo de Barros. *Curso de Direito Tributário*, 21ª ed. São Paulo: Saraiva, 2009.

COÊLHO, Sacha Calmon Navarro. *Curso de Direito Tributário*, 9 ª ed., Rio de Janeiro: Forense, 2006.

COSTA, Regina Helena. *Curso de Direito Tributário: Constituição e Código Tributário Nacional*. São Paulo: Saraiva, 2009.

DERZI, Misabel de Abreu Machado, notas de atualização de BALEEIRO, Aliomar. *Limitações Constitucionais ao Poder de Tributar*, 12ª ed. Rio de Janeiro: Forense, 2013

MORAES, Bernardo Ribeiro de. *Compêndio de Direito Tributário*, 4ª ed. Rio de Janeiro: Forense, Vol. I, 1995.

MEIRELLES, Hely Lopes. *Direito Administrativo Brasileiro*. 16ª Ed. São Paulo: RT, 1991

MENDES, Gilmar Ferreira. BRANCO, Paulo Gustavo Gonet. *Curso de Direito Constitucional*. São Paulo: Saraiva, 2011.

MOREIRA, André Mendes; ESTANISLAU, César Vale. "As Taxas e o Princípio da Equivalência entre a sua Arrecadação e os Custos da Atividade Estatal" In *Revista Dialética de Direito Tributário*. São Paulo: Dialética, nº 233, Fev/2015.

NOVELLI, Flavio Bauer. Apontamentos sobre o conceito de taxa. In *Revista de Direito Administrativo*. Rio de Janeiro: Renovar, nº 189, Jul-Set/1992.

PAULSEN, Leandro. *Direito Tributário: constituição e código tributário à luz da doutrina e da jurisprudência.* 15ª ed. Porto Alegre: Livraria do Advogado, 2013.

SCHOUERI, Luís Eduardo. *Direito Tributário,* 2ª ed. São Paulo: Saraiva, 2012.

# SÚMULA VINCULANTE Nº 48 E RE Nº 193.817: O FATO GERADOR DO ICMS-IMPORTAÇÃO

CARLOS HENRIQUE DE SEIXAS PANTAROLLI[1]

**Sumário:** 1. Introdução. 2. Apresentação da controvérsia e dos elementos do processo. 2.1 A Súmula Vinculante nº 48. 2.2 O Recurso Extraordinário n° 193.817/RJ. 3. A interpretação do sistema constitucional tributário. 4. Descrição do julgado. 4.1 Votos pelo provimento do recurso. 4.2. Votos pelo desprovimento do recurso. 5. Análise crítica. 6. Conclusão.

## 1. INTRODUÇÃO

Em 27 de maio de 2015, o STF editou a Súmula Vinculante n° 48 assentando a possibilidade de exigência do ICMS na importação por ocasião do desembaraço aduaneiro da mercadoria, o que ensejou a análise dos votos proferidos no RE n° 193.817/RJ, julgado em 1996, ocasião em que se travaram os debates acerca da matéria agora versada em verbete vinculante.

Naquele julgado, a questão central se reportava ao momento em que se considerava ocorrido o fato gerador do ICMS na importação, se na entrega da mercadoria, por ocasião do desembaraço aduaneiro, ou na entrada da mesma no estabelecimento do importador. Por apertada margem, prevaleceu a primeira opção, cuja consequência prática é a possibilidade de retenção da mercadoria pela Alfândega até o recolhimento do ICMS devido na operação.

A pacificação da matéria na jurisprudência, contudo, não afasta a crítica acadêmica. Por isto, o julgado é descrito e analisado, pretendendo-se demonstrar que a escolha dos critérios interpretativos adotados pelos julgadores careceu de

---

1. Mestrando em Direito pela UERJ. Auditor-Fiscal da Receita Federal do Brasil.

consistência metodológica. Ademais, pretende-se identificar o uso seletivo dos elementos de interpretação, por razões de praticidade fiscal, com a prevalência de argumentos consequencialistas.

## 2. APRESENTAÇÃO DA CONTROVÉRSIA E DOS ELEMENTOS DO PROCESSO

### 2.1. A Súmula Vinculante nº 48

A Súmula Vinculante nº 48 foi editada em 27/05/2015, resultante da análise da Proposta de Súmula Vinculante (PSV) nº 94, de iniciativa do Ministro Gilmar Mendes, com o objetivo de conferir efeito vinculante ao enunciado da Súmula nº 661 do STF, de seguinte teor: "Na entrada de mercadoria importada do exterior, é legítima a cobrança do ICMS por ocasião do desembaraço aduaneiro".

O Plenário aprovou a conversão por unanimidade, mantendo o verbete original da Súmula nº 661, de 24/09/2003. Não há registro de debate entre os Ministros na deliberação, eis que a matéria já era pacificada na Corte desde o julgamento do paradigmático RE nº 193.817/RJ, como explicita a manifestação do Ministro Dias Toffoli, membro da Comissão de Jurisprudência do STF:

> Entendo ser excepcional a edição de súmula vinculante em matérias tributária e penal. Todavia, reconheço ser conveniente, no caso, a edição do verbete, dada a especificidade da situação controvertida que espelha a jurisprudência sedimentada, desde o julgamento do RE 193.817/RJ, a 23.10.1996, no qual o Plenário da Corte, por maioria de votos, firmou orientação segundo a qual, 'em se cuidando de mercadoria importada, o fato gerador do ICMS não ocorre com a entrada no estabelecimento do importador, mas, sim, quando do recebimento da mercadoria, ao ensejo do respectivo desembaraço aduaneiro'. Sendo assim, manifesto-me pela admissibilidade e conveniência da edição do verbete vinculante.

De fato, os votos e os debates que permitem entender de que modo o STF interpretou os dispositivos constitucionais pertinentes e fixou a orientação constante da Súmula Vinculante nº 48 constam do julgamento do RE nº 193.817/RJ, o qual passa a ser adiante analisado.

## 2.2. O Recurso Extraordinário n° 193.817/RJ

O RE n° 193.817/RJ foi interposto pelo Estado do Rio de Janeiro contra acórdão do STJ que, em Recurso Especial, reformou acórdão do Tribunal de Justiça do Estado do Rio de Janeiro (TJRJ), decidindo pela impossibilidade de se condicionar a retirada de mercadoria pelo importador à prova do recolhimento do ICMS incidente na importação.

O processo teve início com a insurgência de um contribuinte, pela via do mandado de segurança, contra a edição da Lei Estadual n° 1.423/1989 do Rio de Janeiro que, ao dispor sobre o ICMS, estabeleceu em seu art. 2°:

> Art. 2° - O fato gerador do imposto ocorre:
> [...]
> V - no recebimento pelo importador de mercadoria ou bem importados do exterior;
> [...]
> § 6° – O despacho aduaneiro caracteriza o recebimento pelo importador de mercadoria ou bem importados do exterior, na hipótese do inciso V.

O dispositivo transcrito passou a justificar a retenção, pelas autoridades aduaneiras, de mercadorias importadas, condicionando sua entrega à apresentação da guia de recolhimento ou de exoneração do ICMS. Entretanto, sua constitucionalidade face à Carta de 1988 foi questionada. Para melhor compreensão da controvérsia, voltemos à Constituição de 1969. O §11 do art. 23 da constituição pretérita, incluído pela Emenda Constitucional n° 23/1983, assim dispunha:

> § 11 - O imposto a que se refere o item II incidirá, também, sobre a entrada, em estabelecimento comercial, industrial ou produtor, de mercadoria importada do exterior por seu titular, inclusive quando se tratar de bens destinados a consumo ou ativo fixo do estabelecimento.

Vê-se que a incidência do ICMS na importação se dava na entrada da mercadoria no estabelecimento do importador, momento em que se considerava ocorrido o fato gerador do imposto, à semelhança da sistemática vigente nas operações internas. Era o que expressamente já dispunha o Decreto-lei (DL) n° 406/1968, que estabelecia normas gerais sobre o então ICM[2]:

> Art. 1° O imposto sobre operações relativas à circulação de mercadorias tem como fato gerador:
>
> [...]
>
> II – a entrada, em estabelecimento comercial, industrial ou produtor, de mercadoria importada do exterior pelo titular do estabelecimento;

A matéria chegou a ser objeto da Súmula n° 577 do STF, aprovada em 15/12/1976, de seguinte teor: "Na importação de mercadorias do exterior, o fato gerador do imposto de circulação de mercadorias ocorre no momento de sua entrada no estabelecimento do importador". Era pacífica, pois, a definição quanto ao momento da ocorrência do fato gerador do ICMS-importação.

Com a promulgação da Constituição de 1988, entretanto, surgiu uma controvérsia acerca deste elemento temporal, decorrente da redação da alínea "a" do inciso IX do §2° do art. 155 da nova Carta da República, senão vejamos:

> Art. 155. (...)
>
> § 2°. (...)
>
> IX – incidirá também:
>
> a) **sobre a entrada de bem ou mercadoria importados do exterior** por pessoa física ou jurídica, ainda que não seja contribuinte habitual do imposto, qualquer que seja a sua finalidade, assim como sobre o serviço prestado no exterior, cabendo o imposto ao Estado onde estiver situado o domicílio ou o estabelecimento do destinatário da mercadoria, bem ou serviço; (Redação dada pela Emenda Constitucional n° 33, de 2001) (grifo nosso)

O texto constitucional passa a se referir apenas à "entrada de bem ou mercadoria importados do exterior", não mais explicitando que esta entrada se daria no estabelecimento do importador. Com isso, alguns passaram a defender que a

---

2. Com a promulgação da Constituição de 1988, ao campo de incidência do ICM foram acrescidos os serviços de transporte e comunicação, passando-se à nomenclatura ICMS. Deste modo, as normas que disciplinavam o ICM permaneceram válidas e aplicáveis ao ICMS naquilo que não fossem incompatíveis com a nova ordem constitucional.

Constituição estaria se referindo à entrada no território nacional e não mais no estabelecimento do importador.

Em paralelo, o art. 34 do ADCT[3] estabeleceu que, enquanto não editada a lei complementar que viesse a dispor sobre o ICMS à luz da nova disciplina constitucional, seria ele regulado provisoriamente por meio de convênio, a ser celebrado na forma da Lei Complementar nº 24/1975, que regula a celebração de convênios para a concessão de benefícios fiscais de ICMS. Não sobrevindo a dita lei complementar, celebrou-se o Convênio ICM n° 66/1988 e, no que tange à controvérsia aqui analisada, seu art. 2° previu dois possíveis momentos para a ocorrência do fato gerador do ICMS-importação:

> Art. 2º Ocorre o fato gerador do imposto:
> I – na entrada no estabelecimento destinatário **ou no recebimento pelo importador de mercadoria ou bem, importados do exterior**; (grifo nosso)

A controvérsia que surgira com a promulgação da Constituição de 1988 ganhou contornos ainda mais definidos. O Convênio ICM n° 66/1988 passou a prever expressamente a possibilidade de o fato gerador do ICMS-importação ser o recebimento da mercadoria pelo importador e não a posterior entrada da mercadoria em seu estabelecimento, como sempre fora. Nesta esteira, o Estado do Rio de Janeiro editou a supramencionada Lei nº 1.423/1989, que elegeu como elemento temporal do fato gerador tão somente o recebimento do bem ou mercadoria importados, justificando o condicionamento de sua entrega à prova do recolhimento ou exoneração do ICMS.

Contudo, vimos que o DL n° 406/1968 continha previsão distinta. De acordo com ele, o fato gerador do ICMS-importação ocorreria na entrada da mercadoria no estabelecimento do importador, isto é, em momento posterior ao desembaraço aduaneiro. Assim sendo, não se poderia admitir a retenção da mercadoria pelo não pagamento de tributo cujo fato gerador ainda sequer teria ocorrido.

---

3. Art. 34. O sistema tributário nacional entrará em vigor a partir do primeiro dia do quinto mês seguinte ao da promulgação da Constituição, mantido, até então, o da Constituição de 1967, com a redação dada pela Emenda nº 1, de 1969, e pelas posteriores. [...] §8° Se, no prazo de sessenta dias contados da promulgação da Constituição, não for editada a lei complementar necessária à instituição do imposto de que trata o art. 155, I, "b", os Estados e o Distrito Federal, mediante convênio celebrado nos termos da Lei Complementar nº 24, de 7 de janeiro de 1975, fixarão normas para regular provisoriamente a matéria.

Considerando-se *a priori* que o DL n° 406/1968 fora recepcionado pela Constituição de 1988, estabeleceu-se um conflito entre suas disposições e o que passou a dispor o Convênio ICM n° 66/1988, ao ensejo do qual foi editada a lei fluminense. A solução passaria invariavelmente pela interpretação do art. 155, §2°, IX, "a" da vigente Constituição Federal.

Arguida a inconstitucionalidade do convênio e da lei estadual perante o TJRJ, por violação ao art. 155, §2°, IX, "a", o tribunal manifestou-se no sentido de que tais diplomas seriam constitucionais. Entendeu que a Constituição de 1988, de fato, dispusera de maneira diversa da precedente sobre a incidência do imposto. Assim, o DL n° 406/1968 não teria sido recepcionado no ponto que trata da matéria, cabendo ao convênio regulá-la provisoriamente nos termos do art. 34 do ADCT.

Na contramão, o STJ entendeu que a lei estadual, com base em convênio, não poderia alterar o momento da ocorrência do fato gerador do ICMS incidente sobre a mercadoria importada, o qual teria permanecido regulado pelo DL n° 406/1968 ante a recepção do mesmo. A Constituição de 1988 não teria alterado o fato gerador da exação.

Esta é a controvérsia sobre a qual o STF foi instado a se manifestar no RE n° 193.817/RJ. Por apertada maioria, prevaleceu o entendimento de que a constituição vigente pretendeu de fato modificar a incidência do ICMS na importação, alterando o elemento temporal de seu fato gerador e, com isso, legitimando o condicionamento da liberação de bens ou mercadorias importados à apresentação das guias estaduais competentes.

Passaremos, mais adiante, à descrição dos votos proferidos por cada ministro da Corte, de modo a identificar os argumentos e critérios interpretativos de que se utilizaram, mas não sem antes tecermos algumas considerações sobre a interpretação do sistema constitucional tributário que informarão a análise futura.

## 3. A INTERPRETAÇÃO DO SISTEMA CONSTITUCIONAL TRIBUTÁRIO

A disciplina da matéria tributária no ordenamento jurídico brasileiro possui contornos peculiares em razão do alto grau de constitucionalização deste ramo do Direito. Segundo Mizabel Derzi, em atualização à obra de Aliomar Baleeiro[4],

---

4.   BALEEIRO, Aliomar. *Direito tributário brasileiro*. 12. ed. Rio de Janeiro: Forense, 2013. p. 91.

"a Constituição brasileira é a mais minuciosa e rica das Cartas Constitucionais em matéria financeira e tributária". Tal característica traz consigo implicações por demasiado relevantes, sobretudo no que concerne às técnicas de interpretação do texto constitucional.

Como observa Carlos Alexandre de Azevedo Campos[5], "a solução dos conflitos tributários mais relevantes requer a interpretação da Constituição, especialmente, dos enunciados normativos que compõem o Sistema Constitucional Tributário". É por esta razão que, neste tópico, nos ocupamos do estudo da interpretação constitucional a fim de melhor analisarmos a atuação do STF no julgamento do RE n° 193.817/RJ.

De início, é preciso ter em conta que a interpretação jurídica em geral constitui uma atividade cujo objeto é o texto ou enunciado normativo e o resultado é a norma jurídica. De um mesmo texto, é possível extrair-se mais de uma norma, porquanto os vocábulos e enunciados linguísticos são, por natureza, passíveis de distintas significações. Ademais, o contexto de aplicação e as concepções valorativas do intérprete exercem importante papel na determinação dos significados.

Do texto à norma, portanto, há um percurso com amplo espaço para atuação do intérprete, cujo papel é verdadeiramente criativo. A pluralidade de sentidos normativos possíveis impõe que, por vezes, a interpretação consista em se decidir atribuir a uma expressão um determinado significado em detrimento de outros. É o que Riccardo Guastini[6] chamou de interpretação-decisão, asseverando que toda interpretação judicial seria invariavelmente revestida deste caráter decisório.

O autor italiano associa à interpretação-decisão um caráter político, em oposição ao caráter científico atribuído à denominada interpretação-conhecimento, que se resume a descrever ou conjecturar os significados possíveis de uma expressão. Neste contexto, faz-se ainda mais relevante o estudo dos elementos

---

5. CAMPOS, Carlos Alexandre de Azevedo. "Interpretação do Sistema Constitucional Tributário". In: QUEIROZ, Luís Cesar Souza de, ABRAHAM, Marcus e CAMPOS, Carlos Alexandre de Azevedo (Orgs.). *Estado Fiscal e Tributação*. Rio de Janeiro: GZ, 2015. p. 106.
6. GUASTINI, Riccardo. *Distinguiendo – estudios de teoría e metateoría del derecho*. Barcelona: Gedisa Editorial, 1999. p. 203.

tradicionais da interpretação (literal, sistemático, histórico e teleológico) que norteiam e balizam a atividade do intérprete, com o escopo de conferir-lhe objetividade e cientificidade.

O elemento literal ou gramatical deve ser o ponto de partida da interpretação jurídica, pois o intérprete deve considerar em primeiro lugar os vocábulos, a sintaxe e a semântica do texto. Será também o seu limite, refutando-se qualquer resultado que transponha ou subverta o sentido possível do texto. Contudo, polissemia, ambiguidade, vagueza e indeterminação são apenas alguns dos fenômenos da linguagem que denotam a limitação do elemento literal, por conduzirem o seu emprego isolado a uma pluralidade de normas jurídicas a partir de um único texto interpretando. Diante das múltiplas possibilidades, restaria ainda ao intérprete uma indesejada margem de discricionariedade. Nem mesmo o significado *prima facie* dos textos está imune à subjetividade do intérprete.

O elemento sistemático exige do intérprete a harmonização da norma a ser construída pela interpretação com as demais normas que compõem o sistema normativo, de modo que seu sentido seja coerente com o todo e não conflitante. Para tanto, leva-se em conta o conteúdo e o posicionamento de cada norma no ordenamento, o qual se pressupõe completo e harmônico. Ocorre que, como adverte Carlos Alexandre de Azevedo Campos[7], apesar de essencial na interpretação de uma constituição detalhista e compromissória como a nossa, este elemento não é capaz de governar sozinho o processo de interpretação, sobretudo quando presente a sobreposição de direitos fundamentais.

Pelo elemento histórico, a busca do sentido das normas deve levar em consideração o contexto em que foram elaboradas, para que se consiga compreender a vontade do legislador. Como esta vontade se manifesta, na maioria das vezes, por órgãos colegiados, deve-se buscar subsídios nos chamados trabalhos preparatórios, como os debates parlamentares. Deve-se observar também a marcha evolutiva da norma, comparando-a com as que a antecederam.

O elemento teleológico propõe a consideração dos fins visados pelo texto interpretado, perquirindo-se a *ratio legis*. Não se poderia, portanto, atribuir um sentido literal ao texto que contrariasse as causas finais da lei, ou seja, o resultado

---

7. Ibidem, p. 97.

pretendido pelo legislador. Esse elemento finalístico, porém, se dissociado dos anteriores, possui alto grau de subjetividade e discricionariedade, uma vez que as próprias finalidades da lei podem ser consideradas, de certo modo, mutáveis com a evolução do contexto social.

Conhecidos os elementos acima, é preciso entender como e quando aplicá-los como critérios interpretativos consistentes, pois o uso incorreto ou seletivo de qualquer deles pode conduzir a resultados interpretativos completamente dissociados do sentido "permitido" pelo texto e pretendido pelo legislador, ou seja, ilegítimos.

Karl Larenz[8] reconhece que o uso isolado de qualquer deles é insuficiente. Por isto, baseado em uma noção de pluralismo metodológico, isto é, de que os elementos devem apoiar-se reciprocamente, sem opção *a priori* por qualquer deles, pois receberão maior ou menor peso a depender de cada caso concreto, propôs uma metodologia sequencial de aplicação. Inicia-se a atividade interpretativa a partir do sentido literal do dispositivo, passando-se ao contexto, capaz de delimitar os sentidos semânticos possíveis, para, em seguida, avaliar os elementos histórico e teleológico.

A aplicação sequencial dos elementos, na ordem em que foram aqui apresentados, constitui um procedimento a ser sempre adotado pelo intérprete, de modo a assegurar que a escolha dos elementos textuais e contextuais seja metodologicamente consistente. Visa a afastar o uso apriorístico de qualquer deles, o que seria arbitrário e seletivo, alcançando-se uma interpretação legítima, coerente com o texto, o ordenamento, o contexto e as finalidades pretendidas pelo legislador.

Em se tratando da interpretação constitucional, o uso dos elementos tradicionais se mostra ainda mais insuficiente, em razão do próprio objeto a ser interpretado, o texto constitucional. Neste ponto, convém transcrever a lição de Carlos Alexandre de Azevedo Campos[9]:

> A prática da interpretação constitucional, mediante o uso desses critérios tradicionais, deverá observar o caráter compromissório das normas constitucionais,

---

8. LARENZ, Karl. Metodologia da Ciência do Direito. 3 ed. Lisboa: Fundação Calouste Gulbenkian, 1997. p. 484-489.
9. Ibidem, p. 101.

muitas vezes tratando de interesses contraditórios; com a presença maior de enunciados expressivos de objetivos, princípios e valores; com a superioridade normativa e axiológica, o caráter fundamente e **pretensão de máxima efetividade dos preceitos constitucionais**, principalmente, aqueles que prescrevem os direitos fundamentais. Ante tal estrutura normativa, é comum que o intérprete se depare com conflitos envolvendo propósitos e direitos opostos estabelecidos em normas de igual hierarquia. Trata-se de antinomias normativas que, muitas vezes, os elementos tradicionais, nem mesmo o sistemático e o teleológico utilizados conjuntamente, podem resolver. A fim de compatibilizar essas disposições constitucionais, **a doutrina tem proposto as técnicas de ponderação e da proporcionalidade**. (grifo nosso)

Como se depreende, a interpretação do Sistema Constitucional Tributário exige do intérprete não só a aplicação sequencial dos critérios de interpretação, mas também das técnicas da ponderação e da proporcionalidade. O uso consistente dos critérios visa a resguardar valores como segurança jurídica e justiça, prevenindo a imprevisibilidade e o casuísmo das decisões embasadas em argumentos meramente consequencialistas. Vejamos, adiante, como os ministros do STF se utilizaram dos elementos e técnicas de interpretação no julgamento do RE n° 193.817/RJ.

## 4. DESCRIÇÃO DO JULGADO

Para melhor compreensão e sistematização dos argumentos sustentados pelos Ministros, os votos não serão apresentados na ordem em que proferidos, mas reunidos em dois grupos. Inicialmente serão descritos os votos favoráveis ao provimento do recurso e, a seguir, os votos vencidos pelo desprovimento.

### 4.1 Votos pelo provimento do recurso

O **Ministro Ilmar Galvão**, relator do processo, iniciou sua análise destacando as alterações na redação do art. 155, §2°, IX, "a" da CF/88 em relação ao §11 do art. 23 da CF/69. Como visto, o texto constitucional suprimiu, em relação à entrada, a expressão "em estabelecimento comercial, industrial ou produtor". E mais, acrescentou a expressão "cabendo o imposto ao Estado onde estiver situado o domicílio ou o estabelecimento do destinatário da mercadoria, bem ou serviço".

Para ele, considerando-se o elemento literal, a Constituição estabeleceu nova sistemática de incidência do ICMS-importação. Em suas palavras:

> Desnecessário muito esforço interpretativo para concluir-se que a necessidade de definição do Estado competente para a exigência do ICMS decorreu da alteração introduzida quanto ao elemento temporal referido ao fato gerador do tributo, que na hipótese em tela deixou de ser o momento da entrada da mercadoria no estabelecimento do importador, para ser o do recebimento da mercadoria importada.

Afirmou o ministro que esta nova sistemática teria consagrado a pretensão, há muito perseguida pelos Estados, de "verem condicionado o desembaraço da mercadoria ou do bem importado ao recolhimento, não apenas dos tributos federais, mas também do ICMS incidente sobre a operação". Destacou que "o benefício decorrente da medida salta à vista: reduzir praticamente a zero a sonegação, com simultânea redução do esforço de fiscalização, sem gravame maior para o contribuinte".

Haveria evidente incompatibilidade entre o DL n° 406/1968 e o novo texto constitucional, não se operando sua recepção neste ponto. Legítima, portanto, seria a iniciativa dos Estados e do Distrito Federal de celebrar o Convênio ICM n° 66/1988, com o fim de estabelecer regras gerais, de caráter provisório, sobre a matéria. Regras que ofereceram duas alternativas às unidades federadas quanto ao elemento espacial e temporal do fato gerador do tributo de modo que, ao instituir o imposto, cada unidade fixaria um ou outro elemento de acordo com suas peculiaridades. Assim, concluiu pela constitucionalidade da Lei n° 1.423/1989 do Estado do Rio de Janeiro e pela inaplicabilidade, a partir da CF/88, da Súmula n° 577 do STF.

O **Ministro Celso de Mello** acompanhou o relator, afirmando categoricamente que o fato gerador do ICMS-importação ocorre na entrada das mercadorias no território nacional. Segundo o magistrado, com a promulgação da Constituição de 1988, emergiu um novo quadro normativo que proclamou a exigibilidade do ICMS antes da entrada física da mercadoria no estabelecimento do importador.

Diante da inovação constitucional, atribuída ao art. 155, §2º, IX, "a" da CF/88, a Súmula nº 577 do STF teria se tornado insubsistente, possibilitando a incidência do art. 34 do ADCT, que legitimou a regulamentação da matéria por meio de convênio interestadual. O convênio, chamado de verdadeiro "**sucedâneo constitucional** da lei complementar", seria prevalente sobre as disposições divergentes do DL nº 406/1968. O Convênio ICM nº 66/1988 teria então exercido o papel de "estatuto de regência provisória da matéria pertinente à definição da hipótese de incidência do ICMS".

Concluiu, portanto, com base em interpretação literal do art. 155, §2º, IX, "a" da CF/88, pela incidência do ICMS na entrada das mercadorias no território nacional e, por consequência, pela possibilidade de os Estados-membros equipararem o recebimento destas mercadorias pelo importador ao despacho aduaneiro[10], nos termos do Convênio ICM nº 66/1988, como fez a lei fluminense.

O **Ministro Sydney Sanches**, em breve voto, afirmou que o constituinte de 1988 inovou quanto ao fato gerador do ICMS-importação, definindo-o como a entrada da mercadoria no país, nos seguintes termos:

> Verificou-se, porém, ao longo do tempo, que nem sempre a mercadoria importada chegava ao estabelecimento importador. E por isso o ICM restava sonegado, já que não podia ser exigido antes dessa chegada. Bem, ou mal, o constituinte de 1988, diante dessa realidade, resolveu tomar posição tendente a facilitar a arrecadação e a evitar a sonegação. Daí a redação, que deu ao art. 155, inc. IX, alínea "a", da Constituição Federal [...]. Vale dizer, o constituinte preferiu definir, como fato gerador do ICMS, nesse caso, a <u>entrada da mercadoria no País</u>. Por isso foi preciso esclarecer que o tributo seria devido ao Estado onde estivesse situado o estabelecimento, para não se imaginar que seria devido ao Estado onde ocorresse a entrada no País.

---

10. Segundo o art. 542 do Decreto Federal nº 6.759/2009 (<u>Regulamento Aduaneiro</u>), o despacho aduaneiro de importação é o procedimento administrativo mediante o qual é verificada a exatidão dos dados declarados pelo importador em relação à mercadoria importada, aos documentos apresentados e à legislação específica, com vistas ao seu desembaraço aduaneiro.

Verifica-se que o ministro interpretou o dispositivo constitucional com base nos elementos histórico e teleológico, além de atento às consequências práticas da aplicação da norma, quais sejam, a maior praticidade da arrecadação e o óbice à sonegação. Deste modo, concluiu pela constitucionalidade do Convênio ICM nº 66/1988 e da Lei nº 1.423/1989 do Estado do Rio de Janeiro, acompanhando o relator.

O **Ministro Moreira Alves**, por sua vez, iniciou assentando a premissa de que, se o constituinte substituiu um texto anterior, de absoluta clareza, por outro sobre o qual pairaram dúvidas, "a interpretação lógica é no sentido de que houve modificação na disciplina objeto deles". Indagou ele: "Para que mudar-se para uma forma pior, se se queria manter o mesmo sentido?".

Argumentou ainda que, se a Constituição passasse a empregar a expressão "entrada no território nacional", certamente deveria indicar a qual Estado caberia o tributo, sob pena de apenas os Estados portuários serem beneficiados. Por esta razão, o emprego da expressão genérica "entrada de bens ou mercadorias importados" deveria ser interpretado como "entrada no território nacional", já que veio acrescido da indicação de que o imposto caberia ao Estado em que está situado o estabelecimento do importador.

O **Ministro Sepúlveda Pertence** iniciou sua análise a partir da premissa de que, embora caiba à lei complementar a definição dos fatos geradores dos tributos discriminados na Constituição, nos termos de seu art. 146, III, "a", deve esta dizer o mínimo necessário à identificação do objeto de cada competência tributária, eis que a discriminação constitucional de competências tributárias é uma das características marcantes do federalismo brasileiro.

Por consequência, sustentou que não poderia interpretar a Constituição de modo a atribuir-lhe imperdoável "acacianismo", isto é, atribuir-lhe um sentido banal, vazio. Assim, à semelhança do argumentado pelo Ministro Moreira Alves, afirmou que a razão para passar a constar expressamente da redação do art. 155, §2º, IX, "a" da CF/88 o Estado ao qual caberia o tributo se devesse unicamente ao fato de que, de acordo com a nova disciplina constitucional, o fato gerador não ocorreria mais necessariamente no Estado beneficiário do imposto, tal qual sucedia à luz da CF/69.

E mais, ao tratar do regime de tributação do ICMS-importação previsto na CF/69, avaliou que "esse mecanismo se mostrou desastroso, pela evasão fiscal, quando não pela sonegação, a que dava margem". Evidenciou, portanto, mais um argumento, para além do elemento gramatical, que o conduziu à conclusão de que a CF/88 introduziu sistemática diversa de incidência.

## 4.2 Votos pelo desprovimento do recurso

O **Ministro Marco Aurélio** inaugurou a divergência remetendo-se, no mérito, à íntegra do voto por ele proferido no RE n° 144.660/SP, em que a Corte analisou matéria idêntica. Naquele recurso, alegava-se a inconstitucionalidade de lei paulista que fixara como fato gerador do ICMS-importação o recebimento do bem ou mercadoria pelo importador. O Ministro entendeu ser inaplicável à hipótese o §8° do art. 34 do ADCT, que permitiria a regulação provisória da matéria por meio de convênio interestadual, ao amparo do qual foi editada a lei estadual.

Isto porque o dispositivo transitório se prestaria a afastar lacuna legislativa quanto a imposto introduzido pela Carta de 1988. E, definitivamente, este não seria o caso do ICMS-importação, imposto já previsto no §11 do art. 23 da constituição pretérita. Quanto ao convênio lastreado no §8° do art. 34 do ADCT, afirmou que "a possibilidade de disciplina ficou restrita, portanto, ao Imposto sobre Circulação de Mercadorias e Serviços incidente sobre os serviços de transporte interestadual e intermunicipal e de comunicação".

Tais espécies teriam sido verdadeiramente introduzidas pela CF/88, carecendo ainda de qualquer disciplina legal, enquanto o ICMS-importação era pre-existente e já regulado pelo DL n° 406/1968. Em suas palavras, "inexistia campo para a atuação dos Estados mediante convênio e posterior disciplina específica via lei local. Repita-se: as mercadorias importadas do exterior já sofriam tributação em face da Carta que antecedeu a de 1988". Em decorrência, a modificação de fato gerador promovida pelo Convênio ICM n° 66/1988 teria invadido campo reservado exclusivamente à lei, derrogando o disposto no inciso II do art. 1° do DL n° 406/1968.

Segundo o ministro, a própria previsão do art. 155, §2°, IX, "a" é indicativa de que o fato gerador não ocorre na entrada no território nacional, mas no estabelecimento destinatário da mercadoria, em razão da indicação de que o imposto cabe ao Estado em que este está situado. Tal indicação "confirma o tradicional sistema tributário revelador de que a entrada da mercadoria no estabelecimento é o fato gerador. A referência ao Estado em que situado visa a afastar dúvidas quanto ao trânsito da mercadoria, até ele, por Estados diversos".

Concluiu, portanto, pela inconstitucionalidade do Convênio ICM n° 66/1988 e da lei estadual no que concerne à fixação do fato gerador no momento do recebimento da mercadoria, bem como à equiparação deste momento ao despacho aduaneiro. Todavia, entendeu ser possível, à luz da CF/88, a exigência do pagamento antecipado do ICMS, conforme previa o §3° do art. 2° do Convênio ICM n° 66/1988, sem que isto configurasse a modificação do fato gerador constitucional e legalmente previsto.

O **Ministro Mauricio Corrêa** proferiu denso voto pela inconstitucionalidade da lei fluminense a partir do precedente firmado pelo STF no RE n° 149.922-2/SP, julgado em que a Corte analisou o papel e os limites aplicáveis ao convênio previsto pelo §8° do art. 34 do ADCT. Naquela oportunidade, entendeu-se que o referido convênio "tem, necessariamente, seu objeto demarcado pelas lacunas verificadas na legislação federal já existente, e vigência condicionada à edição da lei complementar nacional".

Sendo assim, o Convênio ICM n° 66/1988 estaria limitado a disciplinar tão somente aqueles pontos, acerca do ICMS, ainda não regulamentados pelo DL n° 406/1968, que foram objeto de inovação constitucional em 1988. A parte já regulamentada, no que não fosse incompatível com o novo sistema tributário nacional, não poderia ser tratada pelo convênio, dado o papel restrito e precário que lhe cabia, como assentou o Tribunal:

> Concluindo aquele julgamento, assentou o Plenário desta Corte que, no caso específico do ICMS, nova denominação dada ao anterior ICM, bem de ver-se, encontrava-se em vigor o Decreto-lei n° 406/68 que, com **status** de lei complementar, "estabelece normas gerais de direito financeiro aplicáveis aos impostos sobre operações relativas à circulação de mercadorias e sobre serviços de qualquer natureza". Vale dizer que, no polifórmico amontoado de hipóteses de incidência do ICMS, já se acham regulamentadas, em grande parte, as alusivas a mercadorias e a serviços não especificados, restando, nesse passo, apenas as lacunas decorrentes das inovações determinadas pelo novo Texto Fundamental; e, no mais, a disciplina da matéria tributável que lhe foi acrescentada, a saber,

os serviços de transporte interestadual e intermunicipal e de comunicação, a energia elétrica, os combustíveis líquidos e gasosos, os lubrificantes e os minerais. **Da parte já regulamentada não poderia tratar o Convênio, pois, como já ficou dito acima, tinha ele o papel de substituto provisório.** (grifo nosso)

No entendimento do Ministro, não houve inovação concernente ao momento da incidência do ICMS sobre bens e mercadorias importados que legitimasse nova regulamentação por convênio, com o consequente afastamento da anterior regulamentação legal. Ao contrário, a norma extraída do art. 155, §2°, IX, "a" da CF/88 teria trazido a lume o "Princípio do Destino", introduzido no sistema tributário anterior pelo DL n° 406/1968, segundo o qual as importações seriam tributadas no estabelecimento do importador. Sintetizou: "**É o princípio do destino que fixa o fato gerador**".

Corroborando seu raciocínio, transcreveu o posicionamento de alguns doutrinadores, como Luiz Pinto Ferreira. Para o jurista pernambucano, em relação à disciplina do ICMS-importação na CF/88, "a grande novidade foi a fixação da competência para cobrar o imposto nesse tipo de operação", pois com isto "a Constituição de 1988 deu fim à grande celeuma provocada por Estados portuários, que se investiam do direito de cobrar o imposto pelo fato de a mercadoria ter sido desembaraçada em porto situado em seu território".

Deste modo, a Constituição, em seu art. 155, não teria fixado o momento da ocorrência do fato gerador, mas apenas a hipótese de incidência do tributo e o beneficiário deste. Ao contrário, teria ela remetido à lei complementar, conforme a previsão contida em seu art. 155, XII, "d", a fixação do local das operações relativas à circulação de mercadorias e das prestações de serviços para efeito de cobrança, o que já se encontrava disciplinado pelo DL n° 406/1968 nos aspectos material, espacial e temporal. Não se verificava, portanto, lacuna na legislação federal que ensejasse o tratamento da matéria pelo convênio interestadual, como de fato ocorreu, derrogando diploma normativo hierarquicamente superior.

Por tais razões, o ministro concluiu pelo não conhecimento do extraordinário, uma vez que o Convênio ICM n° 66/1988 e a lei fluminense violaram o princípio constitucional da hierarquia das normas. Mas não sem também consignar sua preocupação com a evasão de receitas para os Estados, razão que acabou por preponderar nos votos vencedores. Conquanto, reputou inadequada a via eleita, restando aos próprios Estados a fiscalização do recolhimento mediante verificação das guias de importação e notificação do contribuinte.

O **Ministro Carlos Veloso**, comparando a redação do art. 155, §2°, IX, "a" da CF/88 com a redação do §11 do art. 23 da CF/69, concluiu que aquele não inovou no sentido de estabelecer novo fato gerador do ICMS incidente sobre mercadorias importadas. Em suas palavras, "O fato de não ter repetido as palavras do texto da Carta anterior – art. 23, §11 – omitindo a expressão 'em estabelecimento comercial, industrial ou produtor', não tem a relevância que lhe empresta o eminente Relator".

Segundo ele, não há no texto constitucional "a menor referência à entrada da mercadoria importada do exterior no território nacional". Poder-se-ia, em razão da imprecisão do texto, no máximo, suscitar uma dúvida, cuja solução deveria advir da lei complementar, o art. 1°, II do DL n° 406/1968. Isto porque a própria Constituição, em seus artigos 146, III, "a" e 155, XII, "a", delegou ao legislador complementar a tarefa de estabelecer os fatos geradores, as bases de cálculo e os contribuintes dos impostos nela discriminados.

O ministro foi categórico ao afirmar que a Constituição não fixa fato gerador de imposto, mas sim a lei complementar, pois caso entendesse de modo diferente, estaria reputando o texto constitucional de contraditório, *in verbis*:

> Registre-se, por outro lado, que a Constituição não fixa fatos geradores dos impostos. É a lei complementar que o faz: Constituição Federal, art. 146, III, a. Se é assim, não tem cientificidade – considerando o sistema tributário nacional como tal – uma interpretação que pretende vislumbrar num texto constitucional no mínimo duvidoso, o estabelecimento do fato gerador do imposto. Não. A Constituição que, expressamente, estabeleceu que, no tocante aos impostos nela discriminados – e o ICMS é um imposto que está nela discriminado – a lei complementar definiria os respectivos fatos geradores (art. 146, III, a), não iria, num passo seguinte, relativamente a um fato gerador do imposto, defini-lo, ela mesma, assim ficando em contradição com ela própria.

Ao afastar a alegada modificação do fato gerador do imposto, entendeu que a única inovação trazida pelo novo texto constitucional teria sido a indicação do Estado beneficiário do tributo. Visando a dirimir a controvérsia acerca da competência para arrecadá-lo, estabeleceu que esta cabia ao Estado do destinatário da mercadoria ou serviço. Por conseguinte, concluiu que "o Convênio 66/88, art. 2°, I, foi além do que podia, efetivando revogação da lei complementar existente" ao estabelecer nova disciplina para o fato gerador do ICMS-importação.

Ao final, o Ministro Carlos Veloso criticou a argumentação do relator, fundada na preocupação com a fiscalização do recolhimento do ICMS. Consignou que, apesar de geral, esta preocupação "não pode alterar conceitos científicos nem fazer com que o Supremo Tribunal se afaste de sua missão primordial de guardião da Constituição e de direitos".

O **Ministro Néri da Silveira** argumentou que, em se tratando de um imposto estadual, a presunção é de que tudo a ele relativo se daria no âmbito do território do Estado, como sempre ocorrera. Logo, se a incidência se desse na entrada no território nacional, e não no território do Estado competente, o do estabelecimento do importador, a expressão "entrada no território nacional", muito comum em texto constitucional, como observa, deveria ter sido empregada.

O fenômeno estadual não poderia ser examinado numa visão de fenômeno federal sem autorização expressa da Constituição, sob pena de se ferir a autonomia do Estado membro. Deste modo, não se verificou que o art. 155, §2°, IX, "a" da CF/88 teria expressamente alterado o tratamento histórico dado à matéria, devendo permanecer a clara sistemática anterior de que o fato gerador se daria pela entrada da mercadoria no estabelecimento importador.

Acompanhou os votos dos Ministros Maurício Corrêa e Carlos Velloso, destacando ainda a firme jurisprudência sobre a matéria, consubstanciada no teor da Súmula n° 577 do STF, resultado de décadas de precedentes no mesmo sentido.

## 5. ANÁLISE CRÍTICA

Peter Häberle[11], ao intitular uma de suas obras, utilizou-se da expressão "sociedade aberta dos intérpretes da constituição", por defender que todos, de algum modo, realizam interpretação. Entretanto, a maior responsabilidade recai

---

11. HÄBERLE, Peter. *Hermenêutica Constitucional. A sociedade aberta dos intérpretes da constituição: contribuição para a interpretação pluralista e "procedimental da constituição".* Porto Alegre: Safe, 1997.

inexoravelmente sobre o intérprete judicial, ao qual incumbe interpretar e aplicar o Direito às controvérsias com o poder de emitir sobre elas a última palavra. Em nosso ordenamento constitucional, o STF é o intérprete último da Constituição.

E, como visto no tópico 3, a atividade do intérprete é essencialmente criativa. A partir de um texto jurídico, pela interpretação, constrói-se a norma jurídica, esta sim dotada de vigência e aplicabilidade. Do texto à norma, inúmeras influências podem interferir no trabalho do intérprete. A começar pelo próprio texto, cujo significado literal, como nos adverte Riccardo Guastini[12], é uma variável dependente da competência e intuição linguísticas de cada um. É, portanto, algo amplamente subjetivo.

Por tais circunstâncias, reputamos que a atividade interpretativa necessita ser conduzida metodologicamente, aproximando-se tanto quanto possível do método científico e permanecendo abrigada das contingências pessoais, das paixões políticas, valorativas, axiológicas e das preocupações de ordem consequencialista do intérprete. É cediço, contudo, que não há interpretação estanque à pessoa do intérprete, porquanto tenha natureza decisional e, por conseguinte, política.

No julgamento do RE n° 193.817/RJ, o STF foi instado a julgar uma controvérsia acerca da interpretação de um dispositivo constitucional, o art. 155, §2°, IX, "a" da CF/88, cuja redação fora alterada em relação ao dispositivo congênere que figurava na Carta de 1969. Decerto que, como vimos, os textos jurídicos comportam diferentes sentidos possíveis, o que não seria diferente com o dispositivo em questão.

Sem embargo também que toda interpretação deve partir do texto e nele encontrar seu limite possível, não se cogitando de conformar o texto preexistente a finalidades não pretendidas quando da sua elaboração. Isto significa que a ordem sequencial de aplicação dos elementos de interpretação não pode ser invertida, sob pena de subverter-se a noção de pluralismo metodológico, a qual está baseada justamente na recusa da opção apriorística por algum deles.

Atentos a estas noções procedimentais, vislumbramos de antemão que o melhor sentido a ser extraído pelo STF deva ser aquele que, a partir do texto posto, seja coerente com as demais normas constitucionais e com o sistema jurídico

---

12. Ibidem, p. 212.

como um todo, considerado em teor e hierarquia, com o contexto histórico em que fora elaborado o texto e que atenda às finalidades visadas para si. O que não se pode conceber é o caminho inverso, o estabelecimento de um fim desde já, ao qual seja conduzido artificialmente todo o processo de interpretação.

No caso em análise, os julgadores tinham diante de si um texto reconhecidamente impreciso, mormente se comparado com o texto do dispositivo que o precedera que, como afirmou o Ministro Moreira Alves, era de absoluta clareza. Em verdade, vimos que não há texto absolutamente claro, pois a pluralidade de sentidos é inerente aos vocábulos e expressões, conquanto existam graus maiores ou menores de definição ou certeza.

Apesar da imprecisão, o texto em si deveria ser o primeiro elemento a ser considerado no processo interpretativo, mas não se pode considerar que tenha sido exatamente assim. Isto porque, à exceção do Ministro Maurício Corrêa, os demais Ministros partiram direto para a comparação do texto interpretando com o texto da Carta anterior. Reputamos que esta análise, embora imprescindível, seja muito mais histórica que literal, não devendo ser exatamente ela o ponto de partida da interpretação, sob pena de se assumir erroneamente como premissa que toda alteração de texto implica alteração de norma, como expressamente o fez o Ministro Moreira Alves.

Tomando-se objetivamente o texto do art. 155, §2º, IX, "a", verificamos que a Constituição de 1988 estabeleceu a incidência do ICMS sobre a entrada de bem ou mercadoria importados do exterior. Além disso, estabeleceu que o imposto caberia ao Estado onde estiver situado o domicílio ou o estabelecimento do destinatário dos mesmos. A partir de tais dados objetivos, vemos suscitados três sentidos possíveis para a norma nele contida.

O primeiro: a norma se resumiu a estabelecer a incidência do ICMS na importação de mercadorias, não dispondo ela mesma sobre o fato gerador do imposto, e indicou a qual Estado caberia sua arrecadação. O segundo: a norma estabeleceu que o fato gerador do ICMS na importação seria a entrada do bem ou mercadoria no estabelecimento do importador, razão por que destinou ao Estado deste estabelecimento a competência para arrecadá-lo. O terceiro: a norma estabeleceu que o fato gerador do ICMS na importação seria a entrada do bem ou mercadoria no território nacional, indicando expressamente a competência tributária do Estado do estabelecimento do destinatário para que não houvesse conflito com o Estado onde ocorreu o ingresso no território nacional.

A nosso ver, considerando-se tão somente o elemento literal, não há indício bastante que conduza à interpretação de que este dispositivo tenha fixado o momento do fato gerador do tributo como a entrada no território nacional. Não afirmamos, porém, que tal interpretação seja incompatível com o elemento literal, transpondo os limites do sentido possível. O mesmo se poderia dizer acerca das razões para a indicação do Estado beneficiário do imposto. Esta insuficiência do elemento literal já nos era conhecida. Faz-se necessário dar o passo seguinte.

Levando-se também em conta o elemento sistemático, que particularmente se revelou de crucial importância neste julgamento, os sentidos possíveis do texto deveriam ser confrontados com os demais dispositivos constitucionais e legais, incluídas aí as normas que o antecederam. Deste confronto, não poderiam subsistir os sentidos que rompessem com a harmonia do sistema jurídico, considerado um todo coeso e harmônico de normas, eliminando-se as aparentes contradições.

A Constituição estabeleceu, em seu art. 146, III, "a", na seção que dispõe sobre os Princípios Gerais do Sistema Tributário Nacional, que cabe à lei complementar a definição dos fatos geradores dos tributos nela discriminados. A mesma Constituição, em seu art. 155, XII, "d", dispositivo que trata exclusivamente do ICMS, dispõe que cabe à lei complementar a definição do local relativo às operações de circulação de mercadorias para efeito de cobrança e definição do estabelecimento responsável.

Neste ponto, o voto do Ministro Sydney Sanches afirmou que a Constituição fixou o fato gerador do ICMS na importação, pois se pode atribuir poderes à lei complementar, poderia naturalmente reservá-los para si. É evidente que não é vedado à Constituição fixar, ela mesma, o fato gerador de imposto. O que aqui se coloca é que, diante da dúvida de tê-lo feito ou não, a melhor interpretação seria a de que não o fez, o que mantém a coerência da sistemática nela prevista e confere maior efetividade aos dispositivos que atribuem competência à lei complementar.

Por sua vez, o Ministro Carlos Veloso afirmou que, caso reconhecesse que a Constituição definiu ela própria o fato gerador do ICMS na importação, estaria acusando-a de contraditória. Ora, sob o ponto de vista sistemático, parece-nos muito mais harmônica com a ordem constitucional a interpretação de que, no art. 155, §2°, IX, "a", encontra-se tão somente a previsão de incidência do ICMS na importação de mercadorias e serviços, mas não a definição do fato gerador do tributo, tanto menos a fixação do seu elemento temporal, tarefa da qual se incumbiria o legislador complementar.

Causa espécie, contudo, que o voto condutor do julgamento, proferido pelo Relator, o Ministro Ilmar Galvão, sequer tenha cogitado enfrentar esta questão. Talvez isto justifique seu argumento de que fora "desnecessário maior esforço interpretativo" para chegar à sua conclusão. Como ele, outros simplesmente não a enfrentaram, suprimindo inadvertidamente a análise do elemento sistemático e, com isso, comprometendo a consistência do método interpretativo sequencial proposto por Larenz.

Ainda sob o ponto de vista sistemático, parece-nos também apropriado o raciocínio do Ministro Néri da Silveira de que, em se tratando o ICMS de imposto estadual, seria mais coerente com as regras constitucionais de repartição da competência tributária considerar o seu fato gerador ocorrido na entrada dos bens ou mercadorias no estabelecimento do importador, situado no âmbito do território do Estado-membro competente, e não na entrada no território nacional, em ponto possivelmente fora deste território.

Passando-se ao elemento histórico, cumpre aos intérpretes analisar o contexto de elaboração das normas, bem como atentar para sua característica evolutiva, observando as normas que a antecederam. Aqui sim se insere a comparação da redação do art. 155, §2°, IX, "a" com a do §11 do art. 23 da CF/69, com a qual a maioria dos Ministros já iniciou de plano a interpretação, evidenciando mais uma vez o comprometimento do método interpretativo sequencial.

No contexto da elaboração do novo texto constitucional, vigia uma sistemática muito clara e definida quanto à incidência do ICM na entrada da mercadoria no estabelecimento do importador, inclusive regulamentada por Decreto-lei. Reputamos válido considerar aqui também o contexto jurisprudencial, e neste havia a Súmula n° 577 do STF, a asseverar igualmente que a incidência do imposto se dava na entrada da mercadoria no estabelecimento do importador.

O texto interpretando suprimiu a expressão "em estabelecimento" quando se referiu à entrada e inseriu a especificação de que o imposto caberia ao Estado do estabelecimento do destinatário. Como já afirmamos, o novo texto é impreciso. E, por isso, não podemos refutar categoricamente as várias interpretações que lhe emprestaram os ministros. Todavia, não se pode aceitar a presunção de que alteração de texto necessariamente implique alteração da norma nele prevista, devendo o intérprete, a todo custo, esforçar-se por desvelar um novo sentido como nos parece ter afirmado o Ministro Moreira Alves.

Também não podemos conceber a atribuição quase dogmática de um novo sentido para o texto, como aparenta ter feito o Ministro Celso de Mello, sem evidenciar a utilização criteriosa de qualquer dos elementos de interpretação. Por fim, custa-nos crer que, no contexto deste cenário normativo e jurisprudencial tão definido e sedimentado, seria mais razoável interpretar que o constituinte, por sutis alterações redacionais, teria promovido uma profunda modificação no fato gerador do tributo, alterando a tradicional sistemática da incidência na entrada no estabelecimento do importador.

Por fim, resta a avaliação do elemento teleológico, em que se devem buscar os fins visados pela norma. Na aplicação do método sequencial de interpretação, baseado na noção de pluralismo metodológico, este é o último a ser considerado. Não por isto tenha menor importância, mas sua consideração não pode negar a aplicação anterior dos demais, dado o alto grau de subjetividade e discricionariedade a ele associado.

Nos votos analisados, parece-nos evidente que os ministros que votaram a favor da interpretação de que a Constituição de 1988 alterou a sistemática de incidência do ICMS-importação, para ser possível a retenção das mercadorias pela Alfândega até o efetivo recolhimento ou exoneração do tributo, atribuíram maior peso ao elemento teleológico. Isto não seria preocupante se resultasse do sopesamento entre este e os elementos anteriores, analisados conjunta e reciprocamente. Não nos parece que tenha sido assim.

Decidir de modo a facilitar a fiscalização e reduzir a sonegação nos parece muito mais uma preocupação de índole consequencialista dos julgadores que uma interpretação verdadeiramente teleológica, que tenha buscado a *ratio legis*. A preocupação de um legislador constituinte, ao introduzir a previsão de que o tributo cabe ao Estado do destinatário da mercadoria importada, se conforma muito mais com a ideia de prevenir conflitos de competência entre os Estados membros da federação, que meramente instituir mecanismo que vise à praticidade fiscal.

Verificamos assim que o elemento teleológico foi utilizado de forma seletiva, a serviço de um argumento consequencialista, mais preocupado com o impacto prático da decisão que com sua coerência interna. Neste particular, os votos dos Ministros Mauricio Corrêa e Carlos Veloso foram irrepreensíveis. Apenas ao final, após chegarem a suas conclusões acerca da interpretação do dispositivo em questão, consignaram sua preocupação com a evasão de receitas dos Estados, mas reconheceram que tal argumento, por si só, não seria capaz de fazê-los alterar o sentido legítimo de uma norma constitucional. Vale reproduzir novamente as palavras do Ministro Veloso de que de que esta preocupação "não pode alterar conceitos científicos nem fazer com que o Supremo Tribunal se afaste de sua missão primordial de guardião da Constituição e de direitos".

O esforço interpretativo aqui empreendido revela fragilidades na atuação do STF. A interpretação que, à primeira vista, poderia parecer a mais adequada, revelou-se menos coerente e de menor rigor científico, tanto que diverge da lição de doutrinadores como Roque Antonio Carraza e José Eduardo Soares de Melo. De todo modo, a questão de fundo não é simples. Mesmo Carrazza oscilou seu entendimento sobre a controvérsia apresentada, embora tenha revisado enfaticamente seu posicionamento para, como aqui fizemos, divergir da jurisprudência firmada pelo STF sobre o elemento temporal do fato gerador do ICMS-Importação.

> *De fato, ao lume do que já escrevemos, podemos avançar o raciocínio afirmando que o* critério temporal *(momento em que se considera ocorrido o fato imponível) do ICMS em discussão, longe de ser a* entrada física*, no território nacional, das mercadorias ou bens, é sua efetiva entrada no* estabelecimento destinatário*.*
>
> Somos tão incisivos porque só com a efetiva entrada, no estabelecimento destinatário, das mercadorias ou bens importados, é que eles terão ingressado no mercado brasileiro, respectivamente para fins de revenda e para consumo ou ativo fixo.
>
> Tudo isto nos leva a concluir – ao contrário do que sustentamos em edições anteriores – que o ICMS em pauta só pode nascer com a entrada das mercadorias ou bens no estabelecimento destinatário. Nunca com o mero *desembaraço aduaneiro*.

São, pois, inconstitucionais quaisquer leis, inclusive complementares, que estabeleçam que o fato imponível do tributo ocorre no "desembaraço aduaneiro das mercadorias importadas do exterior". [13] (grifos do original)

Analisando o critério material da regra-matriz de incidência do ICMS-importação, Carrazza conclui não haver possibilidade de incidência do ICMS antes de ocorrida a efetiva circulação das mercadorias, a qual jamais se aperfeiçoaria com o desembaraço aduaneiro, mero ato administrativo liberatório, mas sim com sua incorporação ao mercado nacional, consubstanciada na entrada no estabelecimento do destinatário jurídico da importação.

## 6. CONCLUSÃO

Este breve estudo, realizado ao ensejo da edição da Súmula Vinculante nº 48, pretendeu analisar a consistência metodológica da atividade interpretativa do STF no julgamento do RE nº 193.817/RJ, ocasião em que se firmou a tese contida no verbete sumular. Apoiou-se na metodologia interpretativa proposta por Karl Larenz, que pressupõe a consideração sequencial dos quatro elementos tradicionais de interpretação.

Como premissa, afirmou-se o caráter criativo da atividade do intérprete, a reprovação ao uso seletivo e arbitrário dos elementos de interpretação tomados a serviço de um resultado previamente pretendido pelo julgador e o necessário pluralismo metodológico nas interpretações, sem a prevalência *a priori* de qualquer dos elementos, conferindo cientificidade ao procedimento.

Assim considerado, foi possível concluir que a tese afirmada pelo STF de que a Constituição de 1988 alterou o elemento temporal do fato gerador do ICMS-importação não foi a mais adequada metodologicamente. A análise pormenorizada e sequencial de cada um dos elementos de interpretação aqui empreendida, ao revés, conduziu à tese vencida.

De longe, a tese vencedora não é a que mais se harmoniza com nosso sistema jurídico se considerados o critério material do ICMS-importação e as regras constitucionais de reserva de lei complementar, embora seja possível do ponto

---

13. CARRAZZA, Roque Antonio. *ICMS*. 17ed. São Paulo: Malheiros, 2015. p. 84.

de vista literal. Verificou-se clara opção apriorística pelo elemento teleológico, que pende para a tese vencedora, em detrimento do elemento sistemático, que a inviabiliza. O próprio elemento teleológico foi tergiversado e apequenado para se conformar aos apelos de praticidade fiscal e combate à sonegação, constatando-se a prevalência de argumentos de utilidade, consequencialistas, em atendimento aos interesses dos Estados-membros.

Não obstante, a interpretação é ao fundo uma atividade decisional e, por isto, como leciona Ricardo Guastini[14], não é verdadeira nem falsa. Assim, a interpretação do STF, embora não seja, a nosso ver, a mais coerente e rigorosa cientificamente, é admissível, o que não nos deixa confortáveis ante a falta de consistência metodológica do Supremo Tribunal que vulnerabiliza valores fundamentais como a segurança jurídica e a justiça.

## REFERÊNCIAS BIBLIOGRÁFICAS

BALEEIRO, Aliomar. *Direito tributário brasileiro.* 12. ed. Rio de Janeiro: Forense, 2013.

CAMPOS, Carlos Alexandre de Azevedo. "Interpretação do Sistema Constitucional Tributário". In: QUEIROZ, Luís Cesar Souza de, ABRAHAM, Marcus e CAMPOS, Carlos Alexandre de Azevedo (Orgs.). *Estado Fiscal e Tributação.* Rio de Janeiro: GZ, 2015.

CARRAZZA, Roque Antonio. *ICMS.* 17ed. São Paulo: Malheiros, 2015.

GUASTINI, Riccardo. *Distinguiendo – estudios de teoría e metateoría del derecho.* Barcelona: Gedisa Editorial, 1999. p. 203.

HÄBERLE, Peter. *Hermenêutica Constitucional. A sociedade aberta dos intérpretes da constituição: contribuição para a interpretação pluralista e "procedimental da constituição".* Porto Alegre: Safe, 1997.

---

14. GUASTINI, Riccardo. *Distinguiendo – estudios de teoría e metateoría del derecho.* Barcelona: Gedisa Editorial, 1999. p. 204.

LARENZ, Karl. *Metodologia da Ciência do Direito. 3 ed.* Lisboa: Fundação Calouste Gulbenkian, 1997

MELO, José Eduardo Soares de. *ICMS – Teoria e Prática. 4 ed.* São Paulo: Dialética, 2000.

# RE Nº 188.083 E RE Nº 201.512: IRPJ E A CORREÇÃO MONETÁRIA DAS DEMONSTRAÇÕES FINANCEIRAS

*JULIO CESAR VIEIRA GOMES*[1]

**Sumário:** 1. Introdução. 2. Recurso Extraordinário nº 188.083. 2.1. A controvérsia. 2.2. Conceitos e teorias examinadas pelo STF. 2.2.1. Os fundamentos adotados nos votos dos Ministros do STF. 2.2.1.1. Ministro Marco Aurélio (relator). 2.2.1.2. Ministro Luiz Fux. 2.2.1.3. Ministro Edson Fachin. 2.2.1.4. Ministro Luís Roberto Barroso. 2.2.1.5. Ministra Rosa Weber. 3. Recurso Extraordinário nº 201.512. 3.1. A controvérsia. 3.2. Conceitos e teorias examinadas pelo STF. 3.3. Os fundamentos adotados nos votos dos Ministros do STF. 3.3.1. Ministro Marco Aurélio (relator, vencido). 3.3.2. Ministro Eros Grau. 3.3.3. Ministro Joaquim Barbosa. 4. Análise crítica. 5. Conclusão.

## 1. INTRODUÇÃO

Este artigo se propõe ao exame crítico da atuação do Supremo Tribunal Federal – STF nas questões que pela sua especificidade técnica exigem, previamente à solução da controvérsia de constitucionalidade, uma certa deferência a outras instituições públicas e privadas, a fim de se contribuir para que o processo decisório extraia do diálogo institucional conhecimentos técnicos relevantes para o resultado final do julgamento. O instrumento legal hoje vigente é a possibilidade de ingresso no processo do interessado como *amicus curiae*, o que também se estende às ações em matéria tributária quando são ouvidas entidades públicas

---

1. Doutorando e Mestre em Direito Financeiro e Tributário pelo Programa de Pós-graduação em Direito da Universidade do Estado do Rio de Janeiro – UERJ. Conselheiro Fazendário do Conselho Administrativo de Recursos Fiscais – CARF.

ou privadas, indistintamente[2]. Dessa forma, as agências reguladoras podem ser consultadas sobre as questões técnicas de sua competência, relevantes para a solução da controvérsia. Da mesma forma, os órgãos fazendários e as entidades civis de estudos em direito tributário podem colaborar com o STF para a melhor compreensão dos conceitos, contextos e reflexos da solução que vier a ser adotada. De fato, o STF tem adotado uma postura aberta à participação das entidades em seu processo decisório[3].

Para nosso propósito, examinaremos aqui dois recentes julgamentos do STF sobre a correção monetária dos balanços patrimoniais das empresas para, através deles, demonstrarmos como a insuficiente compreensão dos aspectos mais técnicos influenciaram negativamente no resultado:

a) Recurso Extraordinário nº 188.083; e

b) Recurso Extraordinário nº 201.512.

Na apresentação deste trabalho, descreveremos separadamente o julgamento de cada um deles e, posteriormente, em conjunto, faremos uma análise crítica apontando a dificuldade da corte de compreensão da própria sistemática de correção monetária dos balanços patrimoniais e dos aspectos contábeis, que seria necessária para a solução da controvérsia quanto à constitucionalidade.

Nessa parte de análise crítica, recorremos a algumas das teorias das instituições e, em especial, sobre os processos decisórios dos tribunais constitucionais.

---

2. BRASIL. Lei nº 9.868, de 10/11/1999. Diário Oficial da União – DOU de 11/11/1999: "Art. 7º [...] §2º O relator, considerando a relevância da matéria e a representatividade dos postulantes, poderá, por despacho irrecorrível, admitir, observado o prazo fixado no parágrafo anterior, a manifestação de outros órgãos ou entidades. Art. 9º [...] §1º Em caso de necessidade de esclarecimento de matéria ou circunstância de fato ou de notória insuficiência das informações existentes nos autos, poderá o relator requisitar informações adicionais, designar perito ou comissão de peritos para que emita parecer sobre a questão, ou fixar data para, em audiência pública, ouvir depoimentos de pessoas com experiência e autoridade na matéria".

3. Em pesquisa a algumas ações em matéria tributária relevante constata-se o ingresso como *amicus curiae* da Fazenda Nacional, outras entidades públicas e entidades civis: RE 704.815, RE 662.976, RE 673.707, RE 684.261, RE 566.622, RE 576.967, RE 593.068, RE 595.838, RE 588.954, RE 639.352, ADC 18 e RE 640.452.

## 2. RECURSO EXTRAORDINÁRIO Nº 188.083

### 2.1. A controvérsia

Embora publicada em 11/07/1989, a Lei nº 7.799 impôs aos contribuintes a correção monetária do balanço patrimonial com efeitos retroativos ao dia 01/02/1989. Sendo assim, o recurso extraordinário questionou no STF a violação dos princípios tributários da irretroatividade e anterioridade, o que foi provido.

Os dispositivos legais sob exame de constitucionalidade foram os artigos 29 e 30, §2º da Lei nº 7.799, de 10/07/1989:

> Art. 29. A correção monetária de que trata esta Lei será efetuada a partir do balanço levantado em 31 de dezembro de 1988.
>
> Art. 30. Para efeito da conversão em número de BTN, os saldos das contas sujeitas à correção monetária, existentes em 31 de janeiro de 1989, serão atualizados monetariamente tomando-se por base o valor da OTN de NCz$ 6,92.
>
> *§ 1º Os saldos das contas sujeitas à correção monetária, atualizados na forma deste artigo, serão convertidos em número de BTN mediante a sua divisão pelo valor do BTN de NCz$ 1,00.*
>
> *§ 2º Os valores acrescidos às contas sujeitas à correção monetária, a partir de 1º de fevereiro até 30 de junho de 1989, serão convertidos em número de BTN mediante a sua divisão pelo valor do BTN vigente no mês do acréscimo.*

A correção monetária dos balanços patrimoniais tem uma sistemática própria que exige algum conhecimento de contabilidade para sua plena compreensão. No período em que enfrentávamos no Brasil elevados índices inflacionários, os balanços patrimoniais das empresas precisavam corrigir as distorções de valores para que os ativos permanentes e o patrimônio líquido retratassem melhor a realidade; assim, essas contas contábeis eram corrigidas monetariamente de acordo com o índice oficial de cada época: ORTN, OTN, BTNF, IPC e UFIR.

De fato, em países de economia altamente inflacionária, mais do que um mero mecanismo contábil de avaliação de patrimônio das pessoas jurídicas, é de transcendental importância, pois visa, em última análise, expurgar do resultado do exercício (o lucro líquido contábil), consequentemente do lucro real, os efeitos da desvalorização da moeda. Ou seja, em um regime inflacionário, apurar corretamente o resultado de cada período base das pessoas jurídicas, necessário, inclusive, para a correta mensuração do patrimônio empresarial, é de fundamental importância no Direito Tributário e societário para se evitar a dilapidação do patrimônio empresarial, o que fatalmente ocorreria, pois, a título de tributos incidentes sobre a renda (lucro), estar-se-iam entregando parcelas do patrimônio.

O nosso dispositivo aqui examinado modificou para o ano-base 1989 o índice da época a ser aplicado para a correção monetária do balanço patrimonial. O índice OTN havia sido revogado pela Lei nº 7.730, de 31/01/1989, mas ainda assim seria adotado para o ano-base 1989; contudo, logo em seguida a Lei nº 7.799, de 10/07/1989 fez com que houvesse a substituição imediata pelo BTN, com efeitos retroativos a janeiro daquele ano:

> Art. 30. No período-base de 1989, a pessoa jurídica deverá efetuar a correção monetária das demonstrações financeiras de modo a refletir os efeitos da desvalorização da moeda observada anteriormente à vigência desta Lei.
>
> *§1º Na correção monetária de que trata este artigo a pessoa jurídica deverá utilizar a OTN de NCz$ 6,92 (seis cruzados novos e noventa e dois centavos).*

A sistemática de correção monetária do balanço consistia, portanto, em atualizar os saldos das contas do ativo permanente e do patrimônio líquido. Sendo a primeira sempre com saldo devedor e a segunda, credor. O valor correspondente à correção monetária fazia com que os saldos aumentassem de forma a retratarem o valor real e esse mesmo valor tinha uma contrapartida em uma conta contábil especial existente exclusivamente com a finalidade de apuração do lucro ou prejuízo inflacionário, conforme o caso[4].

Assim, como as contas de patrimônio líquido têm saldo credor, ao nelas serem lançadas a correção monetária a contrapartida é um lançamento a débito na conta "Correção monetária do balanço" e; vice-versa, como as contas do ativo

---

4. PEREIRA, José Luiz Bulhões; CRUZ FILHO, Manoel Ribeiro. *Manual de Correção Monetária das Demonstrações Financeiras.* 4ª Ed.. Rio de Janeiro: ADCOAS Editora, 1979: "*A correção dos efeitos da inflação sobre os resultados da pessoa jurídica é obtida através da transferência, para as contas de resultado, do saldo da conta especial transitória na qual são registradas as contrapartidas dos lançamentos de correção do ativo permanente e do patrimônio líquido. O saldo devedor dessa conta elimina das contas de resultado lucros contábeis que são fictícios porque têm a função de manter — em moeda de poder de compra constante — o capital de giro próprio da pessoa jurídica*".

permanente têm saldo devedor, a contrapartida é um lançamento contábil a crédito. Ao final de todos os lançamentos das partidas e contrapartidas, apura-se o saldo na conta "Correção monetária do balanço": o saldo credor, após alguns ajustes, corresponde ao lucro inflacionário e; vice-versa, quando devedor, a um prejuízo inflacionário:

> Lei nº 7.799, de 10/07/1989:
>
> Art. 21. Considera-se lucro inflacionário, em cada período-base, o saldo credor da conta de correção monetária ajustado pela diminuição das variações monetárias e das receitas e despesas financeiras computadas no lucro líquido do período-base.
>
> § 1º O ajuste será procedido mediante a dedução, do saldo credor da conta de correção monetária, de valor correspondente a diferença positiva entre a soma das despesas financeiras com as variações monetárias passivas e a soma das receitas financeiras com as variações monetárias ativas.
>
> § 2º Lucro inflacionário acumulado é a soma do lucro inflacionário do período-base com o saldo de lucro inflacionário a tributar transferido do período-base anterior.
>
> § 3º O lucro inflacionário a tributar será registrado em conta especial do Livro de Apuração do Lucro Real, e o saldo transferido do período-base anterior será corrigido monetariamente, com base na variação do valor do BTN Fiscal entre o dia do balanço de encerramento do período-base anterior e o dia do balanço do exercício da correção.

## 2.2. Conceitos e teorias examinados pelo STF

A decisão recorrida se sustentara nas seguintes teses:

a) O princípio de irretroatividade tributária não afasta toda e qualquer retroatividade, mas apenas aquela que fere o direito adquirido, que em matéria de imposto de renda se traduz em direito de se ver cobrado do referido imposto sem novas hipóteses de incidência ou sem majorações, ocorridas após o início do período-base;

b) Na espécie, o dispositivo legal acoimado de inconstitucional não majorou o imposto de renda, mas apenas, de forma legal e oportuna, determinou a incidência de correção monetária, em face da inflação efetivamente ocorrida no período de 01/02/89 a 30/06/89 em relação às demonstrações financeiras, como forma de tornar adequadas aos efeitos da inflação os respectivos valores;

c) Tal procedimento, aliás, consistente em considerar os efeitos da espiral inflacionária sobre as demonstrações financeiras, tem se constituído em objeto de inúmeras postulações de contribuintes, no sentido de tornar realísticos os resultados obtidos pelas empresas, tese que tem merecido integral acolhimento por parte do Poder Judiciário;

d) Convém assinalar que o dispositivo legal de que se trata manteve o mesmo critério de correção monetária existente no início do exercício social de 1989, lastreado na variação do IPC;

e) Não é, pois, inconstitucional o parágrafo 2º da Lei nº 7.799/89, por afronta ao princípio da irretroatividade da lei tributária, vez que o mesmo tem por escopo, tão-somente, fazer refletir, nas demonstrações financeiras das empresas, a realidade do processo inflacionário, de acordo com o mesmo critério substancial da variação do IPC, que já era o parâmetro oficial da inflação quando do início do exercício social de 1989.

No recurso extraordinário o contribuinte apresentava as seguintes razões:

a) violação aos princípios da anterioridade e da irretroatividade;

b) que tem direito de apurar o lucro real e pagar o tributo de acordo com a legislação vigente no início do exercício financeiro; e

c) que os artigos 29 e 30, §2º da Lei nº 7.799, de 10/07/1989 impuseram alteração no lucro real, gerando aumento fictício de tributo.

## 2.3. Os fundamentos adotados nos votos dos ministros do STF

### 2.3.1. Ministro Marco Aurélio (relator)

Houve violação aos princípios da anterioridade e da irretroatividade. A medida provisória nº 32, de 15 de janeiro de 1989, transformada na Lei nº 7.730, de 31 de janeiro de 1989 ("Plano Verão"), afastou mediante revogação do artigo

185 da Lei nº 6.404, de 15 de dezembro de 1976 e do Decreto nº 2.341, de 29 de junho de 1987, a desindexação do balanço, o denominado Plano Verão; contudo, os artigos 29 e 30, §2º da Lei nº 7.799, de 10/07/1989 trouxeram modificação substantiva na apuração do imposto de renda para o ano-calendário 1989.

Assim, não se trata de simples atualização de tributo devido, mas da tomada de fatos surgidos sob regência específica para se dar a eles nova conotação jurídica. A volta à indexação do balanço é constitucional; porém, somente em seus efeitos prospectivos. A retroação prevista pelo §2º do artigo 30 da Lei nº 7.799/89 alcança período sob abrigo de dispositivo legal anterior que extinguiu a correção monetária do balanço patrimonial;

### 2.3.2. Ministro Luiz Fux

A Lei nº 7.799/89 foi editada em julho de 1989 propugnando a indexação de balanço contábil-fiscal iniciado em janeiro/fevereiro. Assim, possui efeitos retroativos, posto que alcançou fatos geradores ocorridos antes de sua entrada em vigor. Em termos econômicos, promoverá o reajuste da base de cálculo do imposto de renda, acarretando o aumento do tributo a ser pago.

### 2.3.3. Ministro Edson Fachin

Acrescenta aos fundamentos adotados pelo Ministro Luiz Fux que não se desconsidera a orientação jurisprudencial do Supremo Tribunal Federal no sentido de que a alteração de índice de correção monetária não afetaria *prima facie* nenhum dos elementos da base de cálculo. Contudo, no caso em espécie haverá situação mais gravosa ao contribuinte e, portanto, não se amolda à jurisprudência construída através de casos outros em que não havia aumento velado do tributo.

### 2.3.4. Ministro Luís Roberto Barroso

O Tributo não incide no último dia do ano. Ele incide por período. A adoção de um dia para representar todo um período é a evidência inequívoca de que a data em que se considera ocorrido o fato imponível é uma ficção. E não podemos aqui chancelar a primazia da ficção em detrimento da realidade.

Em 20/11/2013, o Plenário do Supremo Tribunal Federal concluiu o julgamento dos recursos extraordinários de números 208.526 e 256.304, que cuidavam do expurgo inflacionário promovido pelo Plano Verão quando, artificialmente, o Governo impôs índice de correção monetária das demonstrações financeiras notadamente inferior ao que tinha sido observado pelos órgãos tradicionais de aferição da taxa mensal. O valor fixado para a OTN ficou muito aquém da inflação efetivamente verificada no período, implicando, por essa razão, majoração da base de incidência do imposto sobre a renda e a criação fictícia de renda ou lucro, por via imprópria.

### 2.3.5. Ministra Rosa Weber

Entendeu a ministra que o presente caso não versa sobre substituição de indexador, mas sobre reintrodução de sistema de correção monetária do balanço que, além de não respeitar a regra da anterioridade, se ressente de incidência retroativa, alterando o cálculo do tributo de forma a desfavorecer o contribuinte e a atrair, *ipso facto*, o vício da inconstitucionalidade.

## 3. RECURSO EXTRAORDINÁRIO Nº 201.512

### 3.1. A controvérsia

Após o reconhecimento de que o índice instituído pela Lei nº 7.799, de 10/07/1989, BTN-Fiscal, não representara a real inflação do período, a Lei nº 8.200/91 possibilitou a dedução da correção monetária correspondente à diferença verificada em 1990 entre a variação do IPC e a variação do BTN-Fiscal; no entanto, o dispositivo sob exame de constitucionalidade determinou o diferimento da dedução ao longo dos exercícios seguintes, a partir de 1993, criando-se assim uma restrição temporal e limites quantitativos.

O dispositivo legal sob exame de constitucionalidade foi artigo 3º Inciso I da Lei nº 8.200, de 28/06/1991:

> Art. 3º A parcela da correção monetária das demonstrações financeiras, relativa ao período-base de 1990, que corresponder à diferença verificada no ano de 1990 entra a variação do Índice de Preços ao Consumidor (IPC) e a variação do BTN Fiscal, terá o seguinte tratamento fiscal:

I – Poderá ser deduzida, na determinação do lucro real, em seis anos-calendário, a partir de 1993, à razão de 25% em 1993 e de 15% ao ano, de 1994 a 1998, quando se tratar de saldo devedor. (Redação dada pela Lei nº 8.682, de 1993)

II – será computada na determinação do lucro real, a partir do período-base de 1993, de acordo com o critério utilizado para a determinação do lucro inflacionário realizado, quando se tratar de saldo credor.

Art. 4º A parcela da correção monetária especial de que trata o § 2º do art. 2º desta lei que corresponder à diferença verificada no ano de 1990 entre a variação do Índice de Preços ao Consumidor (IPC) e a variação do BTN Fiscal não terá o tratamento previsto no § 3º daquele artigo, servindo de base para a dedução, na determinação do lucro real, a partir do período-base de 1993 de depreciação, amortização, exaustão ou baixa a qualquer título, dos bens ou diretos.

## 3.2. Conceitos e teorias examinados pelo STF

A decisão recorrida se sustentara na tese de que a Lei nº 8.200/91 determinou a dedução da correção monetária correspondente à diferença verificada, em 1990, entre a variação do BTN-Fiscal para os exercícios seguintes à apropriação da diferença, o que representa, na prática, verdadeiro empréstimo compulsório, criado sem a observância dos requisitos constitucionais. Parecer pelo não conhecimento do recurso.

No recurso extraordinário o contribuinte apresentava as seguintes razões:

a) violação aos artigos 52, inciso X, 145 e 148 da Constituição Federal;

b) a constitucionalidade das Leis nº 8.088/90, 8.200/91 e 8.682/93, no que determinada a alteração do índice de correção do balanço para fins de cálculo dos tributos incidentes sobre o lucro das pessoas jurídicas e autorizada a dedução das diferenças daí decorrentes, a partir de 1993, ao longo dos exercícios seguintes.

## 3.3. Os fundamentos adotados nos votos dos ministros do STF

### 3.3.1. Ministro Marco Aurélio (relator, vencido)

A correção monetária é ordem imperiosa para que o balanço das empresas apresente o valor real de seus ativos e passivos. A manipulação pelo governo de índices distorcidos da realidade macula o imperativo legal. Vê-se que IPC do

IBGE apontou para março de 1990 uma variação de 84,32%, para abril de 1990, 44,80% e para maio de 1990, 7,87%; enquanto o BTN/BTNF implicou variação, nos citados períodos, de 41,28%, 0,00% e 5,38%, respectivamente, conforme ressaltado pelo Parecer da Procuradoria-Geral da República.

Em 1990, quando o referencial da correção monetária era o BTN fiscal, o governo, ao implementar o chamado Plano Collor I, limitou a 965% a variação do BTN fiscal em período no qual a taxa de inflação, medida pelo IPC, foi de 1.895% (quase o dobro). Em consequência, os balanços de 1990 de todas as empresas informaram apenas a metade do valor real do ativo permanente e do patrimônio líquido que possuíam, e as demonstrações do resultado sofreram distorções que variaram com a estrutura de capitalização de cada empresa: umas continham lucros fictícios (correspondentes a ganhos de capital nominais, à subestimação das cotas de depreciação, amortização ou exaustão e à manutenção do capital de giro próprio) e outras deixaram de reconhecer lucros inflacionários originários de empréstimos subsidiados.

O efeito total, no conjunto de todos os exercícios influenciados, é o confisco (pelo imposto de renda e a contribuição social) de cerca de 25% do capital de giro próprio e do capital aplicado nos bens do ativo permanente existente em 1990.

O deferimento estabelecido pela Lei nº 8.200/91 consubstanciava empréstimo compulsório que somente por lei complementar e nas hipóteses constitucionalmente previstas poderia ser instituído.

Assim, uma vez reconhecido pela Lei nº 8.200/91 os efeitos adicionais da corrosão do poder de compra da moeda brasileira pelos anos de 1990 e 1991, tem o contribuinte direito à fruição imediata e instantânea na sua contabilidade do eventual saldo devedor a maior de correção monetária que decorra do referido cômputo.

### 3.3.2. Ministro Eros Grau

Entendeu o ministro que não houve contrariedade aos princípios da capacidade contributiva, do não confisco, da irretroatividade, da isonomia e do direito adquirido.

O objetivo da Lei nº 8.200/91 seria o de neutralizar aspectos fiscais gravosos concernentes à tributação das pessoas jurídicas e restabelecer a veracidade dos balanços das empresas, instituindo, para esse efeito, mecanismos destinados a implementar, em bases reais e adequadas, a correção monetária das demonstrações financeiras. Assim, a lei não teria modificado as demonstrações financeiras de 1990, nem o imposto lançado em 1991.

### 3.3.3. Ministro Joaquim Barbosa

A competência tributária também abrange a permissão para que o Poder Público adote providências destinadas à correção de situações que repute lesivas ou inadequadas, em favor do contribuinte (RTJ 144/446). Entendeu o ministro que, respeitados os limites constitucionais aplicáveis, pode o ente competente estabelecer novas formas e condições para o implemento de tais providências. Também que a Constituição Federal não vincula a repetição do indébito do Imposto sobre a Renda à restituição preferencial e imediata, operada com base na própria sistemática de apuração do valor do tributo.

## 4. ANÁLISE CRÍTICA

Nossa análise aqui tem origem em dois aspectos observados nas decisões sobre a correção monetária dos balanços patrimoniais das empresas e seus efeitos sobre a incidência do imposto de renda das pessoas jurídicas. O primeiro deles é a demonstração de algumas contradições com precedentes do próprio STF e o segundo aspecto seria mais do ponto de vista institucional. Nesse último, demonstraremos que os votos que se seguiram ao Ministro Marco Aurélio como relator ou, no caso do recurso extraordinário nº 201.512, ao voto-vista do Ministro Eros Grau, não se fundamentaram em qualquer outro conhecimento ou informação diferentes daquelas já disponibilizadas pelos votos antecedentes.

Inicialmente, devemos nos voltar às explicações introdutórias sobre a sistemática contábil de correção monetária dos balanços e, consequentemente, da apuração de lucro ou prejuízo contábil para fins tributários: incide imposto de renda sobre o lucro inflacionário e, no caso de prejuízo, apura-se um crédito que reduzirá o lucro inflacionário acumulado no período ou será objeto de compensação[5].

É de acordo com a atividade econômica, estrutura e organização que cada empresa tenderá a apurar lucro ou prejuízo inflacionário. Empresas cujas atividades exigem maiores estruturas físicas como terrenos, instalações, equipamentos e veículos contabilizarão valores elevados em ativo permanente e, assim, apuravam lucro inflacionário. Já no caso das empresas do setor de serviços ou aquelas que não empregam bens próprios, preferindo a locação, o saldo da conta contábil "Correção monetária do balanço" será devedor e, assim, apuravam prejuízos inflacionários.

No caso da empresa autora do recurso extraordinário nº 188.083, tratava--se de uma transportadora com uma frota própria de veículos. Assim, de fato, a aplicação de um índice inflacionário com maior reflexo em seu ativo permanente provocara um aumento expressivo do lucro inflacionário. Daí, com efeito, a decisão do STF pela inconstitucionalidade lhe era favorável. Ao contrário, no caso da empresa recorrida pelo recurso extraordinário nº 201.512, a extração da argila para a produção da cerâmica é uma atividade cujo registro contábil produzira prejuízo inflacionário.

Assim, no caso do recurso extraordinário nº 188.083 os ministros do STF, desconhecendo a sistemática contábil, consideraram apenas a possibilidade de empresas apurarem lucro inflacionário, ignorando que tantas outras apuravam prejuízo inflacionário e, assim, serem prejudicadas com a decisão, inclusive, sob o fundamento do princípio da irretroatividade, que somente se aplica nas majorações de tributos. Incoerentemente, adotou-se uma limitação constitucional ao poder de tributar para casos em que o dispositivo legal beneficiaria várias empresas no país.

Já no caso do recurso extraordinário nº 201.512, como se vê no texto do dispositivo em questão artigo 3º Inciso I da Lei nº 8.200, de 28/06/1991, não se discutia a procedência ou não do índice IPC adotado pela lei a partir de 1993, mas tão somente a impossibilidade de aproveitamento imediato do crédito apurado no período-base 1990 para aquelas empresas que tivessem apurado saldo devedor na

---

5.  IUDÍCIBUS, Sérgio de; MARTINS, Eliseu; GELBCKE, Ernesto Rubens. *Manual de Contabilidade das Sociedades por Ações: aplicável também às demais sociedades*. 4ª ed. São Paulo: Atlas, 1995. p. 481-485.

conta contábil "Correção monetária do balanço". Era necessário o diferimento a partir de 1993 e com limitações fixadas por percentuais sobre o crédito existente na conta contábil: 25% em 1993 e 15% nos anos seguintes.

Como bem colocado pelo ministro relator, o índice IPC em muito superava o índice em vigor até então BTNF e, por essa razão, melhor retratava a realidade inflacionária à época; o que favoreceria a empresa demandante que escriturara em seus registros contábeis prejuízo inflacionário, isto é, saldo devedor na conta contábil "Correção monetária do balanço". Assim, para essa empresa, ao contrário de outras que possuíam saldo credor na mesma conta contábil, quanto maior o índice aplicado ao seu balanço patrimonial também maior seria seu crédito apurado para dedução na apuração do lucro real, sobre o qual incidiria o imposto de renda das pessoas jurídicas.

O *caput* do artigo 3º da Lei nº 8.200, de 28/06/1991 reconhecia esse fato, e favoravelmente aos contribuintes permitiu que a diferença entre os índices IPC e BTNF fosse retroativamente considerada no período-base 1990. Nesse ponto, a empresa demandante tendo apurado prejuízo inflacionário estava satisfeita. A controvérsia submetida ao STF é que essa dedução na apuração do lucro real não poderia ser imediata, mas diferida em cinco anos e se iniciando apenas em 1993. Aqui é o ponto.

Portanto, o voto-vista do ministro Eros Grau, acompanhado pela maioria dos ministros, desviou-se da controvérsia em exame. Apoiado em precedentes que julgaram a validade ou não de aplicação do índice adotado pelo governo para os balanços patrimoniais das empresas, concluiu sobre algo que não fazia parte da controvérsia. Assim, fundamentou seu voto no sentido de que a correção monetária não implica majoração de tributo. Quanto ao diferimento, ignorando o caso nos autos que era de dedução do prejuízo inflacionário, adotou o entendimento que essa limitação imposta pelo governo na verdade estaria beneficiando as empresas, uma incoerência que acabou prevalecendo como tese vencedora no julgamento. Transcrevo aqui trechos do voto-vista:

> 4. Ao analisá-los estes autos e ao proceder à pesquisa quanto ao RE n. 201.465/6-MG, observei que a tese de que neles se trata em nada difere da que foi apreciada nesse precedente, para o qual foi designado Redator para o acórdão o Ministro NELSON JOBIM.

5. No precedente mencionado foi declarada a constitucionalidade do inciso I do artigo 3º da Lei n. 8.200, de 28 de junho de 1991, com a redação que lhe foi dada pelo artigo 11 da Lei n. 8.682, de 14 de julho de 1993. Em consequência, foram refutadas as alegações de indevida majoração da base de cálculo do tributo, de empréstimo compulsório, de confisco, de ofensa aos princípios da anterioridade, da legalidade e da isonomia. Assentou-se também que a dedução das diferenças resultantes da adoção do IPC em quatro períodos-base, a partir de 1993, como previsto na Lei nº 8.200/91, consubstancia benefício concedido ao contribuinte, de modo a tornar menos gravosa a carga tributária a que estava submetido em razão da substituição ou alteração de indexadores econômicos incidentes nas demonstrações financeiras.

[...]

Assim, em consonância com a jurisprudência firmada pelo Pleno deste Tribunal no RE n. 201.465/MG, Sessão do dia 2.5.2000, Redator para o acórdão o Ministro NELSON JOBIM, conheço do recurso extraordinário e, com as vênias do Ministro MARCO AURÉLIO, dou-lhe provimento, para cassar a segurança concedida.

Quando comparamos os julgamentos dos dois recursos extraordinários nº 188.083 e nº 201.512 fica parecendo que não foram proferidos pelo mesmo tribunal. Ainda que se desviando da controvérsia no recurso extraordinário nº 201.512, os fundamentos são contraditórios aos adotados no julgamento do recurso extraordinário nº 188.083. Neste, reconheceu-se que a retroatividade de índice inflacionário maior seria caso de majoração do tributo e, portanto, violaria o princípio da irretroatividade; enquanto no julgamento do recurso extraordinário nº 201.512 adotou-se a tese contrária. Na verdade, parece-me que a falta de compreensão das duas situações distintas de cada uma das empresas demandantes contribuiu significantemente para a contradição: no caso de lucro inflacionário, a aplicação de um índice maior implicaria maior tributação e, no caso de apuração de prejuízo inflacionário, inversamente, um índice menor reduz o saldo a ser deduzido na apuração do lucro real tributado.

Quanto a uma análise crítica sob os aspectos das teorias institucionais, como se constata nos votos dos demais ministros se seguiram ao relator ou ao voto-vista do ministro Eros Grau, nenhum deles agregou ao processo decisório deliberativo qualquer outra informação ou conhecimento que suprisse a má compreensão da controvérsia nos votos precursores. Seja no recurso extraordinário nº 201.512, onde o voto-vista tratou de questão não submetida a julgamento e que acabou adotando fundamento equivocado; sejam em ambos os recursos, a falta de compreensão da sistemática contábil de apuração de saldos credor ou devedor na conta "Correção monetária do balanço", o que poderia gerar imposto a pagar ou crédito a deduzir na apuração do lucro real tributado, respectivamente.

O processo decisório por deliberação justifica-se quando seus membros compartilham conhecimentos, informações e *expertises* que cada um possui e, dessa forma, produzam muito mais um julgamento propriamente dito do que uma premeditada preferência[6]. Como os ministros do STF não dispõem das mesmas experiências e informações, elas são incompletas e imperfeitas, o compartilhamento do que cada um dispõe em um ambiente adequado à dialética promoveria uma agregação de valor; contudo não foi isso que se observou. As características presentes no julgamento colegiado evidenciaram muito mais a formação de um *groupthink*[7].

E também a própria ordem sequencial de votação exerce influência no resultado. A experiência e reputação dos primeiros ministros a votarem (voto do relator e voto-vista) serão levadas em consideração pelos demais ministros. É o que se identifica como *reputational cascade*[8], quando julgadores de um colegiado "abrem mão" de suas convicções próprias para evitar reprovações, constrangimentos ou mesmo estrategicamente para que recebam em ocasiões futuras o mesmo tratamento.

Essa tendência de mera reprodução das decisões anteriores muitas vezes também está relacionada aos custos na obtenção de outras informações além daquelas já disponibilizadas pelas decisões anteriores. O efeito cascata teria mais uma justificativa, o voto divergente exige um maior ônus argumentativo, do que implica na prática uma *information cascade*[9]. E foi, de fato, o que aconteceu.

---

6. VERMEULE, Adrian. *The Constitution of Risk*. New York, NY: Cambridge University Press, 2014. Kindle Edition: *"The Risks of Deliberation: Second Opinions"*, posições 3672-3677.

7. VERMEULE, Adrian. *"The Parliament of the Experts"*. Duke Law Journal, 58:2231, 2009. p. 2275. Groupthink é um conceito que expressa a formação de um grupo homogêneo e coeso cujos membros tendem a decidir por unanimidade, renunciando à exposição de suas próprias convicções. JANIS, Irving. *"Groupthink"*. Psychology Today, 1971. p. 84.

8. VERMEULE, Adrian. Op. cit. nota 5, posições 4286/4311.

9. VERMEULE, Adrian. *The Constitution of Risk: The Risks of Deliberation: Second Opinions*. New York, NY: Cambridge University Press, 2014. Kindle Edition: *"The Risks of Deliberation:*

Nenhum dos ministros do STF buscaram informações para o conhecimento satisfatório da sistemática contábil de correção monetária dos balanços patrimoniais das empresas.

Assim, *reputational e information cascades* e outros processos de formação de opinião reduzem radicalmente a esperada independência epistêmica dos votos de cada ministro do STF, no que pode resultar uma decisão que embora teoricamente colegiada, na realidade se apresenta como monocrática[10], desfazendo-se a teoria de que a decisão produzida seria mais completa que simplesmente a soma das partes[11].

Na verdade, as decisões não são tomadas em um "vazio institucional". Existe um ambiente real, com todas as influências que acabam limitando a racionalidade dos julgadores, *bounded rationality*[12]: opinião popular, interesses individuais, ideologias, conhecimento técnico e informações limitadas, custo-benefício[13] etc. Não há vazios que garantam uma neutralidade nas decisões individuais dos ministros do STF. Muito distante desse "estado ideal de coisas", as decisões fazem parte de um contexto concreto cujos elementos se incorporam ao processo decisório e, dessa forma, tendo em vista a possibilidade de que os próprios ministros se comportem estrategicamente, é possível que o resultado não seja a expressão perfeita da simples soma das preferências individuais sinceras dos membros da corte constitucional brasileira[14].

Além dessas críticas principais, também constatamos algumas contradições em relação a outros precedentes. Assim, oportuno que antes de encerrarmos essa análise crítica sejam apresentadas as comparações com outros julgamentos no próprio STF:

---

*Second Opinions",* posições 3842.

10. Ibid, posições 3708/3718 e

11. SUNSTEIN, Cass; HASTIE, Reid. *"Four Failures of Deliberating Groups".* Chicago John M. Olin Law & Economics Working Paper, 401, 2008. p. 3-4.

12. SIMON, Herbert. *"Theories of Bounded Rationality".* In: MCGUIRE, Charles Bartlett; RADNER, Roy Editions. Decision and Organization. New York: American Elsevier, 1972. p. 170.

13. POSNER, Richard. *"Rational Choice, Behavioral Economics, and the Law".* Stanford Law Review, 50:1551, 1997. p. 1551/1552.

14. ARGUELHES, Diego Werneck; RIBEIRO, Leandro Molhano. *O Supremo Individual: mecanismos de atuação direta dos Ministros sobre o processo político.* Revista FGV nº 46 Direito, Estado e Sociedade. Rio de Janeiro: Fundação Getúlio, 2015. p. 126.

– Em relação ao recurso extraordinário n° 188.083:

a) coerência nos votos de alguns ministros com precedentes do STF no sentido de que a correção monetária não implicaria aumento de tributo. No caso em exame, o problema estava na extinção da correção monetária do balanço pelo artigo 30 da Lei n° 7.730/89 para, posteriormente, o artigo 30 da Lei n° 7.799/89 reintroduzi-lo, e com efeitos retroativos; e

b) incoerência com a RI n° 1.451, de 25/05/1988 (Ministro Moreira Alves) e com os recursos extraordinários n° 215.811, 208.526, 256.304 e 201.512, em relação à premissa de que a correção monetária dos balanços sempre implicaria aumento de IRPJ.

– Em relação ao recurso extraordinário n° 201.512:

a) coerência com o precedente do STF no RE n° 201.465/6-MG, no sentido de que a correção monetária não implicaria aumento de tributo e também não implica majoração da base de cálculo, não configuraria empréstimo compulsório, confisco ou ofensa aos princípios da anterioridade, da legalidade e da isonomia; e

b) os créditos correspondentes ao expurgo inflacionário reconhecido pela Lei n° 8.200/91, diferença entre os índices IPC e BTN-F, somente puderam ser compensados em seis anos-calendário e sem atualização; o que contraria o entendimento de que a correção monetária seria um imperativo legal.

## 5. CONCLUSÃO

Os dois casos aqui examinados bem se amoldam às críticas sob aspectos institucionais de atuação do STF. Inicialmente, deve-se considerar que em ambos os casos não houve a participação de quaisquer entidades públicas ou privadas como *amicus curiae*, o que poderia contribuir para a melhor compreensão da sistemática mais técnica no que se refere à correção monetária dos balanços patrimoniais, especialmente do ponto de vista contábil. Embora os ministros tenham demonstrado a falta de conhecimento relevante para a compreensão da controvérsia, preferiu-se dar continuidade ao julgamento sem uma pesquisa mais aprofundada ou consulta, por exemplo ao Conselho Federal de Contabilidade, que seriam pertinentes em razão das tecnicidades intransponíveis[15].

Outra conclusão relacionada a aplicação das teorias institucionais é o nítido "efeito cascata" presenciado nos julgamentos. Embora em ambos os casos o relator dos recursos extraordinários tenha sido o ministro Marco Aurélio, no caso em que restou vencido, foi apresentado um voto-vista divergente por um dos mais antigos ministros do STF e que em seguida veio a se aposentar, o ministro Eros Grau. Então, no julgamento do caso, na verdade, havia dois votos inaugurais, embora divergentes entre si, quando assim os demais ministros a votarem sequencialmente poderiam adotar uma ou outra tese sem o ônus argumentativo de terem inaugurado uma nova tese. E foi o que se consentiram, entregando-se aos efeitos *reputational e information cascades.*

## REFERÊNCIAS BIBLIOGRÁFICAS

ARGUELHES, Diego Werneck; RIBEIRO, Leandro Molhano. *O Supremo Individual: mecanismos de atuação direta dos Ministros sobre o processo político*. Revista FGV nº 46 Direito, Estado e Sociedade. Rio de Janeiro: Fundação Getúlio, 2015.

BRASIL. Supremo Tribunal Federal. RE nº 188.083. Diário da Justiça, 20/10/2015, Brasília, DF.

_____. Supremo Tribunal Federal. RE nº 201.512. Diário da Justiça, 11/04/2016, Brasília, DF.

_____. Lei nº 9.868, de 10/11/1999. Diário Oficial da União, 11/11/1999.

---

15. Por analogia ao modelo americano, seria a aplicação da tese defendida por Vermeule sobre a oportuna deferência às agências para decidirem sobre questões mais técnicas. Os tribunais são mais adequados às questões mais genéricas e as teses mais amplas. Apesar das críticas contra outras conclusões das teorias vermeulianas, Caleb converge sua teoria institucional nesse mesmo sentido. VERMEULE, Adrian. Judging Under Uncertainty: An Institutional Theory of Legal Interpretation. Cambridge, MA: Harvard University Press, 2006. pp. 213-215. NELSON, Caleb. *"Statutory Interpretation and Decision Theory"*. University of Chicago Law Review, 74:329, 2007. pp. 340-341.

IUDÍCIBUS, Sérgio de; MARTINS, Eliseu; GELBCKE, Ernesto Rubens. *Manual de Contabilidade das Sociedades por Ações: aplicável também às demais sociedades.* 4ª ed. São Paulo: Atlas, 1995.

NELSON, Caleb. *Statutory Interpretation and Decision Theory.* University of Chicago Law Review, 74:329, 2007.

PEREIRA, José Luiz Bulhões; CRUZ FILHO, Manoel Ribeiro. *Manual de Correção Monetária das Demonstrações Financeiras.* 4ª Ed.. Rio de Janeiro: ADCOAS Editora, 1979.

POSNER, Richard. *"Rational Choice, Behavioral Economics, and the Law".* Stanford Law Review, 50:1551, 1997.

SIMON, Herbert. *"Theories of Bounded Rationality".* In: MCGUIRE, Charles Bartlett; RADNER, Roy Editions. Decision and Organization. New York: American Elsevier, 1972.

SUNSTEIN, Cass; HASTIE, Reid. *"Four Failures of Deliberating Groups".* Chicago John M. Olin Law & Economics Working Paper, 401, 2008.

VERMEULE, Adrian. *The Constitution of Risk.* New York, NY: Cambridge University Press, 2014. Kindle Edition.

_____. *The Parliament of the Experts.* Duke Law Journal, 58:2231, 2009.

_____. *Judging Under Uncertainty: An Institutional Theory of Legal Interpretation.* Cambridge, MA: Harvard University Press, 2006.

# SÚMULA VINCULANTE Nº 52: A IMUNIDADE TRIBUTÁRIA DO ART. 150, VI, "C", DA CF/88, E O IPTU

CARLOS ALBERTO CERQUEIRA DOS SANTOS[1]

**Sumário:** 1. Introdução. 2. Apresentação da controvérsia e dos elementos do processo. 2.1. Controvertido enquanto súmula vinculante. 2.2. Controvertido enquanto imunidade 3. Desenvolvimento dos conceitos e teorias envolvidos.. 4. Análise crítica. 4.1. As decisões monocráticas vinculantes. 4.2. Reducionismo no debate sobre o contexto jurídico da imunidade. 4.3. Intepretação a partir do texto. 5. Conclusões.

## 1. INTRODUÇÃO

A SV 52 resultou da proposta nº 107 cujo objeto fora a conversão do enunciado 724 da Súmula do STF, fazendo parte de uma iniciativa de converter 22 enunciados convencionais em vinculantes. O referido verbete dispunha que "ainda quando alugado a terceiros, permanece imune ao IPTU o imóvel pertencente a qualquer das entidades referidas pelo artigo 150, VI, 'c', da Constituição, desde que o valor do alugueis seja aplicado nas atividades essenciais de tais entidades". A proposta fora aprovada com a objeção dos Ministros Dias Toffoli e Marco Aurélio e com alterações pontuais na redação.

Firmou-se a interpretação segundo a qual os partidos políticos, inclusive suas fundações, as entidades sindicais dos trabalhadores, as instituições de educação e de assistência social, sem fins lucrativos, atendidos os requisitos da lei, são imunes ao exercício da competência tributária relativa aos imóveis de propriedade destas entidades, ainda quando alugados a terceiros, desde que o valor seja aplicado nas atividades essenciais destas entidades.

---

1. Mestrando em Finanças, Tributação e Desenvolvimento pela Universidade do Estado do Rio de Janeiro (UERJ). Pós-graduado em Direito Administrativo (UCAM). Advogado.

Com relação ao processo de conversão da súmula convencional em vinculante, destaca-se que o Tribunal aprovou, por maioria, a edição do verbete com o seguinte teor: "ainda quando alugado a terceiro, permanece imune ao IPTU o imóvel pertencente a qualquer das entidades referidas pelo art. 150, VI, "c", da Constituição Federal, desde que o valor dos aluguéis seja aplicado nas atividades para as quais tais entidades foram constituídas". A alteração no texto foi proposta pelo Ministro Ricardo Lewandowski com o argumento de que seria mais técnica, refletindo de forma mais fiel à jurisprudência da corte.

Vencidos ficaram os Ministros Marco Aurélio e Dias Toffoli que rejeitavam a edição do enunciado vinculante, sendo o último apenas por razões formais ligadas a ideia de que a aprovação de verbetes contendo ressalvas ensejaria uma série de questionamentos com relação ao seu alcance, apenas mudando o foco da discussão e o meio processual por meio do qual se submete ao STF, isto é, o cabimento da reclamação constitucional.

O presente estudo levará em consideração a existência da necessidade de dividir a análise, ocupando-se de examinar a perspectiva do processo de conversão do enunciado de súmula convencional em vinculante, bem como do conteúdo do verbete à luz dos precedentes mais significativos da discussão. Diante disso, os tópicos seguintes poderão ser divididos em itens para atender a esta lógica.

A avaliação crítica, por sua vez, objetiva examinar a coerência e conteúdo jurídico das conclusões da corte constitucional, tendo em vista os mesmos precedentes propostos e alguns aportes doutrinários.

## 2. APRESENTAÇÃO DA CONTROVÉRSIA E DOS ELEMENTOS DO PROCESSO

### 2.1. Controvertido enquanto súmula vinculante.

O Projeto de súmula vinculante 107 abrigou a primeira controvérsia a partir da divergência aberta pelo Ministro Dias Toffoli que argumentou fazer com motivação formal e com base na finalidade do processo, para ele:

> a edição de súmulas contendo ressalvas, como na espécie, enseja uma série de questionamentos quanto a seu alcance. Além do mais, inexiste uma definição clara sobre o que seriam patrimônio, renda e serviços relacionados com as

finalidades essenciais das entidades mencionadas na alínea c do inciso VI do art. 150 da Constituição. Note-se que também os templos de qualquer culto e as autarquias e fundações – extensível às empresas públicas e às sociedades de economia mista prestadoras de serviço público – se beneficiam da imunidade tão somente em relação ao patrimônio, à renda e aos serviços relacionados com suas finalidades essenciais (art. 150, VI, a e b e §§ 2º e 4º, CF) [2].

A preocupação a respeito do alcance é relacionada às questões cujas soluções ainda não foram discutidas pelo Supremo, como por exemplo, a repercussão econômica do aluguel, nos casos em que os imóveis se encontram desocupados, e sobre a existência de presunção da aplicação nos recursos na atividade essencial. Questionou-se:

> qual seria o alcance? Envolveria o possuidor a título precário (locatário, cessionário) ou somente o possuidor com *animus domini*? Um imóvel de propriedade da União, de estado, de município ou de entidade da administração indireta sabidamente imune, desde que os valores obtidos revertam às finalidades essenciais do ente imune, se beneficia da imunidade mesmo locado – ou cedido onerosamente – a terceiros?[3]

Não obstante estas ressalvas, ele afirma claramente que, embora reconheça a existência de "reiteradas decisões", entende não ser conveniente a edição de súmula vinculante, pois não seria apta a alcançar sua finalidade de consolidar e vincular os demais órgãos, uma vez que não cessaria as controvérsias, apenas mudaria o meio processual de acesso ao STF.

O Ministro Marco Aurélio, a seu turno, diverge quanto ao mérito, atendendo à coerência com sua posição defendida quando da aprovação do enunciado 724 da súmula convencional. Entretanto, neste momento, sua argumentação foi reduzida à existência da transferência do ônus da imposição ao particular no IPTU, o que resultaria em uma *mesclagem inconstitucional da situação jurídica do locatário e do locador*, por isso, a partir da leitura do §4 do artigo 150 da Constituição da República, afirma:

---

2. STF – Pleno, PSV 107, Relator(a): Min. RICARDO LEWANDOWSKI, j. 18/06/2015, DJ 05-08-2015, p. 10.

3. Ibid., p. 11.

o verbete sintetiza mesclagem, a meu ver, que não é autorizada pelo disposto no artigo 150 da Constituição Federal. Que mesclagem é essa? A mesclagem da situação jurídica da entidade beneficiada pela imunidade – com o enquadramento em um dos dispositivos do artigo 150 – com a situação do locatário. (…) Indago: em se tratando de locação, sendo transferido o encargo tributário ao locatário, havendo a satisfação, os aluguéis recebidos estarão cobertos pela imunidade? A meu ver, não. Os aluguéis não estão submetidos, sob a minha óptica, à imunidade do artigo 150[4].

Apesar deste esforço, a iniciativa passou sem maior dificuldade, abandonando a oportunidade de discutir o mérito a respeito da interpretação da regra prevista no §4º do art. 150 da Constituição e do alargamento do alcance para além das <u>entidades</u> educacionais e de assistência.

Dentre os julgados indicados como representativos, no AI 501.686/MG de relatoria do Ministro Eros Grau, a corte também não avançou às discussões de mérito. Argumentava o município de Belo Horizonte que o texto constitucional não fala em utilização da renda advinda da locação, em vez disso quando alude ao patrimônio e, consequentemente, ao IPTU, o constituinte condicionou o reconhecimento da imunidade à efetiva utilização do imóvel, interpretação diversa ignoraria o disposto no §4º do art. 150 da CR. Não obstante, em seu voto, o relator reduz a fundamentação à referência ao entendimento fixado pela corte no RE 237.718 (2001), um dos precedentes que fundamentaram a edição do enunciado 724 da súmula convencional[5].

Os argumentos sustentados e apreciados pelo supremo, na formação do entendimento ora discutido, somente podem ser alcançados, note-se, por meio da análise dos julgados paradigmáticos à época da formação do primeiro consenso. Além disso, como se constata dos julgados utilizados no PSV 107 como representativos, não se afasta as discussões sobre temas ainda não pacificados na corte

---

4. Ibid., p 07.
5. Semelhante solução foi a dada pelo Ministro Gilmar Mendes, relator no julgamento do ARE 779.623/SE. Em seu voto apenas faz referência ao entendimento pacificado na corte refletido no referido verbete sumular. Afora os casos citados, os demais precedentes indicados pelo Ministro Ricardo Lewandowski no âmbito do Projeto de súmula vinculante, constituem, em grande medida, decisões monocráticas e julgamentos de turma que seguem a mesma linha reducionista.

SÚMULA VINCULANTE Nº 52: A IMUNIDADE TRIBUTÁRIA DO ART. 150, VI, "C", DA CF/88, E O IPTU    **247**

como, por exemplo, o ARE 760.876[6], colocando em dúvida o corte procedimental anunciado pelo então presidente da corte como garantidor da conveniência da edição do enunciado vinculante, uma vez que não tangenciaria estes assuntos.

## 2.2. Controvertido enquanto imunidade.

Analisando o precedente paradigmático representado RE 237.718/SP, é possível destacar como elementos de controvérsia trazidos ao processo (encontradiços no inteiro teor). O primeiro dos argumentos foi a existência de imunidade subjetiva, aquele esposado pelo tribunal de origem, não sendo desnaturada a atividade essencial pela atividade econômica.

O Subprocurador geral à época Vicente de Paulo ressaltou o entendimento do Tribunal a respeito da aplicação da imunidade quanto às receitas de exploração de estacionamento destinado ao custeio das atividades, nos RREE 116.188 e 144.900/SP a leitura da imunidade pela corte, desde a constituição anterior, era de que a exploração econômica não desnaturaria a imunidade do titular do benefício, tampouco a transferência condicional do gravame para o locatário.

Por outro lado, o município recorrente sustentou haver a restrição no parágrafo §4º do artigo, devendo a imunidade se referir apenas ao patrimônio relacionado com as finalidades essenciais da entidade, não se estendendo ao locado. Afirmou-se o tratamento diverso significaria confundir a hipótese de imunidade do patrimônio com a da renda, previstas separadamente pelo texto constitucional.

Atento à referida restrição do texto constitucional que sem correspondência na carta de 1988, o Ministro Sepúlveda Pertence (relator para o acordão) argumentou que a cláusula do §4º já era encontrada no CTN e que sua interpretação sempre fora materialmente menos abrangente, isto é, só em relação aos serviços. A investigação sobre os conceitos e teorias envolvidas depende da análise dos

---

6. "A presunção de que o imóvel ou as rendas da entidade assistencial reconhecidamente imune estão afetados às suas finalidades institucionais milita em favor da entidade. Cabe ao Fisco elidir a presunção, mediante a constituição de prova em contrário". STF – Primeira Turma, ARE 760876 AgR, Relator(a): Min. DIAS TOFFOLI, j. 04/02/2014, DJe-065 DIVULG 01-04-2014 PUBLIC 02-04-2014.

precedentes que fundamentaram a edição do enunciado 724 da súmula convencional, dentre eles, paradigmático e apto a apresentar o cenário teórico da controvérsia foi o RE 237.718-SP.

## 3. DESENVOLVIMENTO DOS CONCEITOS E TEORIAS ENVOLVIDOS

A posição liderada pelo Ministro Sepúlveda Pertence buscou seguir uma tendência ampliativa na interpretação das imunidades, inclusive com relação aos precedentes anteriores à Constituição de 1988 em que não havia redação semelhante àquela do § 4º do art. 150, conforme se anunciou anteriormente, pois, de fato, em decisões como o RE 97.708-2 MG a corte já havia se pronunciado, inclusive, pela falta de importância da repercussão do tributo no valor do aluguel para inquilino[7].

O primeiro argumento seria a necessária interpretação teleológica em favor da maximização da efetividade das normas, como garantia ou estímulo à concretização dos valores constitucionais que inspiram limitações constitucionais ao poder de tributar[8], exemplificando a tendência da corte constitucional para esta postura com relação à imunidade dos livros, jornais e periódicos. Nesse esforço argumentativo invocou-se a lição de Aliomar Baleeiro segundo a qual a imunidade deve abranger os impostos que, por seus efeitos econômicos, segundo as circunstâncias, desfalcariam o patrimônio, diminuiria a eficácia dos serviços ou a integra aplicação das rendas aos objetivos específicos da entidade, no intuito de alcançar os efeitos de preservação proteção e estímulo[9].

É bem verdade que, em doutrina, há certo consenso sobre ampliação do alcance das noções utilizadas pelo constituinte nos preceitos imunizatórios pela via interpretativa, dando azo à compreensão, por exemplo, no plano objetivo, de

---

7. "Não importa existir cláusula contratual de locação que estipule a obrigação de o inquilino pagar o imposto se for ele devido, pois tal transferência condicional do gravame não retira a imunidade do titular do benefício" STF – Segunda Turma, RE 97708, Relator(a): Min. ALDIR PASSARINHO, j. 18/05/1984, DJ 22-06-1984.

8. STF – Pleno, RE 237718, Relator(a): Min. SEPÚLVEDA PERTENCE, j. 29/03/2001, DJ 06-09-2001, p. 522.

9. Ibid., p. 523-524.

que as atividades relacionadas à prática do culto religioso, à construção e manutenção dos templos, ao cemitério religioso, restam comtemplados pelo disposto na alínea b do inciso VI do artigo 150 da CR. Mas não parece que tenha sido suficiente para à época afastar o disposto no §4º do mesmo artigo que pretendeu balizar, o alcance com relação às atividades econômicas, mencionando expressamente as alíneas b e c.

O referido preceito representou uma inovação à ordem constitucional anterior, mas é importante ressaltar que a própria lição de Aliomar Baleeiro trazida pelo Relator do referido julgado, dedicada ao texto de 1946, já apresentava sensibilidade ao argumento ao questionar:

> se partidos e instituições explorarem o comércio ou indústria? Os impostos que repercute sobre terceiros são suportados por estes, e não se excluem por força da imunidade. Mas se um convento explorar velhas receitas de licores ou doces, como fazem tradicionalmente alguns, inclusive na Bahia? O imposto de renda não parece tolerável, embora a imunidade não se estenda ao imposto não se estenda ao Imposto sobre produtos industrializados e ao Imposto sobre Operação de Circulação de Mercadoria[10].

Outro argumento que ganhou força diante do plenário foi a afirmação de Sepúlveda Pertence de que em sendo a renda destinada ao atendimento a finalidade essencial da entidade, a imunidade deve ser reconhecida. Neste ponto, se valeu da seguinte lição do professor Luciano Amaro que afirma a atenção do constituinte não a natureza das rendas, mas a sua destinação, pois

> seria um dislate supor que "rendas relacionadas com as finalidades essenciais" pudesse significar, restritivamente, rendas produzidas pelo objeto social da entidade. Frequentemente, o atendimento do objeto social é motivo para despesas e não fontes de recursos. Fosse aquele o sentido, qualquer fonte de custeio da entidade que não derivasse dos próprios usuários de seus serviços ficaria fora do alcance da imunidade[11].

---

10. BALEEIRO, Aliomar. *Limitações constitucionais ao poder de tributar*. 7ª ed. Rio de Janeiro: Forense, 1997. p. 314.

11. STF – Pleno, RE 237718, Relator(a): Min. SEPÚLVEDA PERTENCE, j. 29/03/2001, DJ 06-09-2001, p. 524.

É importante notar que o referido autor na mesma obra faz uma ressalva que põe em dúvida as conclusões dela extraídas no julgado segundo a qual "se, a par da atividade de assistência social, a entidade mantiver outras atividades aí não enquadráveis, a renda destinada a essas outras atividades não é imune" [12]. Na obra "Direito Tributário Brasileiro", por sua vez, há uma categórica afirmação de que "uma entidade assistência social pode, por exemplo, explorar um bazar, vendendo mercadorias, e nem por isso ficará sujeita ao imposto de renda"[13].

Pois bem, o mesmo poderia ser dito dos demais impostos? Não se questiona que as entidades imunes podem e devem investir excedentes para manter o equilíbrio financeiro suficiente para persistir na prestação de seus fins altruístas, mas se essa forma de investimento for uma atividade econômica dada à livre iniciativa, aí inclusa a exploração de imóveis, do comércio ou do mercado financeiro, seria justificável a situação privilegiada frente aos demais atores do setor, com relação aos impostos incidentes nessas operações? Note-se que não se discute a receita, o lucro decorrente destas atividades, em última análise a renda que, presume-se, será aplicada na finalidade essencial.

Um raciocínio apurado do exercício de atividades estranhas às finalidades essenciais de entidades imunes revela que o tema não e tão óbvio quanto se fez parecer a partir do julgamento do RE 237.718, além disso, destaca também a solução interpretativa tendente a considerar o texto do §4º do art. 150 da CR, pois aquela pacificada na corte constitucional fez apenas reafirmar o posicionamento anterior quando ausente uma previsão expressa.

Neste momento é útil trazer à discussão a divergência do Ministro Carlos Veloso que tangencia a questão, embora de forma superficial, ao refletir sobre o imóvel pertencente à entidade de assistência:

> estando alugado a terceiro, estaria relacionado com as finalidades essenciais da mencionada entidade de assistência social? Penso que não, está ele numa ativida-

---

12. AMARO, Luciano. Algumas questões sobre a imunidade tributária. In: *Imunidade Tributárias*, Coord. Ives Gandra da Silva Martins. São Paulo: Revista dos Tribunais, 1998. p. 151.

13. AMARO, Luciano. Direito tributário brasileiro, 16ª ed. São Paulo: Saraiva, 2010. p.178.

de comercial. A renda auferida estaria imune do imposto de renda, é certo, dado que a mesma, presume-se, seria destinada a atividade essencial da entidade[14].

Essa leitura parece sugerir um recorte na estrutura normativa do referido §4º de forma que o patrimônio estará imune quando afetado a finalidade essencial, a renda estará imune quando destinada à sua finalidade essencial e os serviços restarão imunes quando prestados dentro da finalidade essencial. Embora não seja objeto específico deste trabalho, não se pode ignorar haver consequências para a interpretação da aludida norma quanto à hipótese da alínea b do inciso VI do artigo 150 (imunidade dos templos) expressamente contemplada pelo texto. Além disso, a locação de imóveis como tipo de exploração econômica, conforme qualquer outra, não pode ser desconsiderada.

A orientação não passa despercebida por parte dos estudiosos nacionais, sobretudo diante da postura da constituição de 1988 com relação ao tema. Marco Aurélio Greco estabelece a importância de se sublinhar a diferença da perspectiva prevista no art. 14 do CTN e no §4º do artigo 150 da Constituição, de forma que este se preocupa com a origem dos recursos (de onde vem), enquanto aquele com o destino (para onde devem ir). Assim, para fins de aplicação do dispositivo constitucional, segundo o autor, "não importa a sua aplicação (no País, na finalidade essencial etc.), mas, sim, é preciso identificar se eles foram gerados por atividades ligadas às suas finalidades essenciais" [15]. Esta questão é, ainda, particularmente relevante em se tratando de rendas oriundas de aplicações financeiras.

A preocupação que reside neste tema é evidentemente, a quebra da isonomia tributária e a livre concorrência pela via da interpretação ampliativa da imunidade constitucional. Aurélio Pitanga Seixas Filho sustenta que não se poderia exigir que as entidades beneficentes sobrevivessem das rendas oriundas de sua finalidade social, que por sua vez não se desnatura o exercício de atividades econômicas destinadas a manter sua saúde financeira, como a prestação de serviços remunerados, investimentos feitos em imóveis e no mercado financeiro. Porém,

---

14. STF – Pleno, RE 237718, Relator(a): Min. SEPÚLVEDA PERTENCE, j. 29/03/2001, DJ 06-09-2001, p. 530.

15. GRECO, Marco Aurélio. Imunidade tributária. In: *Imunidade Tributárias*, Coord. Ives Gandra da Silva Martins. São Paulo: Revista dos Tribunais, 1998. p. 718.

o exercício de uma atividade econômica deve sujeitar as pessoas ao pagamento do mesmo tributo para não agredir a livre concorrência, se as entidades "filantrópicas, assistenciais e educacionais exercerem alguma atividade extravagante, isto é, fora de suas funções próprias favorecidas, deverão se sujeitar ao regime tributário próprio desta atividade empresarial para não ferir o princípio máximo da isonomia tributária" [16].

O terceiro argumento utilizado pelo Ministro Sepúlveda Pertence é talvez o mais impactante, tanto do ponto de vista do convencimento quanto dos conflitos de coerência gerados pela sua repetição acrítica como corolário da interpretação da expressão "finalidade essenciais". Sustentou-se que as imunidades das instituições filantrópicas de educação e assistência ostentam um viés promocional, estabelecendo um corte metodológico subjetivo. Utiliza-se a concepção de Aliomar Baleeiro sobre as funções de promoção, proteção e estímulo para dizer que neste caso há estímulo – diferenciando, inclusive, da imunidade dos templos em que só haveria proteção, pois ela visa apenas assegurar e não obstaculizar a liberdade de culto, uma vez que.

> diferente é a inspiração da imunidade das instituições filantrópicas de educação ou assistência social, onde a imunidade não é apenas garantia da sua ilicitude, mas norma de estímulo, de direito promocional, de sanção premial a atividades privadas de interesse público que suprem as impotências do Estado[17].

Note-se que a Ministra Ellen Gracie, ao acompanhar o voto, chega a afirmar que as finalidades essenciais só conseguem ser atendidas por meio da renda dos alugueres. A partir daí estas razões passam a ser reproduzidas pela corte sem maior atenção para o fundamento que fora determinante, o corte metodológico a respeito da chamada *inspiração da imunidade*. Mais: este precedente passa a ser

---

16. SEIXAS FILHO, Aurélio Pitanga. Imunidade tributária e a não sujeição constitucional ao dever tributário. In: *Imunidades Tributárias*, Coord. Ives Gandra da Silva Martins. São Paulo: Revista dos Tribunais, 1998. p. 727.

17. STF – Pleno, RE 237718, Relator(a): Min. SEPÚLVEDA PERTENCE, , j. 29/03/2001, DJ 06-09-2001, p.527.

lido pela corte como a definição pelo STF do conteúdo normativo do disposto no §4º do artigo 150, aplicando, inclusive à imunidade dos templos que expressamente ressalvada nas razões do recurso analisado.

Ricardo Lobo Torres sustenta que se excluem do campo da imunidade os bens utilizados com finalidades econômicas ou comerciais, o autor observa a semelhança do que acontece nos EEUU nos bens utilizados para *business purpose*. Porém afirma, com apoio em uma antiga posição do STF, que o imóvel dado em locação permanece imune a incidência do IPTU, "ainda que haja a possibilidade jurídica de o locador repassar para o locatário o ônus do tributo, tendo em vista que a obtenção de recursos em caráter não especulativo, se torna fundamental às entidades imunes"[18]. Por outro lado, para ele "excluem-se do campo da imunidade os bens utilizados com finalidades econômicas ou comerciais, as mercadorias vendidas a terceiros, as terras improdutivas e os terrenos isolados da igreja" [19][20].

A opinião de Sacha Calmon Coelho[21] é firme no sentido de poderem os entes tributar como predial ou territorial os terrenos e paróquias das ordens religiosas que se voltem a fins econômicos, tais como prédios alugados, terrenos arrendados para estacionamentos, lotes vagos etc. Porém, caso estes mesmos territórios se destinem a fins educacionais e assistenciais, restam imunes por força da imunidade da alínea c do art. 150, VI, da CR[22].

---

18. TORRES, Ricardo Lobo. *Tratado de direito constitucional financeiro e tributário: os direitos humanos e a tributação: imunidades e isonomia*. 4ª ed, V. III. Rio de Janeiro: Renovar, 1999. p.287.

19. Ibid., p. 255.

20. Em sentido semelhante, Ricardo Lodi Ribeiro se vale de uma classificação que abertamente contempla este corte e parece ter utilidade na compreensão, a noção de imunidades liberdade e imunidades fomento, no ultimo caso permitiriam o reconhecimento mesmo nos casos atividade afastada das finalidades essenciais para a obtenção de receitas, lição na qual se critica o posicionamento atual da corte sobre a questão. RIBEIRO, Ricardo Lodi. *Limitações constitucionais ao poder de tributar*. Rio de Janeiro: Lumen Juris, 2010. p. 194.

21. COÊLHO, Sacha Calmon Navarro. *Curso de Direito Tributário Brasileiro*, 6ª ed. Rio de Janeiro: Forense, 2001, p. 269.

22. Também Hugo de Brito Machado e, dentre outros, Aires Barreto com a ideia de repressão de abusos na previsão do referido §4º do art. 150. MACHADO, Hugo de Brito. Imunidade tributária. In: *Imunidade Tributárias*, Coord. Ives Gandra da Silva Martins. São Paulo: Revista dos Tribunais, 1998. p. 92-93; BARRETO, Aires Fernandino. Imunidades Tributárias: só podem prevalecer interpretações que privilegiem os princípios constitucionais. In: *Imunidade Tributárias*, Coord. Ives Gandra da Silva Martins. São Paulo: Revista dos Tribunais, 1998. p. 170-171.

# 4. ANÁLISE CRÍTICA

## 4.1. As decisões monocráticas vinculantes.

Como se viu anteriormente, uma das reflexões a serem feitas a partir do julgamento da PSV 107 é o fato de o Supremo haver convertido um enunciado sumular pouco refletido e mal aplicado em norma vinculante para todo o poder judiciário e executivo, sem que isso representasse maior debate ou leitura do cenário subjacente. A questão jurídica envolvida fora adjetivada como óbvia em determinado momento na jurisprudência da corte, de forma que o enunciado convencional 724 ganhou vida própria e hoje se transforma em vinculante.

Explica-se. Em primeiro lugar, sabe-se que, quanto à validade, interpretação e a eficácia de normas constitucionais, o STF pode aprovar enunciados de súmula vinculante depois de reiteradas decisões sobre a matéria, por maioria de dois terços de seus membros. Consequentemente, na prática da Corte, podem-se considerar para esta reiteração – que, em teoria, sugeriria a consolidação e pacificação de um determinado entendimento – quaisquer decisões.

Note-se, segundo já se antecipou neste trabalho, que o Ministro relator Ricardo Levandowski apontou como farta jurisprudência a citação de dez decisões monocráticas e quatro de turma, estas que por sua vez limita-se a fazer referência ao enunciado convencional 724 e ao RE 237.718, ausente consequentemente uma maior discussão e deliberação sobre o mérito da questão interpretativa.

Com efeito, a postura significou a afirmação pelo Supremo da interpretação do disposto no §4º do artigo 150 como uma norma relacionada à destinação de receitas das entidades imunes, isto é, um requisito de reconhecimento, não um dos elementos delimitadores do alcance. Assim, como consequência, a inovação do texto nada alterou na concepção dos resultados interpretativos que seguiram a orientação vigente com base no texto da carta política anterior. Fizeram-se inúteis as palavras do constituinte de 1988.

Por outro lado, as insuficientes discussões de mérito fizeram distorcidas as conclusões sustentadas no RE 237.718, muito em função também de o enunciado nº 724 pretender esclarecer a norma contida no referido paragrafo quarto. Ele afastou-se das razões de decidir que justificaram sua instituição. Veja-se: três premissa argumentativas marcaram aquele paradigmático julgado, a) As imunidades

SÚMULA VINCULANTE Nº 52: A IMUNIDADE TRIBUTÁRIA DO ART. 150, VI, "C", DA CF/88, E O IPTU    **255**

da constituição merecem uma interpretação teleológica para a garantia de efetividade destas normas, b) o funcionamento da entidade depende da obtenção de rendas de atividades estranhas à sua finalidade para a execução adequada desta, c) a desigualdade de tratamento tributário nas atividades estranhas se justificam na medida em que as entidades exercem um papel de utilidade pública em um cenário de interseção com a atividade estatal, auxiliando o poder público, pelo que devem ser incentivadas (imunidades fomento).

Para que se entendesse aplicável o enunciado e, por isso, dispensável a fundamentação da desigualdade – como ocorreu, nos diversos julgados subsequentes – necessário seria o percurso por estas três etapas argumentativas, o que não se deu desde a decisão paradigmática aqui examinada. Aplicar um verbete dissociado dos precedentes que o fundamentam é a interpretação da interpretação[23].

Victor Nunes Leal, ministro do STF de 1960 a 1969, foi o idealizador da Súmula com inspiração em sistemas com finalidades semelhantes no Direito comparado, tendo o cuidado de adequar estas ideias ao direito pátrio, acreditando ser um aliado ao desenvolvimento e viabilização do STF.

Já àquele tempo ele respondia às críticas sobre o engessamento da jurisprudência do supremo pela súmula, para uma delas, conforme o que fora positivado no regimento, obtemperava de forma simples e objetiva sua opinião de que "quando o Supremo Tribunal Federal decidir, em sessão plenária, contra o que consta da Súmula, o enunciado respectivo será cancelado, até que novamente o tribunal firme sua jurisprudência sobre o assunto"[24].

Nesse sentido, são valiosas as palavras do Ministro Nunes Leal ao explicar a impossibilidade de se interpretar o texto da Súmula, para quem a necessidade

---

23. A ideia de súmula da jurisprudência dominante da Suprema Corte guarda relação necessária com a compreensão de seus enunciados como reflexos dos fundamentos determinantes para a decisão nos julgados semelhantes, reunidos para a formação do paradigma. A menção ao enunciado corresponde uma alusão, no âmbito dos fundamentos, à tese jurídica que formou a ratio decidendi dos precedentes anteriores, revelando-se como método de trabalho eficiente de unificação e aplicação do entendimento da corte, além de uma ferramenta processual de abreviação e simplificação do julgamento de casos repetitivos.

24. LEAL, Victor Nunes. *Problemas de direito público e outros problemas*, Brasília, Ministério da Justiça, 1997. p. 54-55.

de esclarecimento em algum aspecto do enunciado era o sinal de que ele deveria ser cancelado para que nova redação livre de dubiedades fosse inscrita[25].

O mesmo pode ser dito da tentativa de aplicar as razões de decidir do enunciado às situações que não guardam a identidade necessária, acaba-se fazendo uma interpretação ampliativa não do texto da constituição, mas do texto do enunciado da súmula. O efeito prático é a reprodução acrítica para a solução de questões descontextualizadas, como se verá adiante.

## 4.2. Reducionismo no debate sobre o contexto jurídico da imunidade.

No âmbito da discussão do PSV 107 o Ministro Ricardo Lewandowski destacou que haveria outras questões jurídicas relevantes ainda em debate no tribunal, mas que não prejudicariam a edição da sumula, tais como a imunidade de imóveis vagos e ociosos, utilizados como residência para ministros religiosos e o ônus da administração tributária de afastar a presunção de aplicação das rendas nas atividades essenciais[26], reduzindo o debate à situação do IPTU de imóveis locados e reconhecendo a aplicação da súmula à imunidade dos templos.

O texto do enunciado 52 da Súmula Vinculante do STF, aplicando as razões de decidir dos precedentes que lhe deu azo, afiança a todas as hipóteses (ou entidades) previstas na alínea 'c' do inciso VI do artigo 150 sua localização fora das restrições preceituadas pelo §4º, reduzindo a participação no discurso das ideias de utilidade pública e fomento. Assim, fundamentação jurídica de interpretação

---

25. Relata Nunes Leal: "tive ocasião, no STF, de contrariar essa tentativa de interpretar Súmula. Dizia eu (RTJ 45/73 e segs.): 'A Súmula não é norma autônoma, não é lei, é uma síntese de jurisprudência [...]. Em alguns casos, interpretar a Súmula é fazer interpretação de interpretação. Voltaríamos à insegurança que a Súmula quis remediar. Quando o enunciado for defeituoso, devemos riscá-lo e redigir outro. Este é que é o método adequado previsto no Regimento'. A isso replicou o Ministro Elói da Rocha: Se tenho, como juiz, o poder de interpretar a mesma Constituição, poderei interpretar a Súmula'. 'V. Exa. – Insisti – tem, evidentemente, o poder de interpretar qualquer decisão nossa, e, portanto, a nossa jurisprudência sintetizada na Súmula. Mas a Súmula é um método de trabalho, através do qual esta Corte tem procurado eliminar dúvidas da interpretação. Se a Súmula, por sua vez, for passível de várias interpretações, ela falhará, como método de trabalho, à sua finalidade. Quando algum enunciado for imperfeito, devemos modificá-lo, substituí-lo por outro mais correto, para que ele não seja, contrariamente à sua finalidade, uma fonte de controvérsia'". *Ibid.*, p. 56.
26. STF – Pleno, PSV 107, Relator(a): Min. RICARDO LEWANDOWSKI, j. 18/06/2015, DJ 05-08-2015, p. 06.

do §4º do art. 150 da CR se coloca em um contexto de interpretação teleológica da imunidade, afastando seu potencial de limitação, em homenagem a efetividade do preceito. Pergunta-se: seria coerente dizer que somente há imunidade com relação ao IPTU de imóveis locados, e não quanto às demais atividades econômicas? Seria coerente aceitar que todas as entidades abarcadas pela previsão da alínea 'c' do inciso VI do art. 150 (conforme o texto do enunciado, porém na prática participam as entidades previstas na alínea 'b') ostentam a mesma característica subjetiva de utilidade pública e interesse social em cooperação com Estado devendo ser fomentadas?[27]

Sabe-se que embora reunidos na mesma alínea as hipóteses de imunidades encontram fundamento em diferentes objetivos constitucionais de proteção de liberdades fundamentais, senão veja-se: a) o fundamento da imunidade das instituições de educação e assistência social é a proteção dos direitos de liberdades compreendidos pelo provimento do mínimo existencial (decorrente de um status positivo), uma vez que busca a igualdade de oportunidade característica do Estado Social equiparando-se a uma atividade típica estatal[28]; b) A imunidade dos partidos políticos encontra fundamento na liberdade de participação política e organização partidária, indispensáveis à manutenção da democracia e da alternância de poder político, destinando aos partidos cuja sobrevivência poderia ser frustrada pela imposição tributária[29]; c) A imunidade dos sindicatos, por sua vez, em contraponto com a previsão constitucional de direitos sociais, visou proteger a capacidade de associação e mobilização da classe trabalhadora.

Apenas o esclarecimento deste ponto já é suficiente para perceber o reducionismo nos debates sobre o contexto jurídico das imunidades tratadas pelos referidos verbetes, pois, evidentemente, não se dedicou argumentos para defender

---

27. Antes de analisar estes questionamentos, é importante ressaltar, conforme se demonstrou anteriormente, importantes vozes sustentam que a função promocional não seja suficiente para afastar a limitação imposta pelo §4 do art. 150 da CR que não atoa inovou no ordenamento jurídico – no tópico próximo se analisará esta linha argumentativa que se desenvolve a partir do texto do parágrafo –, porém inegável é que esta posição prevaleceu no julgamento do RE 237.718 e parece convencer grande parte dos estudiosos do tema.

28. TORRES, Ricardo Lobo. *Tratado de direito constitucional financeiro e tributário: os direitos humanos e a tributação: imunidades e isonomia.* 4ª ed, V. III. Rio de Janeiro: Renovar, 1999. p.267.

29. RIBEIRO, Ricardo Lodi. *Limitações constitucionais ao poder de tributar.* Rio de Janeiro: Lumen Juris, 2010. p. 195.

a pretensa interpretação teleológica à luz dos fundamentos que justificam as demais hipóteses de imunidade que são inseridas em um mesmo patamar sem qualquer reflexão crítica a respeito da adequação. Expõe-se a fragilidade, pois, não parece que as demais entidades sustentem a mesma condição subjetiva de utilidade pública que ensejaram o tratamento diferenciado para aquelas de educação e assistência social[30].

A argumentação sobre uma função promocional da imunidade ou da ideia de imunidade fomento depende da investigação sobre os titulares desta condição subjetiva constitucional e suas finalidades institucionais, ou melhor, funções sociais. Nesta investigação, interessante se faz lançar mão de duas noções entre si complementares, a ideia de imunidades como instrumento protetor de liberdades fundamentais e os conceitos de liberdades negativas e liberdades positivas. Além disso, revisitar o texto constitucional em busca do papel da sociedade em colaboração com Estado em busca da efetivação de direitos. Assim, pode-se também mais bem analisar a própria imunidade das entidades de educação e assistência social, segundo seus próprios fundamentos, estabelecendo reflexões úteis para a sua intepretação[31].

---

30. Mesmo que se enxergue a proteção de liberdades fundamentais em todas as hipóteses, o tratamento não pode ser igual entre os casos em que o Estado tem o dever de não obstaculizar e o dever de incentivar. Será que a um dever constitucional de incentivar a criação e manutenção de partidos políticos e sindicatos? Mesmo que a corte constitucional entenda que a resposta seja positiva, isto não a desonera da necessidade de discutir e fundamentar este posicionamento. Utiliza-se aqui a distinção intuitiva das ideias de dever de não obstaculizar e o dever de incentivar, pois são refletidoras do efeito financeiro de desonerar o exercício de atividades estranhas às finalidades essenciais, tais como privilégios não extensíveis aos demais atores econômicos em competição às custas de recursos que deixam de integrar o tesouro, impossibilitando o seu investimento dentro do orçamento, seguindo a lógica do fomento pela via do sistema tributário. Para ir além, na noção de gastos tributários, v. ABRAHAM, Marcus; SANTOS, Carlos A. C.; FRANCO, Fernando. Renúncias fiscais: um panorama introdutório. *Revista Fórum de Direito Financeiro e Econômico*, Belo Horizonte, n. 09, mar./ago. 2016.

31. Estas noções a serem trabalhadas partem da premissa teórica da relação de essencialidade entre direitos fundamentais e finanças públicas. Direitos dependem da atividade financeira do Estado para sua integridade e defesa na medida em que, ao mesmo tempo, servem de fundamento para a compreensão jurídica desta atividade estatal, esta que se caracteriza pela sua instrumentalidade. A existência paralela entre deveres e obrigações fundamentais correspondentes aos direitos tem lugar apenas no Estado de Direito. Essa ligação é importante por dois aspectos: primeiro, pois, embora a titularidade e o exercício dos direitos correspondam ao homem e aos grupos sociais, seu reconhecimento, garantia e condições para sua efetiva

A arrecadação de receitas e realização de despesas não constitui um fim intrinsecamente, assim como o próprio Estado, não existem senão para a consecução de objetivos e finalidades públicas, politicamente concebidas no Estado Democrático de Direito. Por outro lado, as desonerações constantes no sistema tributário devem seguir a mesma regra. Não à toa, Ricardo Lobo Torres afirma em laureada passagem que "não existe tributo sem liberdade, e a liberdade desaparece quando não a garante o tributo. A própria definição de tributo se inicia pela noção de liberdade" [32].

As desonerações constitucionais, em um ponto de vista financeiro, ou imunidades, na visão jurídico-tributária, somente fazem sentido quando na deliberação política do constituinte chegou-se à conclusão que a imposição tributária em determinados casos sufocaria liberdades fundamentais que o Estado se comprometeu a proteger. Isto é, o sistema tributário estaria atentando contra sua própria finalidade.

Esta compreensão, por sua vez, é inicialmente ligada à noção de liberdades negativas[33]. Trata-se de direitos que são oponíveis ao Estado, em nome da dignidade do ser humano, considerando a importância objetiva da vida humana,

---

colocação em prática em um sentido jurídico-político dependem da ideia de Estado (poder político, instituições grupos de preção entre outros); segundo, pois, não permite que se esqueça o fato de os direitos já reconhecidos não são ilimitados, podem ser restringidos em defesa da dignidade, segurança ou da convivência social, sem que signifique abuso ou arbitrariedade do poder político, de forma que, por exemplo, os direitos políticos que implicam a participação cidadã e política responsável, a integridade física e moral e o dever de respeitar a integridade dos semelhantes. FERNANDES, Eusébio. *El problema del fundamento de los derechos humanos. Anuario de derechos humanos* – UCM, Madrid, 1982. p. 76-77.

32. TORRES, Ricardo Lobo. *Tratado de direito constitucional financeiro e tributário: os direitos humanos e a tributação: imunidades e isonomia.* 4ª ed, V. III. Rio de Janeiro: Renovar, 1999. p.109

33. A ideia de liberdade negativa remonta a estruturação teórica do Estado de Direito em sua acepção formal: tendo como objetivo o homem livre, igual e autodeterminado, a serviço do interesse comum dos indivíduos; limitado em seus objetivos de assegurar a liberdade individual e a segurança dos indivíduos e da propriedade privada; organizado com base em princípios racionais e reconhecendo direitos básicos de cidadania, tais como a liberdade civil e pessoal, de crença e consciência, de pensamento, contratação e aquisição de propriedade, junto à isso à submissão à lei e a independência da justiça. BOCKENFÖRD, Ernst. *Estudios sobre el Estado de Derecho y la democracia*, edición española. Madrid: Trotta, 2000. p. 19-20.

assegura-se um âmbito de conformação que deve estar isento das decisões coletivas, tais como a religião, os compromissos pessoais de intimidade e relativamente a ideais éticos[34].

Firme nessa tradição, o conceito se delineia a partir da ideia de que todos têm direitos ao livre desenvolvimento de sua personalidade, na medida em que não atente contra o direito dos demais e da ordem constitucional estabelecida[35], não podendo o Estado interferir nessa esfera, *dever de não obstaculizar*. Aproximou-se desta concepção o conceito de direitos fundamentais (positivados na lei fundamental) a partir da lei fundamental de Bonn de 1949[36], também chamados de liberdades fundamentais, direitos humanos e outras nomenclaturas, sem que se guarde uma identidade exata entre as noções[37].

A liberdade positiva[38] oferece uma concepção de governo democrático que poderá intervir informado por valores de justiça e igualdade social, direcionando finalidades estatais à realização direitos sociais e econômicos, tendo em conta que "uma comunidade deve tomar decisões coletivas sobre a justiça e a moral e deve poder impor coercitivamente estas decisões[39]". Frequentemente se aproxima das noções de direitos sociais e econômicos que dependem de uma atuação interventiva do Estado para a sua efetivação, *dever de incentivar*.

---

34. DWORKIN, Ronald. *Justiça para ouriços*, edição portuguesa. Coimbra: Almedina, 2012. p. 377.

35. ISENSEE, Josef. *El dilema de la libertad en el Estado de Derecho. Anuario de Derechos Humanos* – UCM, Madrid: Nueva Epoca, 2001. p.490

36. LUÑO, Antonio Pérez. *Derechos humanos, Estado de Derecho y Constituición*, 9ª ed. Madrid: Tecnos, 2005. p. 30-31

37. TORRES, Ricardo Lobo. *Tratado de direito constitucional financeiro e tributário: os direitos humanos e a tributação: imunidades e isonomia.* 4ª ed, V. III. Rio de Janeiro: Renovar, 1999. p.09.

38. A ideia de liberdade positiva ganha relevo e é contemporânea à reestruturação do Estado Direito na Europa com a aceitação de um conteúdo material na segunda metade do século XX. O valor da democracia influencia o surgimento de uma noção de liberdade de participação nas decisões coletivas. A legalidade é vista apenas como garantidora segurança e previsibilidade jurídica, incapaz de substituir a legitimidade. Assim há uma mudança na leitura dos direitos fundamentais que coloca o Estado para além das garantias individuais, legitimado e estimulado à realização de objetivos e tarefas materiais. BOCKENFÖRD, Ernst. *Estudios sobre el Estado de Derecho y la democracia*, edición española. Madrid: Trotta, 2000. p. 32

39. DWORKIN, *Ronald. Justiça para ouriços*, edição portuguesa. Coimbra: Almedina, 2012. p. 387.

O argumento da liberdade positiva é frequentemente apontado como conflituoso com a noção negativa, assumindo diferentes tons. Isto se coloca muito em relevo no debate sobre uma tributação fiscal que limite a liberdade enquanto autonomia. Pois, a liberdade positiva requer determinado grau de democracia, porém a promoção desta com a concessão de um conjunto de liberdades pessoais, não significa estar em conflito com liberdades negativa[40]. A forma de enxergar a democracia como antiliberal, oposta ao reconhecimento de direitos individuais e funcionando fora dos domínios da moral, é equivocada[41]. A atuação positiva estatal pode significar a única forma de considerar a dignidade e o respeito igual pela vida, momento em que a liberdade positiva constitui *condição de liberdade*, revelando sua jusfundamentalidade[42].

Posto isso, considera-se que as imunidades não relacionadas a direitos de liberdades negativas, constituem concessões de liberdade positiva, delimitadas democraticamente no texto constitucional. No caso em exame (educação e assistência), há uma opção de realização pela via do sistema tributário de uma finalidade estatal, isto é, fomenta-se, pois se reconhece o valor da atuação particular voluntária e desinteressada.

Importante para interpretação da referida imunidade é a pesquisa sobre esta decisão democrática, as disposições do capítulo da ordem social da Constituição da República[43]. Tendo em vista que a noção de promoção do direito à educação e à assistência aparece para flexibilizar a leitura do §4º do art. 150 que,

---

40. A dignidade de uma pessoa enquanto cidadã igual exige que o governo proteja desse modo. Não é ofensivo para uma pessoa aceitar que uma maioria dos seus concidadãos tenha o direito de determinar e aplicar regras de trânsito, desde que as regra que escolherem não sejam más ou completamente disparatadas. Ou que tenham o direito de definir quem é que detém que propriedade e quais os direitos e proteções decorrentes dessa propriedade. No entanto seria certamente ofensivo para uma pessoa aceitar que uma maioria tenha o direito de impor a sua convicção ou prática religiosa.

41. NINO, Carlos Santiago. *La constitución de la democracia deliberativa*. Barcelona: Gedisa, 1997. p.103-104.

42. TORRES, Ricardo Lobo. *Tratado de direito constitucional financeiro e tributário: os direitos humanos e a tributação: imunidades e isonomia*. 4ª ed, V. III. Rio de Janeiro: Renovar, 1999. p. 12-13.

43. Na análise do próximo tópico (4.3) os argumentos aqui utilizados podem ser arrolados como de natureza sistemática.

inicialmente, veda o alcance aos impostos decorrentes do exercício das atividades não relacionadas às finalidades essenciais, aproxima-se aqui à ideia de que o Estado abre mão destes recursos.

A leitura dos dispositivos constitucionais que se dedicam ao dever do Estado de garantir educação e assistência revela uma ideia de colaboração[44], a iniciativa do Poder público e da sociedade. Daí se constata utilidade da não tributação no que representa uma ampliação do alcance das prestações sociais pela iniciativa privada.

Notadamente, isso justifica a previsão da imunidade, mas será suficiente para desonerar o exercício de outras atividades econômicas? Em princípio não há uma diretriz de incentivo, porém o disposto no artigo 213 da constituição pode ajudar, uma vez que admite a aplicação de recursos públicos em atividades da iniciativa privada[45].

Por outro lado, há outra questão que importa em algumas críticas a respeito da forma que é aceita a referida imunidade pela corte constitucional. Se existe uma utilidade pública na atuação do particular que complementa ou substitui a atividade estatal, a ponto de não fazer sentido a imposição tributária pois o recurso já está atendendo à finalidade, o reconhecimento de um tratamento diferenciado somente poderia ser feito perante aquelas prestações que se assemelham as públicas, trazendo ao debate a necessidade de gratuidade e atendimento aos necessitados[46].

---

44. Constituição 1988. Art. 194. A seguridade social compreende um **conjunto integrado de ações de iniciativa dos Poderes Públicos e da sociedade**, destinadas a assegurar os direitos relativos à saúde, à previdência e à assistência social. Art. 205. A educação, direito de todos e dever do Estado e da família, **será promovida e incentivada com a colaboração da sociedade**, visando ao pleno desenvolvimento da pessoa, seu preparo para o exercício da cidadania e sua qualificação para o trabalho.

45. Art. 213. Os recursos públicos serão destinados às escolas públicas, podendo ser dirigidos a escolas comunitárias, confessionais ou filantrópicas, definidas em lei, que: I – comprovem finalidade não-lucrativa e apliquem seus excedentes financeiros em educação; II – assegurem a destinação de seu patrimônio a outra escola comunitária, filantrópica ou confessional, ou ao Poder Público, no caso de encerramento de suas atividades.

46. Ricardo Lobo Torres chama atenção a este aspecto na crítica que chama de *desinterpretação do conteúdo e do alcance das imunidades de educação e assistência social*. TORRES, Ricardo Lobo. *Tratado de direito constitucional financeiro e tributário: os direitos humanos e a tributação: imunidades e isonomia*. 4ª ed, V. III. Rio de Janeiro: Renovar, 1999. p.293-296.

## 4.3. Intepretação a partir do texto

Conforme se anunciou ao longo deste trabalho, há uma linha argumentativa, alternativa ao que prevaleceu no RE 237.718, segundo a qual a interpretação teleológica não é capaz de induzir as conclusões propostas, pois esbarraria nos limites do texto. Como se sabe, a tarefa do intérprete está em extrair a norma dentre os sentidos possíveis a partir da moldura do texto, em um processo dirigido à realização concreta do Direito, sua aplicação. Texto como objeto da interpretação e norma como conteúdo de significado[47].

Destacou-se anteriormente que o exame pelo Supremo Tribunal Federal se dedicou a interpretação dos textos normativos inscritos no artigo 150, VI, 'c', e §4º, ampliando teleologicamente o alcance da imunidade para as situações de imóveis explorados em atividades não essenciais, ou seja, reconhecendo, no mínimo, a existência do sentido restritivo que não seria privilegiado nos casos em função das finalidades constitucionais envolvidas[48].

O constituinte altera o contexto normativo anterior para inserir uma disposição restritiva do alcance, tanto que afirma "as vedações compreendem somente". A intepretação que prevaleceu parece ignorar esta inovação textual, pois se limitou a reafirmar o posicionamento perante a ordem constitucional anterior. Esta conexão é útil, pois, a leitura do preceito sugere um recorte na estrutura normativa do §4º, o patrimônio estará imune quando afeto a finalidade essencial, a renda estará imune quando destinada à sua finalidade essencial e os serviços restarão imunes quando prestados dentro da finalidade essencial. Será que uma interpretação teleológica teria o condão de superar estes limites textuais?

---

47. CAMPOS, Carlos Alexandre de Azevedo. Interpretação do sistema constitucional tributário. In: QUEIROZ, Luís Cesar de Souza de; ABRAHAM, Marcus; CAMPOS, Carlos Alexandre de Azevedo (Orgs.). *Estado Fiscal e Tributação*, Rio de Janeiro: GZ, 2015. p. 92.

48. Cf. o texto: CRFB 1988. Art. 150. Sem prejuízo de outras garantias asseguradas ao contribuinte, é vedado à União, aos Estados, ao Distrito Federal e aos Municípios: (...) VI – instituir impostos sobre: (...) c) patrimônio, renda ou serviços dos partidos políticos, inclusive suas fundações, das entidades sindicais dos trabalhadores, das instituições de educação e de assistência social, sem fins lucrativos, atendidos os requisitos da lei; (...) § 4º – As vedações expressas no inciso VI, alíneas "b" e "c", compreendem somente o patrimônio, a renda e os serviços, relacionados com as finalidades essenciais das entidades nelas mencionadas.

Carlos Alexandre Campos sustenta que na teoria geral todos os elementos tradicionais da interpretação jurídica (literal, sistemático, histórico e teleológico) devem ser abordados no que chama, com apoio em Larenz, de *pluralismo metodológico*, sendo inviável a possibilidade de um dos elementos governar sozinho e, consequentemente, a necessidade de inter-relação entre eles, cabendo pesos distintos a depender do caso concreto. Entretanto, "o elemento literal é o ponto de partida da interpretação jurídica e, ao mesmo tempo o limite possível da interpretação"[49]. Não se pode interpretar o §4º ignorando o ele preceitua, caso contrário não há interpretação.

Uma destas tentativas de interpretar o referido paragrafo considerando sua existência constituiu a proposta por Marco Aurélio Greco ao diferenciar *origem e destinação* das receitas para fins de compreensão do sentido da norma constitucional. De forma semelhante, Carlos Veloso afirmou em seu voto divergente, aprofundado anteriormente, ao denunciar que a renda decorrente (lucro) das atividades não essenciais é imune, o mesmo não acontece com as operações intrinsecamente consideradas[50]. Isso significa que o autor considera os elementos secundários da previsão constitucional das imunidades para sua interpretação, patrimônio renda e serviço, isto é, não ignora o texto, uma vez que se a imunidade da renda conduz à imunidade do patrimônio gerador da renda, para que o constituinte haveria de fazer a diferenciação?

Este argumento pode ser ilustrado por meio de um exemplo, propositalmente inclinado à realidade municipal (discutida no julgado): caso uma entidade de assistência social tenha como objeto o abrigo de pessoas em situação de vulnerabilidade e possua três imóveis no município do Rio de Janeiro. Um deles é efetivamente usado para a suas finalidades essenciais, abrigando inúmeras pessoas que perderam seus bens em tragédias naturais e moradores de rua, prestando serviços essências para a vida digna destas pessoas. Os demais são utilizados para obter a renda necessária para execução de seus misteres, neste exemplo, considere-se que são hotéis situados em uma área nobre da cidade, prestando serviços em uma atividade econômica que é uma das principais vocações da cidade.

---

49. CAMPOS, Carlos Alexandre de Azevedo. Interpretação do sistema constitucional tributário. In: QUEIROZ, Luís Cesar de Souza de; ABRAHAM, Marcus; CAMPOS, Carlos Alexandre de Azevedo (Orgs.). *Estado Fiscal e Tributação*, Rio de Janeiro, GZ, 2015. 97-98

50. Veja o item 3.

# SÚMULA VINCULANTE Nº 52: A IMUNIDADE TRIBUTÁRIA DO ART. 150, VI, "C", DA CF/88, E O IPTU

Pelo que foi dito, não há divergência sobre a imunidade dos lucros obtidos nestas atividades de exploração dos hotéis, por sua vez direcionados ao abrigo. Mas, assim como os inúmeros investidores em hotelaria da capital carioca, o sujeito deste exemplo estaria sujeito à tributação decorrente do ISS e IPTU, porém, caso imune, estaria localizado em patamar de grande vantagem sobre os concorrentes de mesmo padrão de qualidade em um mercado tão competitivo, imaginem-se as tendências em longo prazo deste raciocínio. Haveria neste exemplo uma tributação tendente a esvaziar o comando constitucional imunizante[51]?

Consequentemente, não se pode dizer que as entidades imunes não podem pagar impostos sobre o patrimônio porque a renda será aplicada nas finalidades essências. Primeiro, pois, a qualidade de estar atendendo a finalidade essencial não se comunica entre os aspectos objetivos, uma coisa é tributação sobre a renda que obedece a condição e outra é a sobre o patrimônio que não. Segundo, pois, quando a constituição dispõe "somente relacionado com as finalidades essenciais" claramente se está diante de uma fórmula textual a ser usada para restringir o alcance da norma, mas o posicionamento do STF tem usado para ampliar, conforme se extrai do enunciado sumular examinado neste trabalho, "desde que seja aplicado nas atividades essenciais".

---

51. O raciocínio também pode ser explicado por outra linha argumentativa. Para o desenvolvimento da crítica aqui pretendida parece útil o exame mais aprofundado de uma classificação muito utilizada pela doutrina, porém não levada as suas últimas consequências, aquela que distingue as imunidades entre subjetivas e objetivas.

Tradicionalmente esta questão é colocada no estudo das imunidades como sendo objetiva nos casos em que a constituição afasta a aplicação da norma de incidência em relação a determinadas situações, não importando quem seja contribuinte do tributo, exemplifica-se a hipótese dos livros e papel destinado à impressão. Por outro lado, se diz subjetivo com relação aos casos em que a constituição impede a aplicação das normas de incidência às pessoas imunes, exemplificando com a hipótese dos templos e das entidades assistenciais.

Entretanto, caso a lição pare aqui, a classificação causa mais problemas do que oferece proveito para a intepretação da norma, pois sempre tenderá a abertura do alcance do direito subjetivo do titular da desoneração, pois ignora-se a manifestação de riqueza em função da condição pessoal, à revelia do texto que preceitua expressamente o patrimônio, a renda e os serviços, dando azo a leitura de que a imunidade de um elemento conduz a de outro. Diante disso, nas ditas imunidades subjetivas há também a participação de elementos objetivos que balizam a subjetividade, ao passo que naquelas consideradas objetivas, há também o elemento subjetivo balizando a objetividade, já que impostos são pagos por pessoas. Daí se constata que tal classificação somente encontra utilidade quando correlacionada a vedação de incidência de impostos direitos e indiretos e as finalidade essenciais (parece que entender de forma diversa

Diante disso, respondendo o questionamento proposto, parece que há, no posicionamento atual da corte constitucional sobre a questão, um avanço sobre a estrutura textual a pretexto de alcançar a finalidade da norma. Não há, pois, interpretação teleológica quando se atribui um sentido não compreendido dentre os possíveis.

Embora o texto do §4º não indique qualquer diferença em sua aplicação com relação às alíneas que prevê e, por conseguinte, as entidades abarcadas, o tratamento diferenciado é dado, por via interpretativa, pela doutrina a determinadas hipóteses, conforme examinado anteriormente, por meio da noção de incentivo. É necessário ressaltar, contudo, que tal solução argumentativa somente tem lugar quando presente o dever promocional que justifique a colaboração e o incentivo a determinadas iniciativas privadas, em um esforço de interpretação sistemática, conforme se analisou no tópico anterior.

## 5. CONCLUSÕES

A SV 52 resultou da proposta nº 107 cujo objeto fora a conversão do enunciado 724 da Súmula do STF, fazendo parte de uma iniciativa de converter 22 enunciados convencionais em vinculantes. O referido verbete dispunha que "ainda quando alugado a terceiros, permanece imune ao IPTU o imóvel pertencente a qualquer das entidades referidas pelo artigo 150, VI, 'c', da Constituição, desde que o valor do alugueis seja aplicado nas atividades essenciais de tais entidades".

A avaliação crítica objetivou examinar a coerência e conteúdo jurídico das conclusões da corte constitucional a partir dos precedentes examinados, tendo em vista aportes doutrinários e outras reflexões, oportunizando as seguintes conclusões:

---

é negar utilidade ao que preceitua os parágrafos 3º e 4º). Ensina Ricardo Lobo Torres que as pessoas protegidas pelas imunidades subjetivas não podem sofrer a incidência de impostos diretos, se arcam com o ônus financeiro do tributo e se praticam atos compatíveis com suas finalidades institucionais; na hipótese inversa, se transferirem o encargo financeiro ou se praticarem atos desvinculados de seus objetivos essenciais, ficam sujeitos à tributação. As imunidades objetivas, por seu turno, só protegem contra a incidência de impostos indiretos (ICMS, IPI). TORRES, Ricardo Lobo. *Tratado de direito constitucional financeiro e tributário: os direitos humanos e a tributação: imunidades e isonomia.* 4ª ed, V. III. Rio de Janeiro: Renovar, 1999. p.103).

1. A primeira das ponderações a serem feita a partir do julgamento da PSV 107 é o fato de o Supremo haver convertido um enunciado sumular pouco refletido e mal aplicado em norma vinculante, uma postura que significou a afirmação pelo Supremo da interpretação do disposto no §4º do artigo 150 como uma norma relacionada à destinação de receitas das entidades imunes, isto é, um requisito de reconhecimento, não um dos elementos delimitadores do alcance. Assim, como consequência, a inovação do texto nada alterou na concepção dos resultados interpretativos que seguiram a orientação vigente com base na anterior a carta política. Fizeram-se inúteis as palavras do constituinte de 1988.

2. As insuficientes discussões de mérito fizeram distorcidas as conclusões sustentadas no RE 237.718, muito em função inclusive de o enunciado sumular pretender esclarecer a norma contida no referido paragrafo quarto do art. 150 da CR, o enunciado 724 afastou-se das razões de decidir que justificaram sua instituição. Veja-se: três premissas argumentativas marcaram aquele paradigmático julgado, a) As imunidades da constituição merecem uma interpretação teleológica para a garantia de efetividade destas normas, b) o funcionamento da entidade depende da obtenção de rendas de atividades estranhas à sua finalidade para a execução adequada desta, c) a desigualdade de tratamento tributário nas atividades estranhas se justificam na medida em que as entidades exercem um papel de utilidade pública em um cenário de interseção com a atividade estatal, auxiliando o poder público, pelo que devem ser incentivadas.

3. A fundamentação jurídica de interpretação do §4º do art. 150 da CR se colocou em um contexto de interpretação teleológica da imunidade, afastando seu potencial de limitação, em homenagem a efetividade do preceito com relação às entidades educacionais e assistenciais, especificamente quanto aos imóveis locados, mas nada disse sobre as demais atividades econômicas. Além disso, não guardou coerência do argumento com relação às entidades abarcadas pela previsão da alínea 'c' do inciso VI do art. 150 que foram incluídas sem uma avaliação de compatibilidade.

4. O constituinte alterou o contexto normativo anterior para inserir uma disposição restritiva do alcance da imunidade útil à delimitação da competência, tanto que afirma "as vedações compreendem somente". A

intepretação que prevaleceu parece ignorar esta inovação textual, pois se limitou a reafirmar o posicionamento perante a ordem constitucional anterior, quando deveria partir dos sentidos possíveis dados por ele.

5. Embora se reconheça o prestígio da influência de um conteúdo promocional na interpretação das imunidades, a leitura do preceito parece sugerir um recorte na estrutura normativa do referido §4º que o patrimônio estará imune quando afeto a finalidade essencial, a renda estará imune quando destinada à sua finalidade essencial e os serviços restarão imunes quando prestados dentro da finalidade essencial, conservando a utilidade da regra constitucional.

## REFERÊNCIAS BIBLIOGRÁFICAS

ABRAHAM, Marcus; SANTOS, Carlos A. C.; FRANCO, Fernando. Renúncias fiscais: um panorama introdutório. *Revista Fórum de Direito Financeiro e Econômico*, Belo Horizonte, n. 09, mar./ago. 2016.

AMARO, Luciano. Algumas questões sobre a imunidade tributária. In: *Imunidades Tributárias*, Coord. Ives Gandra da Silva Martins. São Paulo: Revista dos Tribunais, 1998.

_____ *Direito tributário brasileiro*, 16ª ed. São Paulo: Saraiva, 2010.

BALEEIRO, Aliomar. *Limitações constitucionais ao poder de tributar.* 7ª ed. Rio de Janeiro: Forense, 1997.

BARRETO, Aires Fernandino. Imunidades Tributárias: só podem prevalecer interpretações que privilegiem os princípios constitucionais. In: *Imunidades Tributárias*, Coord. Ives Gandra da Silva Martins. São Paulo: Revista dos Tribunais, 1998.

BOCKENFÖRD, Ernst. *Estudios sobre el Estado de Derecho y la democracia*, edición española. Madrid: Trotta, 2000.

CAMPOS, Carlos Alexandre de Azevedo. Interpretação do sistema constitucional tributário. In: QUEIROZ, Luís Cesar de Souza de; ABRAHAM, Marcus; CAMPOS, Carlos Alexandre de Azevedo (Orgs.). *Estado Fiscal e Tributação*, Rio de Janeiro: GZ, 2015.

COÊLHO, Sacha Calmon Navarro. *Curso de Direito Tributário Brasileiro*, 6ª ed. Rio de Janeiro: Forense, 2001.

DWORKIN, Ronald. *Justiça para ouriços*, edição portuguesa. Coimbra: Almedina, 2012.

FERNANDES, Eusébio. *El problema del fundamento de los derechos humanos. Anuario de derechos humanos* – UCM, Madrid, 1982.

GRECO, Marco Aurélio. Imunidade tributária. In: *Imunidades Tributárias*, Coord. Ives Gandra da Silva Martins. São Paulo: Revista dos Tribunais, 1998.

ISENSEE, Josef. *El dilema de la libertad en el Estado de Derecho. Anuario de Derechos Humanos* – UCM, Madrid: Nueva Epoca, 2001.

LEAL, Victor Nunes. *Problemas de direito público e outros problemas*, Brasília, Ministério da Justiça, 1997.

LUÑO, Antonio Pérez. *Derechos humanos, Estado de Derecho y Constituición*, 9ª ed. Madrid: Tecnos, 2005.

MACHADO, Hugo de Brito. Imunidade tributária. In: *Imunidades Tributárias*, Coord. Ives Gandra da Silva Martins. São Paulo: Revista dos Tribunais, 1998.

NINO, Carlos Santiago. *La constitución de la democracia deliberativa*. Barcelona: Gedisa, 1997.

RIBEIRO, Ricardo Lodi. *Limitações constitucionais ao poder de tributar*. Rio de Janeiro: Lumen Juris, 2010.

SEIXAS FILHO, Aurélio Pitanga. Imunidade tributária e a não sujeição constitucional ao dever tributário. In: *Imunidades Tributárias*, Coord. Ives Gandra da Silva Martins. São Paulo: Revista dos Tribunais, 1998.

TORRES, Ricardo Lobo. *Tratado de direito constitucional financeiro e tributário: os direitos humanos e a tributação: imunidades e isonomia*. 4ª ed., V. III. Rio de Janeiro: Renovar, 1999.

# RE Nº 183.130, RE Nº 592.396: IMPOSTO DE RENDA, SEGURANÇA JURÍDICA E SÚMULA Nº 584 DO SUPREMO TRIBUNAL FEDERAL

ÉRICO TEIXEIRA VINHOSA PINTO[1]

**Sumário:** 1. Introdução. 2. Apresentação da controvérsia. O enunciado da Súmula 584 do STF. 3. Descrição dos julgados. 3.1. A Lei n.º 7988/1989. 3.2. O RE 183.130/PR. 3.2.1. Breve relato processual. 3.2.2. O voto proferido pelo relator – Ministro Carlos Velloso. 3.2.3. A divergência inaugurada pelo Ministro Nelson Jobim. 3.2.4. Os demais votos proferidos no RE 183.130/PR. 3.2.5. O Recurso Extraordinário n.º 592.396 – uma nova oportunidade? 4. Análise crítica. 5. Conclusão.

## 1. INTRODUÇÃO

O objetivo do presente trabalho é analisar a decisão proferida pelo Supremo Tribunal Federal (STF) nos Recursos Extraordinários (RREE) n.º 183.130/PR e n.º 592.396/SP e o enunciado da Súmula 584 do Supremo Tribunal Federal, no que diz respeito à aplicação dos princípios da irretroatividade e da anterioridade, nos casos de aumento do imposto de renda.

A majoração de tributos no final do exercício financeiro há tempos vem causando perplexidade na doutrina. Existem diversos exemplos nos quais leis instituindo ou majorando tributos foram publicadas nos últimos dias do ano, violando expectativas e gerando insegurança jurídica.

---

1. Juiz Federal. Mestrando do Programa de Pós-graduação em Direito da Universidade do Estado do Rio de Janeiro (UERJ) na Linha de Finanças Públicas, Tributação e Desenvolvimento;

O problema é ainda mais grave em relação aos tributos cujos fatos geradores são 'complexivos', ou seja, que são apurados num período de tempo delimitado pela lei, no qual são alcançados todos os atos, fatos ou negócios jurídicos praticados pelo contribuinte.

Nesses casos, a distinção acolhida pelo Supremo Tribunal Federal entre ano-base e exercício financeiro permitiu que houvesse a instituição ou majoração de tributos até o último dia do período de apuração, nos termos do verbete da súmula 584 da Corte, em violação aos princípios da irretroatividade e da anterioridade, que decorrem não só do art. 150 da Constituição de 1988 (CR/1988), mas, de forma mais ampla, da própria segurança jurídica.

É chegada, portanto, a hora de revisitar, uma vez mais, o tema, que, embora velho, permanece novo. Para tanto, faz-se necessário analisar os precedentes que geraram a edição do enunciado e a rediscussão da matéria nos RREE n.º 183.130/PR e n.º 592.396/SP.

Essa análise permitirá concluir que metade da senda já foi trilhada, o que, ademais de não desonerar a Corte de exercer sua missão constitucional, aumenta o seu ônus decisório, em virtude da frustração deixada quando do julgamento do RE n.º 592.396/SP, decorrente da expectativa criada em razão do "encontro marcado" no RE n.º 183.130/PR. A restauração da confiança passa pela conclusão da jornada, por meio da qual espera-se a afirmação plena dos princípios da irretroatividade e da anterioridade em relação ao imposto de renda.

## 2. APRESENTAÇÃO DA CONTROVÉRSIA: O ENUNCIADO DA SÚMULA 584 DO STF

O enunciado da súmula 584 do Supremo Tribunal Federal (STF) dispõe que: "Ao imposto de renda calculado sobre os rendimentos do ano-base, aplica-se a lei vigente no exercício financeiro em que deve ser apresentada a declaração"[2].

Os precedentes que geraram a edição do verbete tratavam basicamente dos efeitos da revogação, pelo artigo 15, do Decreto-Lei n.º 62 de 1966, do artigo 2º e seu parágrafo único, da Lei n.º 4.480, de 14 de novembro de 1964, que estabelecia

---

2. BRASIL. Supremo Tribunal Federal. Súmula n.º 584, de 15/12/1976. *Diário de Justiça*, Brasília, 03/01/1977;

que o valor do imposto de renda a ser pago pelos magistrados não seria superior ao valor correspondente a 2 (dois) meses dos vencimentos, com a possibilidade do pagamento em duodécimos mediante desconto em folha[3].

O Decreto-Lei n.º 5.844 de 1943[4] e o Decreto n.º 58.400 de 1966[5], que o regulamentou, determinavam que o imposto de renda seria apurado com base nos rendimentos correspondentes ao ano civil anterior ao exercício financeiro em que o imposto fosse devido.

Essa cisão entre ano civil, no qual foram recebidos os rendimentos, e exercício financeiro, no qual o imposto era devido, gerou discussões a respeito da aplicação dos princípios da irretroatividade e da anterioridade em relação ao referido tributo.

No caso específico pertinente aos dispositivos legais que geraram a edição do enunciado da súmula 584, a revogação do artigo 5º e seu parágrafo único ocorreu, conforme acima exposto, por Decreto-Lei publicado em 22/11/1966, com efeitos a partir de 1º de janeiro de 1967. Nos julgados indicados como precedentes do verbete[6], pretendiam os contribuintes que a revogação do artigo 5º e parágrafo único da Lei 4.480/1964, ocorrida em novembro de 1966, não fosse aplicada para os rendimentos auferidos no ano base 1966, exercício 1967.

Essa, porém, não foi a posição do Supremo Tribunal Federal, que, ao julgar o RE 74.594/GB, adotou o voto do relator, Ministro Xavier de Albuquerque, que invocou diversos julgados anteriores sobre a subscrição de letras imobiliárias do Banco Nacional de Habitação, nos quais o Tribunal "acolheu a distinção entre ano-base e exercício financeiro e repeliu a alegação, que também se fazia, de

---

3. BRASIL. Lei n.º 4.480, de 14 de novembro de 1964. Regula a tributação, pelo impôsto de renda, dos direitos de autor, da remuneração de professôres e jornalistas e dos vencimentos dos magistrados. *Diário Oficial da União*, Brasília, 17 nov. 1964 e retificado em 30.11.1964;

4. BRASIL. Decreto-Lei n.º 5.844, de 23 de setembro de 1943. Dispõe sôbre a cobrança e fiscalização do imposto de renda. *Diário Oficial da União*, Brasília, 23 set. 1943;

5. BRASIL. Decreto n.º 58.400, de 10 de maio de 1966. Aprova o Regulamento para a cobrança e fiscalização do Impôsto de Renda. *Diário Oficial da União*, Brasília, 12 maio 1966;

6. Recursos Extraordinários n.º 74.594, 80.250 e 80.620;

aplicação retroativa da lei", razão pela qual concluiu que o mesmo entendimento deveria ser aplicado também aos RREE analisados[7].

A conclusão da Corte, portanto, foi no sentido da possibilidade de se aplicar a alteração normativa ocorrida em novembro de 1966 com efeitos a partir do dia 1º de janeiro do exercício de 1967, ou seja, alcançando todos os rendimentos auferidos no ano civil de 1966, declaração de rendimentos a ser apresentada no exercício financeiro de 1967.

## 3. DESCRIÇÃO DOS JULGADOS

### 3.1. A Lei n.º 7.988/1989

O tema voltou a ser discutido nas últimas décadas em virtude de revogação de benefício criado como forma de incentivar exportações.

O Decreto-Lei 2.413, de 10 de fevereiro de 1988, estabelecia, em seu artigo 1º, que a tributação pelo imposto de renda do lucro decorrente de exportações incentivadas seria efetuada com base na alíquota de 6% (seis por cento) a partir do exercício financeiro de 1990[8]. O dispositivo foi revogado pela Lei n.º 7.988, de 28 de dezembro de 1989, cujo artigo 1º, inciso I, estabeleceu que, a partir do exercício financeiro de 1990 (período-base de 1989), a alíquota do imposto em questão passaria a ser de 18% (dezoito por cento)[9].

A discussão que chegou ao STF envolveu, em termos práticos, a majoração da alíquota do imposto de renda sobre o lucro proveniente de exportações incentivadas de 6% (seis por cento) para 18% (dezoito por cento) ocorrida por meio de uma lei publicada em 28 de dezembro de 1989, mas que seria aplicada para o ano-base 1989, ou seja, para o lucro calculado sobre as receitas auferidas por meio de exportações realizadas durante todo o ano de 1989, apurado por declaração a ser apresentada no exercício de 1990.

---

7.  BRASIL. Supremo Tribunal Federal. RE 74.594/GB – Recurso Extraordinário, Rel. Min. Xavier de Albuquerque. *Diário de Justiça*, Brasília, 23/03/1973;

8.  BRASIL. Decreto-Lei 2.413, de 10 de fevereiro de 1988. Altera a legislação do imposto de renda e dá outras providências. *Diário Oficial da União*, Brasília, 11.2.1988 e retificado em 12.2.1988;

9.  BRASIL. Lei n.º 7.988, de 28 de dezembro de 1989. Dispõe sobre a redução de incentivos fiscais. *Diário Oficial da União*, Brasília, 28.12.1989;

No aspecto jurídico, restou clara a necessidade de reanálise da questão, à luz da Constituição de 1988, com especial atenção a ser dada ao valor segurança jurídica, seja pelo viés da delimitação da aplicação do artigo 150, inciso III, alíneas 'a' e 'b', da Constituição, seja pelo viés mais amplo da segurança jurídica e da proteção à confiança, considerando, ademais e com especial destaque, que o caso tratava de revogação de benefício com finalidade extrafiscal, com a retirada de estímulos, após a adoção, pelo contribuinte, da conduta desejada pelo Estado.

## 3.2. O RE 183.130/PR

### 3.2.1. Breve relato processual

O primeiro caso julgado pelo Supremo Tribunal Federal, no qual ficou evidenciada a alteração, ainda que parcial da jurisprudência do Tribunal, foi o Recurso Extraordinário n.º 183.130/PR[10], que, conforme se infere dos votos nele proferidos, dividiu a corte e foi parcialmente inconclusivo quanto às questões acima apresentadas.

O caso teve início a partir da impetração de um mandado de segurança contra ato praticado pelo Delegado da Receita Federal em Foz do Iguaçu, que, com base no art. 1º, inciso I, da Lei 7.988, de 29.12.89, aplicou a alíquota majorada de 18% sobre o lucro proveniente das exportações incentivadas realizadas no ano-base de 1989.

A sentença proferida pelo juízo de primeiro grau concedeu a segurança pleiteada pelos contribuintes, ao passo que a Terceira Turma do Tribunal Regional Federal da 4ª Região deu parcial provimento à apelação da União (Fazenda Nacional) e, com fundamento no princípio da irretroatividade, afastou a aplicação da majoração para o ano-base de 1989, mantendo-a para o ano-base 1990 e seguintes.

Inconformada, a União interpôs Recurso Extraordinário, com fundamento no art. 102, III, b, da Constituição, ao argumento de que a decisão teria negado vigência e aplicação parcial à Lei 7.988/1989, que introduziu a majoração já para

---

10. BRASIL. Supremo Tribunal Federal. RE 183.130/PR – Recurso Extraordinário, Rel. Min. Carlos Velloso. Redator para acordão Min. Teori Zavascki. *DJe*, Brasília, 17/11/2014;

o ano-base de 1989. Os fundamentos invocados pela recorrente foram no sentido da necessidade de se observar os princípios da irretroatividade e da anterioridade, "pois a mudança ocorreu antes da ocorrência legal e jurídica do fato gerador" e "a lei foi publicada antes do início da cobrança do imposto"[11].

### 3.2.2. O voto proferido pelo relator – Ministro Carlos Velloso

O relator originário do caso, Ministro Carlos Velloso, destacou, de início, trecho do voto proferido no acórdão regional recorrido, no sentido da limitação da aplicação da súmula 584 ao período anterior à Constituição de 1988 (CR/88), no qual seria possível a sistematização do imposto em dois períodos, o do ano-base e o do exercício financeiro. Segundo a Corte Regional, com a CR/88, porém, passaram a existir duas exigências distintas em relação à lei que institua ou majore tributos: "além de ser anterior ao início do exercício financeiro, é preciso que seja anterior, também, ao próprio fato fiscalmente relevante"[12].

O relator citou trabalho doutrinário[13] e o voto por ele proferido no RE 138.284/PR, nos quais apresentou uma distinção entre os princípios da irretroatividade e da anterioridade: "a irretroatividade estabelece que a lei deve anteceder ao fato por ela escolhido para dar nascimento ao tributo", ao passo que "o princípio da anterioridade exige a anterioridade da lei em relação à data inicial do exercício para a cobrança do tributo"[14]. No artigo e no voto, fez referência a acórdão proferido pelo Tribunal Federal de Recursos, confirmado pelo STF no RE 103.553/PR e ERE 103.553/PR, no sentido da inaplicabilidade da súmula, por conflitar com a sistemática trazida pelo Código Tributário Nacional (CTN):

> É que, segundo acentuado no acórdão da citada AC 82.686-PR ("DJ" de 3.5.84), "a partir do CTN, o fato gerador do imposto de renda passou a identificar-se com a aquisição da disponibilidade econômica ou jurídica do rendimento, no seu fluxo continuado até o encerramento do seu ciclo (art. 116, I, do CTN), o

---

11. STF, RE 183.130/PR. Inteiro teor do acórdão, p. 04;
12. STF, RE 183.130/PR. Inteiro teor do acórdão, p. 14-15;
13. A irretroatividade da Lei Tributária – Irretroatividade e Anterioridade – Imposto de Renda e Empréstimo Compulsório", in *Temas de Direito Público*, Ed. Del Rey, 2ª tiragem, 1997, p. 311;
14. STF, RE 183.130/PR. Inteiro teor do acórdão, p. 15 e 16;

RE Nº 183.130, RE Nº 592.396: IR, SEGURANÇA JURÍDICA E SÚMULA 584 DO STF

que veio afastar a legislação anterior, orientada no sentido de que a renda auferida no ano-base seria apenas "padrão de estimativa" da renda no exercício financeiro, ou simples valor de referência, apresentando-se hoje tal aquisição no período-base como o próprio fato gerador". Assim, seria inaplicável a Súmula 584-STF, construída à luz da legislação anterior, em conflito com a sistemática do CTN posterior[15].

O Ministro Carlos Velloso ressaltou que a questão posta no Recurso Extraordinário dizia respeito ao princípio da irretroatividade (e não da anterioridade, como nos recursos acima mencionados), mas que, ainda assim, o acórdão recorrido, favorável ao contribuinte, deveria ser mantido.

Como fundamento, destacou o voto que proferiu no Tribunal Federal de Recursos (AMS 107.919-MG), segundo o qual o fato gerador de um tributo pode ser analisado quanto à estrutura e quanto ao tempo. Quanto à estrutura, "pode ser um fato simples, assim um fato isolado, único, ou pode ser um fato complexo, múltiplo, caso em que, para realizar-se, ele deverá integrar-se de todos os seus elementos". Em relação ao tempo, pode ser "instantâneo, continuado, periódico ou de formação sucessiva". O fato gerador do imposto de renda seria "complexivo, ou continuado, ou periódico, porque compreende a disponibilidade econômica ou jurídica adquirida num determinado espaço de tempo, ou num certo ciclo"[16].

Sendo assim, votou no sentido da manutenção da súmula n.º 584, porém com os temperamentos decorrentes da aplicação do princípio da irretroatividade, de forma que as situações de fato, os atos e os negócios jurídicos sejam regidos pelas leis, inclusive tributárias, que estejam em vigor quando de sua prática. Logo, as exportações realizadas ao longo de todo o ano ano-base 1989 não poderiam ser alcançadas por lei publicada em 28/12/1989.

---

15. STF, RE 183.130/PR. Inteiro teor do acórdão, p. 17;
16. STF, RE 183.130/PR. Inteiro teor do acórdão, p. 22 e 23;

### 3.2.3. A divergência inaugurada pelo Ministro Nelson Jobim

O Ministro Nelson Jobim divergiu do relator quanto à fundamentação, embora tenha acompanhado a conclusão do voto no sentido da não aplicação da Lei 7.988/1989 em relação ao ano-base no qual foi editada. Destacou, inicialmente, que a tese de violação do princípio da irretroatividade pela Súmula 584 não era nova no Tribunal, com o posicionamento da Corte tendo sido fixado desde 1973.

Segundo o voto, o fato gerador do imposto de renda, tanto na visão das Turmas quanto na visão do Plenário do Tribunal, somente ocorreria no dia 31 de dezembro, ou seja, quando do final do período de apuração do tributo, e, por essa razão, seria possível a edição de lei anterior a essa data majorando o tributo, sem que houvesse violação à irretroatividade. O ministro enfatizou ser pacífica a aplicação do verbete, desde a sua edição em 1976 e reafirmação definitiva em 1985 (RE 104.259), sendo que, ao longo dos anos, foi construída "uma colossal coleção de julgamentos que vieram a aplicar a súmula 584 ou a confirmar o posicionamento do SUPREMO desde o julgamento do RE 74.594, em 26.02.1973", à qual o próprio Ministro Carlos Velloso, com a ressalva de sua posição pessoal, já teria se curvado[17].

Em relação especificamente à tributação posta em discussão, destacou que também já havia precedente específico (RE 194.612), de acordo com o qual a alteração pela Lei n.º 7.988/89, com a aplicação da alíquota majorada do imposto de renda nas exportações incentivadas para o ano-base 1989, não representava violação ao princípio da irretroatividade.

Não obstante, apesar de reafirmar o enunciado da súmula 584, o Ministro Nelson Jobim apontou um "diferencial peculiar que merece exame", que se mostraria, mais adiante, decisivo para, por si só, alterar o resultado do julgamento do recurso em questão. Segundo seu entendimento, o caso concreto não tratava de uma hipótese normal do imposto de renda na sua função fiscal (arrecadatória), mas sim da utilização do tributo com finalidade de estimular negócios e atividades,

---

17. STF, RE 183.130/PR. Inteiro teor do acórdão, p. 35-36;

cuja prática comercial somente seria alcançada com a "promessa legislativa" de redução do tributo. Assim, uma vez alcançado o objetivo, não seria mais possível alterar as regras de incentivo que levaram ao comportamento desejado[18].

O ministro propôs, portanto, uma separação entre o lucro decorrente das exportações incentivadas e o restante do resultado obtido pelas pessoas jurídicas, sendo que "para as operações incentivadas, o fato gerador deu-se quando da realização de tais operações", pois admitir-se a alteração das alíquotas, após o contribuinte ter praticado a conduta pretendida pelo Poder Público, quebraria "o liame básico de confiança que deve nortear as relações comerciais", impedindo que se possa "restabelecer o vínculo de confiança entre Poder Público e pessoa privada e, por consequência, a própria eficácia de políticas de incentivo fiscal estaria inarredavelmente comprometida"[19].

A conclusão do voto, conforme acima exposto, foi no sentido de acompanhar o relator na conclusão, mas não na fundamentação, que basicamente levou em conta a relação de causalidade entre a redução da alíquota e o comportamento desejado, que, por sua vez, limitaria a aplicação da nova lei a atos, fatos ou negócios jurídicos praticados após a sua entrada em vigor, sob pena de violação ao princípio da irretroatividade.

### 3.2.4. Os demais votos proferidos no RE 183.130/PR

As duas questões principais – violação da irretroatividade, da anterioridade e proteção à confiança – foram suscitadas nos votos mencionados.

Os demais ministros votaram valendo-se dos argumentos já invocados, ora de forma favorável ao contribuinte (adotando a tese maior – violação à irretroatividade – ou, pelo menos, a tese menor – violação ao princípio da proteção à confiança e ao direito adquirido, haja vista a revogação de benefício concedida anteriormente com finalidade extrafiscal) – ora de forma favorável à União com fundamento na súmula 584 do Tribunal.

---

18. STF, RE 183.130/PR. Inteiro teor do acórdão, p. 38-40;
19. STF, RE 183.130/PR. Inteiro teor do acórdão, p. 41-42;

De forma favorável à União, afastando tanto a aplicação da anterioridade quanto a proteção da confiança, votaram os Ministros Eros Grau (que abriu a divergência em relação à fundamentação e à conclusão do relator), e o Ministro Menezes Direito, por entenderem aplicável no caso o enunciado da súmula 584[20].

De outro lado, de forma favorável ao contribuinte e contrária à União, além do relator Ministro Carlos Velloso, votaram os Ministros Joaquim Barbosa e Marco Aurélio, ao argumento de que o verbete em questão violaria o princípio da irretroatividade[21].

Por sua vez, acompanhando o relator quanto à conclusão, mas não quanto à fundamentação do voto, ou seja, adotando a tese menor no sentido da inconstitucionalidade apenas por força do caráter extrafiscal da tributação envolvida no caso, com a manutenção do enunciado da súmula 584 para os casos de tributação com função fiscal, votaram os Ministros Nelson Jobim, que inaugurou a divergência em relação à fundamentação, entendendo haver violação ao princípio da proteção da confiança, e os Ministros Teori Zavascki e Rosa Weber, que invocaram inclusive o direito adquirido como óbice para a retirada do benefício[22].

Os Ministros Roberto Barroso e Gilmar Mendes também acompanharam o voto do Ministro Nelson Jobim. O primeiro (Ministro Roberto Barroso), apenas em relação à tese menor, que chamou de versão minimalista, no sentido de ser inaceitável no caso a retirada do benefício, sem se comprometer, porém, com "a subsistência ou não da Súmula n° 584, que gostaria de reservar para um momento de maior reflexão"[23]. O segundo (Ministro Gilmar Mendes) negou provimento ao recurso, mas manteve a súmula "por enquanto", confessando, porém, o forte fascínio pela tese defendida pelo Ministro Carlos Velloso e destacando que a Corte tem "um encontro marcado (...) com esse tema, até porque parece abusiva essa alteração que se faz no final do exercício financeiro com repercussão sobre tudo que já ocorreu"[24].

---

20. STF, RE 183.130/PR. Inteiro teor do acórdão, p. 46-51 e 52-53;

21. STF, RE 183.130/PR. Inteiro teor do acórdão, p. 03-28, p. 56 e p. 75;

22. STF, RE 183.130/PR. Inteiro teor do acórdão, p. 30-44, p. 60-70 e p. 73;

23. STF, RE 183.130/PR. Inteiro teor do acórdão, p. 71-72;

24. STF, RE 183.130/PR. Inteiro teor do acórdão, p. 74;

A decisão final proclamada foi no sentido de acolher a pretensão dos contribuintes, com base na fundamentação adotada pelo Ministro Nelson Jobim, não por força de aplicação dos princípios da irretroatividade e da anterioridade em relação a qualquer majoração do imposto de renda ocorrido ao longo do ano-base, mas sim pela aplicação da proteção à confiança nos casos de utilização do tributo com finalidade extrafiscal.

### 3.2.5. O Recurso Extraordinário n.º 592.396 – uma nova oportunidade?

O tema voltou à análise do Supremo Tribunal Federal, no RE 592.396/SP[25], no qual havia a expectativa de resolução definitiva da questão, com repercussão geral e fixação de tese, inclusive em relação à subsistência do enunciado da Súmula 584 do Tribunal.

O relator do caso, Ministro Edson Fachin, citou, em seu voto, o RE 183.130/PR, e delimitou o âmbito da discussão, ao afirmar que a controvérsia não se cingiria à aplicabilidade do verbete, tendo em vista a função extrafiscal dos incentivos envolvidos. Com fundamento basicamente nas mesmas premissas adotadas no voto do Ministro Nelson Jobim no recurso acima analisado, posicionou-se pela reafirmação da jurisprudência da Corte, agora em sede de repercussão geral, com a declaração de inconstitucionalidade incidental do art. 1º, I, da Lei 7.988/89, por ofensa aos princípios da irretroatividade e da segurança jurídica[26].

O Ministro Marco Aurélio, porém, foi além e votou inicialmente no sentido da superação do verbete, como destacado no RE 183.130/PR, que deveria, portanto, ser cancelado. O Ministro Luiz Fux, por sua vez, votou no mesmo sentido do Ministro Edson Fachin, ou seja, seguindo a distinção proposta pelo Ministro Nelson Jobim no RE 183.130/PR. Na sequência do julgamento, em virtude do questionamento do Ministro Ricardo Lewandowski acerca de eventual

---

25. BRASIL. Supremo Tribunal Federal. RE 592.396/SP – Recurso Extraordinário, Rel. Min. Edson Fachin. *DJe*, Brasília, 28/03/2016;

26. STF, RE 592.396/SP. Inteiro teor do acórdão – p. 01-09;

posicionamento quanto ao verbete, o Ministro Marco Aurélio, aderindo à posição dos demais ministros que já haviam votado, esclareceu que o cancelamento poderia ser projetado "para um caso mais favorável à superação"[27].

Por essa razão, o Tribunal, por unanimidade, declarou a inconstitucionalidade da aplicação retroativa do art. 1º, inciso I, da Lei 7.988/89, limitando os efeitos do julgado e fixando tese apenas quanto aos casos de utilização do imposto com finalidade extrafiscal[28].

## 4. ANÁLISE CRÍTICA

A segurança jurídica é certeza e garantia dos direitos, que abrange a elaboração, a interpretação e a aplicação do Direito, da qual decorrem diversos princípios que lhe são vinculados, como a legalidade, a irretroatividade, a anterioridade e a proteção da confiança[29].

No Brasil, em virtude da positivação expressa de princípios e regras decorrentes do valor segurança jurídica, tanto na Constituição[30] quanto na legislação infraconstitucional[31], não há necessidade de se ter que recorrer, como ponto de partida, sempre, a construções elaboradas a partir de ideias mais abstratas ou conexões estruturais, para fins de proteção ao contribuinte.

Conforme destaca Campos:

> A segurança jurídica possui, portanto, seja na Constituição, seja no Código Tributário Nacional, explícita ou implicitamente, formulações normativas específicas para a matéria tributária. As soluções de conflitos envolvendo a segurança dos contribuintes são levadas a efeito por referência a esses prin-

---

27. STF, RE 592.396/SP. Inteiro teor do acórdão, p. 10-13;

28. No julgado, foi fixada tese no seguinte sentido: "É inconstitucional a aplicação retroativa de lei que majora a alíquota incidente sobre o lucro proveniente de operações incentivadas ocorridas no passado, ainda que no mesmo ano-base, tendo em vista que o fato gerador se consolida no momento em que ocorre cada operação de exportação à luz da extrafiscalidade da tributação na espécie" (RE 592.396/SP. Inteiro Teor do Acórdão –p. 14);

29. TORRES, Ricardo Lobo. *Tratado de Direito Constitucional Financeiro e Tributário, Volume II, Valores e Princípios Constitucionais Tributários* – Rio de Janeiro: Renovar, 2005, p. 168-169 e 399;

30. São exemplos de dispositivos da Constituição de 1988 que protegem o contribuinte em relação a mudanças na legislação os art. 5º, XXXVI e o art. 150, inciso III, alíneas 'a', 'b' e 'c';

31. No Código Tributário Nacional destacam-se os artigos 144, *caput*, 146, 149, VIII e 178;

cípios e regras, sem necessidade, incialmente, de "ginásticas interpretativas" a partir de ideias abstratas como a do Estado de Direito, como em Portugal e na Alemanha, ou de conexões intrassistêmicas ou estruturais, nem sempre claras ou possíveis, como se dá na Itália onde entende-se inconstitucional a lei tributária retroativa se e quando violada a capacidade contributiva atual. No Brasil, em que pese haver controvérsias hermenêuticas, o trabalho é facilitado pela positivação sortida da segurança jurídica em matéria tributária. Isso não significa, no entanto, que construções normativas não sejam bem vindas se resultarem em maiores garantias dos direitos fundamentais dos contribuintes – maior segurança e liberdade[32].

A previsão expressa de princípios e regras não afasta, como acima transcrito, a possibilidade e muitas vezes a necessidade do recurso a ideias mais abstratas ou a conexões estruturais também no Brasil, pois a irretroatividade e a anterioridade, mais do que regras enunciadas em texto, são, também e essencialmente, garantias individuais que se inserem num contexto mais amplo de proteção da liberdade (pela segurança) do contribuinte. Sendo assim, a proteção a ser conferida, em se tratando de irretroatividade, não pode limitar-se às regras previstas de forma expressa no art. 5º, XXXVI ou no art. 150, III, 'a', da CR/1988, mas sim deve ter por fundamento a segurança jurídica em conexão com os direitos fundamentais de propriedade (art. 5º, XXII, XXIII; 170 I e II) e liberdade (1º, *caput*, 5º, XIII e 170, *caput*)[33].

A ressalva é importante porque a interpretação isolada e literal do art. 150, III, 'a', embora possa conferir proteção ao contribuinte, quando analisado o texto da lei em cotejo com o momento da ocorrência do fato gerador de um tributo, não irá protegê-lo quando essa análise levar em consideração atos, fatos ou negócios jurídicos que já tenham ocorrido, mas que não sejam suficientes para caracterizar formalmente o nascimento da obrigação tributária.

Aliás, exatamente esse é o contexto do caso em análise, cuja solução representou, em parte, a reafirmação de uma tendência verificada em diversos julgados da Corte de conferir uma abordagem literal e restritiva ao texto constitucional, no

---

32. CAMPOS, Carlos Alexandre de Azevedo. *Anterioridade e Anualidade Tributárias: Lições de Aliomar Baleeiro, Flávio Bauer Novelli e Ricardo Lobo Torres*, p. 08;

33. ÁVILA, Humberto. *Segurança Jurídica: Entre permanência, mudança e realização no Direito Tributário*. São Paulo: Malheiros, 2011, p. 440-441;

que diz respeito à interpretação dos princípios da irretroatividade e da anteriori-dade[34]. Essa abordagem decorre de uma análise reducionista desses princípios aos limites textuais das regras do artigo 150 da CR/1988, e não de uma interpretação sistemática e teleológica, em contexto com os valores e princípios explícitos e implícitos relacionados à segurança jurídica[35].

A reafirmação da jurisprudência mais restritiva foi, porém, parcial porque, embora mantido o enunciado da súmula 584, a Corte, em relação à utilização do imposto de renda com finalidade extrafiscal, ao entender inviável a retirada do benefício após adotada a conduta estimulada pelo Poder Público, rompeu com suas próprias premissas e abriu um parêntese, que pode se converter numa mera vírgula ou num expressivo ponto final, a depender do que for decidido nos demais casos que envolvam a aplicação desses princípios.

É curioso destacar que, mesmo nas hipóteses em que não haja a utilização do imposto de renda com finalidade extrafiscal, a manutenção do verbete pressupõe um grande esforço interpretativo, que pode ser segmentado em três passos, não tão simples, para que haja o encaixe da conduta do Poder Público no figurino desenhado pela Constituição.

Primeiro, é necessário isolar as regras da irretroatividade e da anterioridade (art. 150, III, 'a' e 'b'), destacando-as do contexto maior de proteção da liber-dade e da propriedade pela segurança no qual se inserem. Segundo, é preciso

---

34. ÁVILA cita como exemplos de uma abordagem mais restritiva do princípio da irretroatividade pelo STF: o RE 194.612, no qual foi considerada constitucional a majoração da alíquota de 6% para 18% do imposto de renda incidente sobre importações incentivadas; o ED no AgR no RE n. 278.466, no qual foi admitida a possibilidade de ser limitado a 30% o montante do lucro a ser objeto de compensação com prejuízos anteriores; o RE 224.285, no qual a Corte entendeu válida a incidência do imposto de importação com base em alíquota majorada após a celebração do contrato de importação, mas anterior a entrada do veículo em território nacional, apesar da promessa pelo Poder Executivo de redução futura em 2 pontos percentuais por ano prevista no Decreto n.º 1.391/95 (ÁVILA, Humberto. *Segurança Jurídica: Entre permanência, mudança e realização no Direito Tributário*. São Paulo: Malheiros, 2011, p. 436-438);

35. Em relação ao princípio da anterioridade, destaca Campos, que a sua aplicação ou não a casos como exclusão de descontos, revogação de isenções e restrição a créditos, por exemplo, passa necessariamente por "uma escolha metodológica: a interpretação mais literal favorece a res-posta negativa, ao passo que a leitura finalística e sistemática do princípio conduz à resposta positiva" (CAMPOS, Carlos Alexandre, Interpretação do Sistema Constitucional Tributário, in *Estado Fiscal e Tributação*. Rio de Janeiro: GZ Editora, 2015, p. 116),

interpretá-las de forma literal, com enfoque apenas no momento da ocorrência do fato gerador (irretroatividade) ou da cobrança do tributo (anterioridade), deixando de lado, nesses dois primeiros passos, considerações valorativas ou de ordem sistemática ou teleológica. Terceiro, além de isolar a análise da irretroatividade ao momento indicado pela lei, como aquele em que ocorre o fato gerador – e não a todo o período de apuração – é preciso sustentar que o fato gerador do imposto de renda ocorre apenas no dia primeiro de janeiro do exercício financeiro seguinte ao ano-base (período de apuração) ou que, apesar da sua ocorrência no dia 31 de dezembro do ano-base, como, aliás, prevê a legislação do imposto em questão, seria possível a 'cobrança' no exercício seguinte, atrelando-se à anterioridade, nessa segunda hipótese, somente à cobrança do tributo, e não ao momento da ocorrência dos eventos que dão ensejo à tributação.

Em síntese, mesmo sem maiores aprofundamentos teóricos a respeito da segurança jurídica e posto que assumindo uma interpretação estritamente literal dos referidos dispositivos constitucionais, para que seja afastada a retroatividade é preciso restringir a análise do princípio da irretroatividade ao momento indicado no texto legal como aquele em que ocorre o fato gerador (31 de dezembro), com a desconsideração das situações de fato, dos atos e negócios praticados durante todo o período de apuração. Além disso, para que seja observada a anterioridade, é preciso restringir a sua aplicação à 'cobrança' do tributo, com a desconsideração do momento da ocorrência do fato gerador[36].

---

36. Luciano Amaro explica em relação à posição cristalizada na súmula que: "A doutrina gastava munição discutindo se o fato gerador ocorria no dia 31 de dezembro ou no dia 1º de janeiro. Nessa disputa (em torno da virada de um dia no calendário) se abstraía que 365 dias, já passados, eram regidos pela lei nova (...). Na verdade, a doutrina via o problema da retroatividade, mas qualificava-a de 'falsa' ou 'pseudo-retroatividade'". Por outro lado, "'Superada' a questão da *irretroatividade*, 'resolvia-se', *de letra*, o problema da anterioridade, com o argumento de que a Constituição vedava a 'cobrança' do tributo no mesmo exercício financeiro em que surja uma lei de imposto de renda que o crie (...) e não a vigência imediata dessa lei". Mais adiante em sua obra esclarece o autor que: "Só a apressada leitura da Constituição, que vedava a 'cobrança' de tributo no mesmo exercício financeiro de sua criação ou aumento, poderia aceitar que bastaria, para respeitar o princípio, que o *momento da arrecadação ou pagamento* do tributo criado ou aumentado fosse deslocado para o exercício seguinte, podendo ser atingidos os fatos ocorridos no próprio exercício de edição da lei". (AMARO, Luciano. *Direito tributário brasileiro*, 12ª ed. rev. e atual. – São Paulo: Saraiva, 2006, p. 129-130);

A abordagem das decisões proferidas pelo Supremo Tribunal Federal que geraram a edição do enunciado da Súmula 584, dentre outras decisões proferidas pela Corte, permite concluir que as discussões afetas à segurança jurídica, bem como aos princípios e regras que dela decorrem, ficaram mais centradas na interpretação literal do texto constitucional, pois, curiosamente, a existência de texto expresso, se, de um lado, permitiu a afirmação de direitos e a solução de conflitos envolvendo a segurança jurídica sem a necessidade de "ginásticas interpretativas"[37], de outro, acabou redundado numa interpretação mais literal dos dispositivos constitucionais analisados.

É o que ocorre em relação ao princípio da irretroatividade, cujo conteúdo foi delimitado pelo Tribunal sem levar em consideração, de forma geral, outros elementos, como a "causa da obrigação tributária" ou a "legítima expectativa do contribuinte"[38], sendo vedado apenas cobrar tributos "em relação a fatos geradores ocorridos antes do início da vigência da lei que os houver instituído ou aumentado" (artigo 150, III, 'a', da CR/1988)[39]. Ávila destaca que "a jurisprudência do Tribunal é rígida e draconiana: há irretroatividade se há fato ou ato consumado; não há, se não há fato ou ato consumado. Não há exceções. A jurisprudência é elogiável pela previsibilidade, mas questionável pela inflexibilidade"[40].

O mesmo se constata em diversos casos que envolvem a análise da anterioridade, nos quais a Corte entende que somente há violação da Constituição quando o tributo é cobrado "no mesmo exercício financeiro em que haja sido publicada a lei que os instituiu ou aumentou" ou "antes de decorridos noventa dias da data em que haja sido publicada a lei que os instituiu ou aumentou" (art. 150, III, 'b' e 'c', da CR/88, respectivamente)[41]. Ficaram de fora, sob a ótica do Tribunal, outras

---

37. CAMPOS, Carlos Alexandre de Azevedo. *Anterioridade e Anualidade Tributárias: Lições de Aliomar Baleeiro, Flávio Bauer Novelli e Ricardo Lobo Torres*, p. 8,

38. DENGO, Atílio. Irretroatividade da lei tributária e modo de aplicação das regras jurídicas. *RDDT* 124, p. 24, 2006 apud ÁVILA, Humberto. Segurança Jurídica: *Entre permanência, mudança e realização no Direito Tributário*. São Paulo: Malheiros, 2011, p. 412;

39. BRASIL. Constituição da República Federativa do Brasil de 1988. *Diário Oficial da União*, Brasília, 5 out. 1988;

40. ÁVILA, Humberto. Segurança Jurídica: *Entre permanência, mudança e realização no Direito Tributário*. São Paulo: Malheiros, 2011, p. 435;

41. BRASIL. Constituição da República Federativa do Brasil de 1988. *Diário Oficial da União*, Brasília, 5 out. 1988;

situações passíveis de discussão à luz da segurança jurídica, como a instituição ou majoração de tributos nos últimos dias do exercício financeiro (art. 150, III, 'b'), as majorações dentro do período de apuração nos tributos periódicos (Súmula 584) e as hipóteses de majoração indireta, como a revogação de isenções. Nas palavras de Campos, não aplicar a anterioridade nessas hipóteses, "é condenar o princípio a uma compreensão meramente literal de seu alcance (...) É chamar de cláusula pétrea e, ao mesmo tempo, permitir seja derrogado pela legislação infraconstitucional"[42].

Em suma, embora o critério do fato gerador esteja calcado no texto da Constituição (art. 150, III, 'a'), ele não exaure a aplicação da irretroatividade em matéria tributária, seja por não excluir ou por não se contrapor a outras normas protetivas de um estado de confiabilidade, como a segurança jurídica, a proteção à confiança e as regras de proteção à coisa julgada, ao direito adquirido e ao ato jurídico perfeito (art. 5º, XXXVI), seja por força da previsão constitucional expressa nesse sentido (art. 5º, § 2º e 150, caput). Além disso, limitar o princípio da irretroatividade tributária à literalidade da regra do artigo 150, III, 'a', significaria que a instituição de garantias específicas, com o intuito de conferir mais segurança, acabaria por limitar a proteção constitucional dispensada ao contribuinte[43].

Aliás, sequer seria necessária a previsão específica da irretroatividade em matéria tributária, cujo fundamento constitucional, segundo relata Queiroz, decorreu, no Brasil: (i) ora de uma irretroatividade genérica ampla (Constituições de 1824 e 1891); (ii) ora de uma irretroatividade genérica relacionada à proteção do direito adquirido, do ato jurídico perfeito e da coisa julgada (Constituições de 1934, 1946, 1967 e EC 01/69); (iii) ora de uma irretroatividade tributária qualificada, porém limitada, designada como princípio da anualidade tributária (Constituições de 1946 e 1967); (iv) ora de uma irretroatividade tributária qualificada, designada como princípio da anterioridade (CR/1988)[44].

---

42. CAMPOS, Carlos Alexandre. Interpretação do Sistema Constitucional Tributário, in *Estado Fiscal e Tributação*. Rio de Janeiro: GZ Editora, 2015, p. 117;

43. ÁVILA, Humberto. *Segurança Jurídica: Entre permanência, mudança e realização no Direito Tributário*. São Paulo: Malheiros, 2011, p. 414-417;

44. QUEIROZ, Luís Cesar Souza de. Imposto sobre a Renda – Irretroatividade e Anterioridade – Os Riscos da não-aplicação pelo STF. In: Paulo de Barros Carvalho. (Org.). *Tributação e processo*. São Paulo: Noeses, 2007, p. 373-374;

Logo, existindo ou não previsão específica da irretroatividade em matéria tributária, o princípio teria assento constitucional. Neste sentido:

> A doutrina mais arguta já construía a irretroatividade plena e irrestrita em matéria tributária a partir da proteção ao direito adquirido, ao ato jurídico perfeito e à coisa julgada, a qual é adequadamente interpretada tendo em conta os princípios da segurança jurídica, do estado de direito e da certeza do direito[45].

O princípio da irretroatividade pode ser visto, portanto, de forma mais ampla do que a regra da irretroatividade contida no art. 150, III, 'a', vinculando-se, como princípio, não apenas ao momento em que formalmente ocorre o fato gerador de um tributo, mas também, conforme o caso, aos atos, fatos e negócios praticados pelo contribuinte. É dizer, embora o momento da ocorrência do fato gerador seja importante, pois utilizado, pela Constituição, para a positivação de regra constitucional de proteção (art. 150, III, 'a'), as ações adotadas também são relevantes, de forma que "a própria concepção de retroatividade deve mudar: retroativa não é a norma que alcança fato gerador consumado, mas norma que alcança disposição consumada em razão de hipótese de incidência vigente no momento de sua adoção"[46].

Sendo assim, é possível afirmar que a aplicação do princípio da irretroatividade foi bem resolvida pelo Supremo Tribunal Federal, ao tratar da majoração do imposto de renda, anteriormente reduzido por finalidade extrafiscal, em relação à qual o Tribunal adotou o entendimento de que "uma vez alcançado o objetivo, não é possível alterar as regras de incentivo que resultaram no comportamento desejado"[47].

O curioso é que, para firmar esse entendimento, o Tribunal precisou romper com as premissas até então adotadas, pois, de acordo com a maioria dos votos, a solução não decorreu da interpretação literal e da aplicação do artigo 150, inciso III, alíneas 'a' e 'b', mas sim de uma construção mais fluida, a partir da ideia de segurança jurídica e da proteção constitucional que dela decorre. Para a maioria

---

45. QUEIROZ, Luís Cesar Souza de. Imposto sobre a Renda – Irretroatividade e Anterioridade – Os Riscos da não-aplicação pelo STF. In: Paulo de Barros Carvalho. (Org.). *Tributação e processo*. São Paulo: Noeses, 2007, p. 376;

46. ÁVILA, Humberto. Segurança Jurídica: *Entre permanência, mudança e realização no Direito Tributário*. São Paulo: Malheiros, 2011, p. 440;

47. RE 183.130/PR. Inteiro teor do acórdão, p. 40;

dos Ministros, portanto, foi preciso enxergar além do texto e transcendê-lo. Eis a peculiaridade do julgado: ao não aprisionar o conteúdo jurídico do princípio à literalidade do texto da regra (art. 150, III, 'a'), a Corte conferiu mais efetividade ao valor segurança jurídica e fortaleceu a ideia de irretroatividade.

O entendimento da Corte pode ser visto como um primeiro passo, no qual foi reafirmado o enunciado da súmula 584, ao argumento de que, de forma geral, a majoração do imposto de renda seria possível nos termos do verbete, por não estar vedada pelas regras da irretroatividade e da anterioridade previstas no art. 150, III, 'a' e 'b', da CR/1988, mas que, no caso específico, em razão da função extrafiscal da tributação, a conclusão seria no sentido da inviabilidade da aplicação retroativa da lei com base num padrão mais amplo de irretroatividade do que o critério previsto na regra do mencionado artigo 150.

Haveria, portanto, duas acepções possíveis de irretroatividade: uma mais restrita aplicável à generalidade dos casos de tributação por meio do imposto de renda; outra mais ampla aplicável para as hipóteses em que a tributação tenha sido utilizada com finalidade extrafiscal. Na primeira hipótese, a abordagem da irretroatividade estaria restrita à análise da existência de um fato gerador consumado (art. 150, III, a), sendo incabível qualquer ponderação para limitar a proteção conferida ao contribuinte. Na segunda, ante a inocorrência de um fato gerador formalmente consumado, considerando as peculiaridades das modificações legislativas de cada caso, seriam necessárias outras valorações, como, por exemplo, a verificação do momento em que ocorreram os eventos que dão ensejo à tributação (ainda que formalmente não representem o fato gerador do tributo), bem como sua 'causa', em especial: se a sua prática foi incentivada ou até mesmo estimulada pelo Poder Público.

Na primeira hipótese, como no Brasil, ao contrário do que ocorre em outros países, há regras expressas de irretroatividade e anterioridade previstas na Constituição (art. 5º, XXXVI, art. 150, III, 'a', 'b' e 'c')[48], "a retroatividade é proibida

---

48. Em outros países, existem problemas e críticas similares às existentes no Brasil. Ricardo Lobo Torres cita o direito alemão, norte-americano e espanhol, que admitem a retroatividade falsa nos tributos periódicos em situações similares às aceitas pelo STF (*op. cit.* 518-520). Ávila menciona que as decisões do Supremo são semelhantes às tomadas pelo Tribunal Constitucional alemão, que distingue a retroatividade própria ou "modificação retroativa das consequências

por regra, sendo no caso excluída qualquer tipo de ponderação horizontal"[49], em especial para limitar a proteção constitucional conferida ao cidadão. Dito de outro modo: quando a Constituição ou a legislação infraconstitucional já tiverem efetuado a ponderação e enunciado uma regra dela resultante, é incabível a ponderação horizontal para que se afastem as regras, na medida em que estas têm uma eficácia decisiva que os princípios não têm[50].

Nas palavras de Humberto Ávila:

> É preciso lembrar, ainda, que, num confronto horizontal entre regras e princípios, as regras saem bem na frente. De fato, as regras têm uma eficácia decisiva que os princípios não têm; não cabendo ao intérprete afastar, sem mais, a decisão da CF/88 pela sua; as regras têm uma eficácia definitória dos princípios, no sentido de que vários dos ideais cuja realização é por eles determinada já se encontram "delimitados" constitucionalmente, não cabendo ao intérprete concretizar o ideal constitucional de modo diferente daquele previsto pela CF (...)[51].

---

jurídicas" da retroatividade imprópria ou "ligação retroativa da hipótese de incidência", e a analisa segundo o critério do fato gerador (*op. cit.* 412). Não obstante, segundo TIPKE: "Os contribuintes deveriam poder confiar que a situação jurídica existente quando fazem seus negócios vá se manter ao longo do ano tributariamente relevante. Tem que ser protegida a confiança de que os contribuintes não serão submetidos a disposições retroativas. A doutrina amplamente majoritária rechaça por este motivo a decisão do Tribunal Constitucional" (TIPKE, Klaus. La retroactividad en el derecho tributario. In: AMATUCCI, Andrea (Dir.) *Tratado de Derecho Tributario, Tomo I.* Bogotá: Editorial Temis, 2001, p. 344 – tradução livre);

49. ÁVILA, Humberto. *Segurança Jurídica: Entre permanência, mudança e realização no Direito Tributário.* São Paulo: Malheiros, 2011, p. 405;

50. A ressalva é importante, pois, segundo Ávila, em outros sistemas em que não há regra de irretroatividade os Tribunais Superiores terminam efetuando uma ponderação entre o princípio da segurança jurídica e o princípio do interesse público. Nesses sistemas, o "interesse público", o "interesse geral", o "interesse público superior", muitas vezes qualificado de "urgência", "motivo grave", "razão imperiosa", "interesse peremptório, imperativo ou predominante", funcionam como fundamento justificador da retroatividade, mesmo no Direito Tributário, quando a retroatividade é imprescindível para a eficácia de uma norma. Vale dizer, inexistindo uma regra neutralizadora da ponderação horizontal, o legislador se vê legitimado para confrontar o princípio da segurança jurídica com o princípio do interesse público, eventualmente traduzindo primazia a este último. Não é o caso, porém, do ordenamento jurídico brasileiro: precisamente porque a CF/88 instituiu regras (regra da irretroatividade tributária e regra da proteção do ato jurídico perfeito, do direito adquirido e da coisa julgada), não está o julgador legitimado a efetuar uma singela ponderação horizontal que possa, ao final, justificar a retroatividade" (op. cit., p. 420);

51. ÁVILA, Humberto. Direitos fundamentais dos contribuintes e os obstáculos à sua efetivação in TÔRRES, Heleno Taveira e PIRES, Adilson Rodrigues. *Princípios de Direito financeiro e*

Nas demais hipóteses que não se enquadrem na literalidade dos art. 5º e 150 da CR/88, ou seja, nas quais não houve uma ponderação prévia e a consequente enunciação de uma regra expressa dela decorrente pelo legislador, é cabível a ponderação horizontal pelo intérprete, aplicador do direito, para fins de ampliação da proteção conferida pelas regras da irretroatividade e da anterioridade, quando estiverem em jogo situações que demandem a proteção constitucional, como é o caso da proteção da confiança legítima decorrente de atos praticados pela própria Administração. Porém, enquanto a ponderação feita pelo constituinte resultou na enunciação de regras vedando a retroatividade e conferindo proteção nas hipóteses de direito adquirido, coisa julgada, ato jurídico perfeito e fato gerador consumado, as demais análises feitas pelos intérpretes da Constituição passam pela contraposição entre a segurança jurídica e o interesse público na alteração da lei, que, por sua vez, segundo o STF, pende em favor da segurança jurídica quando houver finalidade extrafiscal do tributo com conduta já realizada pelo contribuinte.

Esse posicionamento, embora possa ser invocado de forma geral para a resolução de situações nas quais haja a necessidade de se proteger a segurança, a estabilidade e a própria confiança depositada no Poder Público, apresenta alguns problemas em relação às modificações na legislação do imposto de renda. Primeiro, porque sua utilização partiria da pressuposição da inexistência de um fato gerador consumado ou em curso no mesmo exercício da modificação

---

*tributário*. Estudos em homenagem ao professor Ricardo Lobo Torres. Rio de Janeiro: Renovar, 2006, p. 147.

No mesmo sentido, apregoando a ideia de que a ponderação feita pelo legislador afasta a ponderação por parte do intérprete, Humberto ÁVILA (Segurança Jurídica: *Entre permanência, mudança e realização no Direito Tributário*. São Paulo: Malheiros, 2011, p. 405) cita Almiro COUTO E SILVA, que, ao tratar da segurança jurídica e da decadência do direito da Administração de anular os seus próprios atos, previsto no art. 54 da Lei n.º 9784/99, destaca: "Como se trata de regra, ainda que inspirada num princípio constitucional, o da segurança jurídica, não há que se fazer qualquer ponderação entre o princípio da legalidade e o da segurança jurídica, como anteriormente à edição dessa regra era necessário proceder. O legislador ordinário é que efetuou essa ponderação, decidindo-se pela prevalência da segurança jurídica, quando verificadas as circunstâncias perfeitamente descritas no preceito (...)" (COUTO E SILVA, Almiro do. O Princípio da Segurança Jurídica (Proteção à Confiança) no Direito Público Brasileiro e o Direito da Administração Pública de Anular seus Próprios Atos Administrativos: o prazo decadencial do art. 54 da lei do processo administrativo da União (Lei nº 9.784/99). *Revista Eletrônica de Direito do Estado*, Salvador, Instituto de Direito Público da Bahia, nº. 2, abril/ maio/junho, 2005, p. 21-22);

legal (majoração do tributo), o que, para a doutrina majoritária, não é verdade, na medida em que mesmo a interpretação literal, caso considerado todo o período de apuração ou a regra da anterioridade (art. 150, III, 'b') e não apenas da irretroatividade (art. 150, III, 'a'), seria suficiente para afastar a majoração para o ano-base de publicação da lei[52]. Segundo, porque, ainda que superada essa primeira objeção, como o fez a jurisprudência dominante na Corte Suprema, a afirmação só poderia ser feita, "por enquanto", ou seja, até que haja um "caso mais favorável à superação" do verbete, pois, de fato, há uma forte tendência de sua modificação, que já foi inclusive anunciada pelo próprio Tribunal.

É cabível, portanto, com base nas razões expostas, a união de esforços para afastar a Súmula 584, "porquanto essa é a única solução capaz de devolver coerência e racionalidade ao sistema constitucional brasileiro, em especial ao subsistema constitucional tributário atinente ao imposto sobre a renda"[53]. O cancelamento do verbete, por sua vez, passa por dois caminhos: ou a Corte entende que a majoração do imposto de renda dentro do no ano-base viola as regras do art. 150, III, 'a' e 'b', sem que haja qualquer necessidade de se socorrer de valores e princípios mais abstratos, ou a Corte assume que, ainda que não haja violação expressa à literalidade do texto constitucional (artigo 150, III, 'a' e 'b'), o princípio da segurança jurídica e a proteção à confiança impedem a majoração e a incidência do tributo em relação a fatos ocorridos dentro do ano-base no qual publicada a lei. Por ora, já há uma certeza: ainda que não haja o enquadramento no texto da Constituição, na ponderação entre normas indutoras e finalidade pública da alteração da lei, deve prevalecer, de acordo com o STF, a segurança jurídica e a proteção à confiança depositada pelo contribuinte na Administração.

---

52. Para uma análise da súmula e da restrição de seus precedentes ao princípio da irretroatividade, confira-se: QUEIROZ, Luiz Cesar de Souza. Imposto sobre a renda, os princípios da irretroatividade e da anterioridade e a Súmula 584 do STF. In: GOMES, Marcos Lívio; VELLOSO, Andrei Pitten. *Sistema Constitucional Tributário. Dos fundamentos teóricos aos hard cases.* Porto Alegre. Livraria do Advogado, 2014, p. 79-98;

53. QUEIROZ, Luís Cesar Souza de. Imposto sobre a Renda – Irretroatividade e Anterioridade – Os Riscos da não-aplicação pelo STF. In: Paulo de Barros Carvalho. (Org.). *Tributação e processo.* São Paulo: Noeses, 2007, p. 391;

A metade da senda já está trilhada. Resta concluir a jornada com a afirmação plena dos princípios da irretroatividade e da anterioridade. O princípio da irretroatividade deve ser aplicado não só nas hipóteses de utilização dos tributos periódicos, em especial do imposto de renda, com finalidade extrafiscal, mas também em todos os demais casos em que já tenha se iniciado o período de apuração. O princípio da anterioridade, por sua vez, deve ser interpretado de forma a impedir a incidência (e não apenas a cobrança) desses tributos em relação a fatos ocorridos no mesmo exercício financeiro (art. 150, III, 'b') ou antes de decorridos 90 (noventa) dias contados a partir da publicação da lei (art. 150, III, 'c' ou art. 195, § 6º), conforme o caso.

Em termos práticos, o que se espera é o cancelamento do verbete, de forma que a aplicação conjugada dos princípios da irretroatividade e da anterioridade, em relação aos tributos cujos fatos geradores sejam periódicos, com especial destaque para o imposto de renda, impeça a aplicação de lei nas seguintes situações: a) fato gerador consumado com período de apuração encerrado antes da entrada em vigor da lei (regra da irretroatividade do art. 150, III, 'a'); b) fato gerador e período de apuração em curso no momento da publicação da lei (regras da irretroatividade e da anterioridade do art. 150, ou, de forma mais ampla, aplicação do princípio da segurança jurídica e da proteção da confiança); c) fato gerador cujo período de apuração ainda não tenha se iniciado, mas que se inicie no mesmo exercício de publicação da lei (art. 150, III, 'b') e/ou antes de decorridos 90 dias contados da publicação da lei (art. 150, III, 'c' ou art. 195, § 6º), conforme a anterioridade aplicável ao caso[54].

Por outro lado, em relação aos tributos de forma geral, ao lado das regras da irretroatividade e da anterioridade (art. 150, III, 'a', 'b' e 'c'), faz-se necessária a construção dos princípios da irretroatividade e da anterioridade, como decorrência da segurança jurídica, sendo possível, além da ponderação feita pelo constituinte com a enunciação de regras protetivas ao contribuinte, também a devida e imprescindível

---

54. Em sentido semelhante, Luciano Amaro sustenta que: "A conjugação dos princípios da irretroatividade e da anterioridade levou, todavia, em relação aos tributos com fatos geradores periódicos, á inaplicabilidade da lei editada no curso de certo exercício financeiro em todas as seguintes situações: a) fato aperfeiçoado antes da lei; b) fato em curso no momento da edição da lei; c) fato cujo período seja posterior à lei, mas que se inicie no mesmo exercício de edição da lei (hipótese em que a lei não seria retroativa, mas atentaria contra o princípio da anterioridade). (*Direito tributário brasileiro*, 12ª ed. rev. e atual. – São Paulo: Saraiva, 2006, pág. 134);

ponderação pelo legislador infraconstitucional e pelos intérpretes e aplicadores da Constituição, a quem compete conferir efetividade à segurança jurídica, com a construção, a partir dos casos concretos, dos referidos princípios. Esse segundo trabalho, naquilo que transcenda a literalidade do texto, pressupõe a referência a ideias mais abstratas e a ponderação entre a finalidade da modificação, de um lado, e a proteção da segurança jurídica, do patrimônio e da liberdade, de outro.

A proteção mais ampla à irretroatividade, passível de ponderação caso a caso, faria com que, a princípio, todas as situações de fato, os atos e os negócios jurídicos praticados pelo contribuinte sejam regidos pelas leis, inclusive tributárias, vigentes quando de sua prática, com a vedação à possibilidade de majoração de tributos sempre que houver uma disposição consumada que não possa mais ser revertida pelo contribuinte[55]. Por outro lado, a proteção mais ampla da anterioridade, também passível de ponderação caso a caso, faria com que, a princípio, ela fosse aplicada não apenas para as hipóteses de instituição ou majoração formal e direta de tributos, mas também para as hipóteses de alterações legislativas que tornem mais gravosa a situação do contribuinte, como a revogação de benefícios fiscais.

## 5. CONCLUSÃO

As decisões proferidas pelo Supremo Tribunal Federal nos Recursos Extraordinários (RREE) n.º 183.130/PR e n.º 592.396/SP evidenciaram por meio da jurisprudência aquilo que a doutrina já vinha sinalizando há tempos: a necessidade de revisão e do cancelamento do verbete 584 da Súmula do Supremo Tribunal Federal (STF).

A superação do entendimento sumulado, para além de representar uma alteração pontual na jurisprudência, poderia sinalizar de forma mais ampla uma modificação da visão da Corte, em relação à interpretação dos princípios da irretroatividade e da anterioridade: a transposição de uma interpretação mais literal das regras contidas no art. 150 do texto constitucional para uma abordagem sistêmica e teleológica da Constituição.

---

55. ÁVILA, Humberto. *Segurança Jurídica: Entre permanência, mudança e realização no Direito Tributário*. São Paulo: Malheiros, 2011, p. 440;

O primeiro passo já foi dado no RE n.º 183.130/PR, no qual o Tribunal afirmou a aplicação mais ampla da irretroatividade nos casos de utilização do imposto de renda com finalidade extrafiscal. A expectativa de revisão do enunciado, criada no RE n.º 183.130/PR, porém, restou frustrada no RE n.º 592.396/SP, e aguarda um "caso mais favorável à superação".

A metade da jornada já foi trilhada. Agora dois caminhos se abrem aos intérpretes e aplicadores do direito, em especial para a Suprema Corte: de um lado, a manutenção do verbete e a redução da irretroatividade e da anterioridade à literalidade das regras que decorrem do art. 150, III, 'a', 'b' e 'c'. De outro, a afirmação mais ampla da segurança jurídica, da proteção à confiança, da irretroatividade e da anterioridade.

O que se espera é que, após décadas limitados pelo texto constitucional, esses princípios sejam finalmente libertos. Assim, livres na Constituição, e não aprisionados pelo seu texto, eles poderão cumprir o seu papel, pois enquanto "até o passado for incerto" não haverá um futuro possível para a segurança jurídica no Brasil.

## REFERÊNCIAS BIBLIOGRÁFICAS

AMARO, Luciano. *Direito tributário brasileiro*, 12ª ed. rev. e atual. – São Paulo: Saraiva, 2006;

ÁVILA, Humberto. Direitos fundamentais dos contribuintes e os obstáculos à sua efetivação in TÔRRES, Heleno Taveira e PIRES, Adilson Rodrigues. *Princípios de Direito financeiro e tributário. Estudos em homenagem ao professor Ricardo Lobo Torres*. Rio de Janeiro: Renovar, 2006;

ÁVILA, Humberto. *Segurança Jurídica: Entre permanência, mudança e realização no Direito Tributário*. São Paulo: Malheiros, 2011;

CAMPOS, Carlos Alexandre de Azevedo. *Anterioridade e Anualidade Tributárias: Lições de Aliomar Baleeiro, Flávio Bauer Novelli e Ricardo Lobo Torres*;

CAMPOS, Carlos Alexandre, Interpretação do Sistema Constitucional Tributário, in *Estado Fiscal e Tributação*. Rio de Janeiro: GZ Editora, 2015;

COUTO E SILVA, Almiro do. O Princípio da Segurança Jurídica (Proteção à Confiança) no Direito Público Brasileiro e o Direito da Administração Pública de Anular seus Próprios Atos Administrativos: o prazo decadencial do art. 54 da lei do processo administrativo da União (Lei nº 9.784/99). *Revista Eletrônica de Direito do Estado*, Salvador, Instituto de Direito Público da Bahia, nº. 2, abril/maio/junho, 2005;

QUEIROZ, Luiz Cesar de Souza. Imposto sobre a renda, os princípios da irretroatividade e da anterioridade e a Súmula 584 do STF. In: GOMES, Marcos Lívio; VELLOSO, Andrei Pitten. *Sistema Constitucional Tributário. Dos fundamentos teóricos aos hard cases*. Porto Alegre. Livraria do Advogado, 2014;

QUEIROZ, Luís Cesar Souza de. Imposto sobre a Renda – Irretroatividade e Anterioridade – Os Riscos da não-aplicação pelo STF. In: Paulo de Barros Carvalho. (Org.). *Tributação e processo*. São Paulo: Noeses, 2007, p. 359-393;

TIPKE, Klaus. La retroactividad en el derecho tributário. In: AMATUCCI, Andrea (Dir.) *Tratado de Derecho Tributario, Tomo I*. Bogotá: Editorial Temis, 2001;

TORRES, Ricardo Lobo. *Tratado de Direito Constitucional Financeiro e Tributário, Volume II, Valores e Princípios Constitucionais Tributários*. Rio de Janeiro: Renovar, 2005;

# ADI Nº 4.171: SUBSTITUIÇÃO TRIBUTÁRIA DO ICMS NOS BIOCOMBUSTÍVEIS E DERIVADOS DE PETRÓLEO

RODRIGO POMAR[1]

**Sumário:** 1. Introdução. 2. Apresentação da controvérsia. 3. Desenvolvimento dos conceitos e teorias envolvidos. 4. Descrição do julgado. 5. Análise crítica. 6. Conclusão

## 1. INTRODUÇÃO

O artigo tem por base o julgamento da Ação Direta de Inconstitucionalidade nº. 4.171 do Distrito Federal. Será apresentada a controvérsia analisada pelo Supremo Tribunal Federal no objeto da ação, posteriormente haverá desenvolvimento dos conceitos e institutos jurídicos presentes na ADI. Em seguida, há um tópico com a descrição do julgamento, estando presente os votos condutores dos Ministros do STF na ação. Há no item subsequente a análise crítica do julgado, e por fim a conclusão do trabalho.

## 2. APRESENTAÇÃO DA CONTROVÉRSIA

A controvérsia gerou em torno da constitucionalidade de Convênio firmado pelos Estados membros presentes nos parágrafos 10 e 11 da Cláusula Vigésima do Convênio ICMS 110/2007, com redação dada pelo Convênio 101/2008 e, com redação dada pelo Convênio 136/2008[2].

---

1. Mestrando em Finanças Públicas, Tributação e Desenvolvimento pela UERJ. Advogado.
2. "Cláusula vigésima primeira. Os Estados e o Distrito Federal concederão diferimento ou suspensão do lançamento do imposto nas operações internas ou interestaduais com AEAC

A ação direta de inconstitucionalidade proposta pela Confederação Nacional do Comércio alega que as distribuidoras adquirem o combustível derivado do petróleo (Gasolina tipo A) e o diesel das refinarias, com substituição tributária para frente. Paralelamente, também adquirem Álcool Etílico Anidrido Combustível (AEAC) e biodiesel (B100) das usinas para adição ao combustível derivado do petróleo para a produção da Gasolina tipo C (composto de 75% de Gasolina A e 25% de AEAC) e Óleo Diesel B3 (composto do diesel e de 3% do biodiesel – sendo atualmente o percentual de 5%, denominado B5), produto posteriormente comercializado pelos postos de combustíveis.

Destacam que, na aquisição dos combustíveis renováveis (AEAC e B100), há o diferimento do ICMS, que, no entanto, é suportado por parte dos valores da substituição tributária para frente. Como as operações posteriores não sofrem incidência tributária, o Convênio determina que as distribuidoras efetuem o estorno do crédito do imposto correspondente ao volume de AEAC e de B100 contido nas misturas. Ocorre que não há crédito na entrada e que, a título de estorno, é determinado o recolhimento do valor do correspondente ao ICMS diferido ou suspenso relativo às entradas de AEAC e de B100.

Pela sistemática do Convênio haveria exigência de novo tributo sem lei e cumulativo, violando a capacidade contributiva, ofendendo a destinação constitucional do ICMS, tendo em conta que em relação aos combustíveis não derivados do petróleo, deveria seguir a regra geral do Estado de produção.

---

ou com B100, quando destinados a distribuidora de combustíveis, para o momento em que ocorrer a saída da gasolina resultante da mistura com AEAC ou a saída do óleo diesel resultante da mistura com B100, promovida pela distribuidora de combustíveis, observado no § 2º. (...)

§ 10. Os contribuintes que efetuarem operações interestaduais com os produtos resultantes da mistura de gasolina com AEAC ou da mistura de óleo diesel com B100, deverão efetuar o estorno do crédito do imposto correspondente ao volume de AEAC ou B100 contido na mistura.

§ 11. O estorno a que se refere o § 10 far-se-á pelo recolhimento do valor correspondente ao ICMS diferido ou suspenso que será apurado com base no valor unitário médio e na alíquota média ponderada das entradas de AEAC ou de B100 ocorridas no mês, observado o § 6º da cláusula vigésima quinta".

# 3. DESENVOLVIMENTO DOS CONCEITOS E TEORIAS ENVOLVIDAS

## 3.1. A Substituição Tributária

A substituição tributária estava prevista no Decreto-lei nº 406 em 31 de dezembro 1968, só recebendo então um adendo ao artigo 2º deste mesmo decreto em 7 de dezembro de 1983 com a Lei Complementar nº 44 parágrafos 9º e 10º que, vieram trazer uma mudança significativa a este imposto. Foi instituída para ser um recolhimento tributário que se difere, em sua particularidade, um pouco dos outros já existentes, isto se deve ao fato de que ele é um tributo que se recolhe antecipadamente.

A previsão legal da substituição tributária está assentada no art. 150, § 7º da CF/88, bem como no art. 155, § 2º, XII, b da CF/88, além dos artigos 5º, 6º, 7º, 8º, 9º e 10º da LC nº 87/96[3].

---

3.  Art. 155 Cabe aos Estados e ao Distrito Federal instituir impostos sobre:

    II – operações de circulação de mercadorias e, sobre prestação de serviços de transporte interestadual e intermunicipal e de comunicação, ainda que as operações e as prestações se iniciem no exterior;

    § 2º O imposto previsto no inciso II atenderá ao seguinte:

    XII – cabe à lei complementar:

    b) dispor sobre substituição tributária

    Art. 150

    § 7º A lei poderá atribuir a sujeito passivo de obrigação tributária a condição de responsável pelo pagamento de imposto ou contribuição, cujo fato gerador deva ocorrer posteriormente, assegurada a imediata e preferencial restituição da quantia paga, caso não se realize o fato gerador presumido. (Incluído pela Emenda Constitucional nº 3, de 1993)

    Art. 5º Lei poderá atribuir a terceiros a responsabilidade pelo pagamento do imposto e acréscimos devido pelo contribuinte ou responsável, quando os atos ou omissões daqueles concorrerem para o não recolhimento do tributo.

    Art. 6º Lei estadual poderá atribuir a contribuinte do imposto ou a depositário a qualquer título a responsabilidade pelo seu pagamento, hipótese em que assumirá a condição de substituto tributário.

    § 1º A responsabilidade poderá ser atribuída em relação ao imposto incidente sobre uma ou mais operações ou prestações, sejam antecedentes, concomitantes ou subsequentes, inclusive ao valor decorrente da diferença entre alíquotas interna e interestadual nas operações e prestações que destinem bens e serviços a consumidor final localizado em outro Estado, que seja contribuinte do imposto.

    § 2º A atribuição de responsabilidade dar-se-á em relação a mercadoria, bens ou serviços previstos em lei de cada Estado.

Art. 7º Para efeito de exigência do imposto por substituição tributária, inclui-se, também, como fato gerador do imposto, a entrada de mercadoria ou bem no estabelecimento do adquirente ou em outro por ele indicado.

Art. 8º A base de cálculo, para fins de substituição tributária, será:

I – em relação às operações ou prestações antecedentes ou concomitantes, o valor da operação ou prestação praticado pelo contribuinte substituído;

II – em relação às operações ou prestações subsequentes, obtida pelo somatório das parcelas seguintes:

a) o valor da operação ou prestação própria realizada pelo substituto tributário ou pelo substituído intermediário;

b) o montante dos valores de seguro, de frete e de outros encargos cobrados ou transferíveis aos adquirentes ou tomadores de serviço;

c) a margem de valor agregado, inclusive lucro, relativa às operações ou prestações subsequentes.

§ 1º Na hipótese de responsabilidade tributária em relação às operações ou prestações antecedentes, o imposto devido pelas referidas operações ou prestações será pago pelo responsável, quando:

I – da entrada ou recebimento da mercadoria, do bem ou do serviço;   (Redação dada pela Lcp 114, de 16.12.2002)

II – da saída subsequente por ele promovida, ainda que isenta ou não tributada;

III- ocorrer qualquer saída ou evento que impossibilite a ocorrência do fato determinante do pagamento do imposto.

§ 2º Tratando-se de mercadoria ou serviço cujo preço final a consumidor, único ou máximo, seja fixado por órgão público competente, a base de cálculo do imposto, para fins de substituição tributária, é o referido preço por ele estabelecido.

§ 3º Existindo preço final a consumidor sugerido pelo fabricante ou importador, poderá a lei estabelecer como base de cálculo este preço.

§ 4º A margem a que se refere a alínea c do inciso II do caput será estabelecida com base em preços usualmente praticados no mercado considerado, obtidos por levantamento, ainda que por amostragem ou através de informações e outros elementos fornecidos por entidades representativas dos respectivos setores, adotando-se a média ponderada dos preços coletados, devendo os critérios para sua fixação ser previstos em lei.

§ 5º O imposto a ser pago por substituição tributária, na hipótese do inciso II do caput, corresponderá à diferença entre o valor resultante da aplicação da alíquota prevista para as operações ou prestações internas do Estado de destino sobre a respectiva base de cálculo e o valor do imposto devido pela operação ou prestação própria do substituto.

§ 6º Em substituição ao disposto no inciso II do *caput*, a base de cálculo em relação às operações ou prestações subsequentes poderá ser o preço a consumidor final usualmente praticado no mercado considerado, relativamente ao serviço, à mercadoria ou sua similar, em condições de livre concorrência, adotando-se para sua apuração as regras estabelecidas no § 4º deste artigo.  (Redação dada pela Lcp 114, de 16.12.2002)

Art. 9º A adoção do regime de substituição tributária em operações interestaduais dependerá de acordo específico celebrado pelos Estados interessados.

§ 1º A responsabilidade a que se refere o art. 6º poderá ser atribuída:

I – ao contribuinte que realizar operação interestadual com petróleo, inclusive lubrificantes, combustíveis líquidos e gasosos dele derivados, em relação às operações subsequentes;

A técnica da substituição tributária no ICMS criada pelas unidades da federação, por intermédio de convênios e protocolos, firmados entre os Secretários de Fazendas Estaduais, tem o propósito de diminuir consideravelmente a evasão fiscal, oferecendo uma fiscalização mais precisa e eficaz.

A substituição tributária está dividida em três tipos: a) para trás, onde o legislador tributário atribui a determinado contribuinte o pagamento do ICMS em relação às operações anteriores; b) concomitante, onde há atribuição de responsabilidade pelo pagamento do ICMS a outro contribuinte que não aquele que esteja realizando a operação-prestação, concomitante a ocorrência do fato gerador; c) para frente, o sujeito passivo recolhe dois impostos (um devido pela operação própria e outro devido pela operação subsequente)[4].

---

II – às empresas geradoras ou distribuidoras de energia elétrica, nas operações internas e interestaduais, na condição de contribuinte ou de substituto tributário, pelo pagamento do imposto, desde a produção ou importação até a última operação, sendo seu cálculo efetuado sobre o preço praticado na operação final, assegurado seu recolhimento ao Estado onde deva ocorrer essa operação.

§ 2º Nas operações interestaduais com as mercadorias de que tratam os incisos I e II do parágrafo anterior, que tenham como destinatário consumidor final, o imposto incidente na operação será devido ao Estado onde estiver localizado o adquirente e será pago pelo remetente.

Art. 10. É assegurado ao contribuinte substituído o direito à restituição do valor do imposto pago por força da substituição tributária, correspondente ao fato gerador presumido que não se realizar.

§ 1º Formulado o pedido de restituição e não havendo deliberação no prazo de noventa dias, o contribuinte substituído poderá se creditar, em sua escrita fiscal, do valor objeto do pedido, devidamente atualizado segundo os mesmos critérios aplicáveis ao tributo.

§ 2º Na hipótese do parágrafo anterior, sobrevindo decisão contrária irrecorrível, o contribuinte substituído, no prazo de quinze dias da respectiva notificação, procederá ao estorno dos créditos lançados, também devidamente atualizados, com o pagamento dos acréscimos legais cabíveis.

4.  José Eduardo Soares: "Na realidade normativa, existem 3 tipos de substituição tributária:

(a) *para trás*, em que o legislador atribui a determinado contribuinte a responsabilidade pelo pagamento do ICMS em relação às operações anteriores. É o caso do diferimento do imposto.

(b) *concomitante*, que se caracteriza pela atribuição da responsabilidade pelo pagamento do ICMS a outro contribuinte, que não aquele que esteja realizando a operação-prestação, concomitante à ocorrência do fato gerador. Nesta situação encontra-se a substituição dos serviços de transporte;

(c) *para frente*, em que o sujeito passivo (caso do fabricante) recolhe os dois impostos: (i) o ICMS devido pelas operações próprias; e (ii) o ICMS devido pelas operações subsequentes, em momento anterior à ocorrência do fato gerador relativo à futura operação." In: MELO, José Eduardo Soares de; ICMS TEORIA E PRÁTICA, Dialética, 12ª edição, 2012. p. 210.

Há nos tributos lançados por homologação, como o caso do ICMS, uma transferência ao sujeito passivo de toda a responsabilidade pelo levantamento dos dados, apuração dos fatos e aplicação da legislação tributária ao caso concreto. Com isso, o lançamento por homologação desonera a administração tributária destes encargos que são suportados pelo contribuinte. Há uma intensa participação do particular em tarefas delegadas pelo ente estatal que arrecada o tributo.

O dever de colaboração com a Administração Fazendária deve ser encarado como uma via de mão dupla. Não cabendo apenas ao contribuinte tal encargo, e sim, ao ente federado em colaborar com o contribuinte ou responsável pelo recolhimento do tributo. Não importando o tipo de lançamento do tributo, por declaração ou homologação[5]. Assim analisado por Sacha Calmon Navarro Coêlho:

> "É no caso dos tributos lançados com base em declaração e por homologação que se manifestam em maior grau, extensão e onerosidade os deveres de colaboração com a Administração Fazendária. O procedimento inerente ao lançamento por homologação (utilizado na maior parte dos impostos do sistema) transfere ao sujeito passivo toda a responsabilidade pelo levantamento dos dados, apuração dos fatos e mesmo pela aplicação correta da lei no caso concreto, o que supõe, inclusive, a compreensão adequada do Direito."

O artigo 150 § 7º da CF trata-se de norma constitucional que privilegia a praticidade tributária[6]. Para Sacha Calmon: "pretendeu a norma legitimar as presunções de ocorrência de fato gerador futuro, que se dão na substituição

---

5. COÊLHO, Sacha Calmon Navarro Coêlho. Questões Diversas sobre a Tributação dos Combustíveis –PIS, Cofins, Cide e ICMS *In*: CATÃO, Marcus André Vinhas; TORRÊS, Heleno Taveira (Coord). *TRIBUTAÇÃO NO SETOR DE PETRÓLEO*. Editora Quartier Latin, 2005, p. 41.

6. Para Roque Antonio Carrazza: " A *praticidade* (ou *princípio da praticidade*) recomenda que se evitem execuções muito complicadas das leis, sobretudo estas devem ser cumpridas em *massa* (caso das leis que se ocupam com os *tributos sem lançamento*, impropriamente chamados de *tributos que aceitam lançamento por homologação*). Embora não encontre formulação escrita em nossa Constituição, está embutida em vários de seus comandos (*v.g.*, no § 7º de seu art. 150), que sinalizam em favor da execução simplificada, econômica e viável dos atos normativos. A praticidade possibilita o cumprimento simplificado das leis, ou seja, sua execução eficiente e econômica. É ela que, com suas *abstrações generalizantes*, garantem a potencialidade arrecadatória do Estado, ao mesmo tempo em que permite que os contribuintes atendam aos seus deveres sem custos econômicos adicionais nem desnecessárias de perdas de tempo". *In*: CARRAZZA, Roque Antonio. ICMS, Malheiros, Editores 17ª edição, 2015. p. 410.

tributária chamada "pra frente", ou nas antecipações de imposto, cobradas em geral, em nome de interesses arrecadatórios da Fazenda, da simplificação da execução das leis e da fiscalização e do combate à evasão."[7] Segue o referido autor trazendo críticas ao instituto da substituição tributária progressiva ao anteceder o recolhimento do tributo, alegando:

> "A peculiaridade da substituição tributária progressiva ou "para frente" reside em que o acontecimento do fato descrito na norma secundária *antecede* temporariamente o acontecimento do fato da norma primária ou básica. No que tange ao ICM/ICMS, a substituição tributária desde a década de oitenta (Lei Complementar nº 43/83), fora autorizada, tornando-se figura conhecida dos contribuintes. A inversão aproxima a criação legislativa da inconstitucionalidade, pois cria obrigação para o responsável antes de sequer nascida a do contribuinte e ofende a capacidade econômica, que deve ser sempre atual – nunca antes de se concretizar. As leis ordinárias de longa data contêm uma série desses exemplos exorbitantes. Inicialmente com a alta da inflação e os preços indexados, cifrados ou controlados, não se cristalizou uma revolta contra o instituto. Havia uma coincidência entre a base de cálculo antecipadamente estimada e a base de cálculo real. Mas a medida que se reduziu a inflação e os preços formaram livremente no mercado, a defesa entre a presunção do valor da base de cálculo da operação futura e a realidade cresceu, legitimando-se milhares de contribuintes ao pedido de restituição."

Já para Ricardo Lobo Torres[8] não há inconstitucionalidade na cobrança antecipada do pagamento do Imposto sobre a Circulação de Mercadoria e Serviços (ICMS).

> "A antecipação do pagamento do ICMS, ínsita no instrumento da substituição tributária, não fere, a nosso ver, o princípio da legalidade.
>
> Em primeiro lugar, porque a antecipação é fenômeno que ocorre no *plano do tempo de* e não no *tempo de ocorrência do fato gerador*. Na substituição antecipa-se o pagamento do ICMS referente a fato gerador que ocorrerá no futuro, mas não se antecipa – até porque seria absurdo lógico e ontológico – a ocorrência

---

7. Ob. cit., p. 47.
8. TORRES, Ricardo Lobo. *TRATADO DE DIREITO CONSTITUCIONAL FINANCEIRO E TRIBUTÁRIO. VOLUME IV. Os Tributos na Constituição.* Editora Renovar, 2007. p. 286-287.

do próprio fato gerador, só está sujeita ao princípio da reserva de lei (art. 97, III, do CTN). O E. Superior Tribunal de Justiça tem alguns acórdãos nesse sentido. Em segundo lugar, a antecipação do pagamento dos impostos é largamente admitida no nosso direito e não padece de vício de inconstitucionalidade. O imposto de transmissão *inter vivos* paga-se da ocorrência antes do fato gerador, que só se caracteriza com a efetivação do negócio jurídico. A taxa judiciária deve o contribuinte recolhê-la antes do início do processo judicial.

Terceiro, a estimativa fiscal é empregada no ICMS (art. 3º, § 7º, do Decreto-Lei 406, de 31.12.68, acrescentado pela Lei Complementar 44, de 7.12.83) e foi considerada constitucional pelo Supremo Tribunal Federal, apesar de resultar em antecipação do pagamento e se basear em lançamento por presunção.

Em quarto lugar, não se pode olvidar que a antecipação do pagamento do ICMS na hipótese de remessa de mercadoria para outro Estado tem respaldo em leis estaduais, já declaradas constitucionais pelo Pretório Excelso.

Finalmente, na própria substituição tributária é encontradiça a antecipação. A retenção do imposto de renda na fonte, por exemplo, é efetuada antes que se saiba se ocorrerá realmente o fato gerador do tributo, o que dependerá das ulteriores percepções de renda e tempo futuro. O imposto de vendas a varejo de combustíveis líquidos e gasosos, em boa hora extinto pela EC 3/93, era pago pela refinaria, por substituição tributária."

## 3.2. O Convênio 110/2007

O Convênio ICMS nº 110/2007 trata do regime de substituição tributária nas operações com combustíveis e lubrificantes, derivados ou não de petróleo, e revogou: o Convênios ICMS 03/1999, o Convênio ICMS nº 139/2001, o Convênio ICMS 140/2002, que tratavam do tema.

Pelo Convênio CONFAZ 110/2007, os Estados convencionaram utilizar o instituto da substituição tributária, combinando as modalidades "para frente" quanto aos derivados de petróleo e "para trás" quanto ao álcool e ao biodiesel.

Na cadeia de produção e comercialização da gasolina: a) as refinarias produzem os combustíveis derivados de petróleo, que são a gasolina tipo A e o diesel; b) as usinas produzem os combustíveis não derivados de petróleo (renováveis),

ADI Nº 4.171: SUBSTITUIÇÃO TRIBUTÁRIA DO ICMS NOS BIOCOMBUSTÍVEIS E DERIVADOS DE PETRÓLEO **305**

que são o álcool etílico anidrido combustíveis (AEAC) e o biodiesel (B100); c) as distribuidoras então, adquirem-nos para produzir a gasolina tipo C e o óleo diesel B5, fornecendo-os aos postos para a comercialização ao consumidor final.

Na operação da venda de gasolina e diesel pelas refinarias às distribuidoras ocorre antecipação do pagamento do imposto. As refinarias são obrigadas a calcular o montante devido com base no preço presumido de venda praticado pelos postos e proceder ao repasse do respectivo montante ao Estado de destino.

Na venda interestadual do álcool (AEAC) e do biodiesel pelas usinas às distribuidoras, ocorre a postergação (diferimento) do pagamento do imposto incidente, cabendo à distribuidora adquirente informar à refinaria a aquisição do AEAC para que a refinaria deduza do valor total a repassar ao estado de destino da gasolina C (gasolina A + AEAC), o montante correspondente ao ICMS diferido, repassando este ao Estado em que sedia a usina, origem do AEAC.

O ICMS é, a princípio, todo ele exigido já na primeira operação, concentrando-se o recolhimento na refinaria. Em razão da substituição tributária para frente, a primeira operação de venda do derivado do petróleo já embute todo o custo de ICMS, considerando o preço final da operação final, sendo que as operações intermediárias não há tributação. Assim, só haverá outro pagamento de ICMS caso haja diferença de preço médio entre o Estado sede da distribuidora (que é considerado no cálculo da refinaria como o Estado de consumo) e o Estado sede do posto (Estado de consumo efetivo). O pagamento será da distribuidora como substituta por ocasião da venda ao posto de combustível.

Tendo sido quase a totalidade do ICMS embutida na primeira operação, cabe a refinaria gerenciamento atuando na compensação (débitos e créditos).

Assim caso a venda pela distribuidora ocorra para outro Estado, cabe a refinaria o ajuste, deduzindo o ICMS correspondente ao volume de combustível que recebeu nova destinação dos valores anteriormente colocados para repasse ao Estado sede da distribuidora e repassando-os ao Estado sede do posto que será consumado.

### 3.3. Modulação dos efeitos da decisão do Supremo Tribunal Federal

A modulação das leis declaradas inconstitucionais está no art. 27 da Lei 9.868/99:

> Art. 27. Ao declarar a inconstitucionalidade de lei ou ato normativo, e tendo em vista razões de segurança jurídica ou de excepcional interesse social, poderá o Supremo Tribunal Federal, por maioria de dois terços de seus membros, restringir os efeitos daquela declaração ou decidir que ela só tenha eficácia a partir de seu trânsito em julgado ou de outro momento que venha a ser fixado.

Em regra, uma lei declarada inconstitucional é como se nunca tivesse existido no ordenamento jurídico. A decisão de inconstitucionalidade tem efeitos retroativos, ou seja, *ex tunc*.

A modulação do art. 27 da Lei 9.868/99 possibilita a declaração de inconstitucionalidade progressiva, ou seja, *ex nunc* ou para o futuro. Podendo os efeitos serem postergados após a decisão de inconstitucionalidade ou até mesmo haver o estabelecimento de um marco temporal para a produção dos efeitos da decisão, como foi o caso da ADI 4.171 que só foi produzir efeitos do julgamento procedente de inconstitucionalidade após 6 (seis) meses a publicação do acordão.

O art. 27 da Lei 9.868/99 possui em seu texto conceitos jurídicos indeterminados como: "razões de segurança jurídica", "excepcional interesse social". Conceitos que podem distorcer a aplicação da declaração de inconstitucionalidade das leis e, sobretudo nas normas tributárias.

Observando a morosidade no julgamento de muitas normas tributárias pelo Supremo Tribunal Federal, somando-se a isso, as inúmeras modulações com base no art. 27 da Lei 9.868/99 e a necessidade de constante aumento da arrecadação para os cofres públicos, muitos entes da federação estão elaborando normas tributárias com vícios de legalidade e constitucionalidade. O contribuinte acaba

ADI Nº 4.171: SUBSTITUIÇÃO TRIBUTÁRIA DO ICMS NOS BIOCOMBUSTÍVEIS E DERIVADOS DE PETRÓLEO **307**

recolhendo um tributo que já nasce inconstitucional, e futuramente não terá como reaver o que foi pago ilegalmente, já que muitas vezes é utilizado o argumento de que caso haja a devolução daquilo cobrado indevidamente a Fazenda Pública do ente tributante irá sofrer danosos prejuízos econômicos a ponto inviabilizar a prestação dos mais básicos serviços públicos estabelecidos no texto constitucional.

## 4. DESCRIÇÃO DO JULGADO

Trata-se de Ação Direta de Inconstitucionalidade que foi questionada parte da sistemática da tributação dos combustíveis. A Confederação Nacional do Comércio buscava a declaração de inconstitucionalidade dos parágrafos 10 e 11 da Cláusula Vigésima Primeira do Convênio ICMS 110/2007[9], com a redação dada pelo Convênio 101/2008 e, mediante aditamento, também com a redação dada pelo Convênio 136/2008.

Diversos pontos foram tratados na Ação Direta de Inconstitucionalidade nº. 4.171 do Distrito Federal como podemos perceber em sua ementa.

> EMENTA: AÇÃO DIRETA DE INCONSTITUCIONALIDADE. LEGITIMI-
> DADE ATIVA *AD CAUSAM* DA CONFEDERAÇÃO NACIONAL DO CO-
> MÉRCIO – CNC. CABIMENTO DO CONTROLE ABSTRATO AÇÃO PARA
> O QUESTIONAMENTO DA CONSTITUCIONALIDADE DO CONVÊNIO
> FIRMADO PELOS ESTADOS MEMBROS. INCIDÊNCIA DO ICMS NA
> OPERAÇÃO DE COMBUSTÍVEIS. PARÁGRAFOS 10 E 11 DA CLÁUSULA
> VIGÉSIMA DO CONVÊNIO ICMS 110/2007, COM REDAÇÃO DADA PELO

---

9. "Cláusula vigésima primeira. Os Estados e o Distrito Federal concederão diferimento ou suspensão do lançamento do imposto nas operações internas ou interestaduais com AEAC ou com B100, quando destinados a distribuidora de combustíveis, para o momento em que ocorrer a saída da gasolina resultante da mistura com AEAC ou a saída do óleo diesel resultante da mistura com B100, promovida pela distribuidora de combustíveis, observado no § 2º.
(...)
§ 10. Os contribuintes que efetuarem operações interestaduais com os produtos resultantes da mistura de gasolina com AEAC ou da mistura de óleo diesel com B100, deverão efetuar o estorno do crédito do imposto correspondente ao volume de AEAC ou B100 contido na mistura.
§ 11. O estorno a que se refere o § 10 far-se-á pelo recolhimento do valor correspondente ao ICMS diferido ou suspenso que será apurado com base no valor unitário médio e na alíquota média ponderada das entradas de AEAC ou de B100 ocorridas no mês, observado o § 6º da cláusula vigésima quinta".

CONVÊNIO 101/2008 E, MEDIANTE ADITAMENTO, TAMBÉM COM REDAÇÃO DADA PELO CONVÊNIO 136/2008. ESTORNO, NA FORMA DE RECOLHIMENTO, DO VALOR CORRESPONDNETE AO ICMS DIFERIDO. NATUREZA MERAMENTE CONTÁBIL DO CRÉDITO DO ICMS. O DIFERIMENTO DO LANÇAMENTO DO ICMS NÃO GERA DIREITO A CRÉDITO. ESTABELECIMENTO DE NOVA OBRIGAÇÃO TRIBUTÁRIA POR MEIO DE CONVÊNIO. VIOLAÇÃO DO DISPOSTO NOS ARTS. 145, § 1º; 150, INCISO I; E 155, § 2º, INCISO I E § 5º, DA CONSTITUIÇÃO FEDERAL. AÇÃO DIRETA JULGADA PROCEDENTE.

I – A legitimidade da Confederação Nacional do Comércio – CNC para propor ação direta de constitucionalidade questionando dispositivos do interesse de setores do comércio já foi reconhecida por este Tribunal na ADI 1.332/RJ, de relatoria do Min. Sydney Sanches.

II – Cabe a ação direta de inconstitucionalidade para questionar convênios, em matéria tributária, firmado pelos Estados membros, por constituírem atos normativos de caráter estrutural, requisitos pelo próprio texto Constitucional (art. 155, § 5º). Precedente da Corte.

III – O Convênio 110/2007, com a redação dos Convênios 101/2008 e 136/2008, atribuiu às refinarias de petróleo (que efetuam a venda de gasolina A às distribuidoras) a responsabilidade tributária pelo recolhimento do ICMS incidente sobre as operações comerciais interestaduais com o álcool etílico anidrido combustível (AEAC) e biodiesel (B100), realizadas entre as usinas e destilarias, de um lado, e as distribuidoras de combustíveis, de outro (§ 5º da Cláusula Vigésima Primeira).

IV – Os §§ 10 e 11 da Cláusula Vigésima Primeira do Convênio ICMS 110/2007, preveem o estorno do crédito, condizente com a saída de mercadoria sem incidência do ICMS, na forma de recolhimento do valor correspondente ao ICMS diferido, e não mediante anulação escritural. É dizer, em vez de ser determinado o estorno de um crédito, determina-se a realização de um recolhimento.

V – A distribuidora não se credita do ICMS diferido que onerou a operação de entrada, já que não há pagamento direto por ela. Isso porque a operação posterior de venda dos combustíveis gasolina tipo C e óleo diesel B5 aos postos em operação interestadual será imune e a distribuidora simplesmente informa à refinaria para o repasse.

VI – As matérias passíveis de tratamento via convênio são aquelas especificadas no § 4º do art. 155 da Constituição Federal. Portanto, não poderia o Convênio, a título de estorno, determinar novo recolhimento, inovando na ordem jurídica, transmudando a medida escritural – anulação de um crédito – em obrigação de pagar.

ADI Nº 4.171: SUBSTITUIÇÃO TRIBUTÁRIA DO ICMS NOS BIOCOMBUSTÍVEIS E DERIVADOS DE PETRÓLEO    **309**

VII – Além disso, considerando que o ICMS diferido já fora suportado pelo substituto, na medida em que destacado na operação de aquisição do álcool e do biodiesel, tendo sido recolhido mediante repasse pela refinaria, a determinação de novo recolhimento de valor correspondente, dessa feita, a outro Estado, implicaria bitributação não autorizada pela Carta Magna.

VIII – Inexistência de violação à destinação constitucional do ICMS sobre operação com combustíveis derivados de petróleo (art. 155, § 4º, I), na medida em que o montante recolhido a título de estorno diz respeito ao ICMS diferido, incidente sobre o álcool (AEAC) e o biodiesel (B100), e que não compromete o repasse do valor do ICMS presumido sobre a operação final com combustível derivado de petróleo ao Estado de destino.

IX – Necessidade, em homenagem à segurança jurídica, da modulação dos efeitos temporais da decisão que declara a inconstitucionalidade dos atos normativos atacados, para que produza efeitos a partir de seis meses contados da publicação do acórdão.

X – Ação direta de inconstitucionalidade cujo pedido se julga procedente.

A ação direta de inconstitucionalidade teve relatoria da Ministra Ellen Gracie, tendo voto vista do Ministro Ricardo Lewandowski (Presidente).

Houve manifestação dos Secretários da Fazenda de diversos Estados, do Ministério da Fazenda[10], da Advocacia Geral da União[11] e Ministério Público Federal[12] onde alegaram ilegitimidade ativa (Secretários dos Estados), defenderam

---

10. O Ministério da Fazenda se manifestou, relatando que " caso o dispositivo atacada seja julgado inconstitucional, as unidades federadas localizadas na fase intermediária da cadeia de circulação (localidade onde ocorre a mistura AEAC + gasolina 'A') passariam a sofrer uma 'exação negativa', tornando-se responsáveis perante outras unidades federadas pelo pagamento de tributo que, em verdade, é devido por seus contribuintes".

11. A Advocacia Geral da União apresentou manifestação com a seguinte ementa: "Tributário. §§ 10 e 11 da cláusula vigésima primeira do Convênio nº 101/2007, com redação conferida pelo Convênio nº 101/2008, ambos celebrados pelo CONFAZ. Dispositivos que versam sobre o crédito de ICMS adquirido pelas distribuidoras interestaduais de gasolina de tipo 'C', em razão da aquisição de álcool etílico anidrido combustível – AEAC. **Inexistência de violação aos princípios da legalidade, da não-cumulatividade, da capacidade contributiva e da diretriz traçada no art. 155, § 4º, I, da Lei Maior**. Manifestação pela improcedência da ação." (grifou-se)

12. O Ministério Público Federal opinou pela improcedência do pedido em parecer assim ementado: "Ação Direta de Inconstitucionalidade. Convênio ICMS 100/2007, com a redação dada pelo Convênio ICMS 136/2008. Previsão de estorno do crédito do ICMS correspondente ao volume de álcool ou biodiesel contido na mistura de gasolina tipo 'C' ou de óleo diesel B3.

o ato normativo impugnado, inexistência de violação aos princípios da legalidade, da não cumulatividade e capacidade contributiva.

No voto da Ministra Ellen Gracie foi afastada a ilegitimidade ativa da Confederação Nacional do Comércio (CNC) para o ajuizamento da ação por ser entidade de nível nacional e estar representando seus objetivos institucionais. Além disso, já havia sido reconhecido anteriormente pelo Supremo Tribunal Federal a legitimidade da CNC propor ação direta de inconstitucionalidade questionando dispositivos do interesse de setores do comércio, como destacado na ADI 1332 no voto do relator Ministro Sydney Sanches, onde se verifica na ementa:

> "A autora justificou satisfatoriamente sua legitimidade para a propositura da ação. Embora as seguradoras não estejam a ela filiadas, na verdade, como sociedade por ações, são consideradas, por lei, empresas mercantis (artigos 2º, § 1º, da Lei n. 6.404, de 15.12.1976), ou seja, operam no comércio. Além disso, há entre os comerciantes, propriamente ditos, os que adquirem veículos para reforma e revenda, inclusive os envolvidos em sinistros, cobertos pelas seguradoras. **E um dos objetivos institucionais da C.N.C. é "representar, no plano nacional, os direitos e interesses do comércio brasileiro"** (C.F., art. 8, III), como está expresso em seu Estatuto. Ademais, esta Corte já admitiu sua legitimidade ativa para a A.D.I n 1.003, em que se impugnava norma relativa, também, a seguradora". (grifou-se)

Em relação ao cabimento de uma Ação Direta de Inconstitucionalidade para questionar um Convênio firmado pelos Estados[13], não houve óbice ao conhecimento da ação. Os Convênios em matéria tributária constituiriam atos normativos de caráter estrutural, requeridos pelo próprio texto constitucional. O art. 155, § 5º, da Constituição Federal estabelece:

---

Inexistência de violação ao princípio da legalidade. Da previsão de estorno não decorre a imposição de nova espécie tributária. A não incidência alcança somente os combustíveis derivados de petróleo, sem igual benefício para o álcool anidro e o biodiesel. Técnica que assegura efetividade ao art. 155, § 4º, I, da Constituição. Parecer pela improcedência do pedido."

13. O Plenário do Supremo Tribunal Federal já analisou cláusula de Convênio de ICMS, como por exemplo na ADI 1.851/AL, proposta pela CNC com a seguinte ementa: "Convênio que objetivou prevenir guerra fiscal resultante de eventual concessão do benefício tributário representado pela restituição do ICMS cobrado a maior quando a operação final for de valor inferior ao do fato gerador presumido. Irrelevante que não tenha sido subscrito por todos os Estados, se não se cuida de concessão de benefício (LC 24/75, art. 2º, INC. 2º)."

"§ 5º As regras necessárias à aplicação do dispositivo no § 4º, inclusive as relativas à apuração e à destinação do imposto, serão estabelecidas mediante deliberação dos Estados e do Distrito Federal, nos termos do § 2º, XII, g."

A questão dos combustíveis no Brasil é bastante complexa porque a Constituição ao disciplinar o ICMS que incide sobre as respectivas operações, estabelece regras distintas para os derivados de petróleo de um lado e para os não derivados de petróleo do outro.

A tributação do álcool (AEAC) e do biodiesel, a princípio segue o padrão normal de incidência de ICMS. Apenas para fins de simplificação é que é determinado o diferimento, ou seja, posterga-se o recolhimento para momento posterior, dispensando os usineiros de tal responsabilidade, concentrando-se a fiscalização nas refinarias e distribuidoras.

A tributação da gasolina tipo A, depois de misturada ao álcool; da gasolina tipo C, é distinta, o mesmo acontecendo com o diesel e com o óleo diesel B5. Isto porque o ICMS sobre combustíveis derivados do petróleo segue a regra do art. 155, § 4º, I[14] da Constituição (tributação no consumo ou destinação).

Cabe destacar que não incidirá tributação das operações interestaduais com combustíveis derivados de petróleo. O art. 155, § 2º, X, b da Constituição federal dispõe: "X- não incidirá: b) sobre operações que destinem a outros Estados petróleo, inclusive lubrificantes, combustíveis líquidos e gasosos dele derivados, e energia elétrica."

Nas operações interestaduais, quer da venda da gasolina tipo A pelas refinarias às distribuidoras, quer da venda de gasolina tipo C das distribuidoras aos postos de combustíveis, não incide o ICMS sobre tais operações, só havendo o recolhimento a título de substituição tributária para frente, antecipando-se o quanto devido na venda pelos postos aos consumidores, com base no preço médio ponderado a consumidor final (PMPF)[15] estabelecido pelo Conselho Nacional de Política Fazendária (CONFAZ).

---

14. "I – nas operações com os lubrificantes e combustíveis derivados de petróleo, o imposto caberá ao Estado onde ocorrer o consumo."

15. O PMPF é divulgado pelo Secretário Executivo do Conselho Nacional de Política Fazendária (CONFAZ) por meio de publicação de "Ato COTEPE/ICMS", sendo o COTEPE a Comissão

Como ocorre a mistura de combustíveis é necessário a compatibilização dos diferentes sistemas de tributação para assegurar o adequado recolhimento do imposto sobre as operações relativas à circulação de mercadorias e sobre prestações de serviço de transporte interestadual e intermunicipal e de comunicação (ICMS).

O Convênio CONFAZ 110/2007 possibilitou os Estados estabelecerem o instituto da substituição tributária, combinando as modalidades "para frente" quanto aos derivados de petróleo e "para trás" quanto ao álcool e ao biodiesel. Procuraram compatibilizar às regras constitucionais ao mesmo tempo que buscaram "descomplicar" e "otimizar a atividade de fiscalização tributária" conforme destacado pelo Secretário da Fazenda do Distrito Federal nos autos da Ação Direta de Inconstitucionalidade n°. 4.171.

Na cadeia de produção e comercialização da gasolina: a) as refinarias produzem os combustíveis derivados de petróleo, que são a gasolina tipo A e o diesel; b) as usinas produzem os combustíveis não derivados de petróleo (renováveis), que são o álcool etílico anidrido combustíveis (AEAC) e biodiesel (B100); c) as distribuidoras adquirem-nos para produzir a gasolina tipo C (gasolina A + AEAC) e o óleo diesel B5, fornecendo-os aos postos para a comercialização ao consumidor final.

O voto da Ministra Ellen Gracie[16] é bem explicativo e resume a substituição tributária para frente na operação de venda da gasolina e do diesel pelas refinarias às distribuidoras e também na venda interestadual do álcool (AEAC) e do biodiesel pelas usinas às distribuidoras com a postergação do pagamento do tributo incidente.

> "Na operação de venda da gasolina e do diesel pelas refinarias às distribuidoras, ocorre a antecipação do pagamento do imposto futuramente devido na venda do combustível ao consumidor final, mediante substituição tributária para frente, ou seja, as próprias refinarias são obrigadas a calcular o montante devido com base no preço presumido de venda praticado pelos postos e proceder ao repasse do respectivo montante ao Estado de destino.

---

Técnica Permanente do Imposto sobre Operações Relativas à Circulação de Mercadorias e sobre Prestações de Serviço de Transporte Interestadual e Intermunicipal e de Comunicação. No diesel é adotado o mesmo procedimento

16. p. 13 do Inteiro Teor do Acórdão da ADI n° 4.171.

ADI Nº 4.171: SUBSTITUIÇÃO TRIBUTÁRIA DO ICMS NOS BIOCOMBUSTÍVEIS E DERIVADOS DE PETRÓLEO **313**

Na venda interestadual do álcool (AEAC) e do biodiesel pelas usinas às distribuidoras, ocorre a postergação (diferimento) do pagamento do imposto incidente, cabendo a distribuidora que adquiriu informar à refinaria a aquisição do AEAC para que a refinaria deduza do valor a repassar ao estado de destino da gasolina, o valor relativo à substituição tributária realizada com base no preço médio final da gasolina C (gasolina A + AEAC), o montante correspondente ao ICMS diferido, repassando este ao Estado em que sediada a usina, origem do AEAC."

O recolhimento do ICMS é exigido na primeira operação, concentrando-se o recolhimento do tributo na refinaria. Com isso, percebemos que a refinaria possui um papel de destaque atuando como uma verdadeira "câmara de compensação" de recolhimento do imposto. Havendo como importante variável o destino que será dado ao combustível produzido. Assim, bem sintetizado no voto da Ministra Ellen Gracie[17].

> "Como se vê, o ICMS é, a princípio, todo ele exigido já na primeira operação, concentrando-se o recolhimento na refinaria. Em razão da substituição tributária para frente, a primeira operação de venda do derivado de petróleo já embute todo o custo de ICMS, considerando o preço final, sendo que nas operações intermediárias não há tributação. Assim, só haverá outro pagamento de ICMS caso haja diferença de preço médio entre o Estado sede da distribuidora (que é considerado no cálculo da refinaria como Estado de consumo). O pagamento dessa diferença caberá à distribuidora como substituta por ocasião da venda ao posto de combustíveis.
>
> Importantíssimo é ainda considerar, nos termos das informações prestadas nos autos, que, tendo sido quase a totalidade do ICMS embutida na primeira operação, cabe à refinaria gerenciar verdadeira *"câmara de compensação"*, que *"funciona com base e repasses e deduções de imposto às Unidades Federadas, ao invés de débitos e créditos em contas gráficas"* (fl. 227). O *"sistema de compensação disciplinado pelo Convênio ICMS 110/07 faz de forma automática as deduções e repasses do tributo às unidades federadas, substituindo a escrituração de débitos e créditos fiscais pelos contribuintes envolvidos na operação"* (fl. 560).
>
> Como a refinaria, na ocasião da operação de venda da gasolina A e também do diesel à distribuidora, ainda não dispõe de todas as informações sobre o destino que será dado ao combustível que será produzido, num primeiro momento

---

17. p. 16 e 17 do Inteiro Teor do Acórdão da ADI nº. 4.171.

considera como Estado consumidor o Estado sede da distribuidora para fins de repasse dos valores da substituição tributária para frente. Caso a distribuidora venha a destinar o produto a outro estado, informará à refinaria que fará então o ajuste, deduzindo o ICMS correspondente ao volume de combustível que recebeu nova destinação dos valores anteriormente colocados para repasse ao Estado sede da distribuidora e repassando-os ao Estado sede do posto, onde se sabe, agora, que será consumido."

O objeto questionado na ADI nº. 4.171 foi o estorno determinado pelo Convênio 110/2007, com redação dada pelos Convênios 101/2008 e 136/2008, a ser realizado pela distribuidora conforme constava na Cláusula vigésima primeira em seus §§ 10 e 11. O Estado sede da distribuidora, por força dos repasses e deduções acabaria sofrendo um prejuízo, daí o estorno na forma de recolhimento para compensar essa perda. Com isso, o Convênio foi além das matérias que poderia tratar, sendo apontada a inconstitucionalidade pela Ministra Ellen Gracie, assim descrita na passagem abaixo[18].

"De fato, não fosse o recolhimento determinado pelo § 11 da cláusula vigésima primeira do Convênio a título de estorno, os Estados sedes das distribuidoras, quando não produtores do combustível renovável, acabariam tendo prejuízo fiscal relativamente ao montante gasolina C ou óleo diesel B5 enviado pelas distribuidoras para consumo em outro Estado, pois teriam de suportar deduções correspondente ao ICMS diferido relativo ao AEAC ou ao biodiesel utilizado na sua produção. É como se o Estado sede da distribuidora tivesse de pagar ao Estado de origem do combustível renovável o ICMS diferido, sem nada receber. Tenho que existe, efetivamente, inconstitucionalidade. As matérias passíveis de tratamento via convênio são aquelas especificadas na Constituição. No caso, a autorização é para estabelecer as regras necessárias para que o ICMS sobre operações com combustíveis tenha a destinação constitucionalmente previstas no § 4º do art. 155 da CF. A reserva é feita pelo § 5º: "§ 5º. *As regras necessárias à aplicação do dispositivo no § 4º, inclusive as relativas à apuração e à destinação do imposto, serão estabelecidas mediante deliberação dos Estados e do Distrito Federal, nos termos do § 2º, XII, g"* (Incluído pela EC 33/2001). Já a Lei Complementar 87/96, ao cuidar da substituição tributária, conforme a reserva estabelecida pelo art. 155, § 2º, XII, *b*, estabelece que o regime de substituição em operações

---

18. p. 22, 23 e 24 do Inteiro Teor do Acórdão da ADI nº. 4.171.

interestaduais dependerá de acordo específico celebrado pelos Estados, podendo ser estabelecida para os contribuintes que realizarem operações interestaduais com derivados de petróleo, relativamente às operações subsequentes.

Não há dúvida, ainda, de que, ao convencionar sobre a adoção de sistema de tributação capaz de dar cumprimento às destinações constitucionais do ICMS sobre combustíveis derivados de petróleo, também tiveram de ser observadas a imunidade das operações interestaduais e a anulação dos créditos relativos às operações anteriores.

Contudo, não poderia o convênio, a título de estorno, determinar um novo recolhimento. Aliás, são figuras de natureza distintas. O estorno é lançamento contábil de sentido inverso a outro anteriormente efetuado: mediante estorno, debita-se o que havia sido anteriormente creditado ou credita-se o que havia sido anteriormente debitado.

(...)

**A obrigação imposta, assim, desborda do que era dado ao Convênio estabelecer, extrapolando as matérias que lhe são reservadas pelo art. 155, § 5º, da Constituição.** Ainda que não se trate de um problema propriamente de legalidade, porquanto a aplicação do convênio não se faz de modo direto, mas mediante a intermediação das leis estaduais, certo é que há vício formal a ser estabelecido.

Além disso, **considerando que o ICMS diferido já fora suportado pelo substituto, na medida em que destacado na operação de aquisição do álcool e do biodiesel, tendo sido recolhido mediante repasse pela refinaria, a determinação de novo recolhimento de valor correspondente, dessa feita a outro Estado, implica bitributação não autorizada constitucionalmente.** Uma operação de circulação de mercadoria não pode ser tributada duas vezes. Se interestadual, pode-se, isto sim, aplicar a sistemática própria de recolhimento de alíquota interestadual à origem e da diferença ao destino, se for o caso. **Mas jamais tributar duas vezes, exigindo recolhimento idêntico por dois Estados distintos**. A competência para a instituição do ICMS é repartida entre os Estados, conforme as regras constitucionais. Jamais pode haver sobreposição. A bitributação é vedada, pois desvirtua a norma de atribuição de competência para instituição do imposto." (grifou-se)

No julgamento da ADI nº. 4.171 a ministra Ellen Gracie rejeitou as preliminares e julgou procedente a ação para declarar a inconstitucionalidade dos §§ 10 e 11 da Cláusula Vigésima Primeira do Convênio ICMS 110/2007, com redação dada pelo Convênio 101/2008 e, mediante aditamento, com a redação dada pelo

Convênio 136/2008, por violação aos arts. 145, § 1º, 155, § 2º, I e § 5º, I, da Constituição. Além de reconhecer que a retirada do estorno implicaria em prejuízos aos Estados sedes das distribuidoras que não sejam ao mesmo tempo sedes das usinas e local de consumo do combustível final, com isso, propôs a modulação temporal dos efeitos da declaração de inconstitucionalidade para que a decisão tivesse eficácia a partir de seis meses contados da publicação do acórdão.

O Ministro Luiz Fux propõe em seu voto uma interpretação em sintonia com a regra geral do Convênio 110/2007, cabendo a refinaria que constitui o inicial da cadeia produtiva o recolhimento do tributo aos Estados membros em que se situe o destinatário da mercadoria em operações interestaduais, e menciona o artigo 115, § 2º, X, b da CF/88 onde não incidira o ICMS: "b) sobre operações que destinem a outros Estados petróleo, inclusive lubrificantes, combustíveis líquidos e gasosos dele derivados, e energia elétrica."

No prosseguimento de seu voto o Ministro Fux aponta que nas operações com álcool etílico cabe à distribuidora três papeis relevantes: 1º) a cláusula 21ª do Convênio institui a distribuidora como substituto tributária para trás; 2º) ao fazer a distribuição de gasolina C para os postos de gasolina situados em outras unidades da federação, a distribuidora, em tese, praticaria outro fato gerador de ICMS, estando pelo art. 155, § 2º, X, b da CF/88 submetida à imunidade; 3º) o § 1º da cláusula 21ª do Convênio instituiu a distribuidora como substituta tributária para frente. Com isso, a distribuidora assumiria três posições, como substituta tributária para trás, como praticante de um fato submetido à imunidade e por fim, como substituta para frente. Segue transcrição abaixo[19]:

> "Então, quanto às operações com álcool etílico, a lógica é distinta, cabendo à distribuidora três papeis relevantes: em primeiro lugar, a cláusula 21ª do Convênio institui a distribuidora como substituta tributária para trás, com relação à incidência do ICMS na operação de circulação de álcool adquirido da usina, que passa a ser tributado no momento em que ocorre a distribuição pela distribuidora da gasolina "C" para os postos de gasolina.
>
> Em outras palavras, como a distribuidora promove a mistura, como aqui foi visto, do álcool com a gasolina "A" para daí obter a gasolina "C", no ato de distri-

---

19. p. 29 do Inteiro Teor do Acordão da ADI nº. 4.171.

buição dessa última há o destaque do percentual de álcool utilizado na mistura para que seja assim recolhido o ICMS em regime de substituição tributária que havia incidido sobre a operação inicial de circulação do álcool da usina para a distribuidora.

Em segundo lugar, ao fazer a distribuição da gasolina "C" para os postos de gasolina situados em outros Estados, a distribuidora, em tese, pratica outro fato gerador do ICMS. Contudo, a referida operação por envolver a circulação de derivado de petróleo, já que a gasolina "C" é fruto da mistura da gasolina "A" com a AEAC, encontra-se submetida à imunidade do artigo 155, § 2º, inciso X, alínea "b", da Constituição Federal.

Por estar configurada essa imunidade na forma desse dispositivo da Constituição Federal, nesse elo da cadeia, tem de haver estorno do crédito relativo a recolhimento do ICMS pelo regime de substituição tributária, quanto ao álcool adquirido junto à usina, de acordo mesmo com a jurisprudência do Supremo Tribunal Federal, que rejeita a manutenção do crédito no regime da não cumulatividade quando há imunidade.

Em terceiro lugar, o § 1º da cláusula 21ª do Convênio ainda institui a distribuidora como substituta tributária para frente, quanto às operações subsequentes com gasolina até o consumidor final."

Com os argumentos citados, o Ministro Luiz Fux conclui que o estorno não incorre em violação e ilegalidade tributária por não criar um novo fato gerador do ICMS, mas apenas impedindo a utilização do crédito anterior à operação seguinte em razão da imunidade. Aponta não haver violação do princípio da não cumulatividade. Conclui o voto julgando improcedente a ação de inconstitucionalidade. A Ministra Cármen Lúcia seguiu o voto de improcedência elaborado pelo Ministro Luiz Fux.

O Ministro Ricardo Lewandowski (Presidente) em seu voto vista acompanhou o voto da Ministra Relatora Ellen Gracie para julgar procedente para declaração de inconstitucionalidade dos §§ 10 e 11 da Cláusula Vigésima Primeira do Convênio ICMS 110, de 28 de setembro de 2007, com redação dada pelo Convênio ICMS 136, de 5 de dezembro de 2008, ante violação dos artigos 145 § 1º; 150, I e 155, § 2º, I e § 5º da Constituição Federal. Foi utilizado o art.

27 da Lei 9.868/1999[20] com fundamento na segurança jurídica e o excepcional interesse econômico envolvido na questão para limitar os efeitos da declaração de inconstitucionalidade, sugerindo que a decisão tivesse eficácia opós seis meses da publicação do acórdão; como fora sugerido pela ministra Ellen Gracie.

No mérito da Ação Direta de Inconstitucionalidade n°. 4.171 julgaram procedente o pedido formulado para declarar a inconstitucionalidade dos §§ 10 e 11 da Cláusula Vigésima primeira do Convênio ICMS 110, de 28 de setembro de 2007, com redação conferida pelo Convênio ICMS 136, de 5 de dezembro de 2008: Ministra Ellen Gracie (Relatora), Ricardo Lewandowiski (Presidente), Luís Roberto Barroso, Teori Zavaski, Celso de Mello, Marco Aurélio e Gilmar Mendes. Vencidos os Ministros Luiz Fux e Cármen Lúcia, que julgavam improcedente o pedido. Não votou a Ministra Rosa Weber, por suceder a Ministra Ellen Gracie. Impedido o Ministro Dias Toffoli. Ausente o Ministro Joaquim Barbosa, licenciado.

Quanto à modulação dos efeitos da declaração de inconstitucionalidade da ADI n°. 4.171, com eficácia diferida por 6 (seis) meses, após a publicação do acórdão foi vencido o Ministro Marco Aurélio, que não modulava os efeitos da decisão. O julgamento foi suspenso para colher o voto da Ministra Cármen Lúcia, ausente ocasionalmente. O Ministro Marco Aurélio entendeu não ser cabível o adiamento da conclusão da modulação para aguardar o voto da Ministra Carmen Lúcia.

## 5. ANÁLISE CRÍTICA

A ADI n°. 4.171 DF demorou mais de 6 (seis) anos para ser apreciada. Importante observar que muitas normas que já nascem deliberadamente inconstitucionais, e são postas no ordenamento jurídico pela Administração que já conta com os problemas enfrentados pelo poder judiciário como a grande quantidade de ações para julgamento, a falta de recursos financeiros para contratação de

---

20. Art. 27. Ao declarar a inconstitucionalidade de lei ou ato normativo, e tendo em vista razões de segurança jurídica ou de excepcional interesse social, poderá o Supremo Tribunal Federal, por maioria de dois terços de seus membros, restringir os efeitos daquela declaração ou decidir que ela só tenha eficácia a partir de seu trânsito em julgado ou de outro momento que venha a ser fixado.

# ADI Nº 4.171: SUBSTITUIÇÃO TRIBUTÁRIA DO ICMS NOS BIOCOMBUSTÍVEIS E DERIVADOS DE PETRÓLEO    319

agentes qualificados, entre outras dificuldades que acabam repercutindo na celeridade dos processos. Há o fenômeno da chamada inconstitucionalidade útil assim mencionada por Ricardo Lobo Torres[21]:

> "Não raro a Administração adota conduta claramente inconstitucional na expectativa de que demore ou não sobrevenha o controle do judicial da constitucionalidade, o que fere frontalmente o princípio da moralidade.
>
> O Min. Otávio Galloti, por ocasião de sua posse na Presidência do Supremo Tribunal Federal, definiu a "inconstitucionalidade útil": "são atos deliberadamente inconstitucionais, praticados com finalidades corporativas ou pelo desejo de governadores que querem consertar as finanças de seus Estados. Eles praticam esses atos torcendo pelos efeitos que eles produzem até serem corrigidos".
>
> O Min. Sepúlveda Pertence, no julgamento em que se discutia sobre a possibilidade de se fixar a eficácia *ex nunc* da declaração de inconstitucionalidade no controle concentrado, advertia que "essa solução, se generalizada, traz também o grande perigo de estimular a inconstitucionalidade.
>
> A questão da inconstitucionalidade útil é extremamente delicada, eis que pode fortalecer o argumento formalista da eficácia *ex nunc* da declaração de inconstitucionalidade, exacerbando-lhe os aspectos perversos, ou favorecer a síndrome da presunção de inconstitucionalidade da norma tributária que se tornou moda no Brasil nos últimos anos."

Na decisão proferida na ADI nº. 4.171 podemos mencionar algumas críticas, assim resumidamente enumeradas: 1) complexidade da questão e tempo para julgamento (mais de 6 (seis) anos após ajuizamento); 2) violação ao Princípio da Legalidade, fato gerador servindo de instrumento de arrecadação de entes federados distintos gerando hipótese de bitributação de ICMS-combustíveis; 3) modulação dos efeitos da declaração de inconstitucionalidade após 6 (seis) meses contados da publicação do acórdão; 4) alegação que os Estados onde as distribuidoras de combustíveis estão sediadas sofreriam "sérios" prejuízos econômicos, com perda de arrecadação e as inevitáveis repetições de indébito; 5) Necessidade para modulação segundo o art. 27 da Lei nº. 9.868/99 de mais um voto, sendo

---

21. TORRES, Ricardo Lobo. *TRATADO DE DIREITO CONSTITUCIONAL FINANCEIRO E TRIBUTÁRIO. VOLUME II. Valores e Princípios Constitucionais Tributários.* Editora Renovar, 2005. p. 24-25

o julgamento suspenso para colher o voto da Ministra Cármen Lúcia, ausente ocasionalmente; 6) Princípios da boa-fé, confiança legítima e segurança jurídica dos contribuintes; 7) efeitos da ADI e contribuintes com processos existentes, no que tange à modulação dos efeitos da inconstitucionalidade e as ações julgadas improcedentes e os ônus da sucumbência nos processos.

O tema da substituição tributária nos combustíveis derivados ou não de petróleo tem um elevado grau de complexidade pela aplicação conjunta das regras progressiva e regressiva do momento de recolhimento do tributo, pelos diversos agentes envolvidos (distribuidoras, refinarias, usinas, postos de venda dos combustíveis), além da aplicação das normas da Constituição de 1988, da Lei Complementar nº. 87/96, das leis de cada Estado da federação e dos Convênios de ICMS.

A Cláusula do Convênio 110/2007 que foi declarada inconstitucional por violar diversos princípios sensíveis da Constituição de 1988, como a legalidade tributária e a capacidade contributiva, além dos princípios da boa-fé, confiança legítima e segurança jurídica dos contribuintes.

Um ponto bastante questionado foi a modulação dos efeitos da declaração de inconstitucionalidade. Sob dois prismas: o primeiro da postergação em 6 (seis) meses após a publicação do acórdão da decisão, e o segundo; a forma como foi obtida essa modulação, havendo necessidade de esperar o voto da Ministra Carmen Lúcia que estava ausente e era de fundamental importância para cumprir a exigência de dois terços dos membros do STF, conforme artigo 28 da Lei 9.868/99. Mais uma vez ocorreu violação dos direitos dos contribuintes, de ordem material com a postergação da bitributação e também na ordem processual no que tangia aos processos existentes há época em relação às ações julgadas improcedentes e os ônus da sucumbência nos processos.

A modulação presente no art. 27 da Lei 9.868/99 não pode ser tornar a regra nas ações que declarem a inconstitucionalidade das normas tributárias. O Supremo Tribunal Federal deve criar alguns parâmetros para aplicação do instituto da modulação nas decisões. Os entes da federação que já contam com a chamada inconstitucionalidade útil para o aumento de arrecadação dos tributos, não podem ser contemplados com a decisão de efeitos futuros de inconstitucionalidade, nem muito menos gozarem de um tempo para se adaptarem com a ausência do tributo cobrado indevidamente, como foi o caso dos 6 (seis) meses dados na ADI nº. 4.171.

# 6. CONCLUSÃO

A Ação Direta de Inconstitucionalidade nº. 4.171 é mais uma no imenso universo dos casos de cobrança indevida de tributos. Torna-se cada vez mais comum o surgimento de normas que violam os direitos fundamentais dos contribuintes, os entes da federação criam normas sem a preocupação de estar violando as leis e a Constituição. O interesse fica restringido ao aumento da arrecadação tributária, sobretudo nos momentos de crise econômica; vide os casos de guerra fiscal entre os Estados no ICMS e até mesmo entre os diversos entes federados.

Cabe ao Supremo Tribunal Federal a implantação de mecanismo que possibilitem uma maior celeridade na análise da constitucionalidade das normas tributárias. A aplicação do instituto da modulação deve sofrer maiores restrições, o planejamento estatal abusivo deve ser combatido e desestimulado, bem como a chamada inconstitucionalidade útil. Com isso, haverá respeito aos princípios e normas constitucionais, além da proteção aos direitos fundamentais dos contribuintes.

## REFERÊNCIAS BIBLIOGRÁFICAS

CARRAZZA, Roque Antonio. *ICMS*, Malheiros, Editores 17ª edição, 2015.

COÊLHO, Sacha Calmon Navarro Coêlho. Questões Diversas sobre a Tributação dos Combustíveis –PIS, Cofins, Cide e ICMS *In*: CATÃO, Marcus André Vinhas; TORRÊS, Heleno Taveira (Coord). *TRIBUTAÇÃO NO SETOR DE PETRÓLEO*. Editora Quartier Latin, 2005.

MELO, José Eduardo Soares de; *ICMS TEORIA E PRÁTICA*, Dialética, 12ª edição, 2012.

TORRES, Ricardo Lobo. *TRATADO DE DIREITO CONSTITUCIONAL FINANCEIRO E TRIBUTÁRIO. VOLUME II. Valores e Princípios Constitucionais Tributários.* Editora Renovar, 2005.

_____. *VOLUME IV. Os Tributos na Constituição.* Editora Renovar, 2007.

# ARE Nº 914.045: SANÇÕES POLÍTICAS E MEDIDAS RESTRITIVAS ÀS ATIVIDADES ECONÔMICAS DOS CONTRIBUINTES

JULIO CESAR SANTIAGO[1]

**Sumário:** 1. Introdução. 2. Os argumentos postos em debate no ARE nº 914.045. 3. Os precedentes das súmulas do STF sobre sanção política. 4. Os parâmetros para a caracterização da sanção política na jurisprudência do STF. 5. Conclusão. Referência Bibliográfica.

## 1. INTRODUÇÃO

O presente trabalho visa analisar os argumentos apresentados pelo Supremo Tribunal Federal (STF) no julgamento do Recurso Extraordinário com Agravo (ARE) nº 914.045,[2] no qual o STF reafirmou sua jurisprudência cristalizada nas súmulas 70, 323 e 547,[3] sob o regime da repercussão geral. Essas súmulas formam o principal fundamento jurisprudencial para os debates sobre sanções políticas na tributação.

---

1. Doutorando e Mestre em Finanças Públicas, Tributação e Desenvolvimento pela UERJ. Pós-Graduado em Direito Fiscal pela PUC/RJ. Pós-Graduado em Filosofia Antiga pela PUC/Rio. Fundador e Diretor da Sociedade Brasileira de Direito Tributário – SBDT. Procurador da Fazenda Nacional.
2. Supremo Tribunal Federal. ARE 914045 RG, Relator Min. Edson Fachin, julgado em 15/10/2015, DJe-232, divulgado em 18-11-2015, publicado em 19-11-2015.
3. Súmula 70/STF: "É inadmissível a interdição de estabelecimento como meio coercitivo para cobrança de tributo." Súmula 323/STF: "É inadmissível a apreensão de mercadorias como meio coercitivo para pagamento de tributos." Súmula 547/STF: "Não é lícito à autoridade proibir que o contribuinte em débito adquira estampilhas, despache mercadorias nas alfândegas e exerça suas atividades profissionais"

Trata-se de importante precedente que, a despeito de ter sido firmado como regra geral, veremos que existem preocupações sinalizadas nos votos que refletem a possibilidade de flexibilização do tema.

## 2. OS ARGUMENTOS POSTOS EM DEBATE NO ARE Nº 914.045

O caso julgado pelo STF no ARE nº 914.045 se referiu a demanda na qual o Estado de Minas Gerais se insurgiu contra o Tribunal de Justiça daquele Estado, que considerou inconstitucional o indeferimento de requerimento de inscrição em cadastro de produtor rural pelo cidadão, em razão de situação de irregularidade fiscal perante a Administração Tributária, pelo não preenchimento das exigências legais constantes da Lei estadual 6.763/75 (inciso III do §1º do artigo 219).[4]

O Min. Edson Fachin, relator do julgado, entendeu que o STF deveria reafirmar sua jurisprudência, já cristalizada nas súmulas, salientando a "inconstitucionalidade de restrições impostas pelo Estado ao livre exercício de atividade econômica ou profissional, quando aquelas forem utilizadas como meio de cobrança indireta de tributos."[5] Ao reafirmar este posicionamento, o STF entendeu que haveria "cobrança indireta de tributo" quando o meio utilizado para a cobrança não é realizado por uma execução fiscal, uma vez que este seria o único meio adequado. O princípio balizador seria, então, violação ao livre exercício de atividade econômica ou profissional.

---

4. Art. 219 – Será exigida certidão de débitos tributários negativa nos seguintes casos: (...)

§ 1º: Nas hipóteses abaixo indicadas não será exigida a apresentação do documento de que trata o caput deste artigo, ficando o deferimento do pedido condicionado a estar o requerente em situação que permitiria a emissão de certidão de débitos tributários negativa para com a Fazenda Pública estadual: (...) III – nos casos previstos em regulamento, inscrição como contribuinte, alteração cadastral que envolva inclusão ou substituição de sócio e reativação da inscrição estadual;

5. O Relator Min. Edson Fachin citou, ainda, os seguintes precedentes: AI-AgR nº 623.739, de relatoria do Ministro Roberto Barroso, Primeira Turma, DJe 26.08.2015; AI-AgR nº 808.684, de relatoria do Ministro Joaquim Barbosa, Segunda Turma, DJe 18.09.2012; RE-AgR nº 216.983, de relatoria do Ministro Carlos Velloso, Segunda Turma, DJ 13.11.1998; RE nº 100.919, de relatoria do Ministro Néri da Silveira, Primeira Turma, DJ 04.03.1988; AI-AgR nº 529.106, de relatoria da Ministra Ellen Gracie, Segunda Turma, DJ 03.02.2006; RE-AgR nº 787.241, de relatoria do Ministro Marco Aurélio.

O Min. Luís Roberto Barroso, apesar das súmulas, lembrou que existiam alguns casos ainda não julgados pelo STF que tratavam das restrições impostas pelo Poder Público ao exercício de atividades econômicas, como o do cancelamento de registro especial de uma indústria de cigarros, que será mencionado mais a frente. Divergiu do Relator, contudo, revelando sua preocupação com o caráter demasiadamente genérico que o julgamento estava tomando, uma vez que a afirmação da jurisprudência poderia gerar efeitos ainda não dimensionados pelo STF. Como exemplo questionou se, a partir de agora, seria válida a "exigência de certidão de regularidade fiscal para participação de empresas em licitações, obtenção de empréstimos em instituições públicas, incentivos fiscais etc."

A questão relacionada à sanção política tem como pano de fundo, portanto, saber se o único meio para a coação do contribuinte ao pagamento do tributo seria a via da execução fiscal.

Normalmente, quando não há o pagamento do tributo por iniciativa do contribuinte, nos lançamentos por homologação, a Fazenda Pública inscreve o débito em dívida ativa e ajuíza a correspondente execução fiscal. No lançamento de ofício e no lançamento por declaração, quando o contribuinte apresenta a impugnação, há o desenvolvimento do processo administrativo fiscal. Só então, com o fim do debate administrativo – que pode levar anos – é que o débito é inscrito em dívida ativa e ajuizada a execução fiscal, no caso de inadimplemento. O problema é que do ponto de vista financeiro, determinadas demandas se tornaram onerosas, exigindo do Estado a busca por meios alternativos para a cobrança que não onerassem a sociedade e atendesse a eficiência que se espera da Administração Pública.[6]

Em 2011, o IPEA divulgou um estudo denominado *Custo Unitário do Processo de Execução Fiscal na Justiça Federal.*[7] Dentre algumas conclusões da pesquisa, constatou-se que cada execução fiscal proposta na Justiça Federal custaria R$ 4.368,00.

---

6. O princípio da eficiência está expresso no art. 37 da Constituição Federal: "A administração pública direta e indireta de qualquer dos Poderes da União, dos Estados, do Distrito Federal e dos Municípios obedecerá aos princípios de legalidade, impessoalidade, moralidade, publicidade e eficiência".

7. IPEA. Custo Unitário do Processo de Execução Fiscal na Justiça Federal. Relatório de Pesquisa IPEA, Brasília, 2011.

Em 2012, analisando somente os processos de execução fiscal ajuizados pela Procuradoria da Fazenda Nacional, o IPEA chegou à conclusão de que o custo médio nesses processos era de R$ 5.606,67.[8] A partir da perspectiva econômica, esta última pesquisa concluiu que "o ponto a partir do qual é economicamente justificável promover-se judicialmente o executivo fiscal, é de R$ 21.731,45."[9] Com base no estudo, o Ministério da Fazenda editou a Portaria nº 75 de 22 de março de 2012, permitindo o não ajuizamento de execuções fiscais de débitos com a Fazenda Nacional inferiores a vinte mil reais, bem como determinou que o Procurador da Fazenda Nacional requeresse o arquivamento provisório das execuções em curso, desde que sem garantia.

Em março de 2012, por exemplo, todas as execuções fiscais federais abaixo de R$ 20.000,00 foram arquivadas provisoriamente. A ideia era concentrar esforços em execuções fiscais de maior valor. Ocorre que essa medida beneficiava o contribuinte inadimplente, já que o processo ficaria aguardando a prescrição tributária ou até que alcançasse um valor acima desse patamar, quando se entendeu que seria economicamente viável a execução fiscal.[10]

Em 27 de dezembro de 2012, contudo, a Lei 12.767 incluiu um parágrafo único ao art. 1º da Lei 9.492/97, que trouxe certa polêmica e reacendeu as discussões sobre sanção política.[11] De acordo com a norma, a partir da alteração legislativa, se incluiriam entre os títulos sujeitos a protesto as certidões de dívida ativa (CDA) das entidades federativas. Ou seja, a partir de então, o protesto seria uma nova forma prevista legalmente de coagir o contribuinte a pagar o tributo, ao lado da execução fiscal.[12]

---

8. IPEA. Custo e tempo do processo de execução fiscal promovido pela Procuradoria Geral da Fazenda Nacional. Comunicado do IPEA nº 127, janeiro, 2012. Disponível em <www.ipea.gov.br>.

9. Ibidem.

10. v. SANTIAGO, Julio Cesar. Acesso à Justiça e o Abandono da Causa pelo Exeqüente nas Execuções Fiscais Federais. *Revista Tributária e de Finanças Públicas*, v. 108, p. 305-323, jan-fev., 2013.

11. Sanções políticas podem ser definidas como "a imposição – legal ou administrativa – de meios coercitivos indiretos para forçar o contribuinte a recolher o tributo" (v. GODOI, Marciano Seabra. *Crítica à Jurisprudência Atual do STF em Matéria Tributária*. São Paulo: Dialética, 2011, p. 116).

12. Até então, não havia uma sistematização dentro da Procuradoria da Fazenda Nacional, de como seriam feitas os protestos de CDAs, embora já houvesse autorização com a Portaria PGFN nº 321, de 2006.

Com a alteração legal, a Procuradoria da Fazenda Nacional editou a Portaria nº 429 de 4 de junho de 2014 expressamente disciplinando a utilização do protesto extrajudicial por falta de pagamento de certidões de dívida ativa da União ou do Fundo de Garantia do Tempo de Serviço – FGTS de responsabilidade da Procuradoria-Geral da Fazenda Nacional – PGFN.

De acordo com o art. 1º da Portaria nº 429, "as certidões de dívida ativa da União e do FGTS, de valor consolidado de até R$ 50.000,00 (cinquenta mil reais), poderão ser encaminhadas para protesto extrajudicial por falta de pagamento, no domicílio do devedor."

Diante da polêmica, uma vez que as entidades federativas estavam se valendo desse mecanismo de modo mais intenso, a questão foi levada novamente ao STJ. E, dessa vez, de uma forma mais razoável, o STJ, no REsp nº 1.126.515/PR,[13] entendeu pela possibilidade do protesto da CDA. O julgado focou em quatro aspectos para determinar a possibilidade do protesto: a) a Lei 9.492/1997 não disciplina apenas o protesto de títulos cambiais, tampouco versa apenas sobre relações de Direito Privado; b) a natureza bifronte do protesto viabiliza sua utilização, inclusive para a CDA e as decisões judiciais condenatórias transitadas em julgado; c) a questão da participação do devedor na formação da dívida e d) conformidade do protesto da CDA com o "II Pacto Republicano de Estado por um sistema de Justiça mais acessível, ágil e efetivo".

Importante mencionar que o art. 1º da Lei 9.492/97[14] já autorizava o protesto de CDA, tendo em vista que o dispositivo não se referia somente a títulos cambiariformes. De acordo com a decisão, a nova lei de 2012 apenas conferiu interpretação autêntica, ao especificar o que já era permitido.[15] Conferir caráter interpretativo à norma, pois, tem o efeito de possibilitar sua aplicação à situações anteriores a 2012.

---

13. REsp 1.126.515/PR, Rel. Ministro Herman Benjamin, Segunda Turma, julgado em 3/12/2013, DJe 16/12/2013.

14. Lei 9.492/97, art. 1º "Protesto é o ato formal e solene pelo qual se prova a inadimplência e o descumprimento de obrigação originada em títulos e outros documentos de dívida."

15. v. nesse sentido Superior Tribunal de Justiça. RESP nº 1596379, Rel. Ministra Diva Malerbi (Desembargadora Convocada TRF 3ª Região), Segunda Turma, julgado em 07/06/2016, DJe 14/06/2016.

Para o STJ, portanto, a Lei 9.492/97 não se destina apenas aos títulos cambiais e às relações privadas, pois ela realça a natureza bifronte do protesto. Além de se destinar a constituir em mora e comprovar a inadimplência do devedor, o protesto é um meio extrajudicial alternativo para coagir o devedor a cumprir a obrigação. O argumento da unilateralidade da CDA foi, também, devidamente afastado.[16] É que a autorização para o protesto não é exigida nem para os documentos oriundos da relação privada. O que importa é a participação do contribuinte na relação jurídica subjacente. Impossível afirmar, portanto, que o contribuinte não tenha participado da relação jurídica que está sendo protestada, representada pela CDA. Isso porque, na maioria dos tributos, o crédito tributário foi realizado por lançamento por homologação, ou seja, o contribuinte confessou o fato gerador, permitindo a constituição do crédito tributário. E, quando constituído de ofício, o contribuinte é notificado para apresentar suas considerações, antes que o débito seja inscrito em dívida ativa. Nesse contexto, levar uma CDA a protesto teria a mesma condição de levar um cheque a protesto: ambos não necessitam da vontade do devedor para a realização do protesto.

Ocorre que a questão nos parece ser constitucional, na medida em que importantes princípios constitucionais sempre são colocados em debate quando existe referência à restrições de atividades econômicas, em virtude de irregularidade fiscal. Há em jogo, também, importantes princípios que norteiam a Administração Pública, tais como economicidade e eficiência.

Assim, se as razões de decidir do STF no ARE 914.045 forem adotadas irrestritamente, a Procuradoria da Fazenda Nacional não poderia implementar uma políca fiscal de cobrança do crédito tributário extrajudicial que incluísse o protesto de CDA como meio coercitivo.

O debate sobre sanção política, portanto, pode ser refletido a partir do seguinte questionamento: qualquer restrição ao exercício da atividade econômica do contribuinte devedor é considerada sanção política, se o meio para a cobrança não for uma execução fiscal? Se a reposta for positiva, exigir regularidade fiscal

---

16. Sobre a superação da unilateralidade da tributação v. SANTIAGO, Julio Cesar. Cidadão e Estado Fiscal: A Superação da Unilateralidade da Tributação. *Revista Tributária e de Finanças Públicas*, v. 112, p. 307-317, set./out, 2013.

por meio de outras alternativas, que não a execução fiscal, será considerado sanção política. Por exemplo, protesto, apreensão de mercadorias, vedação de ingresso em regime especial, interdição de estabelecimento, etc. O precedente firmado pelo STF no julgamento do ARE nº 914.045 parecia caminhar para vedar qualquer tipo de restrição à atividade econômica do contribuinte com irregularidade fiscal.

Nas próximas linhas veremos do que tratava os precedentes das súmulas, mostrando que aquelas razões não estão mais presentes.

## 3. OS PRECEDENTES DAS SÚMULAS DO STF SOBRE SANÇÃO POLÍTICA

Geralmente os julgados que envolvem sanção política costumam se referir a três súmulas do STF: Súmula nº 70, nº 323 e nº 547. O ARE nº 914.045 visou, como já dito, reafirmar tais súmulas.

A Súmula 70 do STF foi aprovada na Sessão Plenária de 13/12/1963. Menciona apenas dois julgados como seu precedente. O RMS nº 9.698, Rel. Min. Henrique D'Ávila, de 1962, se referia a uma empresa de construção civil que devia imposto de vendas e consignações. A empresa pretendia, por meio de mandado de segurança, afastar um despacho do Diretor do Departamento de Rendas mercantil. O Diretor havia ordenado a interdição do estabelecimento da empresa, até que houvesse o pagamento do débito tributário. De acordo com o julgado, existiria "meio regular e adequado para a cobrança da dívida, que é o executivo fiscal". Não seria lícita, portanto, a "drástica interdição das atividades da impetrante". Na ocasião, para o STF, ameaçar a empresa de interdição de suas atividades teria também o efeito de impedi-la de se defender em juízo.

O outro precedente da súmula 70, o RE nº 39.933-segundo, Rel. Min. Ary Franco, de 1961, abordou a constitucionalidade do art. 75 do Código Tributário Municipal de Major Izidoro/AL. A legislação municipal permitia a cobrança de taxa de melhoramento das estradas e apreensão de mercadorias para o pagamento do tributo. O argumento utilizado também foi o da existência de execução fiscal no ordenamento jurídico. Assim, não seria lícita a apreensão de mercadorias para obrigar o pagamento de tributo. A súmula 323, aprovada na mesma Sessão Plenária de 13/12/1963, também registra o RE nº 39.933, como fundamento para a súmula.

A súmula 547, aprovada em Sessão Plenária de 03/12/1969, registra quatro recursos extraordinários – O RE n° 63.047, o RE n° 60.664, RE n° 64.054 e o RE n° 63.045. Todos, do ano de 1968, questionavam a constitucionalidade dos Decretos-Leis n° 5 e n° 42, de 1937. Os decretos vedavam ao contribuinte em débito com a Fazenda Pública "despachar mercadorias na Alfândega ou mesas de rendas, adquirir estampilhas dos impostos de consumo e vendas mercantis, nem transigir, por qualquer forma com as repartições públicas do país". O principal argumento contrário aos decretos era a violação ao art. 141 da CF/46 (direitos e garantias individuais) em especial o § 4, que tratava da reserva de jurisdição.

No RE n° 64.054, o Min. Aliomar Baleeiro, relator do julgado, expressamente afirma que essa questão já está pacificada e que a Fazenda Pública deve cobrar seus créditos por meio de execução fiscal, "sem bloquear nem impedir direta ou indiretamente" a atividade lícita do contribuinte. Essa posição reafirma os entendimentos que foram firmados nas súmulas 70 e 323.

A União, ao se manifestar no julgamento do RE n° 63.045, mencionou a seu favor o RE n° 33.523 e o RE n° 36.791. O RE n° 33.523, julgado em 25.07.1957, se decidiu não haver direito líquido e certo do contribuinte que desejava ver reconhecido como abuso a aplicação do art. 5° do DL 5/37. Para o Relator, Min. Candido Mota Filho, a norma seria uma medida de "alto alcance moralizador, na defesa dos superiores interesses da administração pública". Esse argumento, todavia, é demasiadamente genérico e serve para fundamentar qualquer situação a favor do Estado, incompatível com os dias atuais em que se exigem fundamentações mais concretas e específicas. Já no RE n° 36.791, julgado em 05.05.1958, se debateu apenas questões formais, ou seja, se a sanção poderia ser aplicada antes de inscrito o débito em dívida ativa. O Relator Min. Nelson Hungria entendeu que a norma não exigia a inscrição nos livros de registro, mas, apenas, que se transcorresse o prazo previsto para pagamento do débito.

O fato é que o Relator do RE n° 63.045, Min. Oswaldo Trigueiro, embora reconhecesse a divergência entre os julgados, afirmou que a decisão recorrida foi decidida com base na jurisprudência mais recente do STF "segundo a qual não é lícito à administração impedir ou cercear a atividade profissional do contribuinte, para compeli-lo a satisfazer débito fiscal, com o que indiretamente lhe seria negado o acesso às vias judiciais, para apreciação de eventual lesão de direito".

ARE Nº 914.045: SANÇÕES POLÍTICAS E MEDIDAS RESTRITIVAS

Curiosamente, apesar de em vigor a Constituição de 1946, à época da afirmação dos precedentes das súmulas 70 e 323, não houve menção expressa à livre iniciativa ou liberdade de exercício de profissões, previstas, respectivamente, nos artigos 145 e 141, § 14.[17] Ainda que não se tenha argumentado de forma adequada do ponto de vista principiológico, o debate restou fundamentado na falta de razoabilidade do meio utilizado.[18] Os julgados, pois, costumam se referir à execução fiscal como o "meio adequado ou razoável" existente. Interditar estabelecimento ou apreender mercadorias, portanto, não seriam meios adequados ou razoáveis, já que violariam o direito do contribuinte de exercer atividade lícita.

Nos precedentes da súmula 547, contudo, já se inserem argumentos constitucionais mais claros. Além da utilização da razoabilidade, alude-se ao acesso ao Judiciário e à liberdade de profissão de modo mais expresso, ambos previstos, respectivamente, no art. 141§§ 4º e 14 da Constituição de 1946.[19]

A jurisprudência tem, porém, utilizado a razoabilidade em diversas dimensões, tais como a exigência de que a medida estatal adotada não seja arbitrária e que haja uma relação de pertinência entre a medida prevista e os critérios adotados para definir os destinatários da norma. Menciona, ainda, a correspondência entre a medida estatal e o quadro fático correspondente e que haja coerência normativa.[20]

Cláudio de Souza Pereira Neto e Daniel Sarmento propõe quatro dimensões para o princípio da razoabilidade: a razoabilidade como exigência de razões públicas; a razoabilidade como coerência; a razoabilidade como congruência e a razoabilidade como equidade.[21]

---

17. Cf. GODOI, Marciano Seabra. *Crítica à Jurisprudência Atual do STF em Matéria Tributária*, p. 118.

18. "Os adjetivos 'extravagante', 'arbitrário' e 'drástico', utilizados no voto para desqualificar as medidas, confirmam que os Ministros condenaram a *razoabilidade* das mesmas". (Ibidem).

19. Constituição de 1946, art. 141: "A Constituição assegura aos brasileiros e aos estrangeiros residentes no País a inviolabilidade dos direitos concernentes à vida, à liberdade, a segurança individual e à propriedade, nos termos seguintes:
    (...)
    §4º A lei não poderá excluir da apreciação do Poder Judiciário qualquer lesão de direito individual".
    §14 É livre o exercício de qualquer profissão, observadas as condições de capacidade que a lei estabelecer."

20. NETO, Cláudio de Souza Pereira; SARMENTO, Daniel. *Direito Constitucional*: teoria, história e métodos de trabalho. Belo Horizonte: Fórum, 2012, p. 490.

21. Ibidem, p. 491.

A primeira dimensão – a razão pública – implica que a conduta do Estado deve ser justificada por meio de argumentos que possam ser aceitos por todos em um contexto de diversidade e pluralismo. A razoabilidade como coerência exige que o Estado não atue de modo contraditório. Já a razoabilidade como congruência proíbe medidas que não tenham embasamento na realidade. A razoabilidade como equidade, por fim, permite uma adequação da norma, em hipóteses excepcionais, a situações particulares não previstas pelo legislador e que fariam com que a norma se tornasse demasiadamente injusta, sem a devida adequação no momento da concretização.

A despeito do argumento da sanção política e das súmulas existente, o STF já teve oportunidade de impedir a renovação do registro de determinada empresa de cigarros, que devia quantias suntuosas em tributos, demonstrando que é possível a adequação de sua jurisprudência de modo a respeitar igualmente outros valores constitucionalmente importantes, demarcando, ao menos em parte, o que considera como sanção política. Vamos ao caso da indústria de cigarros, então.

## 4. OS PARÂMETROS PARA A CARACTERIZAÇÃO DA SANÇÃO POLÍTICA NA JURISPRUDÊNCIA DO STF

Um dos casos de grande repercussão em âmbito federal envolvendo sanção política foi o citado pelo Min. Luís Roberto Barroso no voto que proferiu no ARE nº 914.045, que reafirmou as súmulas nº 70, 323 e 547. Trata-se do RE nº 550.769, no qual se estabeleceu alguns parâmetros para não se considerar determinada medida como sanção política.[22]

O caso se refere à uma indústria fabricante de cigarros que deliberadamente não pagava seus tributos. As indústrias que fabricam cigarros, de acordo com a legislação, necessitam de um registro especial, para exercerem esta atividade econômica. Esse registro é cancelado se não houver o cumprimento da obrigação tributária principal ou acessória, relativa a tributo ou contribuição administrado pela Secretaria da Receita Federal. É o que está disposto no art. 2º, II, do Decreto-lei

---

22. STF, RE nº 550.769, Relator Min. Joaquim Barbosa, Tribunal Pleno, julgado em 22/05/2013, Acórdão Eletrônico DJe-066. Divulgado em 02 abr. 2014. Publicado em 03 abr. 2014.

ARE Nº 914.045: SANÇÕES POLÍTICAS E MEDIDAS RESTRITIVAS          333

1.593/1977, com a redação dada pela Lei 9.822/1999.[23] À época, a indústria já devia a quantia de 1 bilhão de reais e discutia no STF a constitucionalidade do cancelamento do seu registro.

Nesse julgado, o Relator Min. Joaquim Barbosa, trouxe algumas premissas para fundamentar o seu voto. Conceituou sanção política como "as restrições não-razoáveis ou desproporcionais ao exercício de atividade econômica ou profissional lícita, utilizadas como forma de indução ou coação ao pagamento de tributos." Já em seu conceito percebe-se a incorporação das razões dos precedentes que embasaram as súmulas anteriormente citadas, ao se referir a restrições que violem a razoabilidade ou proporcionalidade.[24]

Reconhece, também, os diversos formatos pelos quais a sanção política pode assumir: "as sanções políticas não se limitam a um único semblante, mas podem assumir uma série de formatos. A interdição de estabelecimento e a proibição total do exercício de atividade profissional são apenas os exemplos mais conspícuos". Afirma, ainda, que a razão para os precedentes do STF está no "risco posto pelas sanções políticas ao exercício do direito fundamental ao controle administrativo ou judicial da validade dos créditos tributários", conforme reconhecido no RMS nº 9.698.

A sanção política, de acordo com Joaquim Barbosa, possui, assim, desafios de duas ordens: "coloca um óbice pragmático relevante à manutenção do processo administrativo ou judicial que tenha por objetivo examinar a validade da sanção" e desestimula, pelo mesmo modo, o controle da validade da constituição de créditos tributários".

Após, prossegue praticamente no mesmo sentido da jurisprudência do STF já cristalizada nas súmulas mencionadas linhas atrás. A sanção política violaria o acesso ao Estado, em suas funções administrativa e judicial, para o exame da validade do tributo, bem como de eventual penalidade. A sanção política viola

---

23. DL 1593/77, art. 2º, II: Art. 2º. "O registro especial poderá ser cancelado, a qualquer tempo, pela autoridade concedente, se, após a sua concessão, ocorrer um dos seguintes fatos: (...) II – não-cumprimento de obrigação tributária principal ou acessória, relativa a tributo ou contribuição administrado pela Secretaria da Receita Federal".

24. A jurisprudência do STF trata como sinônimos os princípios da proporcionalidade e razoabilidade. (cf. NETO, Cláudio de Souza Pereira; SARMENTO, Daniel. *Direito Constitucional*, p. 484). Para a distinção entre os princípios v. ÁVILA, Humberto. *Teoria dos Princípios*: da definição à aplicação dos princípios jurídicos. 12 ed. São Paulo: Malheiros, 2011, p. 171-172.

também o devido processo legal substantivo, uma vez que haveria "o abandono dos mecanismos previstos no sistema jurídico para apuração e cobrança de créditos tributários".

Em síntese, relembra Joaquim Barbosa, que a jurisprudência do STF, historicamente, tem vedado as sanções políticas, com base em três fundamentos: o direito ao exercício de atividades econômicas e profissionais lícitas, conforme art. 170, p. u., da Constituição atual; o devido processo legal substantivo ou seja, "falta de proporcionalidade e razoabilidade de medidas gravosas que se predispõem a substituir os mecanismos de cobrança de créditos tributários" e, por fim, com base no direito de acesso aos órgãos Administrativo e Judiciário para o controle da validade dos créditos tributários e penalidades.

Contudo, ainda que possa estabelecer estes parâmetros como regra geral, existem exceções que foram trazidas pelo próprio STF no referido julgado. A ideia parece estar fundamentada na perspectiva do abuso de direito do contribuinte. Conforme afirma o Relator, "Não há que se falar em sanção política se as restrições à prática de atividade econômica objetivam combater estruturas empresariais que têm na inadimplência tributária sistemática e consciente sua maior vantagem concorrencial." Ou seja, as restrições que visam coibir práticas concorrenciais desleais não seriam obstadas pelo argumento da vedação de sanções políticas, tampouco proteção da livre iniciativa.

A livre iniciativa, pois, não se coaduna com estruturas empresariais que lucram a partir do abuso de seu direito de exercer uma atividade econômica. Se, em um passado remoto, a liberdade de iniciativa econômica significava garantia absoluta da propriedade, de modo que o proprietário pudesse usar e trocar seus bens como lhe conviesse, hoje não se pode mais pensar assim. Conforme leciona José Afonso da Silva, o parágrafo único do art. 170 "há de ser entendido no contexto de uma Constituição preocupada com a justiça social e com o bem-estar coletivo".[25] O exercício da empresa é legítimo, enquanto observado determinados valores constitucionais, sob pena de afetar o direito dos demais agentes econômicos.

---

25. SILVA, José Afonso. *Curso de Direito Constitucional Positivo.* 17 ed. São Paulo: Malheiros, 2000, p. 768.

Assim, aquele que abusa da sua livre iniciativa e liberdade de profissão acaba por afetar um outro valor constitucional que é a livre concorrência, previsto no inciso IV do art. 170, da Constituição, alçado a um dos princípios base da ordem econômica e financeira. Por essa razão, a própria Constituição, no art. 173, § 4º, determina que "a lei reprimirá o abuso do poder econômico que vise à dominação dos mercados, à eliminação da concorrência e ao aumento arbitrário dos lucros".

A Emenda Constitucional nº 42, de 19.12.2003, preocupada com a defesa da concorrência, incluiu o art. 146-A que determina que "Lei complementar poderá estabelecer critérios especiais de tributação, com o objetivo de prevenir desequilíbrios da concorrência, sem prejuízo da competência de a União, por lei, estabelecer normas de igual objetivo." Existe uma relevante preocupação constitucional com a concorrência, já que, em um mercado onde não existe concorrência, será afetada a própria ordem econômica e causar efeitos prejudiciais à sociedade de maneira geral.

Conforme leciona Alexandre Santos Aragão, "a proteção da livre concorrência, portanto, autoriza o Estado a intervir sobre a liberdade de iniciativa dos agentes econômicos, a fim de assegurar o livre acesso e permanência de competidores no mercado".[26]

O julgado do STF faz uma ponderação entre a livre iniciativa e a livre concorrência, para determinar em que circunstâncias a norma restritiva, no caso, o art. 2º, II, do Decreto-lei 1.593/1977, seria inconstitucional. Três circunstâncias são apresentadas por Joaquim Barbosa: 1) relevância do valor dos créditos tributários em aberto, cujo não pagamento implica a restrição ao funcionamento da empresa; 2) manutenção proporcional e razoável do devido processo legal de controle do ato de aplicação da penalidade; 3) manutenção proporcional e razoável do devido processo legal de controle da validade dos créditos tributários cujo não-pagamento implica a cassação do registro especial.

Marciano Seabra de Godoi afirma que os critérios propostos por Joaquim Barbosa são extremamente vagos. Os critérios da vultuosidade do crédito tributário inadimplido, saber se há descumprimento "sistemático" das obrigações

---

26. ARAGÃO, Alexandre Santos. *Curso de Direito Administrativo*. Rio de Janeiro: Forense, 2012, p. 226.

tributárias e se há razões "ponderáveis" para a impugnação tornam difíceis, por conta dessa indeterminação conceitual, o controle judicial sobre a discricionariedade administrativa do procedimento de cancelamento de registros especiais.[27]

Outro argumento utilizado nos votos foi o de que a atividade econômica da empresa era delicada em virtude do produto fabricado ser extremamente prejudicial à saúde. Marciano Seabra de Godoi também ressalta que esse foi um dos principais problemas que a norma atacada visou evitar, ou seja, os efeitos deletérios sobre o direito à saúde.[28]

Dias Toffoli, por esse motivo, adotou como razão de decidir o voto proferido pelo Ministro Cezar Peluso na Medida Cautelar na Ação Cautelar n° 1.657/RJ.[29] Esta ação foi proposta pela fabricante de cigarros para tentar evitar o cancelamento do registro. No voto, Cezar Peluso relembrou que esses produtos são nocivos à saúde e supérfluos. São, ainda, fortemente tributados pelo IPI, em razão da seletividade em função da essencialidade do produto. A carga tributária chegaria a 70% do preço do produto, o que faz com que o inadimplemento sistemático gere uma abalo na concorrência no setor.

Gilmar Mendes, ao proferir seu voto no RE n° 55.0769, lembrou também que a razão para a exigência de registro especial, em tese, era "a mesma que justifica as restrições à propaganda impostas pela Lei n. 9.249, de 1996, e a carga fiscal elevada incidente sobre esse segmento econômico: a natureza 'altamente nociva à saúde humana' dos produtos fumígenos, notadamente o cigarro". Não encontrava, todavia, tal fundamento no inciso II, do art. 2°, do Decreto-Lei 1.593/77 que, em sua opinião, seria uma sanção política, portanto inconstitucional.

Recentemente, o STF voltou a analisar o tema com o ajuizamento de ação direta de inconstitucionalidade (ADI 5.135) em face do parágrafo único do art. 1° da Lei n° 9.492/1997, na redação dada pela Lei n° 12.767, de 27 de dezembro de 2012, que especificou a legalidade do protesto de CDA.

---

27. GODOI, Marciano Seabra. Crítica à Jurisprudência Atual do STF em Matéria Tributária, p. 140.

28. O outro como já dito foi proteger a livre concorrência. Cf. GODOI, Marciano Seabra. *Crítica à Jurisprudência Atual do STF em Matéria Tributária*, p. 140.

29. STF, AC 1657 MC, Relator(a): Min. Joaquim Barbosa, Relator(a) p/ Acórdão: Min. Cezar Peluso, Tribunal Pleno, julgado em 27/06/2007, DJe-092 Divulg 30-08-2007 Public 31-08-2007 Dj 31-08-2007 Pp-00028 Ement Vol-02287-02 Pp-00254 Rtj Vol-00204-01 Pp-00099 Rddt N. 146, 2007, P. 231-232 Rcj V. 21, N. 137, 2007, p. 81.

Na demanda a requerente alega, além de questões formais, argumentos referidos na jurisprudência das súmulas do STF. No aspecto formal alega que o dispositivo seria formalmente inválido, porque inserido por emenda em medida provisória (MP nº 577/2012, convertida na Lei nº 12.767/2012) com a qual não guardaria pertinência. Em um aspecto material, alega que se trataria de sanção política, meio indireto de execução que contrariaria o devido processo legal, pois, além disso, o protesto de CDA seria meio inadequado e desnecessário, afrontando a livre iniciativa e a liberdade profissional e inviabilizando a concessão de créditos necessários à atividade empresarial.

O STF, ao julgar a ADI 5.135, contudo, seguiu o voto do relator Ministro Luís Roberto Barroso,[30] e acolheu também sua proposta de tese para o julgamento no sentido de que "O protesto das certidões de dívida ativa constitui mecanismo constitucional e legítimo por não restringir de forma desproporcional quaisquer direitos fundamentais garantidos aos contribuintes e, assim, não constituir sanção política". Para Luís Roberto Barroso o protesto de CDA seria menos invasivo do que a penhora de bens em execução fiscal.[31]

O que se tem até aqui, então, é uma tentativa do STF de afastar a rigidez com que as súmulas foram editadas. Isso não impede, todavia, que o mesmo tribunal reveja seus precedentes, na medida em que cada vez mais o STF vem se pautando por uma postura mais ativista.[32]

Embora se dê preferência às sumulas e, como regra geral, não se imponha nenhuma medida restritiva às atividades econômicas dos contribuintes, não se pode denominar qualquer atuação do Estado como sanção política, sob pena de se violar importantes princípios constitucionais, tais como a livre concorrência, a eficiência e economicidade.[33]

---

30. No momento em que esse trabalho foi finalizado o texto do voto do Ministro Luís Roberto Barroso ainda não estava disponível.

31. TF. Protesto de certidões de dívida ativa é constitucional, decide STF. Notícias do STF. 9 nov. 2016. Disponível em: <http://www.stf.jus.br>. Acesso em 11 nov. 2017.

32. A superação de precedentes é criticada nos Estados Unidos como um meio ilegítimo de ativismo judicial forte que são no princípio do *stare decisis*. (v. CAMPOS, Carlos Alexandre de Azevedo. *Dimensões do Ativismo Judicial do STF*. Rio de Janeiro: Forense, 2014, p. 172).

33. Sobre o tema das sações tributárias ver, também, a recente obra de Marcos Bueno Brandão da Penha (*Sanções Pecuniárias no Direito Tributária*. que, embora escrita antes do julgamento da

## 5. CONCLUSÃO

Em síntese, embora o STF tenha reafirmado sua jurisprudência, consubstanciadas nas súmulas nº 7, 323 e 547, o fato é que os critérios apresentados no julgamento da indústria de cigarros demonstram que as razões externadas nas súmulas não são absolutas.

Tais critérios merecem uma melhor reflexão, dada a vagueza com que são colocados, exigindo aprofundamento teórico. Há que se reconhecer, contudo, o esforço hermenêutico para flexibilizar o rigor das súmulas. Como salientado por Luís Roberto Barroso, a realidade demonstra que existem muitos casos que necessitam de melhor dimensionamento.

O debate sobre sanção política, portanto, deve ser visto não só de um ponto de vista econômico, por exemplo, quanto à necessidade de se encontrar medidas menos onerosas para a cobrança do crédito tributário. Mas, também, social, pois milhares de créditos tributários não são cobrados por conta da não localização de devedores, que postergam o pagamento do tributo valendo-se do longo percurso pelo qual passa uma execução fiscal e prestam informações erradas sobre seus domicílios fiscais. É o tempo de dilapidar ou blindar o patrimônio, causando enormes prejuízos à Fazenda Pública, que possui os limites da burocracia na cobrança de seus créditos.

Essa situação viola a isonomia, já que pessoas que poderiam efetuar o pagamento do tributo não estão cumprindo com seu dever fundamental. A solução passa pela busca de meios alternativos de cobrança do crédito tributário que possam estar, temporalmente, mais perto do momento em que ocorrido o fato gerador. O protesto é um exemplo de modo coercitivo importante e que não deve ser visto como sanção política, com base nas súmulas mencionadas. Esse, inclusive, parece ser o posicionamento atual do STF.

Em que pese a vagueza e casuística com que tem sido tratado o tema da sanção política, o fato é que o argumento da razoabilidade ainda é o determinante para não considerar certas medidas como restritivas. É preciso, contudo, uma

---

ADI 5.135, trata a questão com rara profundidade, a partir da teoria das sanções, analisando a jurisprudência do STJ e STF até então.

argumentação mais transparente no uso do princípio da razoabilidade como fundamento para a não caracterização como sanção política de determinadas medidas.

Não se pode condenar, todavia, qualquer tentativa do Estado em regular as atividades econômicas ou mesmo adotar instrumentos mais eficientes, do ponto de vista coercitivo, como sanção política, sob pena de se violar o desejo constitucional de justiça e eficiência na cobrança do crédito tributário.

## REFERÊNCIA BIBLIOGRÁFICA

ARAGÃO, Alexandre Santos. *Curso de Direito Administrativo*. Rio de Janeiro: Forense, 2012.

ÁVILA, Humberto. *Teoria dos Princípios*: da definição à aplicação dos princípios jurídicos. 12 ed. São Paulo: Malheiros, 2011.

CAMPOS, Carlos Alexandre de Azevedo. *Dimensões do Ativismo Judicial do STF*. Rio de Janeiro: Forense, 2014.

GODOI, Marciano Seabra. *Crítica à Jurisprudência Atual do STF em Matéria Tributária*. São Paulo: Dialética, 2011.

IPEA. Custo Unitário do Processo de Execução Fiscal na Justiça Federal. Relatório de Pesquisa IPEA, Brasília, 2011.

IPEA. Custo e tempo do processo de execução fiscal promovido pela Procuradoria Geral da Fazenda Nacional. Comunicado do IPEA nº 127, janeiro, 2012. Disponível em <www.ipea.gov.br>.

NETO, Cláudio de Souza Pereira; SARMENTO, Daniel. *Direito Constitucional*: teoria, história e métodos de trabalho. Belo Horizonte: Fórum, 2012.

PENHA, Marcos Bueno Brandão da Penha. *Sanções Não Pecuniárias no Direito Tributário*: análise crítica da doutrina e da jurisprudência acerca das denominadas sanções políticas. Rio de Janeiro: Lumen Juris, 2016.

SANTIAGO, Julio Cesar. Acesso à Justiça e o Abandono da Causa pelo Exequente nas Execuções Fiscais Federais. *Revista Tributária e de Finanças Públicas*, v. 108, p. 305-323, jan-fev., 2013.

_____. Cidadão e Estado Fiscal: A Superação da Unilateralidade da Tributação. *Revista Tributária e de Finanças Públicas*, v. 112, p. 307-317, set./out, 2013.

SILVA, José Afonso. *Curso de Direito Constitucional Positivo.* 17 ed. São Paulo: Malheiros, 2000.

# Anotações

www.editorajuspodivm.com.br

Pré-impressão, impressão e acabamento

grafica@editorasantuario.com.br
www.editorasantuario.com.br
Aparecida-SP